SFV

Mao Tsetung

Über die Revolution

Ausgewählte Schriften

Herausgegeben von Tilemann Grimm

S. Fischer

Einmalige Sonderausgabe in der Reihe
»Die Bücher der Neunzehn«
Band 194 · Februar 1971

Umschlagentwurf: Dieter Kohler
Gesamtherstellung: May & Co Nachf., Darmstadt
Printed in Germany 1971
ISBN 3 10 348201 9

Inhalt

Einleitung

1.

In diesem Jahr 1971, in dem das Buch erscheint, wird die Kommunistische Partei Chinas fünfzig Jahre alt. Vier Jahre zuvor gedachte man in vielen Teilen der Welt, nicht nur in der Sowjetunion, der Oktoberrevolution – ein halbes Jahrhundert war seit den »zehn Tagen, die die Welt erschütterten« (John Reed[1]) vergangen. Diese vier Jahre liegen zwischen dem russischen Ereignis und der Gründung einer chinesischen kommunistischen Partei.

Die Hälfte eines Jahrhunderts rechtfertigt historische Besinnung. Die chinesischen Vorgänge, die so aktuell im Vordergrund unseres Bewußtseins stehen, sind ein Stück Geschichte geworden, das wieder hervorwächst aus tieferen Schichten neuzeitlicher Entwicklung Chinas etwa seit dem Opiumkrieg (1839–1842) oder dem Aufstand der Taiping (1850–1864). Historische Besinnung gibt Abstand und Gelassenheit: manche Dinge, die im zeitgenössischen Augenblick wichtig erschienen, treten zurück, anderes wird als durchgängiges Motiv erkennbar.

Fünfzig Jahre ist es her, daß mit elf anderen Delegierten auch der damals 28 Jahre alte Mao Tsetung an einer Parteigründungsversammlung in der von Fremden beherrschten Handelsmetropole Schanghai teilnahm. Auf Anregung und unter Mitwirkung von Vertretern der Kommunistischen Internationale in Moskau beschloß man, eine der Internationalen zugehörige Partei zu gründen. Sie war nicht die älteste asiatische Partei, die indonesische und die iranische Partei waren älter, und auch die Anfänge der koreanischen kommunistischen Partei lagen früher. Aber der jungen chinesischen Partei gelang es zuerst, in der innerpolitischen

[1] John Reed: Zehn Tage, die die Welt erschütterten. Hamburg 1967.

Auseinandersetzung um die revolutionäre Erneuerung des Landes zum Zuge zu kommen. Im Bündnis mit Sun Yatsen, Chinas weltbekanntem Revolutionär, gelangen den Kommunisten während der Zwanzigerjahre tiefe Einbrüche in die chinesischen Volksmassen in Stadt und Land. Die Stärke der Gewerkschaftsbewegung in vielen Städten, besonders in Schanghai, sowie die Kraft revolutionärer Bauernvereinigungen in mehreren Provinzen, besonders in Hunan, waren knapp fünf Jahre nach Gründung der Partei überzeugende Beweise ihrer Aktivität. Für die nationale Befreiungsbewegung und gegen die reaktionären Militärmachthaber des Nordens gewannen sie weite Teile der Bevölkerung Südchinas für sich.

Die durchweg jungen kommunistischen Führer kamen zumeist aus Hochschulen und Schulen, wo sie durch die nationalistische und kulturrevolutionäre Bewegung vom 4. Mai 1919[2] politisch aufgeweckt worden waren. Sie wollten China von Grund auf erneuern, die Arbeiter und armen Bauern aus ihrem Elend befreien und die fremden Herren sowie deren Helfershelfer aus dem Lande vertreiben. Sie folgten dem russischen Beispiel, weil sie, wie Sun Yatsen, nur von dort Hilfe und Anleitung erhielten, und weil es das einzige Beispiel einer erfolgreichen Revolution war, die zugleich Grundherren und fremde Interventionsmächte geschlagen hatte. Hinzu kam, daß die Russen ihre Monarchie beseitigt hatten und sich nicht, wie China nach 1911, in den vorgegebenen Formen weiter bewegt hatten.

Aber das Jahr 1927 brachte ein vorzeitiges Ende dieses ersten Aufschwungs. Unter dem Feuer der nationalen Armee brach die erste gemeinsame Aktion von Nationalisten und Kommunisten, von der beide Nutzen und Vorteil gezogen hatten, zusammen. Das Mißtrauen zwischen ihnen war nur durch Sun Yatsen überbrückt worden, sein frühes Ende im März 1925 ließ die Gegensätze aufbrechen. Tschiang Kaischeks Übernahme der Führung von Armee und Partei leitete die Wende ein. Der Erfolg der nationalen Truppen gegen die nördlichen Militärmachthaber im Sommer 1926 und 1927 verschaffte Tschiang die Aktionsfreiheit, die ihm für die Lösung des Bündnisses notwendig erschien. So wurden die späten zwanziger und die frühen Dreißigerjahre für die Kommunisten zur Periode des harten und unerbittlichen Kampfes gegen einen übermächtigen Feind. Dennoch konnten sie sich in einigen Gebieten, vor allem in der südchinesischen Provinz Kiangsi, mehrere Jahre halten, bis die erdrückende Übermacht sie zur Flucht aus dem Süden und zum

[2] Vgl. Wolfgang Franke: Chinas Kulturelle Revolution. München 1957.

›Langen Marsch‹ nach Nordwestchina zwang. Der erste Abschnitt der nachfolgend abgedruckten Texte (I A) bezieht sich auf diese Periode.
Die rasche Bewegung der verschiedenen politischen Kräfte in und um China veränderte die Szenerie bald wieder. Die japanischen Aggressionen gegen den chinesischen Nordosten (Mandschurei) 1931 und der Ausbruch des Zweiten Weltkriegs in China 1937 führten die inneren Gegner wieder zusammen. Die Kommunisten hatten sich in Nordwestchina ein Stützpunktgebiet geschaffen, von dem aus sie hinter der japanischen Front den Guerrilla-Krieg organisieren konnten. Sie gewannen, abermals im Bündnis mit Tschiang Kaischek, jenen Spielraum, der ihnen für die spätere Fortsetzung des Kampfes um die Macht in China lebenswichtig sein mußte.
Die späten Dreißiger- und die Vierzigerjahre sind ebenso Jahre des Kampfes wie vorher. Nun aber stand man in einer Front gegen den verhaßten gemeinsamen Feind Japan, man führte einen populären Krieg. Die Bevölkerung half, wo sie konnte, sie war willig, der kommunistischen Führung zu vertrauen und ihr zu folgen. Die Kommunisten hatten wichtige Erfahrungen hinter sich. Sie bewegten sich geschmeidiger, sie taktierten geschickter, ihre Bewegung wuchs zur nationalen Alternative zu Tschiang Kaischek und der Kuomintang-Partei heran. Und die Führung lag seit dem Januar 1935 in Händen des Altrevolutionärs Mao Tsetung. Vorher hatten verschiedene Gruppen die Führung in Händen gehabt. Mit einem unzureichenden Befehls- und Nachrichtenapparat hatte man von der gesicherten Stellung in einer ausländischen Konzession in Schanghai aus versucht, die verschiedenen Sowjet-Gebiete zusammenzuhalten. Aber die Revolution auf dem Land ließ sich nicht von der Stadt aus führen. Mao war der einzige Führer, der die neue revolutionäre Situation erkannt, genutzt und theoretisch durchschaubar gemacht hatte. Während der Jahre in Yen-an (1936–1947) wuchs er zur nationalen Figur heran. Die im zweiten Abschnitt (I B) zusammengestellten Texte stammen aus dieser Periode.
In den vier Jahren von 1937 bis 1940 sind die wichtigsten Schriften Maos zur revolutionären Strategie und Taktik sowie zur revolutionären Theorie entstanden. Die meisten der späteren Aussagen sind nur Ergänzung dazu, ausgenommen die Theorie von der »richtigen Behandlung der Widersprüche innerhalb des Volkes« (theoretisch durch die Widerspruchslehre unterbaut), ausgenommen auch die Theorie der »strategischen Geringschätzung des Imperialismus« (Papiertiger-Theorie), sowie die von Maos Nachfolger vorgetragene »Welteinkreisungstheorie«.
Die Vierzigerjahre, also die Jahre des Zweiten Weltkrieges, führten die

chinesischen Kommunisten zur Beherrschung wichtiger Teile Nord- und Nordostchinas. Sie wurden zu Ausgangspositionen für den nachfolgenden Bürgerkrieg. In einem dreijährigen (1946–1949) und sich über ganz China ausdehnenden Kampf von Armee gegen Armee gelang es ihnen endlich, im Jahr 1949 die Macht und das Reich zu erobern. Nach der Gründung der Partei ist das Jahr 1949 darum die wichtigste Zäsur, das Datum des Sieges und des Neuanfangs als Staatsmacht.

Hier wird der Unterschied zu 1917 in Rußland unübersehbar. Dort »zehn Tage, die die Welt erschütterten«, hier ein 28 Jahre andauernder, ununterbrochener Kampf mit Waffen und mit Argumenten, bald verbündet mit dem inneren Feind, bald in offener Feldschlacht gegen ihn stehend – die Revolution vollzog sich nicht mit einem welterschütternden Schlag, sie wurde zum historischen Prozeß, in dessen Verlauf das Jahr 1949 auch nur wieder zum Datum wurde. Die Revolution ging weiter.

So steht auch die Volksrepublik bereits im dritten Jahrzehnt ihrer allmählichen Entwicklung zur dritten Weltmacht, sie selbst ist ein Gegenstand der historischen Betrachtung geworden. Auch hier lassen sich bereits wichtige Wendemarken erkennen: die eine im Übergang von der unter sowjetrussischer Betreuung stehenden Aufbauphase zur Politik des »Großen Sprungs«, die andere im Vorgang der »Großen Proletarischen Kulturrevolution«. Die späten Fünfziger- und späten Sechzigerjahre sind jeweils zu Perioden geworden, die als tiefe Einschnitte in der Entwicklung der Volksrepublik zu verstehen sind. Fügt man sie in die Geschichte dieses halben Jahrhunderts, so ergeben sich nicht weniger als sechs sehr markant voneinander unterschiedene Phasen, die jeweils für die kommunistische Bewegung von einschneidender Bedeutung gewesen sind und im Leben des chinesischen Volkes tiefe Spuren hinterlassen haben.

Bemerkenswert an dieser Entwicklung ist, daß der Parteiführer nach 50 Jahren immer noch mit jenem Mann identisch ist, der im Juli 1921 als Delegierter von Hunan an der Gründungsversammlung der chinesischen kommunistischen Partei teilgenommen hatte. Mao Tsetung steht für die ganze Epoche, so wenig er auch in der ersten Phase, also bis 1927, hervorgetreten war. Mao Tsetung hat diese Epoche mit seinen Schriften begleitet, er hat ihr gleichsam den Kommentar geschrieben, seinen sehr eigenwilligen und auf die Folie des aus Europa eingeführten Marxismus-Leninismus aufgezeichneten Kommentar. Und damit hat er seine Ideen, soweit man das schon sagen kann, auch in die Zukunft hinein projiziert, in die Zukunft Chinas vor allem, für das er gelebt, gekämpft und geschrieben hat.

2.

Die in Zusammenarbeit mit Bodo Wiethoff und Christine Herzer schon einmal besorgte Auswahl aus den Schriften Maos erfolgte 1963 unter anderen Voraussetzungen als heute. Damals lag der Gedanke nahe, eine nur nach dem Russischen erarbeitete Übersetzung der ›Ausgewählten Schriften‹ dadurch genauer in den Blick zu bekommen, daß man noch einmal an den Originaltext selbst heranging. Das Ergebnis war eine neu gefaßte und kommentierte Auswahl, die ihren Beitrag zur Bewußtseinsbildung in diesem Land geben sollte und vielleicht auch geben konnte. Außerdem galt es, den besonderen ›Typus‹ Mao herauszuarbeiten, das jeweils Andere, von der durch die sowjetrussische Erfahrung geprägten Norm Abweichende zu erfassen. Das ist acht Jahre danach kaum noch strittig, selbst wenn das Studium der Texte die Eigenart Maos nicht in dem Maße erkennbar werden läßt, wie man das erwartet. Wir wissen heute besser, daß die ›Abweichung‹, wenn es überhaupt eine ist, weniger in der schriftlich fixierten Doktrin zu suchen ist als in der abweichenden Wirklichkeit, die da schlicht ›China‹ heißt. Mao selbst hat diesen Gedanken in verschiedenen Variationen immer wieder betont.
Nun kommt hinzu, daß in China eine richtige Doktrin noch niemals so ernst genommen worden ist wie in Europa. Es ging vielmehr immer darum, ein richtiges Leben zu führen, in Verhalten und Vorgehen beispielhaft zu sein, die Gruppe, in der man lebte, erzieherisch zu formen. Bestimmte Sitten und Bräuche waren wichtiger als Lehrsätze, sie hatten in der Regel eine die Gruppe noch stärker prägende Kraft als diese. Der konfuzianische Meister Dschu Hsi (1127–1200) hat nicht deshalb acht Jahrhunderte lang das Leben der führenden Schicht der chinesischen Gesellschaft bestimmt, weil er die rechte Lehre aufgestellt hatte – auch wenn dies ausdrücklich behauptet wurde –, sondern es war seine Weise zu denken und zu wirken, die als eine Form des Verhaltens anerzogen werden konnte. Es ging darum, sich eine bestimmte geistige und sittliche Zucht anzueignen, es ging um die Einfügung in eine allgemein anerkannte sittliche Norm. Die Konfuzianer späterer Jahrhunderte haben die Akzente verschieden gesetzt, an dieser Grundhaltung ist nichts geändert worden, es ging immer um die Persönlichkeitsbildung im Dienst für die Gesellschaft.
Dies soll nicht heißen, daß Mao ein Fortsetzer konfuzianischer Überlieferung sei. Niemand kann daran vorübergehen, daß China sich in den letzten fünf Jahrzehnten zu sehr verändert hat, als daß eine solche Kontinuität noch denkbar wäre. Die sozialen und die ökonomischen Bedin-

gungen geschichtlicher Entwicklung gelten in China nicht weniger als anderswo. Die Geschichte der chinesischen Revolution ist eine Geschichte der sich verschärfenden Widersprüche in den Produktionsverhältnissen und des Widerstands gegen äußere Unterdrückung. Maos Texte machen dies immer wieder deutlich. Zugleich ist dies ein Kampf des Chinesentums gewesen um die Wiedergewinnung seiner Selbstachtung, um die Verwurzelung eines neuen China in den chinesischen Volksmassen selber. Sie haben, bei allen Formen des Aberglaubens, die man sich vorstellen kann, immer einen lebendigen Sinn gehabt für gerechtes und gütiges Verhalten, für Einfügung in eine gesetzte und gesittete Ordnung, und sie haben dies für wichtiger gehalten als Glaubenssätze. Es gibt einen unverkennbar chinesischen ›Stil‹, der prägend bleibt, auch wo die Ideologien stürzen.

Darum ist es kein Zufall, daß auch die Mao Tsetung-Ideen der Praxis entstammen und so deutlich auf die Praxis der gesellschaftlichen Umformung gerichtet sind. Das war zwar auch bei Lenin der Fall, doch finden wir den Akzent bei Mao deutlicher gesetzt und mit mehr Beobachtung und Phantasie zum Ausdruck gebracht. Praxis wird bei Mao zum Gradmesser der Richtigkeit von Theorie; Praxis vermittelt Erkenntnis, die durch Praxis erweitert wird. Diese aus Praxis gewonnenen Ideen wollen Gegenwart und Zukunft real in den Griff bekommen, sie leben von der Wirklichkeit China und wirken auf sie zurück, sie wollen belehren und anspornen, den Weg weisen und das richtige Vorgehen anraten. Wenn wir dennoch von Ideen oder Gedanken sprechen, so tun wir gut daran, im Sinne Franz Schurmanns von einer »praktischen Ideologie« zu sprechen[3] und nicht von einer Doktrin. Dies galt freilich in einem gewissen Sinn auch schon für den Leninismus, der als praktische Anleitung zur Revolution neben die Lehre des Marxismus trat. Für China ist dann der zusammengesetzte Begriff zum Lehrsymbol geworden, zu welchem die »Gedanken Mao Tsetungs« die praktische Komponente abgaben. Mit dem zeitlichen Abstand sorgte auch die kulturelle Verschiedenheit für deutlichere Abgrenzung. Die jüngste Reihung von ›Marxismus‹, ›Leninismus‹ und ›Mao Tsetung-Ideen‹ unterstreicht diese Tendenz. Man könnte von einer Stufenfolge der Gedankensysteme sprechen, die von Praxis zu Praxis fortschreiten und eine jeweils andere Färbung annehmen. Es geht in China aber immer noch um die »konkreten Erfahrungen der chinesischen Revolution«, die ihre eigene Geschichte hat, die ihren eigenen Weg gegangen ist, weil die

[3] Vgl. Franz Schurmann: Ideology and Organization in Communist China. Berkeley and Los Angeles 1966, S. 24 ff.

Geschichte Chinas eine andere ist als die Geschichte Rußlands oder des übrigen Europa[4].

3.

Wie können wir die Mao Tsetung-Ideen sinnvoll zusammenfassen? Zwei Probleme stellten sich der jungen chinesischen Intelligenz des Vierten Mai als vordringlich in den Weg: die nationale Unterdrückung durch die fremden Wirtschaftsmächte und die Hartnäckigkeit der traditionellen Kräfte in der eigenen Gesellschaft. Beide Probleme waren aus dem Niedergang der letzten Dynastie und der zunehmend selbstbewußteren Haltung der fremden Mächte gegen Ende des 19. Jhs. hervorgewachsen. Die Generation von 1919 faßte sie in dem Kampf gegen den Konfuzianismus und in dem Protest gegen japanische Bevormundung zusammen. Der nationale Protest führte dazu, daß diese Generation aus der Botschaft der Oktoberrevolution vor allem den Gedanken der nationalen Befreiung vom Joch des Imperialismus herausgriff. Sie wurde darin bestärkt durch die großzügige Haltung der jungen Sowjetregierung, die auf alle Vorrechte aus der Zarenzeit verzichten wollte. Der Kampf gegen die alten Zustände in der chinesischen Gesellschaft ließ diese Generation dagegen erstaunlich spät auf die Möglichkeiten blicken, die das chinesische Bauerntum für eine Volksrevolution bot. Lenins Mahnung, sich vor allem mit dem Bauerntum zu verbünden, wurde zunächst überhört und später unabhängig davon verwirklicht.
Mao hat die beiden Elemente in sein Denken aufgenommen, der Kampf gegen den Imperialismus und gegen den Feudalismus wurde gleichsam sein ›Ceterum censeo‹. In dem mythischen Bild von den »zwei Bergen«, die der närrische Mann Yü Gung abzutragen sich vorgenommen hatte, wird diese grundlegende Situation Chinas deutlich gemacht (vgl. Text II 7). Sie führt zu zwei weiteren Schritten in der Durchführung des Kampfes. Das ist einmal die Entwicklung des ländlichen Guerrilla-Krieges mit dem Gedanken des Aufbaus von gesicherten Stützpunktgebieten irgendwo im Land, von wo aus die verschlungenen Züge eines weitgefächerten Partisanenkrieges ausgeführt werden müssen. Und das ist zum anderen der ökonomische, politische und ideologische Umbau der innerhalb eines solchen Stützpunktgebietes ansässigen Bevölkerung, d. h. ihrer überlieferten gesellschaftlichen Ordnung. Die beiden Haupt-

[4] Vgl. neuerdings Wolfgang Leonhard: Die Dreispaltung des Marxismus. Düsseldorf–Wien 1970, S. 276 ff.

stützpunktgebiete der Kommunisten während des Zweiten Weltkrieges in Nordwest- und Nordchina, Schen-Gan-Ning und Djin-Tscha-Dji, wurden zu Experimentierfeldern der zunächst ›neudemokratischen‹ und dann sozialistischen Umgestaltung der chinesischen Gesellschaft.

Im Rückblick von 1971 her sind der Kampf gegen den Feudalismus, die agrarrevolutionäre Phase in Kiangsi sowie die neudemokratische Taktik der Kriegsjahre ein Stück Geschichte geworden. Am ehesten noch lassen sich Parallelen ziehen zwischen der radikalen Landaufteilungspolitik in Kiangsi und der Landreform um 1950. Und auch sie ist durch die Kollektivierungsbewegung der Fünfzigerjahre überholt worden.

So zeichnen sich als Bereiche vordringlichen Interesses in Maos Denken die Führung eines Volkskrieges und die Vergesellschaftung der landwirtschaftlichen Produktion ab. Beides ist in seinen Schriften lange durchgehalten worden. Maos Denken und Handeln ist in diesen Bereichen am lebhaftesten hervorgetreten. Nicht weniger als drei lange Beiträge kreisen um die Frage der revolutionären Kriegführung; in anderen Beiträgen taucht das Thema immer wieder auf. Und als erste umfassende Äußerung des ausersehenen Nachfolgers, des »engsten Waffengefährten« und Marschalls Lin Biao haben wir die Theorie von der Übertragung des Volkskrieges, wie er in China praktiziert worden ist, auf die Weltrevolution anzusehen.

Das Engagement Maos für die Sache der Umbildung der chinesischen Landwirtschaft ist von Anbeginn seiner Laufbahn bezeugt. Vom Hunan-Bericht 1927 zur Kollektivierungsrede 1955 spannt sich ein Bogen. Dazwischen finden sich zahlreiche Äußerungen aus allen wichtigen Perioden des revolutionären Kampfes. Ein Blick in die Inhaltsverzeichnisse der vier Bände ›Ausgewählte Werke‹ (Peking 1968/69) wird das bestätigen. Das Ziel war immer die neuartige Form der Vergesellschaftung der ländlichen Produktion. Dies ist als die eigentliche revolutionäre Tat des chinesischen Kommunismus unter Maos Führung anzusehen.

Zugleich kann nicht übersehen werden, wie einig Mao hier wieder mit der Geschichte des eigenen Landes ist. Kollektive Formen der landwirtschaftlichen Produktion ebenso wie bei der Durchführung von Großbauvorhaben (Flußdeiche, Bewässerungsanlagen, Große Mauer) sind in China immer praktiziert worden. Der Umbruch von 1950 war entscheidend, weil sich im Verlauf der letzten Jahrhunderte eine Form des privaten Besitzes an Grund und Boden durchgesetzt hatte, die im Zusammenhang mit der ungeheuren Bevölkerungsvermehrung der letzten drei Jahrhunderte zu immer unerträglicher werdenden Zuständen geführt hatte. Der Gedanke des gemeinschaftlichen Arbeitens auf dem Land ist dagegen sehr alt. Und in einer Zukunftsvision hat selbst ein so konservativ denkender chinesischer Politiker wie Kang Yuweh (1858–1927) die Vergesellschaftung der Produktion und die Auflösung der Sippenverbände als unabdingbar bezeichnet, wenn China seinen Weg in die neue Welt finden sollte.[5]

Maos Engagement in diesem Bereich chinesischer Entwicklungspolitik bekundet sich besonders deutlich in den vielfältigen Äußerungen zur Praxis der Überführung von Einzelwirtschaften in Produktionsgenossenschaften. Sie sind in dem dreibändigen Werk ›Sozialistischer Umschwung in den chinesischen Dörfern‹ (Peking 1956) in über 170 Kommentaren zu Einzelberichten aus allen Teilen Chinas niedergelegt. Zwei Beispiele sind zusammen mit dem Vorwort in diesem Buch abgedruckt. Es stellt sich dabei heraus, daß der »Große Sprung« von 1958 allein nicht als die dramatische Wende angesehen werden kann, die von einer mehr von sowjetrussischen Vorbildern bestimmten Politik zu einer mehr chinesisch orientierten Politik geführt haben soll. Es ist richtiger, die Entwicklung vom Herbst 1955 bis zum Herbst 1958 als Einheit zu sehen und die Volkskommune als zusätzliche Maßnahme zu einer an der Basis bereits vollzogenen Vergesellschaftung zu begreifen. Der Rekurs auf die Ebene der Produktionsbrigade oder auf die der kleinen Brigade nach dem sog. »Scheitern« der Kommune ist eine Kurskorrektur. Das neue System, das Produktion und Verwaltung unterhalb der Distriktebene (Größenordnung eines Regierungsbezirks) zusammenzufassen sucht, bietet den Vorteil besserer zentraler Erfassung bei ausgewogenerer Berücksichtigung der regionalen und lokalen Belange. Es bietet zugleich größere Flexibilität nach beiden Seiten, zur kleinen Brigade, d. h. zu der an der Basis operierenden Arbeitsgruppe (Dorfschaft, Wohngemeinschaft) einerseits, und zur Kommune, zu der übergeordneten administrativen Zusammenfassung von mehreren zehntausend Menschen auf der anderen Seite.

Die sozialistische Umgestaltung auch in den anderen Gruppen der Gesellschaft, vor allem in der städtischen Bevölkerung, die sich aus Arbeitern, Handelsangestellten, kleinen Ladenbesitzern, technischer Intelligenz, Lehrern aus Schulen und Hochschulen zusammensetzt, scheint eher nach dem ländlichen Modell vorgenommen zu werden, als

[5] Kang Yuweh (1858–1927) schrieb 1902 das ›Buch von der Großen Gemeinsamkeit‹ (Da-tung-schu). Übersetzung durch L. Thompson: Ta T'ung Shu. The One World Philosophy of K'ang Yu-wei. London 1959.

daß dies umgekehrt geschähe. Auch wenn diese Frage noch offenbleiben muß, kann aus dem Blickwinkel Maos doch festgestellt werden, daß ihn dieser Sektor der chinesischen Gesellschaft weniger engagiert als das weite chinesische Land. Eine Ausnahme macht allein die Armee. Der Bauer in Uniform ist zum Leitbild dieser Revolution geworden.
Zu den Bereichen vordringlichen Engagements gehört die Theorie von den Widersprüchen. Sie hat vor allem zwei Ausprägungen erfahren, eine allgemeine Fassung »Über den Widerspruch« und eine spezielle »Über die richtige Behandlung von Widersprüchen innerhalb des Volkes«. Die Betonung der Allgemeinheit des Widerspruchs und des steten Wandels der Dinge, der durch die hauptsächliche Seite des Widerspruchs bewirkt wird, führt uns zu der Feststellung, daß alle Dinge ohne Einschränkung dem Gesetz des Wandels unterliegen, der sich aus dem latenten Spannungszustand in jedem Ding ergibt. Ohne den Kampf zwischen Gegensätzen kann es keine Identität geben. Gegensatz und Widerspruch werden nicht scharf getrennt, das einander Entgegenstehende ergänzt sich bald und kämpft bald gegeneinander. Und wieder verwandeln sie sich ineinander. Es entsteht so das Bild von einem dynamischen, dialektisch sich vollziehenden allgemeinen Bewegungsgesetz, das in seiner Betonung wieder die Besonderheit erhält. Hinter den Formulierungen zum Problem des Widerspruchs scheint die alte chinesische Anschauungsweise von den zwei einander stets bedingenden und entgegengesetzten Potenzen Yin und Yang zu stehen – anders ausgedrückt, diese Anschauungsweise weckt und betont das Interesse an dieser Fragestellung. Folgerichtig geht Mao der Permanenz der Widersprüche und des Kampfes der Gegensätze in die sozialistische Entwicklung hinein nach. Die Frage, wie man »Widersprüche innerhalb des Volkes« richtig behandelt, wird zur Schicksalsfrage sozialistischer Gesellschaften. Dies ist die entscheidende Antwort Maos auf die Stalin-Kritik. Sie will die Entwicklung offen halten, zu frühe Verkrustungen verhindern, den langen Weg zur kommunistischen Gesellschaft, die erst in Generationen, womöglich in Jahrhunderten erreichbar sein wird, gangbar machen.
Zu den drei genannten Bereichen vordringlichen Engagements, der Führung eines Volkskrieges, der Schaffung kollektiver Lebensformen auf dem Land und der Lehre von den Widersprüchen in allen Dingen, gesellt sich ein viertes Element, das den Autor dieser Schriften von allem Anfang an bewegt hat, die Frage nämlich, wie der Mensch geistig auf die neue Situation eingestellt werden könne. Die Frage tauchte zum ersten Mal auf, als man Kriegsgefangene machte und den Versuch unternahm, sie für die eigene Sache zu gewinnen. Sie stellte sich dann bald als Kern-

problem bei der Schaffung einer für die Sache des Kommunismus kämpfenden Armee heraus. Nur wenige Soldaten waren proletarischen Ursprungs, sie stammten aus den Klassen der armen und landlosen Bauern, die Offiziere waren Abkömmlinge kleinbürgerlicher Familien. Wie konnte man ein proletarisches Bewußtsein in ihnen schaffen? Mit der Ausweitung des Aktionsfeldes vergrößerte sich das Problem, wie man auch reiche Erfahrungen sammelte. In den frühen Vierzigerjahren setzte eine Umschulungskampagne ein, die unter dem Namen der Reform des Arbeitsstils in der Partei bekannt geworden ist. Studium von Dokumenten, Diskussion und Gruppenarbeit, Kritik und Selbstkritik, Offenbarung der eigenen Fehler und Schwächen und Annahme des guten Rats der Gruppe gehörten zu den Aktionen. Damals sollte vor allem die neu in die Partei gekommene junge Intelligenz eine möglichst gleichartige geistige Ausrichtung erhalten.

Die Bemühung darum ging nach der Machteroberung 1949 weiter und dehnte sich nun auf verschiedene Bevölkerungsgruppen aus, nicht nur innerhalb der Partei. Ausländer, die vorübergehend in Haft genommen worden waren, haben die geistige Schulung und Umschulung an sich erfahren ebenso wie ehemalige Gegner der kommunistischen Sache.[6] Es ging und es geht um die geistig-seelische Umbildung des Menschen, der zu den veränderten Produktions- und Lebensformen eine von innen heraus bejahende Haltung gewinnen soll. Die Veränderung des Denkens, die Herstellung eines allgemeinen Konsensus der Gleichgesinnten, der zu gleichen Zielen Strebenden, der im gleichen Schritt miteinander Handelnd-Denkenden und Denkend-Handelnden, die Belehrung, das Drängen auf Annahme der Thesen und deren stete Wiederholung – der Leser der nachfolgenden Texte wird auf diesen Teil des maoistischen Denkens wiederholt stoßen. Mao will niemanden mit Gewalt zwingen, anders zu denken; das aber nicht, weil er grundsätzlich anderes Denken tolerierte, sondern weil das nicht zum Ziel der Übereinstimmung führt. Die Herstellung von Einheit kann lange dauern, aber einmal muß sie vollzogen werden. Der trotz aller Bemühungen in anderem Denken Beharrende wird aus der Gemeinschaft ausgeschlossen, er zählt nicht mehr zum ›Volk‹, er hat sich als unsozial erwiesen, er hat gezeigt, daß er im Grunde seines Herzens ein Bourgeois ist und kein Proletarier. Alle Revisionisten sind letztlich Bourgeois. Aber das kann den Gang der Dinge nicht aufhalten. Denn im Volk und in den Völkern lebt der gute Wille zur Gemeinschaft, der Wille zum Sturz der immer noch Mächtigen,

[6] Vgl. Robert J. Lifton: Thought Reform and the Psychology of Totalism. New York 1963.

die auf dem kapitalistischen Weg wandeln, und der Wille zum Weltfrieden. Hier mündet der Appell zur Gemeinsamkeit des Kampfes in einen Appell an die Umkehr, an die neue Weise zu denken und zu leben, wie sie von Hunderten von Millionen Menschen bereits vorgelebt wird. Es steckt ein religiöses Pathos in diesem Appell.

Maos Wille, den neuen Menschen für die sozialistische Gesellschaft zu schaffen, muß zur Verwirklichung dieses Zieles die Methode der Massenbewegung anwenden, wenn die Hundertmillionen in absehbarer Zeit erfaßt werden sollen. Dies ist auch zu einem Kennzeichen der Entwicklung des chinesischen Sozialismus geworden, gelegentlich ›Massenüberredung‹ (Mass Persuasion) genannt. Es gibt bisher kein anderes Beispiel in der Welt für eine so erfolgreiche geistige und organisatorische Zusammenfassung großer Menschenmassen zur Bewältigung bestimmter Vorhaben oder auch, wie im Fall der »Kulturrevolution«, zur Herstellung eines breiten Konsensus der Millionen.

Die »Kulturrevolution« selbst ist nicht ausdrücklich ein Thema für Mao. In der »Neuen Demokratie« (I B 4) spricht er zwar im letzten Teil davon, aber immer noch in einem Zusammenhang, der an die frühen Bemühungen Lenins um die Weiterführung der Revolution im Bereich der Kultur erinnert. Dort ist Kulturrevolution stets ein Vorgang *nach* der eigentlichen Revolution. Kulturrevolution als *Bestandteil* der Revolution selbst, ja, als ihr wesentlicher Bestandteil, ist nur in China und dort auch erst im Vollzug dieser so benannten Aktion der Sechzigerjahre deutlich geworden. In diesem Begriff verdichten sich die verschiedenen Ansätze zur Umbildung des Menschen, die seit den Zwanzigerjahren gemacht worden sind und die auch ihren Niederschlag in den Äußerungen Maos gefunden haben. Darum sind in diese Auswahl im Zusammenhang des Abschnitts III neben Äußerungen der jüngsten Zeit auch solche Schriften einbezogen worden, die schon 1942 publiziert wurden.

4.

In diesen Zusammenhängen bildet sich das Unbehagen des durch Humanismus, Aufklärung und Toleranzgebot anders geprägten Europäers, des bürgerlichen Europäers, des Westeuropäers. Das Unbehagen mischt sich mit der Einsicht, daß ein breiter Konsensus für die Bewältigung so gigantischer Entwicklungsaufgaben notwendig ist, mehr noch, es kann sich in Bewunderung verwandeln für die bereits geleistete Aufbauarbeit. Und doch bleibt ein Unbehagen zurück, das sich, darauf

angesprochen, auf die Verletzung der Rechte des Individuums oder auf die Zerstörung der Familie als Kernzelle der Gesellschaft stützt. Unbewußt mag auch noch mitschwingen, daß der westeuropäische Bürger sich unmittelbar angesprochen fühlt, in dem Begriff der Bourgeoisie seine eigene Umwelt angegriffen sieht und mit Abwehrgefühlen gegen Vermassung und Terrormethoden reagiert.
Trotz aller Gleichartigkeit der verwendeten Begriffe sollte der Leser jedoch immer bedenken, daß der Adressat der hier abgedruckten Schriften der chinesische Mensch ist, nicht zum wenigsten auch der gebildete chinesische Mensch, der dazu angehalten werden soll, die breiten Massen der Bevölkerung auf dem richtigen Weg zu halten. Die Begriffe klingen gleich, weil sie gleichen Ursprungs sind – Bourgeois stammt aus der Französischen Revolution und hat zuerst in Frankreich seine negative Bewertung erhalten. Von dort ist der Begriff als Fremdwort über Rußland in die chinesische Übersetzungsliteratur eingegangen (Leute, die über Kapital verfügen). Mit anderen Worten, man darf die gleichlautenden Begriffe nicht vorschnell auf die eigene Umwelt übertragen.
Um gleichwohl die Wirkung dieser Schriften zu ermessen, soll man sich zugleich klarmachen, daß die wichtigsten Auszüge aus diesen Schriften, wie sie etwa in dem »Roten Buch« (Worte des Vorsitzenden Mao) zusammengefaßt sind, nun besonders jene Menschen erreichen sollen, die eben erst lesen und schreiben gelernt haben, denen mit Maos China wirklich eine neue Welt aufgegangen ist, die buchstäblich das Produkt der revolutionären Umwälzung sind, für die eine frühere, etwa heile Welt jenseits aller Vorstellung liegt. Man muß sich darüber im klaren sein, daß die ›Befreiung‹ des Jahres 1949 für Hunderte von Millionen Menschen wirklich die Stunde Null geworden ist.
Die Wirkungen Maos außerhalb Chinas sind vielfältiger Art. Auf der einen Seite scheint in ihm der ›Sozialanwalt‹ für alle unterdrückten Völker und Bevölkerungsgruppen, wo immer sie in der Welt leben, aufgestanden zu sein. Bei ihm und in seinen Schriften lassen sich alle die Sätze finden, die dem Unterdrückten Mut zusprechen und sichere Befreiung verheißen. Die Wirkung eines solchen ›Sozialanwalts‹ kann sich sehr wohl auch dort bemerkbar machen, wo man mit gleichem Engagement für die Unterdrückten eintritt. Mao wird hier zum kompromißlosesten Kritiker nicht nur der kapitalistischen, sondern auch der bürokratisch-sozialistischen Welt, die das alte Anliegen der Befreiung von Unterdrückung und Elend in klassische Machtpolitik ummünzt. Auf der anderen Seite fasziniert die Öffnung aller Entwicklung nach vorn, die grundsätzliche Infragestellung von Institution und Autori-

tät, die Aussicht, daß es einen gemeinsamen langen Marsch geben kann, der immerhin Solidarität und Gewißheit vermittelt und die Erreichung der großen Ziele in reale Dimensionen rückt. Ein Element von unbezweifelbarer Wahrheit schwingt in den Aufrufen und Erklärungen mit. Und schließlich: gäbe es einen Mao heute nicht, die Völker in der Dritten Welt hätten sich längst einen Sprecher seines Formats erwählt.

Diese Auswahl will in erster Linie Verständnis wecken für die beispiellose Umwälzung in einem Land, das die Maße eines Kontinentes hat, das sich auf einen ganz neuen Weg begeben hat, dessen Ziel zwar genannt ist, vorläufig aber in der jahraus, jahrein sich vollziehenden Produktionsschlacht um genügend Reis und Brotgetreide erfüllen muß. Das Ziel scheint in dem jeweils gegebenen Punkt der Gegenwart aufgehoben. Die Welt ist schon jetzt anders geworden, sagt Mao der Dichter. »Wendet euch um und seht den heutigen Tag!« Das ist eine Botschaft, die für das jahrtausendelang auf die Vergangenheit eingestimmte China von revolutionärer Wirkung sein muß. Versprechungen und Hoffnungen der letzten Jahrzehnte scheinen sich zu erfüllen. China wird anders. Das weckt Hoffnung auch für die Zukunft, auf die man getrost zugehen kann. Und doch weiß niemand, was sich in der Tiefe dieser 800 Millionen zählenden Gesellschaft wirklich vollzieht.

Der Leser sollte also nicht über die Gefahren nachsinnen, die er sich vielfach nur einbildet. Er sollte die ungeheure Anstrengung sehen, die das Werk der chinesischen Revolution mit sich bringt. Er sollte den großen historischen Vorgang beachten, der als solcher die Welt mehr beeinflußt, als sie es selbst jetzt schon begreift.

I. Geschichte der Revolution

A. Die Anfänge

Das Jahr 1927 ist der Anfang jener Phase der chinesischen Revolution, in der, zwei Jahre nach dem Tode Sun Yatsens, die Kuomintang ihre Herrschaft in Nanking errichtete und während der nächsten Jahre eine Reihe von Reformen durchführte, die zum ersten Mal aus China einen modernen Staat machen sollten. Das Jahr 1927 war zugleich der Anfang einer Periode, in der die Kommunisten, bereits rund 60000 Mitglieder zählend und führend in Gewerkschaften und Bauernverbänden, in den Untergrund gedrängt wurden und sich im Inneren der Provinzen eine neue Basis schaffen mußten. Sie verloren mit einem Schlag $^{5}/_{6}$ ihrer Mitglieder, wurden aller Machtstellungen innerhalb der Kuomintang entkleidet und aus den Städten, zumal aus Schanghai und Kanton, den Hochburgen ihrer Wirksamkeit, vertrieben. Mao, Gründungsmitglied seit 1921, hatte zuletzt als Spezialist für Fragen der Agrarrevolution gegolten und war im Herbst 1927 mit einem gemischten Verband aufständischer Bauern, Soldaten und Arbeiter gegen die Hauptstadt seiner Heimatprovinz Hunan marschiert, um Stalins Befehl zur Einnahme mehrerer Provinzzentralen auszuführen. Das Unternehmen, genannt ›Herbsternteaufstand‹, scheiterte aus Mangel an Vorbereitung und Koordination. Mao mußte in die Grenzgebirge zwischen Hunan und Kiangsi fliehen und entkam mit Not den Häschern.

Dies war ein nahezu vollkommener Zusammenbruch. Auch der Militäraufstand am 1.8.1927 in Nantschang endete in einer verzweifelten Flucht in das Innere, die ›Kantoner Kommune‹ im Dezember in einer blutigen Vergeltung örtlicher Militärbefehlshaber. Die militärische Macht lag in den Händen Tschiang Kaischeks, und auch seine politische Macht dehnte sich seit dem Ende des Jahres 1927 über immer größere Teile des chinesischen Kernlandes aus. Die Gewerkschaften in den wenigen Industriezentren wurden zerschlagen oder umorganisiert, die Maßnahmen zur Unterdrückung und Verfolgung der Kommunisten wurden immer zahlreicher.

So entstand ein neues Bild der chinesischen Revolution: Aufbau und allmähliche Ausdehnung militärischer Stützpunkte dadurch, daß man zugleich das Land der Begüterten an die Armen und Ärmsten verteilte und eine neue politische Macht nach dem Beispiel des Systems der Räte schuf, wie es in der europäischen Revolutionsgeschichte vorgebildet war. Die Chinesen nannten solche Gebiete zunächst »Sowjet-Gebiete«, später, nach 1937, »Stützpunkt-Gebiete«. Das Rätesystem konnte sich auch einer chinesischen Tradition dörflicher Selbstverwaltungsorgane bedienen. Mit ihnen haben die Kommunisten besonders während des Krieges gegen Japan gut zusammenarbeiten können. Ferner rief man in der »Sowjet«-Phase der chinesischen Revolution zur Bildung gemeinsamer politischer Fronten auf, seit der japanischen Besetzung der mandschurischen Provinzen im Jahre 1931 mit wachsendem Erfolg.

Maos Rolle in dieser neuen Phase der chinesischen Revolution war zunächst durchaus eine untergeordnete: er war Sekretär eines Front- oder Grenzkomitees der Partei im Inneren Südchinas und hatte Weisungen des Provinzkomitees von Hunan zu befolgen. Erst die Eroberung eines größeren Gebietes im südlichen Kiangsi 1929 mit Hilfe des damals stärksten Verbandes roter Streitkräfte unter dem erfahrenen Truppenführer Dschu Dö machte aus Mao den führenden Mann im zentralen ›Sowjetgebiet‹ (seit 1931). Die Erfahrungen in dieser Phase sind für Mao und für die kommunistische Bewegung in China grundlegend geworden. Der revolutionäre Landkrieg wurde zum Modell für die Weltrevolution maoistischer Prägung. Es erscheint daher historisch und sachlich gerechtfertigt, Maos Äußerungen aus dieser Zeit an den Anfang dieser Auswahl zu stellen.

Niemand wird heute noch daran zweifeln, daß es hier wiederum der Bericht an das Zentralkomitee seiner Partei über den Bauernaufstand in Hunan vom Ende des Jahres 1926 ist, der den neuen Anfang setzte. Mao hatte sich davor bereits über die Verhältnisse auf dem Land in der Umgebung der Großstadt Schanghai in der Parteizeitschrift geäußert, aber der Hunan-Bericht ist nach Inhalt und Form Maos Durchbruch zu der neuen Vision: einer Revolution vom Lande aus. Er wird hier abgedruckt in einer neuen Übersetzung des Originals vom März 1927, das sich in der Zeitschrift der KP ›Führung‹ (Hsiangdao) in einem japanischen Nachdruck findet. Es ist im wesentlichen der offiziellen Fassung gleich (vgl. Ausgewählte Werke, Bd. I), jedoch kraftvoller und dem revolutionären Urerlebnis des Autors näher.

Die danach folgenden Äußerungen der Jahre 1928 und 1929 fallen demgegenüber deutlich ab – sie können aber mit der historischen Situation auch den revolutionären Praktiker zeigen. Das gilt sowohl für den Resolutionsentwurf ›Warum kann die chinesische rote Macht bestehen?‹, als auch für den Bericht über den Kampf im Djinggang-Gebirge wie für den Brief an einen Genossen, der zusammen mit anderen Briefauszügen später zu dem Beitrag zusammengefaßt worden ist: ›Aus einem Funken kann ein Steppenbrand entstehen‹ (alle AWI). Es ging dabei um zwei Dinge: einmal um die Revolution, die in China eine einmalige und von den chinesischen Bedingungen geradezu vorgezeichnete Chance des Erfolgs hatte, und zum anderen um die vom Land aus operierende bewaffnete Revolution, die auch dann gelingen würde, wenn die Masse der Beteiligten Bauern sind, vorausgesetzt, daß die Führung durch das Proletariat in Gestalt der Parteiführung gewährleistet bleibe. Das ist der Gegenstand eines weiteren Dokuments, das der Chronologie folgend an vierter Stelle steht: ›Über die Berichtigung falscher Ansichten in der Partei‹.

Die Erziehungsarbeit war entscheidend beim Aufbau einer Organisation von bewaffneten Einheiten, die nicht nur die Macht des Gegners bekämpfen und schwächen, sondern sich auch aus politisch bewußten Kämpfern für die Sache einer kommunistisch geführten Revolution zusammensetzen sollten. Es galt, dem rein militärischen Denken, dem Landsknechts-Denken, ein politisches Bewußtsein einzuprägen. Tendenzen der Gleichmacherei, der individualistischen Unbotmäßigkeit und des Freibeutertums waren zu bekämpfen und einer politischen

Disziplin zu unterwerfen. Hier deutet sich zum ersten Mal das immer wiederkehrende Motiv der ›Korrektur falscher Ansichten‹ an, das in dem Abschnitt dieser Auswahl unter dem Thema Kulturrevolution stärker berücksichtigt ist. Nicht zufällig ist die Zahl der Aussprüche und Zitate im ›Roten Buch‹ aus diesem Text vergleichsweise groß.

Es ist außer den drei Gedichten am Schluß dieses Abschnitts noch ein weiterer Text eingefügt, der nicht zu den ›Ausgewählten Schriften‹ gehört, sondern in einer neuen Auswahl zuerst 1964 bekannt wurde: ›Gegen die Buchgläubigkeit‹. Er gehört ebenfalls in die Serie der Schriften bis 1930, die zum Hauptwerk des Autors vorausweisen: Betonung der Praxis, der konkreten Analyse chinesischer Wirklichkeit, geschrieben im Stil des Aufrufs, stellenweise des zornigen Unmuts. Der Beitrag richtet sich einmal an die eigenen Genossen, die sich mit der neuen Aufgabe der Revolution erst vertraut machen müssen, dann aber auch gegen die intellektuellen Parteigenossen, die ihm selber zu jener Zeit das Leben schwer machten mit ihrer Kritik seiner Feld-, Wald- und Wiesentaktik; ihnen wird ›Buchgläubigkeit‹, marxistischer Dogmatismus und praxisfernes Geschwätz vorgeworfen. Aber Mao betont in diesem Beitrag auch selbst die orthodoxen Gesichtspunkte der Revolution in den Städten unter der Führung der Arbeiterklasse, wie man es aus dieser Zeit kaum an anderer Stelle findet. Die Vermutung liegt nahe, daß manches in dieser Schrift auch apologetischen Charakter hat. Sie ist in jedem Fall ein weiterer Beleg dafür, daß die einseitige Festlegung Maos als Bauernrevolutionär immer unangebracht war.

Die drei Gedichte am Schluß geben zwei Eindrücke aus dem Jahr 1930, in ungewisser Lage, wieder, und eines vom ›Langen Marsch‹ aus dem Jahr 1935, als der Weg für den eben zum Vorsitzenden Gewählten frei voraus zu liegen schien.

1. Bericht über eine Untersuchung der Bauernbewegung in Hunan

Korrespondenz aus Tschangscha vom 18. Februar 1927, verfaßt von Mao Tsetung*

I. Die Revolution auf dem Lande

1. Die ernste Bedeutung des Bauernproblems. Während meiner kürzlichen Reise in die Provinz Hunan unterzog ich die fünf Kreise Hsiangtan, Hsianghsiang, Hengschan, Liling und Tschangscha einer eingehenden Untersuchung. 32 Tage lang – vom 4. Januar bis zum 5. Februar – versammelte ich in Dörfern und Kreisstädten erfahrene Bauern und Genossen der Bauernbewegung und hielt mit ihnen Untersuchungskonferenzen ab; ich hörte mir aufmerksam ihre Berichte an, und ich konnte eine beträchtliche Menge Materials zusammentragen.

Viele Argumente der Bauern sind das genaue Gegenteil dessen, was man von der Klasse der üblen Gentry[1] in Hankou und Tschangscha[2] zu hören bekommt. Ich sah und hörte viele merkwürdige Dinge, von denen ich (bis zu dieser Zeit) weder etwas gesehen noch gehört hatte. Ich glaube, diese Verhältnisse sind in ganz China zu finden, welche Provinz es auch sei. Jegliches Gerede, das gegen die Bauernbewegung gerichtet ist, muß schnellstens korrigiert werden, und alle falschen Maßnahmen der revolutionären Behörden gegenüber dieser Bewegung müssen schleunigst abgeändert werden. Nur so kann man einen nützlichen Beitrag zur zukünftigen Entwicklung der Revolution leisten.

Der gegenwärtige Aufschwung der Bauernbewegung ist nämlich ein kolossales Ereignis. Innerhalb kurzer Zeit werden sich in den zentralen, südlichen und nördlichen Provinzen unseres Landes einige hundert Mil-

* Übersetzt nach der Originalfassung in der Zeitschrift ›*Führung*‹ (Hsiangdao) Heft 1927.

[1] chin. Liäschen, eigtl. »minderwertige Literaturen«, die zwar zu den »Gürtelträgern« (schen), d. h. den Gebildeten zählten, jedoch dem Anspruch vorbildlicher Lebensführung nicht genügten, sondern korrupt waren und die armen Bauern ausbeuteten.

[2] Tschangscha ist die Provinzhauptstadt, Hankou die nächstgelegene Großstadt.

lionen mit der verheerenden Gewalt eines fürchterlich wütenden Orkans erheben, und keine noch so große Macht wird in der Lage sein, sie niederzuhalten. Sie werden alle Netze, die sie fesseln, zerreißen und auf der Straße der Befreiung vorwärtsstürmen. Sie werden allen Militaristen, Militärmachthabern, korrupten Beamten und lokalen Machthabern das Grab schaufeln. Alle revolutionären Parteien und revolutionären Genossen werden vor ihrem Angesicht einer Probe unterworfen und zurückgewiesen oder in ihre Reihen aufgenommen. Sollen wir uns an ihre Spitze stellen und sie führen? Sollen wir hinter ihnen herlaufen und sie mit Händen und Füßen gestikulierend kritisieren?

Oder sollen wir uns ihnen in den Weg stellen und gegen sie kämpfen? Jedem Chinesen steht es frei, einen dieser drei Wege zu wählen, aber der Lauf der Ereignisse wird dich zu einer raschen Entscheidung zwingen.

Ich habe in den hier folgenden Abschnitten meine Untersuchungen und Ansichten niedergeschrieben, um den Genossen einen Vergleich zu ermöglichen.

2. Sie organisieren sich. Wenn man von den mittleren und südlichen Teilen der Provinz Hunan spricht, wo die Entwicklung schon weit fortgeschritten ist, dann kann man die Bauernbewegung von Hunan im großen und ganzen in zwei Abschnitte einteilen: der erste vom Januar bis September letzten Jahres (1926) war der Abschnitt der Organisation.

Dieser Abschnitt gliedert sich in die Phase der geheimen Untergrundarbeit (Januar bis Juni) und die der offenen Aktivität (Juli bis September), als die Truppen der Revolution Dschao Hengti[3] vertrieben. Zu dieser Zeit zählten die Bauernvereinigungen höchstens 300000 bis 400000 Mitglieder, und die Massen, die unter ihrer unmittelbaren Führung standen, machten nur wenig mehr als eine Million Menschen aus.

In den Dörfern war man noch weit von irgendeinem Kampf entfernt, und so übten die anderen Bevölkerungskreise auch noch keine Kritik an den Bauernvereinigungen. Weil die Mitglieder der Bauernvereinigungen als Führer, Kundschafter und Träger (der Armee des Nordfeldzuges) arbeiten konnten, hatten sogar manche Offiziere noch einige gute Worte für sie übrig.

Der zweite Abschnitt, von Oktober letzten Jahres bis Januar dieses Jahres, war der Abschnitt der Revolution. Die Mitgliederzahl der Bauernvereinigungen stieg sprunghaft auf zwei Millionen, die unmittelbar von ihnen geführten Massen wuchsen auf zehn Millionen an. (Weil die Bauern

[3] Der damalige Militärmachthaber in Hunan.

bei ihrem Eintritt in die Bauernvereinigungen im allgemeinen nur einen einzigen Namen je Familie registrieren lassen, macht das bei zwei Millionen Mitgliedern eine Masse von zehn Millionen Menschen aus.) Fast die Hälfte aller Bauern in Hunan hat sich jetzt organisiert. In den Kreisen [folgen 13 Namen] hat sich fast die gesamte Bauernschaft der Organisation der Bauernvereinigungen angeschlossen oder steht unter ihrer Führung. Nachdem die Bauern nun eine breitangelegte Organisation aufgebaut hatten, begannen sie, zur Aktion überzugehen, und so machten sie in den vier Monaten von Oktober bis Januar eine in der Geschichte beispiellose Revolution auf dem Lande.

3. Nieder mit den lokalen Machthabern und der üblen Gentry! Alle Macht den Bauernvereinigungen! Nachdem die Bauern eine Organisation aufgebaut hatten, gingen sie zur Aktion über. Ihr Hauptangriffsziel sind die lokalen Machthaber, die üble Gentry und die gesetzlosen Grundherren, daneben wenden sie sich aber auch gegen patriarchalische Vorstellungen und Einrichtungen in den Dörfern, gegen die korrupten Beamten in den Städten und gegen schlechte Sitten und Gewohnheiten auf dem Lande. Dieser Angriff hat die Wucht eines Orkans: wer sich ihm beugt, wird überleben, wer sich ihm entgegenstellt, wird vernichtet, er hat zur Folge, daß die jahrtausendealten Privilegien der feudalen Grundherren kurz und klein geschlagen werden. Ihr Prestige und ihr Machtnimbus werden vollends in den Staub gekehrt.
Mit dem Zusammenbruch der Macht der Gentry sind die Bauernvereinigungen die einzigen Machtorgane, und das Schlagwort »Alle Macht den Bauernvereinigungen!« ist Wirklichkeit geworden.
Sogar solche Bagatellen wie der Zank von Eheleuten müssen zur Entscheidung vor die Bauernvereinigungen gebracht werden. Wenn kein Vertreter der Bauernvereinigungen anwesend ist, kann keine Sache entschieden werden, ist aber einer anwesend, so kann er einen Furz lassen und es ist immer noch in Ordnung. Die Bauernvereinigungen diktieren auf dem Land einfach alles, und es ist wirklich so: »Was immer sie sagen, das wird gemacht.« Diejenigen, die den Vereinigungen nicht angehören, können nur sagen, die Vereinigungen seien gut, sie dürfen nichts Schlechtes über sie sagen. Den lokalen Machthabern, der üblen Gentry und den gesetzlosen Grundherren hat man jedes Mitspracherecht genommen, und keiner wagt auch nur die leiseste Widerrede. Angesichts der Macht der Bauernvereinigungen ist die »Creme« der lokalen Machthaber und üblen Gentry nach Schanghai geflohen, die zweitrangigen haben sich nach Hankou abgesetzt, die drittrangigen sind nach Tschang-

scha gelaufen, die viertrangigen in die jeweilige Kreishauptstadt, die fünftrangigen und die noch kleineren Fische aber unterwarfen sich in den Dörfern auf Gnade und Ungnade den Bauernvereinigungen: »Ich gebe euch zehn Yüan[4], bitte, laßt mich doch in die Bauernvereinigung eintreten!« sagen die kleinen Angehörigen der üblen Gentry. »Pah! Wer will denn dein stinkendes Geld?« antworten die Bauern. Viele mittlere und kleine Landbesitzer, reiche Bauern und sogar mittlere Bauern, die früher gegen die Bauernvereinigungen waren, bitten gegenwärtig vergeblich um Aufnahme. Überall traf ich solche Leute, und sie wandten sich flehend an mich: »Bitte, Herr Kommissar aus der Provinzhauptstadt, seien Sie mein Bürge!«

Unter der Tjing-Dynastie gab es in jedem Ort zwei verschiedene Einwohnerlisten, die reguläre Liste und die Sonderliste. Die ehrbaren Leute wurden auf die reguläre Liste gesetzt; Räuber, Banditen und andere üble Elemente kamen dagegen auf die Sonderliste. Und so drohen die Bauern in einigen Gegenden jetzt denjenigen, die früher gegen die Bauernvereinigungen waren, ebenso: »Setzt sie auf die Sonderliste!« Diejenigen, die Angst haben, in die Sonderliste eingetragen zu werden, suchen mit allen Mitteln um die Aufnahme in die Bauernvereinigungen nach, und sie sind erst dann beruhigt, wenn ihre Namen in den Büchern einer Vereinigung stehen, nach der sie sich aus ganzem Herzen gesehnt haben.

Oft aber werden diese Leute von den Bauernvereinigungen strikt abgewiesen, und so fristen sie ihr Leben in ständiger Angst; vor die Türen der Bauernvereinigungen ausgesperrt, kommen sie sich vor wie ausgestoßene Heimatlose, in den Dörfern nennt man sie deswegen »die Ausgestoßenen«. In einem Wort: der sogenannte »Bauernverein«, vor vier Wochen noch von allen Leuten verachtet, hat sich zu einer höchst ehrenwerten und respektierten Einrichtung entwickelt. All jene, die sich früher vor der Macht der üblen Gentry beugten, beugen sich jetzt vor der Macht der Bauernvereinigungen. Jeder, aber auch jeder, erkennt an, daß die Zeit seit Oktober letzten Jahres eine andere Welt ist.

4. Sehr schlecht und sehr gut. Der Aufruhr der Bauern auf dem Lande hat die süßen Träume der Gentry gestört. Als die Nachrichten vom Land die Städte erreicht hatten, erhob die städtische Gentry sogleich großes Geschrei. Nach meiner Ankunft in Tschangscha traf ich alle

[4] Silberdollar mit wechselnden Paritäten und relativ hoher Kaufkraft, zehn Yüan etwa die Hälfte eines monatlichen Arbeitslohns aus.

möglichen Leute und hörte eine Menge von Gerüchten und Klatsch. Von den sozialen Mittelschichten bis hinauf zum rechten Flügel der Kuomintang gab es keinen einzigen, der alle die Ereignisse nicht in den Worten »schlecht« oder sogar »sehr schlecht« zusammengefaßt hätte. Sogar sehr revolutionär gesinnte Leute verloren unversehens den Mut, als sie sich unter dem Druck der überall herumschwirrenden Gerüchte der »Sehr schlecht« = Partei vor ihrem geistigen Auge die Zustände auf dem Land ausmalten, und sie waren nicht imstande, die Bezeichnung »schlecht« zu leugnen. Auch ziemlich fortschrittliche Leute sagten mir: »Diese Dinge sind gewiß notwendig auf dem Weg der Revolution, aber sie sind doch sehr schlecht!« Kurz, niemand konnte die Kennzeichnung »schlecht« rundweg ableugnen. Ist es denn wirklich so? Wie oben erwähnt, haben sich die breiten Bauernmassen erhoben, um ihren historischen Auftrag auszuführen. Die demokratischen Kräfte des Dorfes haben sich erhoben, um die feudalen Mächte auf dem Lande zu zerschlagen. Es ist in der Tat das wahre Ziel der nationalen Revolution, die feudalen Mächte zu stürzen. In wenigen Monaten haben die Bauern das vollendet, was Dr. Sun Yatsen in den vierzig Jahren[5], die er der nationalen Revolution gewidmet hat, anstrebte, ohne es zu erreichen. Die patriarchalisch-feudalistische Klasse der lokalen Machthaber, der üblen Gentry und der gesetzlosen Grundherren war für Jahrtausende die Basis eines autokratischen Regimes, der Eckpfeiler des Imperialismus, der Militärmachthaber und der korrupten Beamten; die Bauern legten diesen Eckpfeiler mit der Arbeit ihrer Hacken und Schaufeln in wenigen Monaten bloß. Das ist eine wunderbare Heldentat, die früher weder in vierzig noch in tausend Jahren gelungen war. Das ist »sehr gut« und nicht »schlecht«, schon gar nicht »sehr schlecht«. Wollte man Belohnungen für Verdienste austeilen, dann machen die Errungenschaften und Leistungen der Städter und des Militärs nur dreißig Prozent aus, die Verdienste der Bauern durch die Revolution auf dem Lande aber machen siebzig Prozent aus, wenn man alle Verdienste bei der gesamten demokratischen Revolution als hundert Prozent ansetzt. »Es ist sehr schlecht« – das ist ganz offensichtlich eine These im Interesse der Grundherren zur Bekämpfung des Bauernaufstandes, eine klare These der Grundherrenklasse, die die alte feudalistische Ordnung erhalten und die Errichtung einer neuen demokratischen Ordnung verhindern möchte, das ist ganz offensichtlich eine konterrevolutionäre These. Kein revolutionärer Ge-

[5] 1885–1925, ein Topos der chinesischen Geschichtsschreibung, weil Sun von sich gesagt hatte, die Niederlage gegen Frankreich i. J. 1885 habe ihn zum ersten Ma den Gedanken an eine Revolution gebracht.

nosse darf dieses Geschwätz nachplappern. Wenn du ein Mensch bist, der seine revolutionären Ansichten gefestigt hat und außerdem hinausgeht auf die Dörfer, um sich dort einmal umzusehen, dann wirst du bestimmt eine bis dahin nicht gekannte Genugtuung und Freude empfinden. Die breiten Massen der Versklavten – die Bauern – schlagen dort ihre Feinde nieder, die sie ausgesogen und geschunden hatten. Das Verhalten der Bauern ist völlig richtig, ihr Verhalten ist »sehr gut«. »Es ist sehr gut« – das ist die These der Bauern und aller anderen Revolutionäre. Alle revolutionären Genossen müssen wissen: die nationale Revolution verlangt eine große Veränderung auf dem Land. Der Revolution von 1911 gelang diese Veränderung nicht, und deswegen scheiterte sie. Gegenwärtig aber vollzieht sich eine solche Veränderung, und sie ist ein wichtiger Faktor bei der Vollendung der Revolution. Alle revolutionären Genossen müssen diese Veränderung unterstützen, andernfalls werden sie unweigerlich zu Konterrevolutionären.

5. *Die Frage des »Zu-weit-Gehens«.* Dann gibt es da noch eine Gruppe von Leuten, die sagt: »Die Existenz der Bauernvereinigungen ist zwar notwendig, aber ihr augenblickliches Verhalten geht doch wohl zu weit.« Das ist die These derjenigen, die auf dem mittleren Weg gehen. Aber wie ist es denn in Wirklichkeit?

Es stimmt schon, daß die Bauern auf dem Lande augenblicklich etwas »außer Rand und Band« sind. Im Vollbesitz aller Macht verbieten die Bauernvereinigungen den Grundherren das Wort und kehren ihr Ansehen in den Staub. Das ist so, als hätten sie die Grundbesitzer zu Boden geschlagen und ihnen noch den Fuß auf den Nacken gesetzt. »Wo es Land gibt, da gibt es auch Machthaber, und Übles nur dort, wo Gentry ist« – diesem Sprichwort gemäß gibt es Gegenden, in denen sogar die Besitzer von nur 50 mou[6] Ackerland »lokale Machthaber« und die, die gerade nur vornehm gekleidet sind, »üble Gentry« heißen. »Ihr werdet auf die Sonderliste gesetzt!« drohen die Bauern den lokalen Machthabern und der üblen Gentry, sie erlegen den lokalen Machthabern und der üblen Gentry Geldstrafen auf, fordern Aufgaben von ihnen und zerschlagen ihre Sänften. Ein Haufen von Menschen wälzt sich in die Häuser der lokalen Machthaber und üblen Gentry, die gegen die Bauernvereinigungen eingestellt sind, sie schlachten ihre Schweine und teilen ihre Getreidevorräte aus. Es kommt auch vor, daß sie sich auf den elfenbeinverzierten Betten der jungen Damen aus den Familien der lokalen Machthaber und der üblen Gentry herumräkeln.

[6] Etwa 3,5 ha.

Beim geringsten Anlaß nehmen sie irgend jemanden fest, setzen ihm einen hohen Papierhut auf und treiben ihn unter Geschrei durchs Dorf: »Heute sollst du uns kennenlernen, du Angehöriger der üblen Gentry!« Mit einem Wort: sie machen, was ihnen gefällt, kehren bei allen Angelegenheiten das Unterste zuoberst und schaffen so auf dem Land einen gewissen Terror. Das ist es, was manche Leute »zu weit gehen« nennen, oder wovon sie sagen: »beim Korrigieren eines Fehlers das Maß überschreiten«, oder: »das ist nun wirklich zu viel«.

Wenn solche Urteile zuerst auch richtig erscheinen, so sind sie in Wirklichkeit doch falsch. Erstens haben die lokalen Machthaber, die üble Gentry und die gesetzlosen Grundherren die oben geschilderten Vorgänge selbst provoziert. Seit jeher haben sie ihre Macht mißbraucht, um die Bauern zu tyrannisieren und auf ihnen herumzutrampeln, und genau das hat die Bauern zu einem so wütenden Widerstand getrieben.

Die gewalttätigsten Aufstände und die schlimmsten Unruhen fanden dort statt, wo die lokalen Machthaber und die üble Gentry am grausamsten gehaust hatten. Dem Scharfblick der Bauern unterläuft kein Fehler. Wer schlecht ist und wer nicht, wer ganz besonders schlimm und wer nur ein kleines Licht ist, wer eine strenge Strafe verdient und wer mit einer leichteren davonkommen kann – über all das führen die Bauern sehr genau Rechnung, und es geschieht nur selten, daß die Strafe dem Verbrechen nicht angemessen ist.

Deswegen sagt auch Herr Tang Menghsiao[7]: »Neun von zehn lokalen Machthabern und Angehörigen der üblen Gentry, die die Bauern auf dem Land festnehmen, werden völlig zu Recht festgenommen.«

Zweitens ist die Revolution kein Gastmahl, kein Aufsatzschreiben, kein Bildermalen oder Deckchensticken, sie kann nicht so fein, so gemächlich und kultiviert, so »maßvoll, gesittet, höflich, zurückhaltend und großmütig« sein[8]. Die Revolution ist ein Aufruhr, sie ist ein Gewaltakt, durch den eine Klasse eine andere stürzt. Die Revolution auf dem Lande ist eine Revolution, in der die Bauernschaft die Macht der feudalistischen Grundherrenklasse stürzt. Ohne stärkste Gewaltanwendung können die Bauern die seit Jahrtausenden tief verwurzelte Macht der Grundherrenklasse nicht stürzen. Das Land bedarf einer gewaltigen revolutionären Aufwallung, und nur so kann man die Millionen-

[7] geb. 1885, General aus Hunan, gehörte dem linken Flügel der KMT an, zeitweilig Rivale Tschiang Kaischeks, meist bekannt mit seinem Hauptnamen Tang Schengdschi.

[8] Vgl. Kungfutse. Gespräche (Lun Yü), [Diederichs Verlag] Düsseldorf–Köln 1955, S. 40, in der Fassung von R. Wilhelm: »milde, einfach, ehrerbietig, mäßig und nachgiebig.«

massen in Bewegung setzen, um sie zu einer gigantischen Kraft werden zu lassen. Alle oben erwähnten Aktionen, die als »zu weit gehend« bezeichnet werden, sind Aktionen von großer Heftigkeit, die durch einen mächtigen revolutionären Aufschwung auf dem Land entstanden sind. Sie waren im zweiten Abschnitt der Bauernbewegung, im Abschnitt der Revolution ganz besonders notwendig. In diesem zweiten Abschnitt muß unbedingt die absolute Macht der Bauern errichtet werden, man darf auf keinen Fall zulassen, daß die Leute die Bauernvereinigungen schlecht machen, man muß die Macht der üblen Gentry völlig stürzen, die üble Gentry zu Boden schlagen und ihr den Fuß auf den Nacken setzen. Alle Aktionen, von denen man sagt, sie gingen »zu weit«, sind im zweiten Abschnitt von revolutionärer Bedeutung. Kurz gesagt, in jedem Dorf muß es für kurze Zeit zu einem Terror kommen, denn andernfalls wäre es unmöglich, die Aktivitäten der Konterrevolutionäre auf dem Land zu unterdrücken und die Macht der Gentry zu brechen.

Wenn man etwas geradebiegen will, so muß man es unbedingt verbiegen, etwas geradebiegen, ohne es zu verbiegen, ist unmöglich[9]. Das Geschwätz dieser Gruppe von Leuten, die von »zu weit gehen« sprechen, scheint äußerlich gemäßigter zu sein als das der vorhergenannten, die alles »sehr schlecht« finden. In Wirklichkeit aber steht diese Gruppe mit der vorigen auf einem Standpunkt; es handelt sich auch hier um eine These der Grundherren, die die Interessen einer priviligierten Klasse in Schutz nimmt. Diese These hemmt den Aufschwung der Bauernbewegung und untergräbt so die Revolution, deswegen müssen wir sie entschieden bekämpfen.

[9] Dieser Satz gilt als »locus classicus« für die Radikalität der maoistischen Revolution. (Das Bild des Zurechtbiegens stammt aus der Tischlerwerkstatt und findet sich zuerst bei Hsündse Kap. 23, mit Bezug auf die Überschreitung des Maßes (»verbiegen«) zuerst in den Han-Annalen, 2. Jh. n. Ch.). Später kommen andere Vergleiche hinzu: einen Kranken anschreien, damit ihm der Schweiß ausbricht und anderes, jedoch keinesfalls einfach prügeln oder gar totschlagen. Die Radikalität gleicht der einer drastischen Kur, es geht um die Veränderung gerade auch im Bewußtsein der Menschen, die oft nur auf dem Wege einer Schocktherapie erreicht wird. Der zeitweilige Terror zu Beginn der Kulturrevolution der 60er Jahre hatte in jenem der Bauernaufstände in Hunan 1926/27 sein Vorbild. Mao setzt sich in diesem Satz ab von allen reformerischen oder revisionistischen Methoden, vgl. »Ausgewählte Werke« Bd. I, Peking 1968, S. 60 Anm. 4.

II. Die Vorhut der Revolution

1. Die Pöbelbewegung. Die Leute vom rechten Flügel der Kuomintang sagen: »Die Bauernbewegung ist eine Bewegung des Pöbels und der faulen Bauern.« Dieses Gerede ist in Tschangscha weit verbreitet. Als ich in die Dörfer ging, da sagten mir Angehörige der üblen Gentry und der lokalen Machthaber: »Es ist schon recht, Bauernvereinigungen zu gründen, nur die Leute, die jetzt dort tätig sind, taugen nichts. Man muß die Leute auswechseln!«

Dieses Gerede und die Worte der Rechten haben ein und denselben Sinn, beide sagen nämlich, die Bauernbewegung sei schon zulässig (die Bewegung ist nun einmal in Gang gekommen, und es gibt deswegen niemanden, der zu sagen wagt, sie sei nicht zulässig), nur die Leute, von denen sie betrieben werde, seien ungeeignet. Ihr Haß zielt ganz besonders auf die Funktionäre der unteren Organisationen der Bauernvereinigung, sie sagen, das sei alles »Gesindel«. Diejenigen, von denen man auf dem Land seit jeher sagt, »sie tragen Fetzen von Leder an den Füßen, sie halten durchlöcherte Schirme in den Händen, sie schlagen im Müßiggang ihre Zeit tot, sind in Flicken und Lumpen gekleidet, wetten um Geld und spielen Karten«, also alle, die »keinem der vier Stände angehören«[10], kurz, alle diejenigen, die die üble Gentry schon immer verachtet hatte, die sie in den Schmutz getreten hatte, Menschen, für die es keinen Platz in der Gesellschaft gab, denen man jedes Mitspracherecht völlig entrissen hatte – diese Menschen erhoben jetzt auf einmal ihr Haupt. Sie erhoben nicht nur ihr Haupt, sondern sie nahmen auch die Macht in ihre Hände. Sie sind jetzt in den Gemeinde-Bauernvereinigungen (der untersten Ebene der Bauernvereinigungen) König, und diese Organisationen sind in ihren Händen zu höchst ungemütlichen geworden. Sie haben ihre schwieligen, schwarzen Arbeiterhände erhoben und sie den Angehörigen der üblen Gentry auf die Schultern gelegt. Sie fesseln die Gentry mit Stricken, setzen ihnen hohe Papierhüte auf und führen sie in einem Umzug durch die Dörfer. (In Hsiangtan und Hsianghsiang nennen sie das »Umzug durch das Dorf«, in Liling »Umzug durch die Felder«.) Es vergeht kein Tag, an dem der üblen Gentry nicht die bitteren und erbarmungslosen Anklagen in die Ohren gellen. Sie erteilen Befehle und haben überall das Kommando. Sie, die früher ganz unten an letzter Stelle standen, stehen jetzt oben über allen anderen. Das nennt man »das Unterste zuoberst kehren«.

[10] Gentry, Bauern, Handwerker, Kaufleute – bereits in der Literatur der Vor-Kaiserzeit, vor dem 3. Jh. v. Ch.

2. Die Vorhut der Revolution und die verdienten Helden der Revolution. Wenn es zwei gegensätzliche Betrachtungsweisen gegenüber Dingen und Menschen gibt, dann kommt es zu zwei entgegengesetzten Einschätzungen. Ein gutes Beispiel dafür ist, ob man »sehr schlecht« oder »sehr gut« sagt, »Pöbel« oder »Vorhut der Revolution«.

Oben ist bereits gesagt worden: die Bauern haben ein revolutionäres Werk zustande gebracht, das lange Jahre nicht gelang, sie haben einen wichtigen Beitrag für die nationale Revolution geleistet. Aber ist dieses große Werk der Revolution, diese bedeutsame revolutionäre Leistung von der gesamten Bauernschaft vollbracht worden? Nein. Es gibt dreierlei Bauern: die Groß-, die Mittel- und die armen Bauern, deren Lebensumstände ganz verschieden voneinander sind und die deswegen auch ganz verschiedene Standpunkte gegenüber der Revolution haben.

Was z. B. die Großbauern (wir wollen diejenigen Großbauern nennen, die einen Überfluß an Geld und Getreide haben) während der ersten Periode (der Bauernbewegung) aufschnappten, war: die »katastrophale« Niederlage der Armee des Nordfeldzuges in Kiangsi, (die Nachricht), daß Tschiang Kaischek am Bein verwundet worden und in die Provinz Kuangtung zurückgeflogen sei und daß Wu Pefu die Stadt Yüädschou wieder eingenommen habe[11]. Die Bauernvereinigungen konnten sich, ihrer Meinung nach, sicher nicht lange halten, und auch die Drei Volksprinzipien[12] würden sich nicht richtig entfalten können, denn von solchen Sachen hatte man ja noch nie etwas gehört.

Die Funktionäre der Gemeinde-Bauernvereinigungen (meist war es einer aus dem »Pöbel«) gingen mit den Mitgliederlisten der Bauernvereinigungen in der Hand in das Haus eines reichen Bauern und sagten zu ihm: »Tritt doch bitte der Bauernvereinigung bei!« Und was antworteten die reichen Bauern dann? »Bauernvereinigung? Ich lebe hier schon seit Jahrzehnten, bestelle meinen Acker, und obwohl ich noch nie etwas von einer Bauernvereinigung gehört habe, hatte ich immer gut zu essen. Ich geb' dir einen guten Rat, laß' die Finger davon!« So antworteten die Großbauern von einigermaßen gutem Benehmen. »Was denn für eine Bauernvereinigung? Da wird einem der Kopf abgeschlagen – dummes Zeug! Stürzt die Leute nicht ins Unglück!« So redeten die bösen

[11] Ereignisse und Begebenheiten in der ersten Etappe des ›Nordfeldzuges‹ der Kuomintang-Armee i. J. 1926, mit der die Kommunisten zusammenarbeiteten. Tschiang Kaischek war ihr Oberbefehlshaber und Wu Pefu der Oberkommandierende der Gegenpartei der nördlichen Militärmachthaber. Yüädschou ist eine strategisch wichtige Stadt an der Grenze der Provinzen Hunan und Hupeh.

[12] Die »Drei Volksprinzipien« Sun Yatsens: Nationalismus, Demokratie und Sozialismus.

Großbauern. Aber eigenartigerweise haben sich die Bauernvereinigungen nun schon mehrere Monate lang gehalten und wagen es sogar, sich gegen die Gentry zu stellen! Angehörige der Gentry aus der Umgebung wurden festgenommen, weil sie ihre Opiumpfeifen nicht abliefern wollten, und wurden durch die Dörfer geführt.

In den Kreisstädten richteten sie sogar einige einflußreiche Vertreter der Gentry hin, so z. B. Yän Jungtjiu in Hsiangtan und Yang Dschidsö in Ninghsiang. Bei der Massenversammlung zum Gedenken an die große Oktoberrevolution, bei der antibritischen Kundgebung und bei den großen Feiern der Siege im Nordfeldzug schwenkten die Bauern ihre Banner und Fahnen und bildeten – im Durcheinander ihrer Tragstangen und Hacken – eine wogende und brandende Demonstration. Erst jetzt begannen sich in den Herzen der Großbauern Angst und Verwirrung zu regen. Bei den großen Feierlichkeiten anläßlich der Siege des Nordfeldzuges erfuhren sie, daß Djiudjiang[13] genommen worden war, daß Tschiang Kaischek überhaupt keine Verwundung am Bein erlitten hatte, und daß Wu Pefu zu guter Letzt doch noch geschlagen worden war. Und noch dazu prangten überall auf den »Proklamationen in Rot und Grün« Losungen wie »Hoch die Drei Volksprinzipien«, »Hoch die Bauernvereinigungen« und »Hoch leben die Bauern!« – »Was? Hoch die Bauern? Soll man denn diesen Leuten jetzt auch schon kaiserliche Ehren erweisen?«[14] Die Großbauern zeigten nun große Furcht und Verwirrung.

Die Bauernvereinigungen wurden daraufhin stolz. Ihre Angehörigen sagten den Großbauern: »Ihr kommt auf die Sonderliste!« Oder sie sagten: »Wer erst in einem Monat oder später in die Vereinigung eintritt, der wird pro Kopf 10 Yüan Aufnahmegebühr bezahlen müssen!« Erst unter diesen Umständen und Drohungen schlossen sich die Großbauern langsam an die Bauernvereinigungen an, manche zahlten einen halben oder einen Yüan (die übliche Gebühr betrug nur 100 Kupferstücke), andere beauftragten Dritte, ein gutes Wort für sie einzulegen und suchten dann erst um die Zulassung zum Eintritt in die Bauernvereinigung nach. Es gibt aber auch zahlreiche Starrköpfe, die den Vereinigungen bis heute nicht beigetreten sind. Viele der Großbauern, die in die Bauernvereinigungen eintreten, lassen in der Regel den Namen eines sechzig- oder siebzigjährigen Greises aus ihrer Familie eintragen, denn sie leben nach

[13] Kiukiang am Yangtse, Nordausgang der Provinz Kiangsi, wichtiger Hafenplatz für die Binnenschiffahrt mit einem englischen Konzessionsgebiet.

[14] »Hoch« oder »Es lebe« heißt auf chinesisch *Wan-sui* (jap. *Banzai*), ein Gruß, der früher nur dem Kaiser vorbehalten war.

wie vor in ständiger Furcht vor einer »Aushebung«[15]. Außerdem arbeiten sie auch nach dem Eintritt in die Vereinigung nicht begeistert mit, sondern ihr Verhalten bleibt beständig passiv.

Und die Mittelbauern? (Wir nennen alle diejenigen »Mittelbauern«, die zwar über keine Geld- oder Reisreserven verfügen, die aber auch keine Schulden haben und deren jährlicher Lebensunterhalt gesichert ist.) Ihre Haltung ist schwankend. Sie können sich nicht vorstellen, daß die Revolution ihnen von größerem Nutzen sein kann. In ihren Töpfen kocht Reis, und niemand klopft um Mitternacht an ihre Tür, um irgendwelche Schulden einzutreiben. Auch sie beurteilen die Dinge danach, ob es sie schon vorher gegeben habe oder nicht, sie legen die Stirn in Falten und denken bei sich: »Ob sich die Bauernvereinigungen wirklich halten werden?« (Oder): »Ob sich die Drei Volksprinzipien wirklich voll entfalten können?« Und sie kommen zu dem Schluß: »Wohl kaum.« Sie glauben, all das sei vom himmlichen Willen abhängig: »Bauernvereinigungen gründen? Wer weiß denn, ob der Himmel dem auch günstig gesonnen ist?«

Wenn die Mitglieder der Bauernvereinigungen in der Anfangsperiode mit der Mitgliederliste in der Hand an die Türen der Mittelbauern gingen und sie baten: »Tritt doch bitte der Bauernvereinigung bei!«, dann erhielten sie zur Antwort: »Nur keine Hast!« Erst als während der zweiten Periode Einfluß und Macht der Bauernvereinigung groß und bedeutend waren, traten ihr die Mittelbauern bei. Obwohl sie sich in den Vereinigungen etwas besser aufführen als die Großbauern, so sind doch auch sie vorläufig nicht aktiv, und ihre Haltung bleibt – wie vorher – schwankend und unbeständig.

Die armen Bauern sind die einzigen auf dem Land, die ohne Unterlaß den entbehrungsreichen und erbarmungslosen Kampf führen. Sowohl in der Periode der Untergrundarbeit als auch zur Zeit der offenen Aktivität war und ist aller Kampf dort einzig und allein ihr Kampf, alle Aktionen waren und sind einzig und allein ihre Aktionen, und die Revolution auf dem Lande ist einzig und allein ihre Revolution. Nur zwischen ihnen, den lokalen Machthabern und der üblen Gentry besteht Todfeindschaft, und ohne das geringste Zögern stürmen sie deren Festung: jegliche Zerstörungsarbeit wird nur von ihnen ausgeführt.

Sie sagen zu den Großbauern: »Wir sind schon frühzeitig den Bauernvereinigungen beigetreten, warum zögert ihr denn noch?« Die Großbauern und Mittelbauern antworten in spöttischem Ton: »Ihr habt ja

[15] Zur Arbeitsdienstpflicht oder auch zum Soldatendienst.

nicht einmal einen Dachziegel über dem Kopf und nicht den kleinsten Flecken Land unter den Füßen – warum dann in die Vereinigungen gehen!«

Und in der Tat, keiner der armen Bauern fürchtet, etwas zu verlieren, sie sind auf dem Lande diejenigen, die vollständig oder teilweise abgerissen sind; es gibt etliche unter ihnen, die tatsächlich »kein Dach über dem Kopf und kein Fleckchen Land unter den Füßen« haben – was sollte sie also daran hindern, der Vereinigung beizutreten? Nach einer in Tschangscha angestellten Untersuchung stellen die armen Bauern siebzig Prozent der Mitglieder der Bauernvereinigungen, die Mittelbauern 20 Prozent und die Großbauern zehn. Die siebzig Prozent der armen Bauern lassen sich wieder in zwei Kategorien unterteilen: in die »bettelarmen« und die nicht ganz so armen. Die Bettelarmen, die weder Land noch Kapital besitzen und völlig ohne jeden Lebensunterhalt sind, machen 20 Prozent von den 70 Prozent (der armen Bauern) aus. Sie sind gezwungen, ihre Heimat zu verlassen, sie müssen sich als Söldner verdingen oder sich als Gelegenheitsarbeiter anmieten lassen, oder sie müssen ihr Leben als Bettler fristen oder sogar üble Banditen und Räuber werden. Die etwas weniger Armen machen 50 Prozent (von den 70 Prozent der armen Bauern) aus. Sie sind nur teilweise ohne Eigentum, besitzen also ein wenig Land oder etwas Geld, essen mehr als sie ernten, und müssen ihr Leben das ganze Jahr in Mühsal und bitterer Sorge fristen, wie z. B. Handwerker, Pächter (mit Ausnahme der reichen Pächter) und solche Bauern, die teils eigenen Boden, teils Pachtgrund bearbeiten.

In den anderen Kreisen gibt es zwar nicht so viel arme Bauern wie in Tschangscha, aber der Unterschied ist nicht sehr groß.

Diese gewaltigen Massen der armen Bauern sind das Rückgrat der Bauernvereinigungen, sie sind die Vorhut beim Sturz der feudalen Macht, sie sind die verdienten Helden, die das große revolutionäre Werk zu Ende geführt haben, das so viele Jahre unvollendet geblieben war. Ohne die armen Bauern (oder, um in der Sprache der Gentry zu reden, ohne den »Pöbel«) wäre es völlig unmöglich gewesen, die gegenwärtige revolutionäre Situation auf dem Lande zu schaffen, die üble Gentry und die lokalen Machthaber niederzuschlagen und die demokratische Revolution zu vollenden, und weil die armen Bauern (ganz besonders die »bettelarmen«) am revolutionärsten sind, haben sie die Führung der Bauernvereinigungen übernommen. Sie stellten in der ersten und zweiten Periode fast alle Vorsitzenden und Komiteemitglieder in den Grundorganisationen der Bauernvereinigungen. (Von den Funktionären der Gemeinde-

vereinigungen im Kreis Hengschan waren 50 Prozent Bettelarme, 40 Prozent etwas weniger Arme und 10 Prozent verarmte Intellektuelle.)
Die Führung durch die armen Bauern ist eine absolute Notwendigkeit. Ohne die armen Bauern gäbe es keine Revolution. Wer ihre Rolle leugnet, der leugnet die Revolution, wer sie angreift, der greift die Revolution an. Ihre allgemeine revolutionäre Richtung war immer ohne Fehler.
Sie haben den Glanz der lokalen Machthaber und der üblen Gentry getrübt. Sie haben große und kleine lokale Machthaber und die üble Gentry zu Boden geschlagen und ihnen den Fuß auf den Nacken gesetzt. Viele Aktionen in der Phase der Revolution, die als »zu weit gehend« abgestempelt wurden, waren in Wirklichkeit genau das, wonach die Revolution verlangte.
Einige Kreisregierungen, Kreisleitungen der Partei und Kreiskomitees der Bauernvereinigungen in Hunan haben bereits zahlreiche Fehler auf dem Gewissen. Das ging so weit, daß einige von ihnen der Bitte der Grundherren entsprachen und Soldaten schickten, um Funktionäre der unteren Bauernvereinigungen festnehmen zu lassen.
In den beiden Kreisen Hengschan und Hsianghsiang hat man viele Vorsitzende und Komiteemitglieder der Gemeinde-Bauernvereinigungen ins Gefängnis geworfen. Das ist ein überaus schwerwiegender Fehler, der die Anmaßung des reaktionären Flügels unbeabsichtigt nur noch steigert.
Man muß sich nur anschauen, in welches Freudengeschrei die gesetzlosen Grundherren ausbrechen und wie der Druck der reaktionären Atmosphäre zunimmt, wenn Vorsitzende oder Komiteemitglieder der Bauernvereinigungen verhaftet werden – dann weiß man, daß das ein Fehler ist. Wir müssen diese antirevolutionären Parolen wie »Pöbelbewegung« oder »Bewegung der faulen Bauern« bekämpfen und besonders darauf achten, daß wir den Fehler vermeiden, die üble Gentry und die lokalen Machthaber bei ihren Angriffen auf die Führung der armen Bauern – vielleicht auch nur unbewußt – zu unterstützen.
Es gab zwar seit jeher unter den führenden Funktionären der armen Bauernschaft solche, die tatsächlich »um Geld wetten, Karten spielen und keinem der vier Stände angehören«, aber die meisten von ihnen haben sich inzwischen zum Guten gebessert. Sie selbst unterbinden jetzt mit aller Macht die Wetten und das Kartenspiel und bekämpfen das Räuberunwesen.
In den Gebieten, wo die Macht der Bauernvereinigungen bereits einen Höhepunkt erreicht hat, haben Kartenspiel und Wetten völlig aufgehört, und das Räuberunwesen ist völlig ausgerottet. In einigen Gebieten ist es

tatsächlich so, daß keiner aufhebt, was am Wegrand liegt und nachts die Türen unverschlossen bleiben[16]. Aus der Untersuchung in Hengschan[17] läßt sich ersehen, daß sich dort 85 Prozent der aus der armen Bauernschaft stammenden Funktionäre gebessert haben und zu fähigen und fleißigen Leuten geworden sind. Nur 15 Prozent haben noch einige schlechte Gewohnheiten beibehalten. Man kann diese nur eine »Minderheit schlechter Elemente« nennen, aber man darf auf keinen Fall in die Verleumdungen der üblen Gentry und der lokalen Machthaber einstimmen, in denen sie alle unterschiedslos als »Pöbel« beschimpft werden. Was diese »Minderheit der schlechten Elemente« angeht, so kann man nur – unter der von den Bauernvereinigungen selbst ausgegebenen Losung »Festigung der Disziplin« – unter den Massen Propaganda treiben, man muß sie erziehen und die Disziplin der Bauernvereinigungen bessern. Man darf aber unter keinen Umständen willkürlich Soldaten aussenden, um irgendwelche Leute festnehmen zu lassen. Damit tut man dem Ansehen der armen Bauern Abbruch und unterstützt die freche Anmaßung der lokalen Machthaber und der üblen Gentry. Auf diesen Punkt muß man ganz besonderen Wert legen.

[16] Alte Merkmale eines als ideal angesehenen totalen Friedens.
[17] Im äußersten Süden der Provinz Hunan.

2. Warum kann die chinesische rote Macht bestehen?[1]

5. Oktober 1928

Nach einer kurzen historischen Einleitung über die Lage nach dem Sieg der Kuomintang und der Einigung Tschiang Kaischeks mit den anderen Militärmachthabern spricht Mao über die Gründe, die für die Entstehung und das Überleben der roten Macht in China sprechen (vgl. hierzu den Anfang des Berichts ›Der Kampf im Djinggang-Gebirge‹, S. 47).

Daß in einem Land inmitten des ringsum herrschenden weißen Regimes ein kleines Gebiet oder mehrere kleine Gebiete der roten Macht über eine lange Zeit[2] bestehen, das hat es bisher noch in keinem Land der Welt gegeben. Das Aufkommen einer solch merkwürdigen Erscheinung hat seine besonderen Gründe. Und auch dafür, daß diese Erscheinung bestehenbleibt und sich weiterentwickelt, muß es entsprechende Voraussetzungen geben.

1. Das konnte nicht in irgendeinem imperialistischen Lande geschehen, auch nicht in irgendeinem Kolonialland, das vom Imperialismus direkt beherrscht wird[3], sondern mußte notwendig in China geschehen, das

[1] Ursprünglich unter dem Titel »Politische Fragen und Aufgaben der Parteigruppen in den Grenzgebieten« Teil eines Resolutionsentwurfes der 2. Delegiertenkonferenz im Hunan-Kiangsi-Grenzgebiet. [Anm. i. Orig.].

[2] Hier schon taucht eine der Lieblingsvokabeln Maos auf: *tschang-tji* »langfristig« (auch »langwierig«, »langdauernd«, »verlängert« in den verschiedenen Übersetzungen) wird zum Kennwort des revolutionären Kampfes in China und wird auch in den sechziger Jahren häufig gebraucht, nicht nur, um die Schwierigkeiten anzudeuten, denen sich das kommunistische China immer wieder ausgesetzt sieht, sondern vor allem, um die Zuversicht und den Willen zum Durchhalten zu stärken.

[3] In den offiziellen Ausgaben seit 1951 korrigiert eine Anmerkung diesen Satz dahin, daß sich die Lage in den Kolonialländern durch die Ereignisse des Zweiten Weltkrieges und den Sieg der chinesischen Revolution geändert habe. Einige der ehemaligen Kolonialvölker könnten daraufhin, »fast ebenso wie das auch in China der Fall war, revolutionäre Basen verschiedener Ausmaße und die revolutionäre Macht lange Zeit (s. o. Anm. 2) behaupten, sie könnten die Städte durch aufständische Dörfer einkreisen und allmählich zur Eroberung der Städte und zur Erringung des vollen Sieges in ihren Ländern übergehen«.

vom Imperialismus indirekt beherrscht wird, wirtschaftlich zurückgeblieben und eine Halbkolonie ist. Denn eine derartig merkwürdige Erscheinung muß begleitet sein von einer anderen merkwürdigen Erscheinung, nämlich den Kämpfen innerhalb der weißen Macht. Daß alle die Cliquen der neuen und alten Militärmachthaber, unterstützt vom Imperialismus und den Klassen der Kompradoren, der mächtigen und korrupten Machthaber auf dem Lande[4], seit dem ersten Jahr der Republik (1912) einen ununterbrochenen Krieg gegeneinander führen, ist eines der besonderen Kennzeichnen des halb-kolonialen China. Eine solche Erscheinung gibt es weder in irgendeinem unter den imperialistischen Staaten noch an irgendeinem Ort in Kolonialgebieten, die unmittelbar vom Imperialismus beherrscht werden, einzig und allein in einem Land wie dem vom Imperialismus nur mittelbar beherrschten China kann es eine solche Erscheinung geben. Für ihre Entstehung sind zwei Gründe zu nennen, nämlich die regionale Agrarwirtschaft (die keine einheitliche kapitalistische Wirtschaft ist) und die imperialistische Politik der Spaltung und Ausbeutung durch Abgrenzung von Einflußsphären. Und weil lang andauernde Zwietracht und Kriege im Lager der weißen Macht vor sich gehen, schafft das eine Vorbedingung dafür, daß ein kleines oder einige kleine rote Gebiete unter Führung der KP, auf allen vier Seiten umzingelt von der weißen Macht, entstehen und sich behaupten können. Und das abgetrennte Gebiet an der Grenze von Hunan und Kiangsi[5] ist eines unter diesen zahlreichen Gebieten. Da sind einige Genossen, die in Zeiten der Not und der Gefahr immer wieder an der Möglichkeit für das Überleben einer solchen roten Macht zweifeln und den Mut sinken lassen. Das kommt daher, daß sie die richtige Erklärung noch nicht gefunden haben, warum diese rote Macht entstehen und weiterleben konnte. Man muß sich nur klarmachen, daß Zwietracht und Kriege im Lager der weißen Macht ununterbrochen fortgehen werden, dann wird man nicht mehr daran zweifeln, daß die rote Macht entstehen, weiterleben und sogar täglich zunehmen kann.

2. Die Gebiete, in denen die rote Macht in China erstanden ist und auf

[4] Der Ausdruck *hao-schen* kommt häufig im maoistischen Sprachschatz vor, eine Abkürzung von *tu-hao und liä-schen*, »lokale Machthaber« und »böse, korrumpierte Angehörige der gebildeten Oberschicht« (Gentry). Die hier gewählte Übersetzung scheint dem Sinnzusammenhang am besten zu entsprechen, da die Kompradoren in die großen Küstenstädte gehören. Der Begriff ist zum erstenmal geprägt und ausgeführt im ›Hunan-Bericht‹, s. o. 28 f.

[5] Es ist das Gebiet vom Djinggang-Gebirge, vgl. unten, wo Mao seine Laufbahn als künftiger Führer des chinesischen Kommunismus begann, für eine lebendige Schilderung dieser Phase s. Edgar Snow: »Roter Stern über China«, Frankfurt 1970.

lange Zeit bestehen kann, sind nicht etwa jene, die den Einfluß der demokratischen Revolution noch gar nicht verspürt haben, wie z. B. Szechwan, Kueichou, Yünnan und die Provinzen des Nordens, sondern eben jene Gebiete, in denen die Massen der Arbeiter, Bauern und Soldaten im Verlauf einer zwei Jahre, 1926/27, andauernden bürgerlich-demokratischen Revolution einen mächtigen Aufschwung erlebt haben wie in den Provinzen Hunan, Kwangtung, Hupei und Kiangsi. In vielen Teilen dieser Provinzen hat es ein breites Netz von Gewerkschaften und Bauernbünden gegeben, sowie zahlreiche wirtschaftliche und politische Kämpfe der Arbeiter- und Bauernklassen gegen die Klassen der Grundherren, der mächtigen und korrupten Machthaber auf dem Lande und der Kapitalisten. Aus diesem Grunde war es zu der dreitägigen Volksherrschaft in der Stadt Kanton gekommen[6], und in [...] (mehreren Teilen Südchinas) bestehen Stützpunkte der Bauern. Die Rote Armee ist gleichfalls aus der Armee der nationalen Revolution hervorgegangen, die eine politische Schulung in Demokratie durchgemacht und unter dem Einfluß der Arbeiter- und Bauernmassen gestanden hat. Aus jenen Truppen jedoch, die gar keine demokratische Schulung gehabt und überhaupt nicht unter dem Einfluß von Arbeitern und Bauern gestanden haben, wie den Einheiten Dschang Dsolins und Yen Hsischans[7], kann man jetzt beim besten Willen keine Kampfeinheiten für die Rote Armee hervorgehen lassen.

3. Ob die Macht der Volksmassen in kleinen Gebieten lange Zeit bestehen kann, hängt von der Entscheidung der Frage ab, ob die revolutionäre Situation im ganzen Land vorankommt. Wenn sich die Revolution im ganzen Land weiterentwickelt, können kleine rote Gebiete lange Zeit bestehen, das steht nicht nur außer Zweifel, sondern sie werden sogar eine unter den zahlreichen Kräften sein, die die Macht im ganzen Lande erringen. Wenn jedoch die revolutionäre Lage im ganzen Land nicht weiter vorankommt, sondern einem ziemlich langen Stillstand entgegensehen sollte, dann ist das langfristige Bestehen kleiner roter Gebiete nicht möglich. Jetzt entwickelt sich die Revolution in China weiter infolge der anhaltenden Zwietracht und der Kämpfe zwischen den einheimischen Gruppen der Kompradoren und Machthaber auf dem Lande und der internationalen Bourgeoisie. Darum werden die kleinen roten Gebiete nicht nur ohne jeden Zweifel lange Zeit fortbestehen, sondern sie werden

[6] Die positive Bewertung einer der nutzlosesten und blutigsten Unternehmungen der von Stalin dirigierten chinesischen Parteiführung: die sog. »Kantoner Kommune« im Dezember 1927.

[7] Seinerzeit sehr bekannte Militärmachthaber in Nordchina.

sich auch weiterentwickeln und täglich der Erringung der Macht im ganzen Land näherkommen.

4. Das Bestehen einer einigermaßen schlagkräftigen regulären Roten Armee ist die notwendige Voraussetzung für das Bestehen kleiner roter Gebiete. Wenn das lediglich örtliche rote Milizen sind und nicht die reguläre Rote Armee, kann man nur den Hofwehren der Grundherren, nicht aber den regulären Truppen der Weißen entgegentreten. Wenn man deshalb zwar ausgezeichnete Arbeiter- und Bauernmassen, aber keine ausreichenden regulären Streitkräfte hat, kann man Stützpunktsysteme weder schaffen noch lange Zeit halten und täglich weiter ausbauen. Der Gedanke der »bewaffneten Gebiete der Arbeiter und Bauern« ist so wichtig, daß die Arbeiter- und Bauernmassen in der Partei und in den Stützpunkten davon durchdrungen sein müssen.

5. Langfristige Existenz und Entwicklung der roten Macht hängen außer von den oben erwähnten Bedingungen allerdings noch von einer sehr wichtigen Voraussetzung ab, daß nämlich die Organisation der KP stark und ihre Politik ohne Fehler sei[8].

[8] In den nachfolgenden vier kurzen Abschnitten kritisiert Mao die Fehler, die zur Niederlage der roten Einheiten im August 1928 in Hunan führten, und hebt hervor, was zu den vorhergehenden Erfolgen beigetragen hatte, nämlich die Konzentration und der Ausbau des Verfügbaren, sowie strenge Zurückhaltung vor jedem unüberlegten Angriff. Er schließt den Resolutionsentwurf, indem er den Vorrang unterstreicht, den sein Stützpunktgebiet im Hunan-Kiangsi-Grenzgebiet beanspruchen darf, und indem er einige ökonomische und militärische Fragen taktischer Natur erörtert.

3. Der Kampf im Djinggang-Gebirge

25. November 1928

Daß in einem Land inmitten des ringsum herrschenden weißen Regimes ein oder mehrere kleine Gebiete der roten Macht entstanden sind, so etwas gibt es in der heutigen Welt allein in China. Eine der Ursachen hierfür sind, wie unsere Analyse ergibt, die in China nicht aufhörenden Zwistigkeiten und Kriege innerhalb der Klassen der Kompradoren und Feudalherren. Es brauchen nur die Zwistigkeiten und Kriege innerhalb dieser Klassen anzudauern, so kann auch die bewaffnete selbständige Macht der Arbeiter und Bauern weiter bestehen und sich entwickeln. Darüber hinaus sind für das Bestehen und für die Entwicklung dieser Macht noch folgende Bedingungen erforderlich:

1. aktive Volksmassen;
2. eine feste Parteiorganisation;
3. eine genügend starke Rote Armee;
4. für militärische Operationen geeignete Geländeverhältnisse und
5. für die Versorgung ausreichende ökonomische Hilfsquellen [...]

Militärische Fragen

Der Kampf im Grenzgebiet ist ein rein militärischer Kampf, und die Partei und die Massen müssen sich völlig auf den Krieg einstellen. Die Frage, wie man mit dem Feind fertig wird, wie man den Krieg führt, ist zur zentralen Frage unseres Alltagslebens geworden. Eine selbständige Macht muß eine bewaffnete Macht sein. Wo das Gebiet dieser Macht auch liegen mag, es wird sofort vom Feind erobert, wenn es dort keine oder ungenügend bewaffnete Kräfte gibt, oder wenn im Kampf mit dem Feind eine falsche Taktik angewandt wird. Dieser Kampf verschärft sich von Tag zu Tag, und die vor uns stehenden Fragen sind äußerst verwickelt und ernst geworden[...][1]

Die Rote Armee setzt sich zum Teil aus Arbeitern und Bauern zusammen sowie zum Teil aus vagierenden Proletariern. Das Vorhandensein zu vieler vagierender Elemente in der Roten Armee ist natürlich nicht gut. Aber diese Menschen verstehen zu kämpfen, und da wir täglich im Kampf stehen und immer wieder bedeutende Verluste an Toten und Verwundeten haben, ist es für uns nicht einmal leicht, selbst unter ihnen Ergänzungen zu finden. Der einzige Ausweg unter diesen Umständen besteht darin, die politische Schulung zu verstärken.

Die meisten Soldaten der Roten Armee kamen aus Söldnertruppen, aber mit dem Eintritt in die Rote Armee ändert sich sofort ihr Charakter. Vor allem die Abschaffung des Söldnersystems in der Roten Armee weckt in den Soldaten das Bewußtsein, daß sie nicht für andere, sondern für sich selbst, für das Volk kämpfen. In der Roten Armee gibt es bis jetzt keine reguläre Auszahlung von Sold, es werden nur Getreide, Geld für Speiseöl, Salz, Brennholz und Gemüse sowie eine geringe Summe als Taschengeld gewährt. Alle Offiziere und Soldaten der Roten Armee, die im Grenzgebiet ansässig sind, haben Boden zugeteilt erhalten; viele Schwierigkeiten gibt es nur mit der Bodenzuteilung für diejenigen, die aus entfernten Gebieten kommen.

Dank der politischen Erziehung besitzen alle Soldaten der Roten Armee Klassenbewußtsein, sie haben Grundkenntnisse erworben über die Bodenaufteilung, die Schaffung der politischen Macht, die Bewaffnung der Arbeiter und Bauern usw., und sie wissen alle, daß sie für sich selbst, für die Arbeiterklasse und die Bauernschaft den Krieg führen. Deshalb können sie ohne Murren alle Härten des Kampfes durchstehen. Jede Kompanie, jedes Bataillon und jedes Regiment hat ein Soldatenkomitee, das die Interessen der Mannschaften vertritt und politische Arbeit sowie Massenarbeit leistet.

Die Einrichtung der Parteivertreter darf man, wie die Erfahrung gezeigt hat, nicht abschaffen. Vor allem auf der Ebene der Kompanien spielt der Parteivertreter eine besonders wichtige Rolle, da die Parteizelle auf der Ebene der Kompanie organisiert wird. Er muß das Soldatenkomitee zur

[1] In dem nachfolgenden Absatz wird die Zusammensetzung der ›Roten Armee‹ beschrieben. Es handelt sich um Truppenkontingente der Revolutionsarmee der Kuomintang, um bewaffnete Bauerneinheiten teils aus Südhunan, teils aus dem Grenzgebiet gegen Kiangsi, und schließlich um Kriegsgefangene der ›Weißen Armee‹. Mao stellt fest, daß zahlenmäßig die letzteren und die Bauern aus dem Grenzgebiet die Mehrheit bilden. Die sich daraus ergebenden Probleme sind der Inhalt der nachfolgenden Ausführungen.

Durchführung der politischen Schulung anhalten, die Massenbewegungen anleiten und gleichzeitig als Sekretär der Parteizelle fungieren. Wie die Tatsachen beweisen, ist dort, wo der Parteivertreter der Kompanie besser ist, auch die Kompanie tüchtiger. Dem Kompanieführer dagegen würde es nicht leichtfallen, in politischer Hinsicht eine solche wichtige Rolle zu spielen. Da die Verluste an unteren Kadern sehr hoch sind, muß man häufig ehemalige gefangene Soldaten des Gegners, die erst kürzlich in unsere Armee eingetreten sind, zu Zug- und Kompanieführern ernennen; einige der im Februar und März dieses Jahres gefangengenommenen Soldaten sind jetzt bereits Bataillonskommandeure. Oberflächlich gesehen, könnte es scheinen, daß wir, wenn wir uns schon Rote Armee nennen, auch ohne Parteivertreter auskommen könnten. Aber das ist grundfalsch. Im 28. Regiment wurde seinerzeit, als es sich in Südhunan befand, die Einrichtung der Parteivertreter abgeschafft, aber dann hat man sie wieder eingeführt. Die Parteivertreter in Instrukteure umbenennen hieße Anlaß bieten, sie mit den Kuomintang-Instrukteuren zu verwechseln, und diese Bezeichnung wird von den gefangenen Soldaten verabscheut. Außerdem ändert sich nichts am Wesen des Systems, wenn man die Bezeichnung ändert. Deshalb beschlossen wir, keine Umbenennung vorzunehmen. Mit Rücksicht darauf, daß die Verluste an Toten und Verwundeten unter den Parteivertretern sehr hoch sind, haben wir aus eigener Kraft Kurse zur Ausbildung von Parteivertretern geschaffen, um die Lücken auszufüllen. Aber gleichzeitig erwarten wir vom Zentralkomitee und von den beiden Provinzparteikomitees, daß sie uns mindestens 30 Genossen schicken, die man als Parteivertreter einsetzen könnte.

Ein gewöhnlicher Soldat kann erst kämpfen, wenn er ein halbes oder ein ganzes Jahr ausgebildet worden ist; unser Soldat dagegen, der erst gestern in die Truppe eingereiht worden ist, muß heute schon in den Kampf ziehen, buchstäblich ohne jegliche Ausbildung. In der militärischen Technik ungeübt, sind unsere Soldaten im Kampf nur auf ihre Tapferkeit angewiesen. Eine längere Feuerpause für Erholung und Ausbildung kommt nicht in Frage; es bleibt daher nichts anderes übrig, als zu versuchen, einigen Kämpfen auszuweichen, soweit es möglich ist, um Zeit für die Ausbildung zu gewinnen. Zur Ausbildung von unteren Offizieren wurde jetzt ein Ausbildungskorps mit 150 Mann geschaffen; wir haben die Absicht, diesen Kurs als eine ständige Einrichtung zu behalten. Wir erwarten vom Zentralkomitee und von den beiden Provinzparteikomitees, daß sie uns mehr Offiziere schicken vom Rang des Zug- und Kompanieführers an aufwärts.

Das Hunaner Provinzparteikomitee fordert, wir sollten den materiellen Lebensbedingungen der Soldaten Beachtung schenken und danach streben, daß ihr Lebensstandard wenigstens etwas über dem Lebensstandard der einfachen Arbeiter und Bauern liege. Im Augenblick ist gerade das Gegenteil der Fall: Außer der Getreideration entfallen auf jeden Mann alles in allem 5 *Fen*[2] pro Tag für Speiseöl, Salz, Brennholz und Gemüse, aber auch selbst diese Norm ist weiterhin schwer einzuhalten. Allein zur Auszahlung des Geldes für diese Posten brauchen wir über 10000 *Yüan*[3] in Silber monatlich, die wir ausschließlich aus den Lokalmachthabern herauspressen müssen. Was die Versorgung der gesamten 5000 Mann starken Armee mit Winteruniformen anbelangt, so haben wir zwar Watte, aber es fehlt noch an Stoffen. Obwohl bereits Fröste eingesetzt haben, tragen viele Soldaten immer noch lediglich zwei ungefütterte dünne Kleider übereinander. Zum Glück sind wir an Entbehrungen gewöhnt. Mehr noch: Wir haben alle die gleichen Entbehrungen zu ertragen; auf jeden, vom Korpskommandeur bis zum Koch, kommen als Ergänzung zur Getreideration 5 *Fen* für Zukost; wenn Taschengeld ausgezahlt wird, erhalten alle die gleiche Summe, seien es 20, seien es 40 *Fen*. Deshalb murren die Soldaten über niemanden.

Nach jedem Gefecht gibt es Verwundete. Infolge Unterernährung, Kälte und aus anderen Gründen erkranken viele Offiziere und Soldaten. Die Lazarette der Roten Armee liegen in den Bergen, man behandelt dort nach den Regeln der chinesischen und der europäischen Medizin, aber es fehlt sowohl an Ärzten als auch an Medikamenten. Gegenwärtig befinden sich in den Lazaretten über 800 Menschen in Behandlung. Das Hunaner Provinzparteikomitee versprach, uns Medikamente zu verschaffen, hat sie aber bisher nicht geschickt. Wir bitten das Zentralkomitee und die beiden Provinzparteikomitees erneut, uns einige Ärzte zu schicken, die mit der europäischen Medizin vertraut sind, und uns eine gewisse Menge Jod in Tablettenform zu liefern.

Die Rote Armee vermochte trotz solcher dürftigen materiellen Lebensbedingungen und so häufiger Kämpfe nur deshalb durchzuhalten, weil abgesehen von der Rolle, die die Partei spielt, in ihren Reihen die Demokratie verwirklicht wurde. Die Offiziere mißhandeln nicht die Soldaten; Offiziere und Mannschaften genießen gleiche Behandlung; die Soldaten haben das Recht, Versammlungen abzuhalten und ihre Meinung auszu-

[2] Hundertstel eines chinesischen »Dollars«, entspricht etwa dem Groschen oder Zehncentstück.

[3] Gewöhnlich mit »Dollar« wiedergegeben, entsprach das ungefähr einer Mark dem Geldwert, zehn Mark dem Kaufwert nach.

sprechen, mit den lästigen Ehrenbezeigungen wurde Schluß gemacht; die Wirtschaftsführung ist öffentlich[4]. Die Soldaten regeln selbst ihre Verpflegung und bringen es fertig, von den täglich ausgezahlten 5 *Fen* für Speiseöl, Salz, Brennholz und Gemüse noch etwas Geld für kleine Ausgaben einzusparen; diese Einsparung wird »Rest der Verpflegungsgelder« genannt und macht pro Mann rund 60 bis 70 *Wän*[5] täglich aus. Das alles gefällt den Soldaten sehr. Insbesondere die Neulinge aus den Reihen der Gefangenen fühlen, daß die Kuomintang-Armee und unsere Truppen zwei verschiedene Welten sind. Zwar sehen sie, daß die materiellen Lebensbedingungen in der Roten Armee schlechter sind als in der weißen, aber dafür fühlen sie sich hier geistig befreit. Derselbe Soldat, der gestern auf seiten des Feindes noch keine Tapferkeit gezeigt hat, kämpft heute in den Reihen der Roten Armee heldenmütig, und daraus läßt sich der Einfluß der Demokratie ersehen. Die Rote Armee gleicht einem Schmelztiegel, in dem die gefangenen Soldaten sofort umgeschmolzen werden. In China braucht nicht nur das Volk die Demokratie, sondern ebenso die Armee. Die demokratische Ordnung innerhalb der Armee ist eine wichtige Waffe für die Untergrabung (der Moral) der feudalen Söldnerarmee [. . .]
Unsere bewaffneten Kräfte im lokalen Bereich bestehen aus Abteilungen der Roten Garde und solchen der aufständischen Arbeiter und Bauern. Die Abteilungen der Aufständischen sind mit Lanzen und Schrotflinten bewaffnet. In organisatorischer Hinsicht ist die Einheit die Gemeinde, In jeder Gemeinde gibt es eine Abteilung, deren Stärke von der Größe der Gemeinde abhängt. Die Aufgabe dieser Abteilungen ist die Unterdrückung der Konterrevolution, der Schutz der Machtorgane der Gemeinde und beim Auftauchen des Feindes die Unterstützung der Einheiten der Roten Armee sowie der Abteilungen der Roten Garde im Kampf. Die Abteilungen der Aufständischen wurden zuerst in Yunghsin geschaffen, zunächst als eine geheime und nach der Eroberung der Macht im ganzen Kreis als eine offene Organisation. Diese Organisation wurde jetzt auf alle Kreise des Grenzgebiets ausgedehnt, wobei ihre Bezeichnung unverändert erhalten geblieben ist. Die Abteilungen der Roten Garde sind im wesentlichen ausgerüstet mit Magazingewehren für fünf Schuß und Einladern. Die Anzahl der Gewehre beträgt nach Kreisen: Kreis Ninggang – 140, Yunghsin – 220, Liänhua – 43, Tschaling – 50,

[4] Vgl. dazu die Kritik des Autors an denselben Errungenschaften in ihrer übertriebenen und daher negativen Auswirkung im Text auf S. 65 f.
[5] Die Rechnung geht nur auf, wenn man pro *Fen* 100 *Wän* rechnet, wird auch im Original nicht näher erläutert.

Linghsiän – 90, Suitschuan – 130, Wan-an – 10; insgesamt – 683. Den größeren Teil dieser Gewehre hat die Rote Armee unter sie verteilt, den kleineren haben sie selbst vom Feind erbeutet. Da die meisten Abteilungen der Roten Garde aller Kreise in ständigen Kämpfen mit den Sicherheitsabteilungen und Hofwehren der Feudalherren stehen, wächst die Kampffähigkeit der Roten Garde von Tag zu Tag. [...] Die Rote Armee muß sich im höchsten Maß anstrengen, bei der Bewaffnung des Volkes zu helfen, soweit ihre eigene Kampfkraft dadurch nicht gemindert wird. Nach einer von uns festgelegten Bestimmung besteht jedes Bataillon der Roten Armee aus vier Kompanien mit je 75 Gewehren; auf jedes Regiment entfallen insgesamt 1075 Gewehre – die Gewehre der Wachkompanie, der Maschinengewehr- und der Granatwerferkompanie sowie des Regimentsstabs und der drei Bataillonsstäbe mit eingerechnet. Die im Kampf erbeuteten Gewehre müssen nach Möglichkeit für die Bewaffnung örtlicher Abteilungen abgegeben werden. Zu Kommandeuren der Roten Garde werden solche Leute ernannt, die von den Kreisen in die von der Roten Armee organisierten Ausbildungskorps geschickt und dort geschult worden sind. Man muß die Anzahl derjenigen, die aus weit entfernten Gebieten stammen und von der Roten Armee als Kommandeure in die örtlichen Abteilungen geschickt werden, allmählich verringern. [...]

Das Prinzip der Roten Armee ist die Konzentration der Kräfte, das Prinzip der Roten Garde dagegen die Auflockerung der Kräfte. In der gegenwärtigen Periode der zeitweiligen Stabilisierung der reaktionären Macht, da der Feind in der Lage ist, bedeutende Streitkräfte zusammenzuziehen und gegen die Rote Armee einzusetzen, wäre eine Auflockerung der Kräfte der Roten Armee von Nachteil. Unsere Erfahrung besagt, daß eine Auflockerung der Kräfte fast ausnahmslos Niederlagen zur Folge hatte, während eine Konzentration der Kräfte gegen einen Gegner, der über weniger, gleiche oder etwas mehr Kräfte als wir verfügte, sehr oft zum Siege führte. Das Gebiet, das wir auf Anweisung des Zentralkomitees durch Partisanenoperationen zu erfassen haben, erstreckt sich über viele tausend Quadrat-Meilen, es ist für uns zu groß; eine solche Anweisung erklärt sich wahrscheinlich aus einer Überschätzung unserer Kräfte. Für die Abteilungen der Roten Garde dagegen ist es vorteilhafter, die Kräfte aufzulockern, und jetzt wenden sie in allen Kreisen das Verfahren an, Operationen mit aufgelockerten Kräften durchzuführen[6].

[6] Vgl. die theoretische Abhandlung über Grundsätze des Partisanenkrieges im II. Abschnitt s. u. S. 259 ff.

Als die wirksamsten Methoden unserer Propaganda gegenüber den feindlichen Truppen haben sich die Freilassung von Gefangenen und die ärztliche Behandlung der Verwundeten erwiesen. Sobald Soldaten, Bataillonskommandeure, Kompanie- und Zugführer des Feindes in unsere Gefangenschaft geraten sind, nehmen wir unter ihnen die Propagandaarbeit auf. Dabei teilen wir sie in zwei Gruppen: In die eine kommen jene, die zu bleiben, in die andere jene, die zu gehen wünschen. Die letzteren entlassen wir, nachdem wir sie mit Reisespesen versehen haben. Das zerstört mit einem Schlag die Lügenpropaganda des Feindes, daß »die kommunistischen Banditen unterschiedslos alle töten« [...] Die Soldaten der Roten Armee umsorgen die Gefangenen und verabschieden sie aufs wärmste, und die fortgehenden gefangenen Soldaten bringen auf »Versammlungen zur Verabschiedung der neuen Brüder« in ihren Reden ihren heißen Dank zum Ausdruck. Die ärztliche Behandlung der verwundeten Soldaten des Feindes ist ebenfalls eine sehr wirksame Maßnahme [...] Außerdem verwenden wir nach Möglichkeit die schriftliche Propaganda, zum Beispiel das Malen von Losungen usw. Wo immer wir hinkommen, werden die Mauern über und über mit unseren Losungen bedeckt. Aber es fehlt uns an Menschen, die Bildpropaganda machen können, und wir bitten das Zentralkomitee und die beiden Provinzparteikomitees, uns einige solche zu schicken [...]

Die Agrarfrage

Bodenverhältnisse im Grenzgebiet. Grob gerechnet, befinden sich über 60 Prozent des gesamten Bodens in den Händen der Grundherren und weniger als 40 Prozent in den Händen der Bauern. In der Provinz Kiangsi ist die stärkste Konzentration des Grundbesitzes im Kreis Suitschuan zu beobachten, wo den Grundherren etwa 80 Prozent des Bodens gehören. Ihm folgt der Kreis Yunghsin, wo in den Händen der Grundherren etwa 70 Prozent des Bodens konzentriert sind. In den Kreisen Wan-an, Ninggang und Liänhua gibt es relativ mehr Bauern auf Eigenland, aber auch hier gehört den Grundherren immer noch der größere Teil des Bodens – etwa 60 Prozent, den Bauern aber gehören nur 40 Prozent. In den Kreisen Tschaling und Linghsiän der Provinz Hunan befinden sich in den Händen der Grundherren rund 70 Prozent des Bodens.

Über die Zwischenklassen. Bei solchen Bodenverhältnissen könnte eine bedeutende Mehrheit der Bevölkerung die Beschlagnahme und die Neuverteilung des ganzen Bodens unterstützen. Aber die Bevölkerung des Dorfes teilt sich etwa in drei Gruppen von Klassen, und zwar: die Klassen der großen und mittleren Grundherren, die Zwischenklassen der kleinen Grundherren und der Großbauern sowie die Klassen der Mittelbauern und der armen Bauern. Die Interessen der Großbauern sind oft mit den Interessen der kleinen Grundherren verbunden. Der Boden der Großbauern macht einen geringen Teil des gesamten Bodens aus, aber zusammen mit dem Boden der kleinen Grundherren ergibt sich ziemlich viel. Ähnlich sieht es wahrscheinlich im ganzen Lande aus. Im Grenzgebiet wird die Politik der vollständigen Beschlagnahme und der gründlichen Neuverteilung des Bodens durchgeführt, deshalb richtet sich der Schlag hier sowohl gegen die Feudalherrenklasse als auch gegen die Zwischenklassen. Das ist unsere Politik, aber ihre praktische Durchführung stößt auf ernste Hindernisse von seiten der Zwischenklassen. In der Anfangsperiode der Revolution kapitulierten die Zwischenklassen nur zum Schein vor der Klasse der armen Bauern, tatsächlich aber nutzten sie ihre althergebrachte gesellschaftliche Stellung und die Sippenmacht aus, um die armen Bauern einzuschüchtern und die Aufteilung des Bodens hinauszuschieben. Wenn aber ein Aufschub nicht mehr möglich war, verheimlichten sie die wahren Ausmaße ihres Grundbesitzes oder behielten den fruchtbaren Boden für sich und gaben den mageren ab. In dieser Periode ließen sich die armen Bauern, die lange Zeit mit Füßen getreten worden waren und den Sieg der Revolution nicht für gesichert hielten, häufig von den Zwischenklassen überreden und wagten kein aktives Vorgehen. Ein aktives Vorgehen gegen die Zwischenklassen im Dorf begann erst mit dem Aufschwung der Revolution, zum Beispiel nach der Eroberung der Macht in einem Kreis oder in mehreren Kreisen, nach mehrfachen Niederlagen der Truppen der Reaktion und nach mehrfacher Demonstration der Stärke der Roten Armee [...] In allen Kreisen herrscht das feudale Sippschaftssystem vor; oft trägt die Bevölkerung eines ganzen Dorfes oder sogar einiger Dörfer den gleichen Familiennamen, und es wird ziemlich lange dauern, bis im Dorf der Prozeß einer bewußten Abgrenzung der Klassenkräfte vollzogen und die Sippenmacht besiegt worden ist.

Der Verrat der Zwischenklassen unter dem weißen Terror. Die Zwischenklassen, die in der Periode des Aufschwungs der Revolution Schlägen ausgesetzt waren, gingen mit dem Einbruch des weißen Terrors sofort auf die Seite des Feindes über [...] In der Periode des Abflauens der Revolution im ganzen Land besteht in den Gebieten der selbständigen

Macht das schwierigste Problem darin, die Zwischenklassen in Schach zu halten. Die Hauptursache für ihren Übergang zum Feind besteht darin, daß ihnen von der Revolution zu schwere Schläge versetzt wurden. Wenn aber das ganze Land einen revolutionären Aufschwung erlebt, wird die arme Bauernschaft, da sie nun eine Stütze hinter sich weiß, kühner handeln, während die Zwischenklassen aus Angst keine Ausschreitungen wagen [...] Heute, da sich im ganzen Land die Welle der Konterrevolution erhebt, hängen die Zwischenklassen, die schweren Schlägen ausgesetzt waren, in den weißen Gebieten fast restlos der Feudalherrenklasse an, und die arme Bauernschaft ist isoliert. Das ist tatsächlich eine sehr ernste Frage.

Der Verrat der Zwischenklassen unter dem Druck materieller Entbehrungen im Alltagsleben. Die miteinander kämpfenden roten und weißen Gebiete stellen gleichsam zwei feindliche Staaten dar. Infolge der vom Feind durchgeführten harten Blockade und unserer fehlerhaften Behandlung des Kleinbürgertums hat der Handel zwischen diesen Gebieten fast gänzlich aufgehört. Es mangelt an Gegenständen des täglichen Bedarfs, wie an Salz, Baumwollstoffen und Medikamenten, und sie sind überdies teuer; die Ausfuhr von Erzeugnissen der bäuerlichen Wirtschaft wie Holz, Tee und Öl wurde unmöglich, den Bauern fließt kein Geld mehr zu, und das alles wirkt sich auf die Bevölkerung in ihrer Gesamtheit aus. Die arme Bauernschaft kann solche Härten noch eher ertragen, aber die Mittelschichten kapitulieren vor der Feudalherrenklasse, wenn sie es nicht mehr aushalten können. Wenn im Lager der Feudalherren und Militärmachthaber die Zwistigkeiten und Kriege nicht weitergehen, wenn sich die revolutionäre Situation im ganzen Land nicht weiterentwickelt, werden die kleinen Gebiete der selbständigen roten Macht unter einem äußerst starken wirtschaftlichen Druck leiden, und die Möglichkeit ihres längeren Bestehens wird fraglich werden. Denn ein solcher ökonomischer Druck ist nicht nur für die Mittelschichten unerträglich, es besteht sogar die Möglichkeit, daß eines Tages auch die Arbeiter, die armen Bauern und die Rote Armee diesem Druck nicht standhalten können [...]

Bodensteuer. Die Bodensteuer, die im Kreis Ninggang erhoben wird, macht 20 Prozent der Ernte aus, was die vom Zentralkomitee festgelegte Norm um 5 Prozent übersteigt. Jetzt, da die Steuererhebung bereits im Gange ist, wären Änderungen nicht ratsam; allerdings wird die Norm im kommenden Jahr gesenkt. Außerdem gehört je ein Teil der Kreise Suitschuan, Linghsiän und Yunghsin zum Gebiet der selbständigen

Macht, alle diese Teile sind in gebirgigen Gegenden gelegen, dort leben die Bauern in solcher Not, daß man davon absehen muß, von ihnen noch Steuern zu holen. Die zur Deckung der Ausgaben der Regierung und der Roten Garde benötigten Mittel pressen wir aus den Lokalmachthabern in den weißen Gebieten heraus. Was die Verpflegung der Roten Armee anbelangt, so kann man den Reis vorläufig dem Bodensteueraufkommen im Kreis Ninggang entnehmen, das Geld aber muß man gänzlich aus den Lokalmachthabern herauspressen. Im Oktober haben wir während unserer Partisanenoperationen im Kreis Suitschuan mehr als 10000 Yüan beschafft. Eine gewisse Zeit lang reicht dieses Geld, dann wird man weitersehen.

Die Frage der politischen Macht

Die Organe der politischen Macht der Volksmassen in den Kreisen, Distrikten und Gemeinden sind überall geschaffen, aber die Bezeichnung entspricht nicht ihrem Wesen. An vielen Orten gibt es keine Deputiertenräte der Arbeiter, Bauern und Soldaten. Die Exekutivkomitees[7] der Machtorgane der Gemeinden, der Distrikte und sogar der Kreise werden alle auf einer Art Massenkundgebung gewählt. Solche Massenkundgebungen, die aus einer momentanen Betriebsamkeit zustande kommen, machen eine Erörterung der Fragen unmöglich und tragen zur politischen Schulung der Massen nicht bei; außerdem sind solche Kundgebungen sehr geeignet, von Intellektuellen oder Karrieristen manipuliert zu werden. An einigen Orten existieren die Deputiertenräte, die aber lediglich als zeitweilige Organe zur Wahl der Exekutivkomitees angesehen werden; nach den Wahlen konzentriert sich die ganze Macht in den Komitees, und an die Räte denkt keiner mehr. Nicht, daß wir überhaupt keine Deputiertenräte der Arbeiter, Bauern und Soldaten hätten, die ihrer Bezeichnung entsprächen; es gibt solche, aber es sind nur sehr wenige. Das erklärt sich eben aus dem Mangel an Propaganda und Aufklärung über diese neue politische Einrichtung – den Deputiertenrat. Die üblen Praktiken der Diktatur und Willkür aus der Feudalepoche haben sich den Volksmassen und sogar den einfachen Parteimitgliedern so tief ins Bewußtsein eingeprägt, daß sie nicht von heute auf morgen beseitigt werden können; beim Auftauchen von Fragen pflegen die Menschen zu ihrer Lösung den bequemsten Weg zu wählen und haben kein Gefallen

[7] Den zahlenmäßig kleinen Komitees stehen die ›Räte‹, genauer: Deputierten*versammlungen (dai biaohui)* gegenüber, um die es hier vor allem geht.

an dem umständlichen demokratischen System. Das System des demokratischen Zentralismus wird sich in den Massenorganisationen erst dann überall und richtig einbürgern, wenn es seine Wirksamkeit im revolutionären Kampf an den Tag gelegt und die Massen zu der Einsicht gebracht hat, daß es die Kräfte der Volksmassen am besten mobilisiert und ihrem Kampf am meisten förderlich ist. Wir arbeiten jetzt ein ausführliches organisatorisches Statut über die Deputiertenräte aller Stufen aus (gemäß den allgemeinen Richtlinien des Zentralkomitees), um die Fehler der Vergangenheit allmählich zu korrigieren. In der Roten Armee sind wir jetzt im Begriff, die Deputiertenräte der Soldaten aller Stufen ebenfalls als regelmäßig funktionierende Organe zu errichten, um den früheren Fehler zu korrigieren, der darin bestand, daß es nur Soldatenkomitees, aber keine Deputiertenräte der Soldaten gab. [...]
Anfänglich rissen sich die kleinen Grundherren und die Großbauern darum, in die Exekutivkomitees, insbesondere in die der Gemeinden, einzudringen. Indem sie rote Binden anlegten und einen ungewöhnlichen Enthusiasmus vortäuschten, brachten sie es durch Betrug fertig, sich in die Exekutivkomitees einzuschleichen und alles unter ihre Kontrolle zu stellen, wobei sie die Mitglieder der Komitees aus der armen Bauernschaft in einfache Statisten verwandelten. Und die Beseitigung solcher Menschen aus den Komitees gelingt nur, wenn man ihnen im Verlauf des Kampfes die lügnerische Maske herunterreißt und die arme Bauernschaft ihre Macht zur Geltung bringt. Derartige Erscheinungen wurden schon an vielen Orten festgestellt, wenn auch nicht überall.
Die Partei erfreut sich unter den Massen einer großen Autorität, während die Machtorgane viel weniger Autorität genießen. Das kommt daher, daß die Partei aus Bequemlichkeit viele Fragen über die Köpfe der Machtorgane hinweg selbst entscheidet. Solche Fälle kommen sehr häufig vor. Parteigruppen der leitenden Funktionäre in den Machtorganen gibt es mancherorts noch nicht, und dort, wo es solche gibt, werden sie unzureichend ausgenutzt. Von nun an muß die Partei die Aufgabe erfüllen, die Machtorgane anzuleiten; Vorschläge und Empfehlungen der Partei – nicht aber die Propaganda – müssen durch die Machtorgane durchgeführt werden. Man muß die verwerfliche Praxis der Kuomintang, ihre Befehle unmittelbar den Regierungsorganen zu diktieren, vermeiden.

Fragen der Parteiorganisation

[. . .]

Lokale Beschränktheit. Die Wirtschaft des Grenzgebiets ist eine Agrarwirtschaft, die hier und da noch in dem Stadium des Mörsers und Stößels zurückgeblieben ist (in den Berggebieten wendet man zum Schälen von Reis im wesentlichen Mörser und Stößel an, in den Ebenen gibt es hingegen viele Stampfvorrichtungen mit Fußbetrieb). Die Einheit der sozialen Organisation ist überall die Sippe, deren Angehörige denselben Familiennamen tragen. Die Parteiorganisationen in den Dörfern sind mit Rücksicht auf den Wohnsitz ihrer Mitglieder aufgebaut worden, daher stellt es sich häufig heraus, daß die Parteizelle aus Menschen mit dem gleichen Familiennamen besteht und daß die Versammlung der Parteizelle einfach eine Sippenversammlung darstellt. Unter diesen Umständen ist es wirklich äußerst schwierig, eine »kämpferische bolschewistische Partei« zu schaffen. Wenn den Menschen gesagt wird, daß es für die Kommunistische Partei keine Staats- und Provinzgrenzen gibt, können sie sich das kaum vorstellen; ebenso ist es ihnen ziemlich unklar, daß es für sie weder Kreis- noch Distrikts- und Gemeindegrenzen gibt. Die lokale Beschränktheit äußert sich sehr stark in den Beziehungen zwischen den Kreisen. Sie macht sich auch in starkem Maße in den Beziehungen zwischen den Distrikten und sogar zwischen den Gemeinden ein und desselben Kreises bemerkbar. Bei der Überwindung der lokalen Beschränktheit können Auseinandersetzungen bestenfalls nur sehr geringe Ergebnisse zeitigen; wesentlich aber hilft uns dabei objektiv der Druck der weißen Kräfte, der keinerlei lokale Beschränktheit kennt. So haben beispielsweise die »vereinten Ausrottungsfeldzüge« der konterrevolutionären Kräfte zweier Provinzen bewirkt, daß sich die Volksmassen im Kampf gegen sie ihrer gemeinsamen Interessen bewußt wurden, und nur auf diese Weise konnte ihre lokale Beschränktheit nach und nach beseitigt werden. Dank einer ganzen Reihe derartiger Lehren sind die Erscheinungen der lokalen Beschränktheit seltener geworden.

Die Frage der eingesessenen und der zugewanderten Bevölkerung. In den Kreisen des Grenzgebietes gibt es noch eine besondere Erscheinung: das ist die Kluft zwischen der eingesessenen und der zugewanderten Bevölkerung. Zwischen der örtlichen Stammbevölkerung und den Nachkommen der Einwanderer, die vor einigen hundert Jahren aus dem Norden zugewandert sind, besteht eine tiefe Kluft und herrscht eine starke traditionelle Feindschaft, die zuweilen in einen erbitterten Kampf ausartet. Diese zugewanderte Bevölkerung, die sich von der Grenze zwischen den Provinzen Fukien und Kuangtung entlang der Grenze zwischen den Provinzen Hunan und Kiangsi bis zum Südteil der Provinz Hupeh angesiedelt hat, zählt einige Millionen. Die Zugewanderten, die sich in den Bergen niedergelassen hatten, wurden von der Stammbevölkerung, die die Ebenen besiedelte, unterdrückt und waren immer politisch rechtlos. Die nationale Revolution der letzten beiden Jahre wurde von der zugewanderten Bevölkerung freudig begrüßt, in der Annahme, daß nun die Zeit anbrechen würde, da sie ihren Kopf hochhalten könnten. Aber zu ihrer Enttäuschung erlitt die Revolution eine Niederlage, und die Zugewanderten werden nach wie vor von der Stammbevölkerung unterdrückt. [...]

Theoretisch sollte eigentlich eine solche Kluft zwischen Ortsansässigen und Zugewanderten nicht in die ausgebeuteten Klassen der Arbeiter und Bauern hineinreichen, erst recht nicht in die Kommunistische Partei. Aber in der Tat besteht diese Kluft als Erbübel aus vielen Jahren weiter. Hier ein Beispiel: Nach unserer Augustniederlage kehrten die Feudalherren aus der Stammbevölkerung mit reaktionären Truppen nach Ninggang zurück und verbreiteten das Gerücht, die zugewanderte Bevölkerung werde die Stammbevölkerung niedermetzeln; die meisten Bauern aus der Stammbevölkerung gingen auf die Seite des Feindes über, legten weiße Binden an und dienten den weißen Truppen bei den Brandstiftungen und Razzien in den Bergen als Wegweiser. Als aber die Rote Armee im Oktober und November die Weißen in die Flucht schlug, flohen die Bauern der Stammbevölkerung zusammen mit den Reaktionären, und nun waren es die Bauern der zugewanderten Bevölkerung, die das Eigentum der Geflüchteten beschlagnahmten. Diese Sachlage, die ihre Widerspiegelung innerhalb der Partei findet, führt oft zu sinnlosen Konflikten. Unsere Methode zur Lösung dieser Frage läuft auf folgendes hinaus: Einerseits erklären wir in unserer Aufklärungspropaganda, daß »die zum Feind übergelaufenen Bauern nicht getötet werden« und daß »ein übergelaufener Bauer, falls er zurückkehrt, ebenso wie die anderen Boden erhält«; auf diese Weise helfen wir den übergelaufenen Bauern, sich von dem Einfluß der Feudalherren frei zu machen und beruhigt nach Hause zurückzukehren. Andererseits sollen die Machtorgane der Kreise die Bauern der zugewanderten Bevölkerung verpflichten, den früheren Besitzern ihr Eigentum zurückzugeben, und eine Bekanntmachung herausgeben, wonach die Bauern der Stammbevölkerung unter Schutz genommen würden. In der Partei aber verstärken wir die Erziehungsarbeit, um unbedingt den Zusammenschluß der Parteimitglieder, die den beiden Gruppen angehören, zu erzielen. [...]

4. Über die Berichtigung falscher Ansichten in der Partei

Dezember 1929

In der Organisation der Kommunistischen Partei im 4. Korps der Roten Armee[1] gibt es verschiedene unproletarische Ansichten, was die Durchführung der richtigen Parteilinie sehr behindert. Wenn diese Ansichten nicht gründlich berichtigt werden, dann ist das 4. Korps der Roten Armee nicht imstande, die Aufgaben zu erfüllen, die ihm der große revolutionäre Kampf in China stellt. Die verschiedenen falschen Ansichten in der Parteiorganisation des 4. Korps rühren natürlich von der Tatsache her, daß die organisatorische Basis der Partei größtenteils aus Bauern und Leuten anderer kleinbürgerlicher Herkunft besteht; aber das Fehlen eines einmütigen und entschlossenen Kampfes der Parteileitungen gegen diese falschen Ansichten und der Erziehung der Parteimitglieder im Sinne der richtigen Parteilinie ist ebenfalls eine wichtige Ursache für das Bestehen und die Entwicklung solcher falschen Ansichten. Vom Geist des Septemberbriefs des Zentralkomitees geleitet, weist dieser Parteitag hiermit auf die verschiedenen Äußerungen unproletarischer Ansichten in der Parteiorganisation des 4. Korps, auf die Ursachen und die Methoden der Berichtigung solcher Ansichten hin und ruft die Genossen auf, sie restlos zu beseitigen.

Über den rein militärischen Gesichtspunkt

Unter einem Teil der Genossen in der Roten Armee ist ein rein militärischer Gesichtspunkt ungemein verbreitet. Er äußert sich folgendermaßen:

1. Sie betrachten die militärische und die politische Tätigkeit als einander

[1] Das 4. Korps ist das damals stärkste und am besten bewaffnete Kontingent der Roten Armee gewesen, sein Befehlshaber war Dschu Dö, der leitende Politkommissar Mao Tsetung.

entgegengesetzt und erkennen nicht an, daß die militärische Tätigkeit nur eines der Mittel zur Erfüllung politischer Aufgaben ist. Manche versteigen sich zu der Behauptung: »Wenn militärisch alles gut steht, steht selbstverständlich auch politisch alles gut; wenn es aber militärisch schlecht steht, kann es auch politisch nicht gut stehen.« Damit wird noch ein Schritt weitergegangen und das Militärwesen der Politik gegenüber als führend angesehen.

2. Sie meinen, die Aufgabe der Roten Armee sei der der weißen Armee ähnlich und bestünde lediglich im bloßen Kriegführen; sie begreifen nicht, daß die chinesische Rote Armee eine bewaffnete Organisation ist, die politische Aufgaben der Revolution ausführt. Besonders jetzt darf sie sich keinesfalls auf die reine Kriegführung beschränken; neben den Kriegsoperationen zur Vernichtung der militärischen Kräfte des Feindes sind ihr auch andere wichtige Aufgaben übertragen, nämlich: unter den Massen Propaganda zu treiben, sie zu organisieren und zu bewaffnen, ihnen bei der Errichtung der revolutionären Macht und bei der Gründung von Organisationen der Kommunistischen Partei zu helfen. Die Rote Armee führt nicht Krieg um des Krieges willen, sondern um unter den Massen eine Propaganda zu entfalten, sie zu organisieren und zu bewaffnen, ihnen bei der Errichtung der revolutionären Macht zu helfen; losgelöst von diesen Zielen, verliert der Krieg seinen Sinn und die Rote Armee ihre Existenzberechtigung.

3. Auf organisatorischem Gebiet unterstellen sie deshalb die Organe der politischen Arbeit in der Roten Armee den Militärorganen und geben die Losung aus: »Das Kommando wende sich äußeren Angelegenheiten zu.« Bei Weiterentwicklung derartiger Ansichten entsteht die Gefahr, daß man sich von den Massen loslöst, daß die Armee die Machtorgane beherrscht, sich der proletarischen Führung entzieht und so den gleichen Weg des Militärmachthabertums geht wie die Kuomintang-Armee.

4. Gleichzeitig übersehen sie bei der Propagandaarbeit die Bedeutung der Propagandatrupps. Bei der Organisierung der Massen vernachlässigen sie die Bildung von Soldatenkomitees in der Armee sowie die Vereinigung der örtlichen Arbeiter- und Bauernmassen; infolgedessen wird die Propaganda- und Organisationsarbeit so gut wie aufgegeben.

5. Im Falle eines Sieges werden sie überheblich, im Falle eines Mißerfolges sind sie niedergeschlagen.

6. Ressortgeist. Sie gehen an alles nur im Interesse des 4. Korps heran und begreifen nicht, daß eine der wichtigen Aufgaben der Roten Armee darin besteht, die örtlichen Massen zu bewaffnen; das ist Egoismus der kleinen Gruppe in erweiterter Form.

7. Abgekapselt in dem begrenzten Milieu des 4. Korps, glauben einige wenige Genossen, es gäbe außer ihnen selbst überhaupt keine anderen revolutionären Kräfte. Infolgedessen findet unter ihnen die Idee, ihre Kräfte zu bewahren und Kampfhandlungen auszuweichen, ungemein starke Verbreitung. Das sind Überreste des Opportunismus.
8. Einige Genossen berücksichtigen nicht die subjektiven und objektiven Bedingungen, sind voller revolutionärer Fiebrigkeit; sie wollen keine mühselige, umsichtige Kleinarbeit unter den Massen leisten, schwelgen in Illusionen und wollen nur große Taten vollbringen. Das sind Überreste des Putschismus.
Ursachen des rein militärischen Gesichtspunktes:
1. Niedriges politisches Niveau. Infolgedessen erkennt man nicht die Rolle der politischen Führung in der Armee sowie den grundlegenden Unterschied zwischen der Roten Armee und den weißen Armeen.
2. Söldnermentalität. Da nach jedem Gefecht sehr viele Gefangene in die Rote Armee aufgenommen wurden, die eine ausgesprochene Söldnermentalität mitbrachten, ergab sich in den unteren Einheiten die Grundlage für einen rein militärischen Gesichtspunkt.
3. Aus diesen beiden Ursachen ergibt sich die dritte, nämlich: übermäßiger Glaube an die militärischen Kräfte und kein Vertrauen zur Kraft der Volksmassen.
4. Daß die Partei der militärischen Arbeit keine intensive Aufmerksamkeit zuwandte und darüber nicht sorgfältig diskutierte, ist ebenfalls eine Ursache für die Herausbildung des rein militärischen Gesichtspunktes bei einem Teil der Genossen.
Methoden der Berichtigung:
1. Durch Erziehungsarbeit muß man das politische Niveau in der Partei heben, die theoretischen Wurzeln des rein militärischen Gesichtspunktes ausrotten, den grundlegenden Unterschied zwischen der Roten Armee und den weißen Armeen klarstellen. Gleichzeitig sind auch die Überreste von Opportunismus und Putschismus zu beseitigen, und es ist dem Ressortgeist des 4. Korps ein Ende zu machen.
2. Die politische Ausbildung der Offiziere und Mannschaften, besonders die Schulung ehemaliger Gefangener, muß intensiviert werden. Gleichzeitig müssen die örtlichen Machtorgane nach Möglichkeit kampferfahrene Arbeiter und Bauern auswählen und in die Rote Armee schicken, damit der rein militärische Gesichtspunkt organisatorisch geschwächt wird, bis er mit Stumpf und Stiel ausgerottet ist.
3. Die örtlichen Parteiorganisationen sind zur Kritik an den Parteiorganisationen der Roten Armee und die Machtorgane der Volksmassen zur

Kritik an der Roten Armee aufzurufen, um auf die Parteiorganisationen sowie auf die Offiziere und Mannschaften der Roten Armee einzuwirken.

4. Die Partei muß der militärischen Arbeit intensive Aufmerksamkeit schenken und über sie sorgfältig diskutieren. Jede Tätigkeit wird erst von den Massen durchgeführt, nachdem sie von der Parteiorganisation diskutiert und beschlossen worden ist.

5. Es sind Regeln und Vorschriften auszuarbeiten, die die Aufgaben der Roten Armee, die Beziehungen zwischen ihren militärischen und politischen Organen, die Beziehungen zwischen der Roten Armee und den Volksmassen, die Befugnisse der Soldatenkomitees und deren Beziehungen zu den militärischen und politischen Organen klar festlegen.

Über die extreme Demokratisierung

Nach Eingang der Anweisungen des Zentralkomitees sind Erscheinungen der extremen Demokratisierung im 4. Korps der Roten Armee bedeutend seltener geworden. Zum Beispiel können die Beschlüsse der Partei leichter durchgeführt werden; niemand erhebt mehr die falschen Forderungen: in der Roten Armee wäre ein sogenannter »demokratischer Zentralismus von unten nach oben« durchzuführen, oder man müßte »zunächst unten diskutieren und dann oben Beschlüsse fassen« usw. Tatsächlich aber ist der Rückgang dieser Erscheinungen nur vorübergehend und oberflächlich und bedeutet keineswegs die Ausmerzung solcher Ansichten. Das heißt, daß die Neigung zur extremeren Demokratisierung immer noch tief im Denken vieler Genossen verwurzelt ist. Ein Beweis dafür ist, daß sich z. B. verschiedentlich ein Widerstreben bei der Durchführung von Parteibeschlüssen zeigt.

Methoden der Berichtigung:

1. Die Wurzeln der extremen Demokratisierung müssen von der Theorie her beseitigt werden. Vor allen Dingen muß man auf die Gefahr der extremen Demokratisierung hinweisen, nämlich darauf, daß diese die Parteiorganisation schädigt oder sogar völlig zerstört und die Kampfkraft der Partei schwächt oder sogar völlig untergräbt, so daß die Partei nicht mehr imstande ist, ihre Kampfaufgaben zu erfüllen, wodurch eine Niederlage der Revolution herbeigeführt wird. Ferner muß man feststellen, daß die Wurzeln der extremen Demokratisierung in der kleinbürgerlichen individualistischen Undiszipliniertheit zu suchen sind. Wenn diese Haltung in die Partei hineingetragen wird, so entwickelt sie

sich politisch und organisatorisch zu extrem demokratischen Ansichten. Solche Ansichten sind mit den Kampfaufgaben des Proletariats von Grund aus unvereinbar.
2. In organisatorischer Hinsicht ist ein demokratisches Leben unter zentralisierter Führung zu gewährleisten. [...]

Über Mißachtung der Organisationsdisziplin

Die Mißachtung der organisatorischen Disziplin in der Parteiorganisation des 4. Korps äußert sich folgendermaßen:
A. Die Minderheit fügt sich nicht der Mehrheit. Wird beispielsweise ein Antrag der Minderheit abgelehnt, führt diese den Beschluß der Parteiorganisation nicht ehrlich durch.
Methoden der Berichtigung:
1. In den Versammlungen sollen alle Anwesenden ermutigt werden, ihre Meinung voll auszusprechen. Bei allen strittigen Fragen muß man ohne Kompromiß und Oberflächlichkeit klarstellen, was richtig und was falsch ist. Um eine klare Schlußfolgerung zu erreichen, muß eine Frage, wenn sie auf einer Versammlung nicht gelöst werden kann, auf einer zweiten diskutiert werden, vorausgesetzt, daß die Arbeit dadurch nicht behindert wird.
2. Zur Parteidisziplin gehört auch, daß sich die Minderheit der Mehrheit fügt. Wird die Ansicht der Minderheit abgelehnt, muß diese den von der Mehrheit angenommenen Beschluß unterstützen. Nötigenfalls kann sie die Angelegenheit in der nächsten Versammlung erneut zur Sprache bringen; abgesehen davon sind aber alle dem gefaßten Beschluß zuwiderlaufenden Handlungen unzulässig.
B. Eine Kritik, bei der die organisatorische Disziplin mißachtet wird.
1. Die innerparteiliche Kritik ist eine Waffe zur Festigung der Parteiorganisation und zur Stärkung der Kampffähigkeit der Partei. In der Parteiorganisation der Roten Armee trägt die Kritik jedoch manchmal nicht diesen Charakter, sondern verwandelt sich in persönliche Angriffe. Das Ergebnis ist, daß nicht nur einzelne Menschen, sondern auch die Parteiorganisation Schaden erleidet. Darin äußert sich ein kleinbürgerlicher Individualismus. Die Methode der Berichtigung dieses Fehlers: Man muß den Parteimitgliedern begreiflich machen, daß die Kritik den Zweck hat, die Kampffähigkeit der Partei zu steigern, um den Sieg im Klassenkampf zu erringen, und daß sie nicht als Werkzeug für persönliche Angriffe benutzt werden darf.

2. Viele Parteimitglieder üben Kritik nicht innerhalb, sondern außerhalb der Partei. Das erklärt sich dadurch, daß die Parteimitglieder im allgemeinen noch nicht die Bedeutung der Parteiorganisation (der Versammlungen usw.) begriffen haben und keinen Unterschied zwischen einer Kritik innerhalb und einer solchen außerhalb der Organisation sehen. Die Methode der Berichtigung besteht darin, die Parteimitglieder dazu zu erziehen, daß sie die Wichtigkeit der Parteiorganisation erkennen und ihre Kritik an Parteikomitees oder an einzelnen Genossen auf Parteiversammlungen vorbringen.

Über absolute Gleichmacherei

Absolute Gleichmacherei war in der Roten Armee eine Zeitlang in einem ernsten Ausmaß verbreitet. So war man beispielsweise bei der Auszahlung von Taschengeld an verwundete Soldaten dagegen, zwischen Leicht- und Schwerverwundeten einen Unterschied zu machen, und forderte den gleichen Betrag für alle. Wenn ein Offizier ritt, so wollte man nicht einsehen, daß das zur Erfüllung seiner Dienstpflichten nötig war, sondern sah darin eine Erscheinungsform der Ungleichheit. Bei der Verteilung forderte man extreme Gleichmacherei, ohne Sonderfälle, wo mehr zugeteilt werden mußte, zu berücksichtigen. Auch wurde gefordert, daß alle die gleiche Menge Reis auf dem Rücken trugen, ohne Rücksicht darauf zu nehmen, ob es sich um einen Erwachsenen oder um ein Kind handelte, ob einer stärker oder schwächer war. Bei der Unterbringung der Truppen wurde gefordert, daß allen der gleiche Raum zugeteilt wurde; und hatte der Stab einen etwas größeren Raum, begann man zu schimpfen. Im Dienst forderte man gleiche Aufgaben für alle und verweigerte jede Sonderarbeit. Wenn für zwei Verwundete nur eine Tragbahre vorhanden war, kam es sogar vor, daß man lieber keinen als nur einen forttrug. All das zeugt davon, daß die absolute Gleichmacherei unter den Offizieren und Soldaten der Roten Armee immer noch sehr ernst zu nehmen ist.
Wie die extreme Demokratisierung auf politischem Gebiet, ist auch die absolute Gleichmacherei Produkt der handwerklichen und kleinbäuerlichen Wirtschaft; der einzige Unterschied besteht darin, daß sich die absolute Gleichmacherei im materiellen Leben äußert, während die extreme Demokratisierung im politischen Leben auftritt.
Methoden der Berichtigung: Man muß darauf hinweisen, daß absolute Gleichmacherei nicht nur in der Periode, da der Kapitalismus noch nicht vernichtet ist, eine reine Illusion der Bauern und Kleineigentümer ist;

selbst im Sozialismus werden die materiellen Güter nach dem Prinzip »Jeder nach seinen Fähigkeiten, jedem nach seiner Leistung« und je nach den Erfordernissen der Arbeit verteilt, und es kann keinesfalls eine sogenannte absolute Gleichheit geben. Die materiellen Güter müssen im großen und ganzen zu gleichen Teilen unter die Angehörigen der Roten Armee verteilt werden, zum Beispiel gleicher Sold für Offiziere und Soldaten, weil das in der gegenwärtigen Kampflage erforderlich ist. Eine absolute Gleichmacherei ohne jeden triftigen Grund ist jedoch zu bekämpfen, weil sie für den Kampf nicht erforderlich ist, sondern ganz im Gegenteil den Kampf behindert. [. . .]

Über den Individualismus

Individualistische Tendenzen in den Parteiorganisationen der Roten Armee zeigen sich in folgendem:
1. Rachsucht. Wird ein Parteimitglied innerhalb der Partei von einem Genossen, der ein Soldat ist, kritisiert, sucht es außerhalb der Partei Gelegenheit, sich an ihm zu rächen; Schläge und Schimpfworte sind eines der Mittel der Rache. Vergeltung wird auch innerhalb der Partei gesucht. »Hast du mich in dieser Versammlung kritisiert, so werde ich in der nächsten Versammlung ebenfalls einen Anlaß finden, um an dir etwas auszusetzen und mich zu rächen.« Eine derartige Rachsucht entsteht ausschließlich durch persönliche Erwägungen, sie erkennt weder die Klasseninteressen noch die Interessen der Gesamtpartei an. Sie ist nicht gegen die feindlichen Klassen, sondern gegen Einzelpersonen in den eigenen Reihen gerichtet. Wie ein Ätzmittel zerfrißt sie die Organisation und schwächt ihre Kampffähigkeit.
2. Gruppenegoismus. Wenn man sich nur um die Interessen der eigenen kleinen Gruppe kümmert und die allgemeinen Interessen vernachlässigt, so birgt das, auch wenn es, oberflächlich gesehen, nicht im Interesse einer Einzelperson geschieht, in Wirklichkeit doch einen äußerst engstirnigen Individualismus in sich und wirkt ebenso sehr zersetzend und zentrifugal. Seit jeher hat in der Roten Armee der Gruppengeist üppige Blüten getrieben; durch Kritik hat sich die Lage jetzt zwar etwas gebessert, aber Überreste dieser Mentalität bestehen noch, und zu ihrer Überwindung sind weitere Anstrengungen erforderlich.
3. Söldnermentalität. Es gibt Genossen, die nicht begreifen, daß die Partei und die Rote Armee, denen sie angehören, Werkzeuge zur Durchführung der Aufgaben der Revolution sind. Sie erkennen nicht, daß sie

selber berufen sind, die Revolution durchzuführen, und glauben, daß sie ausschließlich vor ihren Vorgesetzten, nicht aber vor der Revolution die Verantwortung tragen. Diese passive Söldnermentalität in bezug auf die Revolution ist ebenfalls eine Erscheinungsform des Individualismus. Aus ihr erklärt sich, warum wir nicht sehr viel Aktivisten haben, die vorbehaltlos der Revolution dienen. Wenn wir die Söldnermentalität nicht liquidieren, wird die Zahl der Aktivisten nicht wachsen, und die ganze Schwere der Aufgaben der Revolution wird nach wie vor auf den Schultern weniger ruhen. Das würde sich sehr ungünstig auf den Kampf auswirken.

4. Genußsucht. In der Roten Armee gibt es auch nicht wenige, bei denen der Individualismus als Genußsucht in Erscheinung tritt. Sie hoffen stets, daß ihre Einheiten in Großstädte einmarschieren werden. Sie wollen dorthin nicht der Arbeit, sondern der Vergnügungen wegen gehen. Die Arbeit in den roten Gebieten, wo die Lebensbedingungen schwer sind, sagt ihnen gar nicht zu.

5. Passivität und Lässigkeit. Geht etwas nicht nach Wunsch, wird man passiv und weigert sich, zu arbeiten. Die Ursache dafür ist im wesentlichen mangelnde Erziehungsarbeit, aber manchmal liegt es auch an der ungeeigneten Art, in der die führenden Funktionäre Probleme behandeln, die Arbeit verteilen oder die Disziplin durchsetzen.

6. Das Verlangen, aus der Armee auszuscheiden. Mit jedem Tag wächst die Zahl von Angehörigen der Roten Armee, die um Zuweisung einer zivilen Tätigkeit bitten. Das ist nicht immer auf Ursachen rein persönlicher Natur zurückzuführen, sondern erklärt sich auch daraus, daß (1) die materiellen Lebensbedingungen in der Roten Armee zu schlecht sind, daß man (2) im langwierigen Kampf ermüdet ist, und daß (3) die Führer in ungeeigneter Weise an die Behandlung der Probleme, an die Verteilung der Arbeit oder an die Durchsetzung der Disziplin herangehen.

Methoden der Berichtigung: Vor allem ist die Erziehungsarbeit zu intensivieren, um von der Ideologie her den Individualismus zu überwinden. Dann muß bei der Behandlung der Probleme, bei der Verteilung der Arbeit und beim Durchsetzen der Disziplin richtig vorgegangen werden. Zugleich müssen Maßnahmen zur Verbesserung der materiellen Lebensbedingungen der Roten Armee getroffen werden; jede Gelegenheit ist zu nutzen, damit sich die Truppen ausruhen und konsolidieren können, so daß sich ihre materiellen Bedingungen verbessern. Der Individualismus, wie er in der Partei in Erscheinung tritt, hat seinen gesellschaftlichen Ursprung in der kleinbürgerlichen und bürgerlichen Ideologie. Das muß bei unserer Erziehungsarbeit klargestellt werden.

Über die Mentalität umherschweifender Rebellenhaufen

Da es in der Roten Armee eine große Zahl vagabundierender Elemente gibt und im ganzen Land, besonders in den südlichen Provinzen, große Massen solcher Elemente umherziehen, ist in der Roten Armee die politische Mentalität umherschweifender Rebellenhaufen entstanden. Diese Mentalität äußert sich folgendermaßen: (1) Man ist nicht gewillt, durch mühselige Arbeit Stützpunktgebiete zu schaffen und die politische Macht der Volksmassen zu errichten, um dadurch unseren politischen Einfluß auszudehnen, sondern gedenkt, diesen nur mit den Methoden beweglicher Partisanenoperationen zu erweitern. (2) Bei der Erweiterung der Roten Armee folgt man der Linie der »Rekrutierung von Roß und Reiter« und der »Anwerbung von Überläufern und Aufnahme von Meuterern«, anstatt sich an die Linie einer Erweiterung der regulären Roten Armee über die Erweiterung der örtlichen Roten Garde und der örtlichen Einheiten der Roten Armee zu halten. (3) Man bringt nicht die Geduld auf, gemeinsam mit den Massen den schweren Kampf zu führen, sondern wünscht in große Städte zu kommen, um dort zu schmausen und zu zechen. Alle diese Erscheinungsformen der Mentalität umherschweifender Rebellenhaufen hindern die Rote Armee im höchsten Maße an der Durchführung ihrer richtigen Aufgaben, und deshalb ist die Ausmerzung dieser Mentalität eines der Hauptziele des ideologischen Kampfes innerhalb der Parteiorganisation der Roten Armee....

Methoden der Berichtigung:

1. Die Mentalität umherschweifender Rebellenhaufen durch verstärkte Erziehungsarbeit und durch Kritik falscher Ansichten liquidieren.
2. Unter jenen Truppen, die den Stamm der Roten Armee bilden, sowie unter jenen Gefangenen, die kürzlich in die Rote Armee aufgenommen wurden, die Erziehungsarbeit zur Überwindung der Landstreichermentalität verstärken.
3. Kampferfahrene Aktivisten aus den Reihen der Arbeiter und Bauern in die Rote Armee eingliedern, um deren klassenmäßige Zusammensetzung zu ändern.
4. Aus den Massen der kämpfenden Arbeiter und Bauern neue Truppeneinheiten der Roten Armee aufstellen.

Über die Überreste des Putschismus

In der Parteiorganisation der Roten Armee wurde zwar ein Kampf gegen den Putschismus geführt, aber noch nicht in ausreichendem Maße. Deshalb gibt es in der Roten Armee noch Überreste von putschistischen Ansichten. Sie äußern sich: (1) in Operationen, die blindlings, ohne Berücksichtigung der subjektiven und objektiven Bedingungen durchgeführt werden; (2) in der unzulänglichen und unentschlossenen Durchführung unserer Politik in bezug auf die Städte; (3) in der Lockerung der militärischen Disziplin, vor allem im Augenblick militärischer Niederlagen; (4) in dem von einigen Einheiten noch zuweilen praktizierten Niederbrennen von Häusern; (5) im Erschießen von Deserteuren und in Körperstrafen, worin sich ebenfalls Züge des Putschismus zeigen. Seinem gesellschaftlichen Ursprung nach ist der Putschismus eine Verschmelzung der Ideologie des Lumpenproletariats mit der des Kleinbürgertums.

Methoden der Berichtigung:

1. Den Putschismus von der Ideologie her beseitigen.
2. Putschistische Aktionen durch Vorschriften und politische Richtlinien korrigieren.

5. Aus einem Funken kann ein Steppenbrand entstehen

5. Januar 1930

Was die Einschätzung der gegenwärtigen Lage und die sich daraus ergebende Frage unseres Vorgehens betrifft, fehlt es manchen Genossen in unserer Partei noch an einem richtigen Verständnis. Sie glauben zwar daran, daß ein revolutionärer Aufschwung unvermeidlich kommen wird, aber sie glauben nicht an die Möglichkeit, daß er bald kommen wird. Deshalb billigen sie nicht den Plan, die Provinz Kiangsi einzunehmen, sondern sind nur mit beweglichen Partisanenaktionen in den drei Gebieten an den Grenzen der Provinzen Fukien, Kuangtung und Kiangsi einverstanden. Gleichzeitig zeigen sie kein tiefgehendes Verständnis dafür, daß man in den Partisanengebieten die rote Macht errichten muß. Daher sind sie auch nicht von der Idee durchdrungen, daß durch die Festigung und Erweiterung der roten Macht der revolutionäre Aufschwung im ganzen Land gefördert werden muß. Sie sind anscheinend der Meinung, daß in einer Periode, da der revolutionäre Aufschwung noch in weiter Ferne liege, diese harte Arbeit zur Errichtung der politischen Macht vergeblich wäre. Statt dessen hoffen sie, unseren politischen Einfluß mit der leichteren Methode beweglicher Partisanenaktionen zu erweitern, und erst wenn die Massen im ganzen Land gewonnen oder bis zu einem gewissen Grad gewonnen wären, würden sie in ganz China zum bewaffneten Aufstand schreiten und obendrein zugleich die Kräfte der Roten Armee einsetzen, wodurch eine große Revolution im ganzen Land zustande käme. Diese ihre Theorie, daß man zunächst die Massen im ganzen Land und in all den einzelnen Landesteilen gewinnen und erst dann die politische Macht errichten soll, entspricht nicht der Sachlage der chinesischen Revolution. Der Ursprung dieser Theorie liegt hauptsächlich im mangelnden Verständnis für die Tatsache, daß China ein halbkoloniales Land ist, um das mehrere imperialistische Staaten miteinander streiten. Hat man dies jedoch begriffen, dann wird *erstens* klar, warum es unter allen Ländern der Welt nur China ist, wo so merkwürdige Dinge wie die andauernden Kriegswirren unter den herrschenden Klassen bestehen, warum diese Kriegswirren sich von Tag zu Tag verschärfen und ausdehnen, warum es in China bisher nicht gelungen ist, eine einheitliche Staatsmacht zu errichten. *Zweitens* wird klar, wie ernst die Bauernfrage ist, und man kann folglich verstehen, warum jetzt die Bauernaufstände ein solches Ausmaß angenommen haben, daß sie sich über das ganze Land ausbreiten. *Drittens* wird die Richtigkeit der Losung von der demokratischen Staatsmacht der Arbeiter und Bauern klar. *Viertens* wird auch ein weiteres merkwürdiges Phänomen verständlich, das aus der merkwürdigen Erscheinung der andauernden Kriegswirren unter den herrschenden Klassen hervorgeht, die es nirgends in der Welt außer in China gibt, nämlich die Existenz und Entwicklung der Roten Armee und der Partisanenabteilungen, sowie die damit verbundene Existenz und Entwicklung kleiner roter Gebiete inmitten des weißen Regimes (einer merkwürdigen Erscheinung, wie sie nur in China zu beobachten ist). *Fünftens* wird ebenfalls klar, daß im halbkolonialen China die Schaffung und das Wachstum der Roten Armee, der Partisanenabteilungen und der roten Gebiete die höchste Form des Kampfes der Bauernschaft unter Führung des Proletariats darstellen und das unvermeidliche Ergebnis der Entwicklung des Kampfes der Bauernschaft in einem halbkolonialen Land sind; und daß dies zweifellos der wichtigste Faktor ist, der den revolutionären Aufschwung im ganzen Land beschleunigt. *Sechstens* wird schließlich klar, daß die Politik der beweglichen Partisanenaktionen allein die Aufgabe der Beschleunigung des revolutionären Aufschwungs im ganzen Land nicht erfüllen kann; daß hingegen die von Dschu Dö und Mao Tsetung beziehungsweise von Fang Dschimin[1] verfolgte politische Linie zweifellos richtig ist, jene Linie, die darauf abzielt, Stützpunktgebiete zu schaffen, systematisch die politische Macht zu errichten, die Agrarrevolution zu vertiefen, in einem umfassenden Prozeß die bewaffneten Kräfte des Volkes zu entwickeln – angefangen mit der Aufstellung von Gemeinde-, dann Distrikts- und hierauf Kreisabteilungen der Roten Garde, über die Bildung von örtlichen Truppen der Roten Armee bis zur Schaffung der regulären Roten Armee – und die politische Macht wellenförmig voranzutreiben usw. Nur so kann man den revolutionären Massen des ganzen Landes Vertrauen einflößen, wie es die Sowjetunion in der ganzen Welt getan hat. Nur so kann man die reaktionären herrschenden Klassen vor gewaltige Schwierigkeiten stel-

[1] Einer der kommunistischen Truppenführer, die auf eigene Faust ein »rotes Gebiet« aufbauten.

len, den Boden unter ihren Füßen ins Wanken bringen und ihren inneren Zerfall beschleunigen. Nur so kann man wirklich eine Rote Armee schaffen, die zum Hauptwerkzeug der künftigen großen Revolution werden wird. Kurz gesagt: Nur so kann man den revolutionären Aufschwung beschleunigen.

Die Genossen, die an revolutionärer Fiebrigkeit leiden, überschätzen die subjektiven Kräfte der Revolution und unterschätzen die Kräfte der Konterrevolution. Eine derartige Einschätzung entstammt meistens einer subjektivistischen Denkweise. In der Folge wird sie zweifellos zum Putschismus[2] führen. Wenn man andererseits die subjektiven Kräfte der Revolution unterschätzt und die Kräfte der Konterrevolution überschätzt, ist das ebenfalls eine falsche Einschätzung, die ebenso zwangsläufig zu negativen Ergebnissen, wenn auch anderer Art, führen würde. Deshalb müssen bei der Beurteilung der politischen Lage in China folgende Hauptmomente berücksichtigt werden:

1. Zwar sind gegenwärtig die subjektiven Kräfte der chinesischen Revolution schwach, doch alle auf der rückständigen und brüchigen sozialökonomischen Struktur Chinas beruhenden Organisationen der reaktionären herrschenden Klassen (Staatsmacht, bewaffnete Kräfte, Parteien usw.) sind gleichfalls schwach. Dadurch erklärt sich denn auch, daß in den westeuropäischen Ländern, obwohl dort die subjektiven Kräfte der Revolution gegenwärtig vielleicht etwas größer sind als die der chinesischen Revolution, die Revolution dennoch nicht sofort ausbrechen kann, denn in diesen Ländern sind ja die Kräfte der reaktionären herrschenden Klassen um ein Vielfaches stärker als in China. Obwohl derzeit die subjektiven Kräfte der chinesischen Revolution schwach sind, wird der Aufschwung der Revolution in China dennoch eher einsetzen als in Westeuropa, weil bei uns auch die Kräfte der Konterrevolution verhältnismäßig schwach sind.

2. Seit der Niederlage der Revolution im Jahre 1927 sind die subjektiven Kräfte der Revolution tatsächlich viel schwächer geworden. Die geringe Zahl der verbliebenen Kräfte kann selbstverständlich, wenn man nur nach gewissen äußerlichen Erscheinungen urteilt, bei den Genossen (die so an die Frage herangehen) pessimistische Gedanken auslösen. Geht man aber vom Wesen der Sache aus, dann liegen die Dinge ganz anders. Hier ist das alte chinesische Sprichwort anwendbar: »Aus einem Funken kann ein Steppenbrand entstehen.« Das bedeutet, daß sich die Kräfte der Revolution rasch entwickeln werden, wenn sie auch heute nur sehr gering sind. Unter den Bedingungen Chinas ist das Wachstum dieser

[2] Ausdruck aus der russischen Revolutionsgeschichte, s. o. Text 4, letzter Absatz.

Kräfte nicht nur möglich, sondern in der Tat unvermeidlich. Das ist bereits durch die Bewegung des 30. Mai[3] und die darauf folgende große Revolution voll und ganz bestätigt worden. Zur Beurteilung der Dinge muß man von ihrem Wesen ausgehen, ihre äußeren Erscheinungen dagegen darf man nur als Wegweiser betrachten, der zu einer Pforte führt. Ist man durch diese Pforte eingetreten, dann muß man das Wesen der Frage erfassen. Eben das ist die zuverlässige, wissenschaftliche Methode der Analyse.

3. Dasselbe gilt auch für die Einschätzung der Kräfte der Konterrevolution: Man darf keineswegs nur ihre äußere Erscheinung sehen, sondern muß ihr Wesen betrachten. In der Frühzeit unserer selbständigen Macht im Hunan-Kiangsi-Grenzgebiet schenkten manche Genossen der damaligen falschen Einschätzung des Provinzparteikomitees von Hunan tatsächlich Glauben und maßen dem Klassenfeind nicht die geringste Bedeutung bei; bis auf den heutigen Tag macht man sich bei uns über die Bezeichnungen »äußerste Zerrüttung« und »völlige Panik« lustig, mit denen das Provinzparteikomitee von Hunan damals (Mai bis Juni 1928) Lu Diping, den Machthaber von Hunan, eingeschätzt hat. In der Politik führen derartige Einschätzungen unvermeidlich zum Putschismus. Doch bereits in den rund vier Monaten von November 1928 bis Februar 1929 (vor Ausbruch des Krieges zwischen Tschiang Kaischek und der Kuangsi-Clique), als sich der Feind bei seinem dritten »vereinigten Ausrottungsfeldzug« dem Djinggang-Gebirge näherte, äußerten manche Genossen wieder Zweifel: »Wie lange werden wir noch die rote Fahne hochhalten können?« Tatsächlich aber hatte in dieser Periode der Kampf, den England, die USA und Japan in China führten, bereits ganz offene Formen angenommen, und die Kriegswirren, in die sich Tschiang Kaischek, die Kuangsi-Clique und Feng Yühsiang[4] verwickelten, nahmen bereits Gestalt an. Im Grunde genommen war das der Beginn eines Abebbens der Konterrevolution und eines neuen Aufschwungs der Revolution. Und trotzdem gab es damals nicht nur in der Roten Armee und in den örtlichen Parteiorganisationen pessimistische Gedanken, sondern auch das Zentralkomitee, das sich durch die oberflächlichen Erscheinungen irreführen ließ, schlug pessimistische Töne an. Der Februarbrief des Zentralkomitees ist ein Beweis für die damals in der Partei gegebene pessimistische Einschätzung.

[3] Die weite Teile der chinesischen Bevölkerung erfassende Protestbewegung gegen die Erschießung von Demonstranten in Schanghai am 30. 5. 1925.

[4] Selbständiger General und Militärmachthaber in Nord-China, der sich mit Tschiang bald verbündete, bald gegen ihn kämpfte.

4. Die gegenwärtige objektive Lage kann noch immer jene Genossen leicht irreführen, die nur die augenblicklichen oberflächlichen Erscheinungen betrachten und nicht in das Wesen der Dinge eindringen. Besonders unsere in der Roten Armee tätigen Leute brauchen nur einen Mißerfolg im Kampf zu erleiden oder umzingelt oder von einem starken Gegner verfolgt zu werden, und schon beginnen sie, oft ohne es selber zu merken, ihre zeitgebundene, lokal begrenzte besondere Situation zu verallgemeinern und zu übertreiben, als gäbe die Lage im ganzen Land und in der ganzen Welt überhaupt keinen Grund zum Optimismus, als sei die Aussicht auf den Sieg der Revolution in sehr weite Ferne gerückt. Daß diese Genossen bei der Betrachtung der Dinge nur die äußere Erscheinung berücksichtigen, das Wesen aber ignorieren, erklärt sich daraus, daß sie nicht das Wesen der allgemeinen Lage einer wissenschaftlichen Analyse unterzogen haben. Fragt man, ob der Aufschwung der Revolution in China bald einsetzen wird, so findet man die Antwort erst dann, wenn man sorgfältig untersucht hat, ob die verschiedenen Widersprüche, die zum Aufschwung der Revolution führen, wirklich anwachsen. Da im internationalen Maßstab die Widersprüche unter den imperialistischen Staaten, zwischen diesen und ihren Kolonien, zwischen den Imperialisten und dem Proletariat ihrer eigenen Länder angewachsen sind, fühlen die Imperialisten die Notwendigkeit des Kampfes um China noch dringlicher. Sobald sich der Kampf der Imperialisten um China verschärft, wachsen auch gleichzeitig innerhalb der Grenzen Chinas die Widersprüche zwischen dem Imperialismus und ganz China, sowie die Widersprüche unter den Imperialisten selber; das führt zu Kriegswirren unter den verschiedenen Cliquen der herrschenden reaktionären Kräfte in China, die sich von Tag zu Tag ausweiten und verschärfen, so daß wiederum die Widersprüche unter diesen reaktionären Kräften immer weiter wachsen.

Die Widersprüche zwischen den verschiedenen Cliquen der herrschenden reaktionären Kräfte – die Kriegswirren unter den Militärmachthabern – bringen ein Anwachsen der Steuerlasten mit sich. Das wiederum wird die Widersprüche zwischen den breiten Massen der Steuerzahler und den herrschenden reaktionären Kräften immer mehr verschärfen. Die Widersprüche zwischen dem Imperialismus und der chinesischen nationalen Industrie führen dazu, daß diese keine Zugeständnisse vom Imperialismus erlangen kann. Infolgedessen vertiefen sich die Widersprüche zwischen der chinesischen Bourgeoisie und der chinesischen Arbeiterklasse, indem die chinesischen Kapitalisten den Ausweg in der erbarmungslosen Ausbeutung der Arbeiter suchen und die chinesischen Arbeiter sich dem widersetzen. Die imperialistische Wareninvasion, die Ausplünderung durch das chinesische Handelskapital, das Anwachsen der von der Regierung auferlegten Steuerlast usw. führen zu einer weiteren Vertiefung der Widersprüche zwischen der Grundherrenklasse und der Bauernschaft, das heißt, zu der verstärkten Ausbeutung durch Pachtzins und Wucher, die den Haß der Bauern gegen die Grundherren noch mehr steigert. Der Druck ausländischer Waren, die Erschöpfung der Kaufkraft der breiten Massen der Arbeiter und Bauern und das Anwachsen der von der Regierung auferlegten Steuern ruinieren die Kaufleute, die mit einheimischen Waren handeln, sowie die selbständigen Produzenten immer mehr. Da die reaktionäre Regierung trotz des Mangels an Lebensmitteln und Geld die Armee ins Uferlose aufbläht und so die Kriegswirren mit jedem Tag an Umfang zunehmen, sind die Soldatenmassen zu ständigen schweren Entbehrungen verurteilt. Das Anwachsen der Staatssteuern, die Erhöhung der Pachten und Zinsen durch die Grundherren, die sich von Tag zu Tag verbreitende Kriegsnot, das alles führt im ganzen Land zu Hungersnöten und Banditentum und stürzt die Massen der Bauernschaft und der städtischen Armut in eine ausweglose Lage. Da die Mittel für den Unterhalt der Schulen fehlen, droht vielen Schülern die Gefahr, ihr Studium unterbrechen zu müssen, während die Rückständigkeit der Produktion vielen Schulabsolventen die Hoffnung nimmt, Arbeit zu finden. Wenn wir alle erwähnten Widersprüche begreifen, werden wir uns darüber klar, in welcher alarmierenden Situation, in welchem chaotischen Zustand sich China befindet. Dann verstehen wir auch, wie unvermeidlich der Aufschwung der gegen den Imperialismus, die Militärmachthaber und die Grundherren gerichteten Revolution ist und warum er bald eintreten muß. Ganz China ist voller Zündstoff, der bald in Flammen aufgehen wird. »Aus einem Funken kann ein Steppenbrand entstehen« – dieses Sprichwort kennzeichnet sehr treffend die Entwicklung der gegenwärtigen Lage. Es genügt, das Umsichgreifen von Studentenstreiks an vielen Orten zu betrachten, um zu begreifen, daß es vom »Funken« bis zum »Steppenbrand« unzweifelhaft nicht mehr so weit ist [. . .][5]

[5] In den nachfolgenden beiden Absätzen werden Stellen aus früheren Berichten des Frontkomitees (Mao) zitiert, in denen u. a. die Grundsätze des Partisanenkrieges zum ersten Mal formuliert worden sind: »Die Truppen auflockern, um die Massen aufzurütteln; die Truppen konzentrieren, um dem Feind zu begegnen.« »Rückt der Feind vor, ziehen wir uns zurück; macht er halt, umschwärmen wir ihn; ist er ermattet, schlagen wir zu; weicht er, verfolgen wir ihn.« »Bei der Schaffung stabiler Gebiete der selbständigen Macht wendet man die Taktik des Vorrückens in Wellenlinien an; wird man von einem starken Gegner verfolgt, wendet man die Taktik des spiralförmigen Kreiseziehens an.« »Mit geringstem Zeitaufwand unter Anwendung

Viele Genossen bewegt die Frage, wie denn nun das Wörtchen »bald« in der Formulierung »[. . .] daß bald ein Aufschwung der Revolution eintritt« zu verstehen sei. Marxisten sind keine Wahrsager. Sie sollen und können nur die allgemeine Richtung der künftigen Entwicklung und Veränderungen aufzeigen, aber sie dürfen nicht und können auch nicht mechanisch Tag und Stunde festlegen. Wenn ich jedoch sage, daß bald ein Aufschwung der chinesischen Revolution eintreten wird, so spreche ich keineswegs davon, daß er, wie manche Leute sagen, »möglicherweise eintreten könnte«, als von etwas Illusorischem, Unerreichbarem, für das praktische Tun völlig Bedeutungslosem. Der Aufschwung der Revolution gleicht einem Schiff, dessen Mastspitzen bereits vom Meeresufer aus am fernen Horizont zu sehen sind; er gleicht der Morgensonne, deren leuchtende Strahlen bereits die Finsternis im Osten durchbrechen und vom Gipfel eines hohen Berges aus zu sehen sind; er gleicht einem Kind, das sich im Schoß der Mutter unruhig bewegt und bald geboren werden wird.

bester Methoden breiteste Massen aufrütteln, diese Taktik gleicht dem Auswerfen eines Netzes – man muß imstande sein, es in jedem Moment auszuwerfen und in jedem Moment wieder einzuziehen. Man wirft es aus, um die Massen für sich zu gewinnen; man zieht es ein, um dem Feind zu begegnen.« Vgl. im übrigen die der Militärtheorie gewidmeten Texte 1 und 4 im Kapitel II: Beiträge zur revolutionären Theorie.

6. Gegen die Buchgläubigkeit[1]

Mai 1930

1. Ohne Untersuchungen kein Mitspracherecht

Wenn du zu einem bestimmten Problem keine Untersuchungen angestellt hast, dann verlierst du dein Mitspracherecht zu diesem bestimmten Problem. Ist das etwa zu hart? Das ist keineswegs zu hart! Weil du zum augenblicklichen und zum historischen Stand der Frage keine Untersuchungen angestellt hast und deswegen nicht weißt, was ihr eigentlich zugrunde liegt, bleiben alle deine Worte dazu immer nur leeres Geschwätz. Uns ist allen klar, daß man mit solchem Geschwätz keine Probleme lösen kann, nun denn, was für ein Unrecht wäre es, wenn man dir das Wort verbietet? Viele Genossen ergehen sich den lieben langen Tag in blindem Geschwätz. Das ist eine Schande für einen Kommunisten, wie kann einer Kommunist sein und trotzdem dummes Zeug blind daherreden?
Das wollen wir auf keinen Fall! Auf keinen Fall!
Vor allem Wert legen auf Untersuchungen!
Seid gegen leeres Gerede!

2. Nur Untersuchungen bringen die Lösung des Problems

Du kannst jenes Problem nicht lösen? Gut, dann geh hin und untersuche die gegenwärtige Situation des Problems und dessen Geschichte. Nur wenn du die Untersuchungen ganz und gar bis zur völligen Klarheit durchführst, hast du eine Methode zur Lösung des Problems. Schluß-

[1] Begriff nach der Pekinger Übersetzung (Peking 1966), wörtlich »Bücher-ismus«, im Englischen findet sich »bookism«, vgl. John E. Rue, Mao Tsetung in Opposition 1927–1935, Stanford 1966, S. 305ff. Dieser Text findet sich nicht in den »Ausgewählten Werken«, sondern erstmalig in der noch nicht in geschlossener Übersetzung vorliegenden Mao Tsetung-Chrestomathie, Peking 1964.

folgerungen ergeben sich immer erst am Ende einer Untersuchung des Sachverhalts und nicht schon am Anfang. Nur ein Dummer, ob allein oder in einer Gruppe zusammengerufener Leute, stellt keinerlei Untersuchung an, sondern in tiefem und angestrengtem Grübeln »ersinnt er Methoden« und »entwickelt Ideen«. Man muß wissen, daß sich so auf keinen Fall gute Methoden ersinnen oder gute Ideen entwickeln lassen. Mit anderen Worten: das ergibt auf jeden Fall schlechte Methoden und schlechte Ideen.

Viele Kontrollfunktionäre oder Partisanenführer oder Kader, die eine neue Arbeit aufnehmen, lieben es, kaum angekommen, ihre politische Ansicht von sich zu geben, sie entdecken eine Äußerlichkeit oder irgendeine Kleinigkeit, und schon reden sie mit Händen und Füßen gestikulierend daher, dies sei nicht richtig und jenes sei falsch. Dieses rein subjektivistische »Daherreden« ist doch wirklich abscheulich. Man wird der Sache immer schaden, man wird mit Gewißheit die Unterstützung der Massen verlieren und jedenfalls nie ein Problem lösen.

Viele Leute, die eine führende Tätigkeit ausüben, seufzen nur, wenn sie auf ein schwieriges Problem stoßen, und können es nicht lösen. Sie ärgern sich und bitten um Zuweisung zu einer anderen Arbeit, sie begründen das mit (Worten wie:) »mein Talent ist gering, ich schaffe das nicht«. Das sind die Worte eines Feiglings. Setz deine Füße in Bewegung, gehe in alle Ecken und Winkel deiner Arbeitsstelle und lerne, was Konfuzius »nach jeder Sache fragen« nennt[2], dann kannst du auch mit einem geringen Talent Probleme lösen. Bevor du nämlich aus deiner Stube gehst, ist dein Kopf noch leer, nach deiner Rückkehr aber ist er schon nicht mehr leer, du hast ihn mit all den notwendigen Materialien angefüllt, die man braucht, um ein Problem zu lösen. Nur auf diese Weise können Probleme gelöst werden. Muß man aber unbedingt selber hinausgehen? Nicht unbedingt, sondern du kannst alle Leute, die sich in der Sachlage auskennen, zusammenrufen, um eine Untersuchungskonferenz abzuhalten, um die von dir bezeichneten »Gründe« eines schwierigen Problems aufzudecken und seinen »augenblicklichen Stand« zu klären, und dieses dein schwieriges Problem wird ohne weiteres gelöst werden.

Eine Untersuchung anstellen heißt gleichsam »neun Monate schwanger gehen«, die Lösung des Problems gleicht dann der »Geburt«. Nur die Untersuchung bringt die Lösung des Problems.

[2] Vgl. Lun-yü (Gespräche des Konfuzius) III, 15: »Wenn der Meister den fürstlichen Ahnentempel betrat, pflegte er nach jeder einzelnen Sache zu fragen. Jemand sagte dazu: Wer sagt, der Sohn des Mannes von Dsou kennte die Riten? Fragt er doch nach jeder einzelnen Sache, wenn er den Ahnentempel betritt! Der Meister hörte davon und sagte: Das eben ist Ritus.«

3. Gegen die Buchgläubigkeit

Was in einem Buch geschrieben steht, für richtig zu halten, ist eine Meinung, die rückständige chinesische Bauern bis heute noch hegen. Man sollte nicht meinen, daß es bei der Erörterung eines Problems auch in der Kommunistischen Partei noch Leute gibt, die, ob sie den Mund auftun oder nicht, nach »Büchern« verlangen. Wenn wir sagen, die Anweisungen einer vorgesetzten Dienststelle seien richtig, dann auf keinen Fall nur deswegen, weil sie von einer »vorgesetzten Dienststelle« kommen, sondern vielmehr weil der »Weisungsinhalt« der objektiven und subjektiven Lage im Kampf gerecht wird und kampfnotwendig ist. Sie jedoch aus Gewohnheit blind zu befolgen, indem man Diskussionen und Untersuchungen durchführt, ohne sich auf die reale Situation zu stützen, das ist eine formalistische Einstellung, sie gründet sich einfach auf die »vorgesetzten« Ansichten, sie ist ganz verkehrt. Und weil eben ein solcher Formalismus dort sein Unwesen treibt, kann die taktische Linie der Partei in den Massen immer noch nicht Fuß fassen. Die Weisungen der vorgesetzten Stelle blind ausführen, so als hätte man keine entgegengesetzte Meinung, das heißt die Weisungen von oben nicht wirklich ausführen, das ist sogar die raffinierteste Methode, sich den Weisungen von oben zu widersetzen und sie zu sabotieren.

Die Methode gesellschaftswissenschaftlicher Untersuchungen mit reiner Buchgläubigkeit ist ebenso gefährlich, sie kann sogar auf den Weg der Konterrevolution führen. In China gibt es zahlreiche Kommunisten, die sich mit gesellschaftswissenschaftlichen Untersuchungen beschäftigen und ihr Leben ganz allein mit Buchwissen fristen, sind sie nicht haufenweise zu Konterrevolutionären geworden? Das ist ein ganz klarer Beweis dafür. Wenn wir sagen, der Marxismus habe recht, dann auf keinen Fall, weil Marx irgendein »alter Weiser« war, sondern weil sich seine Theorie in unserer Praxis und in unserem Kampf als richtig erwiesen hat. In unserem Kampf brauchen wir den Marxismus. Wir heißen diese Theorie willkommen, gerade weil sie nicht einen einzigen formalistischen oder gar mystischen Gedanken eines »alten Weisen« enthält. Viele Leute, die die »Bücher« des Marxismus studiert haben, wurden zu Gegnern der Revolution, während jene Arbeiter, die des Lesens und Schreibens unkundig sind, den Marxismus oft sehr gut beherrschen. Man muß die »Bücher« des Marxismus schon studieren, aber sie müssen mit der realen Situation unseres Landes auf jeden Fall in Einklang gebracht werden. Wir brauchen die »Bücher«, aber wir müssen die Buchgläubigkeit, die sich von der Praxis entfernt hat, unbedingt korrigieren.

Und wie soll man diese Buchgläubigkeit korrigieren? Nur mit Untersuchungen der realen Situation.

Die Überschriften der beiden folgenden Abschnitte 4 und 5 lauten: Wirklichkeitsfremde Untersuchungen werden idealistische Klasseneinschätzungen und idealistische Arbeitsdirektiven hervorbringen, deren Ergebnis Opportunismus oder gar Abenteurertum sein wird.
Untersuchungen in der Gesellschaft und Wirtschaft zielen darauf ab, eine korrekte Klasseneinschätzung zu gewinnen und im Anschluß daran eine korrekte Kampftaktik festzulegen.
Der letzte Absatz des 5. Abschnitts lautet wie folgt:

Unsere bisherigen Untersuchungen haben noch einen gravierenden Mangel: sie sind nämlich einseitig auf das Land ausgerichtet und berücksichtigen die Städte nicht, wodurch viele Genossen von der armen Stadtbevölkerung und der Handelsbourgeoisie nur ganz undeutliche Vorstellungen haben. Die Entwicklung des Kampfes ließ uns von den Berggipfeln weg in die Ebene ziehen[3], während aber unsere Körper schon längst von den Bergen herabgestiegen sind, befindet sich unser Geist noch genau wie früher auf den Berggipfeln. Wie wir das Land recht verstehen müssen, so müssen wir auch die Städte verstehen, andernfalls werden wir den Erfordernissen des revolutionären Kampfes nicht gerecht werden[4].

6. Der Sieg des revolutionären Kampfes in China wird davon abhängen, ob die chinesischen Genossen die chinesische Wirklichkeit begreifen

Das Ziel unseres Kampfes ist es, das Prinzip der Volksrechte[5] in den Sozialismus umzuwandeln. Der erste Schritt bei unserer Aufgabe besteht darin, die Mehrheit der Arbeiterklasse für uns zu gewinnen, die Bauernmassen und die arme Stadtbevölkerung zu aktivieren, die Landbesitzerklasse zu stürzen, den Imperialismus niederzuschlagen, die politische Macht der Kuomintang zu brechen und die demokratische Re-

[3] Im Januar 1929 verließ das Gros des 4. Korps die Djinggang-Berge und richtete sich im Hochland von Süd-Kiangsi und West-Fukien ein neues Stützpunktgebiet ein.

[4] Die Hervorhebung der Städte durch Mao war bis zur Veröffentlichung dieser Schrift i. J. 1964 nur aus sehr viel späteren Äußerungen und schon im Blick auf die Zeit des Aufbaus nach dem Sieg herauszulesen. An dieser Stelle ist sie ungewöhnlich.

[5] Peking übersetzt »Demokratie«, ebenso J. E. Rue (»democracy«), hier steht aber ausdrücklich *Min-tjüan dschu-yi*, das ist das zweite der drei Volksprinzipien Sun Yatsens, das sich auf Rechte des Volkes bezieht und nur sehr ungenau mit »Demokratie« wiedergegeben wird.

volution[6] zu Ende zu führen. Ausgehend von einer solchen Entwicklung des Kampfes muß man daraufhin die Aufgabe der sozialistischen Revolution bewältigen. Die Vollendung dieser großartigen revolutionären Aufgaben ist keine einfache und leichte Sache, sie hängt völlig von der Richtigkeit und Entschlossenheit der Kampftaktik ab, die die Partei des Proletariats annimmt. Wenn nämlich die Kampftaktik der Partei des Proletariats falsch oder schwankend und zögernd ist, dann wird die Partei vorübergehenden Niederlagen nicht entgehen können. Man muß wissen, daß die Partei der Bourgeoisie[7] dort auch Tag um Tag über ihre Kampftaktik nachdenkt, ihr Problem ist es, wie man in der Arbeiterklasse dem Reformismus einen Widerhall verschaffen kann, der die Arbeiterklasse dazu bringt, den Betrug an ihr zu akzeptieren und sie der Führung durch die Kommunistische Partei zu entfremden, und wie man die reichen Bauern dafür gewinnt, den Aufruhr der armen Bauern zu ersticken, wie man das landlose umherziehende Volk dazu organisiert, die Revolution zu unterdrücken, und vieles andere mehr. Unter den Bedingungen dieses von Tag zu Tag mehr die Formen eines erbarmungslosen Ringens annehmenden Klassenkampfes muß sich das Proletariat, will es den Sieg erringen, völlig auf die Richtigkeit und die Entschlossenheit der Kampftaktik seiner politischen Partei verlassen – der Kommunistischen Partei. Eine richtige und unerschütterliche Kampftaktik der Kommunistischen Partei kann niemals durch eine Handvoll Leute hervorgebracht werden, die in einem Zimmer herumsitzen, sondern sie kann nur aus dem Prozeß des Kampfes der Massen hervorgehen, das aber heißt, nur aus der praktischen Erfahrung heraus. Deswegen müssen wir immer die gesellschaftliche Situation verstehen und immer konkrete Untersuchungen durchführen. Jene Genossen, die durchweg starrköpfigen, konservativen, formalistischen und grundlos optimistischen Sinnes sind, meinen, die augenblickliche Kampftaktik sei bereits ein non plus ultra, die glauben, die »Bücher« des sechsten Parteitages[8] verbürgten einen Sieg für alle Ewigkeit, man müsse ihnen nur gehorsam folgen und darauf seine Maßnahmen gründen, um überall zu siegen.

Diese Denkweise ist völlig falsch, sie ist ganz und gar nicht die ideologi-

[6] Hier ist trotz des gleichen Ausdrucks wie oben Anm. 5 diese Übersetzung gewählt worden, weil der Begriff »Volksrechte« im Adjektiv schwer wiederzugeben ist und zweifellos die »demokratische« im Gegensatz zur »sozialistischen« Revolution gemeint ist.

[7] Die Kuomintang ist offensichtlich gemeint.

[8] Der sechste Parteitag fand vom Juli bis September 1928 ohne Mao in Moskau statt, ein Parteitag der Kritik und Selbstkritik, dessen Resolutionen verspätet auch den Partisanen bekannt wurden, für die die Theorie und Praxis im Lichte der im Ausland gefaßten Beschlüsse ein besonderes Problem bildeten.

sche Linie von Kommunisten, die aus dem Kampf heraus schöpferisch eine neue Situation gestalten, dies ist durchaus eine konservative Linie. Wenn man diese konservative Linie nicht vollständig verwirft, so muß sie der Revolution erheblichen Schaden zufügen oder den betreffenden Genossen selbst zum Nachteil gereichen. In der Roten Armee gibt es ganz offensichtlich eine Gruppe von Genossen, die selbstzufrieden, unbekümmert und mit sorglosem Optimismus der irrigen Meinung sind: »das Proletariat ist nun einmal so«, sie schlagen sich den ganzen Tag den Bauch voll, sie sitzen in ihrem Büro und machen ein Nickerchen, sie sind nicht dazu zu bringen, ihre Füße in Bewegung zu setzen, um unter die Massen zu gehen und einmal Untersuchungen durchzuführen. Was sie den Leuten zu sagen haben, ist immer nur das altbekannte Geschwätz, so daß die Leute schon gar nicht mehr hinhören. Laßt uns mit lauter Stimme rufen und diese Genossen wachrütteln:

Macht schleunigst Schluß mit eurer konservativen Denkweise! Ersetzt sie durch die fortschrittliche, kämpferische Denkweise der Kommunisten!

Auf in den Kampf!

Auf ins Volk, um konkrete Untersuchungen durchzuführen![9]

[9] Es folgt noch ein abschließender Abschnitt, der die Technik der sozialen und ökonomischen Untersuchungen beschreibt. Mao hat häufig davon gesprochen, vgl. u. a. Vorwort und Nachwort zur »Untersuchung der Verhältnisse im Dorf« (März und April 1941), AW III, Peking 1969, S. 7ff.

7. Drei Gedichte

I. Februar 1930

Der ganze Himmel ist weiß,
im Schnee marschieren die Truppen, das Herz beklommen.
Hoch über unsern Köpfen die Berge,
der Wind entfaltet die roten Fahnen beim Übergang über den Paß.

Wohin geht dieser Marsch?
Am Gan-Fluß Wind und Schnee den Ort vernebelnd.
Der Befehl von gestern hieß:
Hunderttausend Arbeiter und Bauern hinab nach Dji-an!

II. Juli 1930

Im Juni ziehen die Truppen des Himmels gegen den bösen Verderber,
mit Zehntausendklafterstricken wollen sie das Ungetüm fesseln.
Am anderen Ufer des Gan-Flusses ist rotgefärbt die ganze Biegung,
und die Flankenkolonne setzt ihr Vertrauen auf Huang Gung-lüä.

Millionen Arbeiter und Bauern, alle im Sturmschritt
rollen sie Kiangsi auf wie eine Matte, stoßen gegen Hsiang und Ngo.
Die Internationale, tragischer Gesang, klingt einmal auf,
und nieder fährt auf uns vom Himmel toller Wirbelwind.

III. Februar 1935

Im schneidenden Westwind
rufen im weiten Himmel Wildgänse, unterm Mond in frostiger Frühe.
Unterm Mond in frostiger Frühe
Pferdehufschlag klirrend,
Trompetenruf verschluckt.

Der Heldenpaß, töricht zu sagen, er sei fest wie Eisen,
noch heute ziehen wir mit raschen Schritten über seine Höhe.
Über seine Höhe
azurne Berge wie ein Meer,
sinkende Sonne wie in Blut.

B. Der Weg zum Sieg

Zu Beginn des zweiten Abschnittes, der Texte aus den entscheidenden Jahren in Yen-an (1935–1949) enthält, steht eine kurze Mahnung Maos an seine Genossen und Untergebenen, datiert vom September 1937, kaum zwei Monate nach Ausbruch des großen Krieges gegen Japan. Dieses kurze Stück ›Gegen den Liberalismus‹ (besser: ›Kleinbürgerlichen Egoismus‹) knüpft an die kritischen Äußerungen der vorhergehenden Periode (›Korrektur falscher Ansichten‹, ›Gegen die Buchgläubigkeit‹) an, es wendet sich jedoch weniger gegen falsche Auffassungen oder irrige Einstellungen, als daß es die Gesinnung, das ideologische Bewußtsein zurechtrücken will. Stilistisch fällt die Häufung von kurzen, viersilbigen Sentenzen auf, die dem klassischen Stil eigentümlich sind; sie dienen der Verdichtung des Gemeinten ebenso, wie sie sich besser zum Memorieren eignen. Die Kommunisten sollten sich ihrer besonderen Verpflichtung bewußt bleiben, Vorbild sein, mehr leisten und selbstloser sein, als man das von einem beliebigen Bürger verlangen kann. Daß dieser kleine Text für besonders wichtig gehalten wird, erweist seine fast vollständige Wiedergabe im ›Roten Buch‹ – Gradmesser der Aktualität.

In dem zweiten Beitrag wird zum Beschluß erhoben, was längst notwendig geworden war: die Mitarbeit der jungen Intelligenz sicherzustellen. Die chinesische Revolution erweitert sich damit um eine Dimension, erst jetzt gewinnt sie den gesamtnationalen Rahmen, der sie über die Grenzen einer Provinz hinaushebt. Damit beginnen freilich auch neue Schwierigkeiten, die das Gesamtgefüge der Revolution betreffen. Alle künftigen Reform- und Diskussionsbewegungen mitsamt der Kulturrevolution sind die Folge dieses notwendigen Beschlusses.

Es folgt eine neue, aufschlußreiche Analyse der chinesischen Gesellschaft unter dem Eindruck der neuen Situation im Krieg gegen Japan und mit den Erfahrungen der Kiangsi-Periode. Die Bauernschaft wird, altem Anliegen folgend, wieder stärker hervorgehoben, wenn auch hier eingebaut in den »proletarischen Vorbehalt«, der nur im Hunan-Bericht fehlte. Als zweiter wichtiger Faktor tritt die Intelligenz in Erscheinung, deren Heranziehung für den Sieg im nationalen Krieg in einem eigenen Beitrag (s. o.) hervorgehoben ist. Hier scheint der künftige Sieger das Ziel schon vor Augen zu haben. Wenn man auch historische Vorsicht üben soll, wird doch deutlich, daß hier ein hoher Favorit um die Führung des künftigen China sich ausspricht.

Die »Neue Demokratie« hat immer als das Kernstück der im Krieg verfaßten Schriften gegolten. Sie sagt noch deutlicher, was schon der vorhergehende Beitrag enthüllte, das sichere Verfügen über künftige Gestaltungsmöglichkeiten eines neuen China. »Neu« ist diese »Demokratie«, weil sie sich zugleich von der marxistisch interpretierten »bürgerlichen« Demokratie und von der »Demokratie« der Volksrechte Sun Yatsens abhebt. Der »neudemokratische« Staat wird eine Diktatur bringen, wenn auch eine solche durch das Volk, das sich aus vier Klassen zusammensetzt, die wieder durch das »Proletariat«, d. h. die Kommunistische Partei, geführt werden. Im Gegensatz zu der Ziel- und Planlosigkeit der nationalen Partei und der Nationalregierung in Tschungking entstand hier jedenfalls ein neues Konzept, das seine Wirkung nicht verfehlt hat: China stellte sich langsam darauf ein, daß sich im Nordwesten eine echte Alternative zur bisherigen Staatsführung abzuzeichnen begann. Die »neudemokratische« Revolution ist vor allem auch eine Kulturrevolution. Der Begriff wird hier zuerst nicht nur gebraucht, sondern auch mit Inhalt gefüllt. Wer die entsprechenden Passagen am Schluß des Aufsatzes liest, wird wiederfinden, was in den sechziger Jahren so beherrschend in den Vordergrund trat.

Folgerichtig muß die »demokratische Diktatur des Volkes« diesen Abschnitt beschließen. Wir übersetzten früher ›Diktatur der Volksdemokratie‹ und ließen uns dabei unbewußt leiten von einem in Europa fixierten Begriff. Maoistisch richtiger ist es, die Diktatur scheinbar antinomisch mit dem Attribut ›demokratisch‹ zu versehen, und diese sich aus den Gegensätzen dynamisierende politische Staatsform als vom ›Volk‹ ausgehend zu betrachten. Der Text erklärt diesen scheinbaren Doppelwiderspruch: ›demokratisch‹ heißt ein aus Diskussion und Überredung sich ergebender Willensbildungsprozeß über Komitees, die von der Einheitspartei dirigiert werden, welche wiederum ›Diktatur‹ auszuüben vermag über nicht zum ›Volk‹ zählende Gruppen, nämlich Ausbeuter und Konterrevolutionäre. Das gilt als Programm, durchgeführt nach der Eroberung ganz Chinas.

Zwischen der »Neuen Demokratie« 1940 und der »Demokratischen Diktatur« besteht ebenso Gemeinsamkeit, wie eine Welt zwischen ihnen liegt: beide gehen von dem Grundgedanken der Neuen Demokratie aus, die das Vierklassenbündnis unter der Führung des Proletariats vorsieht und in eine permanente Revolution neuen Typs eintritt, Kapitalismus und Sozialismus zugleich fördernd, aus der demokratischen in die sozialistische Revolution überleitend; während aber die Neue Demokratie, d. h. der Aufsatz, noch zusammenfaßt und Summe zieht aus den Erfahrungen der Revolution, öffnet die Demokratische Diktatur den neuen Weg, der die Fortsetzung der Revolution mit anderen Mitteln verheißt. Nicht nur der Ton des Autors ist ein anderer, die Perspektive hat sich geändert.

Ein Text könnte in dieser Gruppe vermißt werden: »Über die Koalitionsregierung« (April 1945), eine Rede, die Mao seinerzeit vor dem siebenten Parteitag hielt und in der er zur Lage sprach, indem er von der bestehenden »Koalitionsregierung« mit der KMT ausging, um in Fortführung des schon in früheren Jahren Gesagten (vgl. Text 2 und 3) die Zukunft für sich allein in Beschlag zu nehmen. Dieser Text zählt zu den im ›Roten Buch‹ am häufigsten zitierten, in breiter Streuung durch alle Abschnitte, ein Hinweis für den weit über einen politischen Lagebericht des Jahres 1945 hinausgehenden Grundlagenwert dieses Textes. Wir haben ihn trotzdem herausgelassen, weil beinahe alles schon anderweitig einmal gesagt ist. Der Text gehört zeitlich zwischen die »Neue Demokratie« und die »Demokratische Diktatur«, ein Bindeglied zwar, aber Gedanken verbindend, deren Zusammenhang auch untereinander erkennbar bleibt. Der Text ist historisch wertvoll. Er findet sich im III. Band der ›Ausgewählten Werke‹.

Die drei Gedichte am Schluß dieses Abschnitts führen den Leser vom »Langen Marsch« (Nr. 1) über die große historische Vision über der Schneelandschaft Nord-Chinas (Nr. 2) zur Eroberung Nankings im April 1945 (Nr. 3). Sie sind ausgewählt worden für ihr hohes Pathos, und weil sie inhaltlich den »Weg zum Sieg« treffend charakterisieren – zwei, das erste und das dritte, folgen im Stil dem klassischen Regelgedicht, das acht Zeilen zu je sieben Silben vorschreibt und den Dichter zu Beschränkung und Abbreviaturen zwingt, während das zweite »Schnee« (in der Übersetzung Joachim Schickels) im Stil des Liedgedichts gehalten ist, das dem Dichter größere Freiheiten läßt. Es gilt mit Recht als das bedeutendste Gedicht eines Dichters, der die Weltrevolution in China durchführte, das auf eine geschlossene, mehrtausendjährige Geschichte zurückblickt.

1. Gegen den Liberalismus[1]

7. September 1937

Wir befürworten den aktiven ideologischen Kampf, denn er ist die Waffe, die die Einheit innerhalb der Partei und innerhalb der revolutionären Organisationen zum Nutzen unseres Kampfes herbeiführt. Jeder Kommunist und jeder Revolutionär muß diese Waffe ergreifen. Der Liberalismus dagegen sagt diesen ideologischen Kampf ab und befürwortet einen prinzipienlosen Frieden; die Folge davon ist die Entstehung einer korrupten und spießbürgerlichen Haltung, die zur politischen Entartung gewisser Organisationen und gewisser Leute in Partei und revolutionären Organisationen führt.

Der Liberalismus hat eine ganze Reihe von Symptomen:

Man weiß genau, daß einer unrecht hat. Weil es sich aber um einen guten Bekannten, einen Landsmann, einen Mitschüler, einen intimen Freund, einen geliebten Menschen, einen alten Mitarbeiter oder einen alten Untergebenen handelt, führt man keine prinzipielle Auseinandersetzung mit ihm darüber, sondern läßt ihn gehen, um Frieden und Freundschaft zu erhalten. Oder man erwähnt das Problem nur flüchtig und bringt keine grundlegende Lösung zustande, um das gute Einvernehmen mit ihm zu wahren. Die Folgen davon sind für die Organisation wie für den einzelnen schädlich. Das ist ein erstes Symptom.

Andere hinter ihrem Rücken verantwortungslos kritisieren, statt sich mit positiven Vorschlägen an die Organisation wenden, den anderen

[1] *Dsi-yu dschu-i* wird herkömmlich mit »Liberalismus« übersetzt, obwohl etwas ganz anderes gemeint ist, nämlich »Egoismus des Kleinbürgertums« (s. u.), Sorge um das eigene Wohl, die eigene heile Haut, Ängstlichkeit, Bequemlichkeit usw. Das Objekt der Kritik ist der klassische Topos des »Privatismus« *(Ssu)*, der seit alters in einem negativen Gegensatz zum »Kommun-ismus« *(Gung)* steht, die beiden einsilbigen Begriffe sind während der Kulturrevolution vielfach propagandistisch verwertet worden.

die Meinung nicht offen ins Gesicht sagen, sondern hinter ihrem Rücken hetzen, während einer Versammlung nicht das Wort ergreifen, dafür aber nach der Versammlung wirres Zeug erzählen, die Grundsätze des Gemeinschaftslebens nicht in seinem Herzen tragen, sondern sich völlig frei gehenlassen – das ist ein zweites Symptom.

Was einen nicht selbst betrifft, möglichst weit von sich entfernt halten, am besten wenig reden, selbst wenn man genau weiß, daß etwas falsch ist, um seine eigene Haut besorgt sein und nur danach streben, selbst ohne Fehl und Tadel zu sein – das ist ein drittes Symptom.

Weisungen nicht gehorchen und seine eigene Meinung an die erste Stelle setzen; nur Ansprüche an die Organisation stellen, von der Disziplin der Organisation aber nichts wissen wollen – das ist ein viertes Symptom.

Nicht um der Einheit, des Fortschritts und der zufriedenstellenden Erledigung einer Angelegenheit willen gegen eine falsche Auffassung angehen, sondern andere persönlich angreifen, einen Streit vom Zaun brechen, seinem Zorn Luft machen oder auf Rache sinnen – das ist ein fünftes Symptom.

Wenn einem falsche Auffassungen zu Gehör kommen, keine Einwendungen erheben und nicht einmal Bericht erstatten, wenn man Äußerungen von Konterrevolutionären hört, sondern sich das ruhig anhören und so verhalten, als existiere die ganze Angelegenheit überhaupt nicht – das ist ein sechstes Symptom.

Wenn man unter den Massen keine Propaganda treibt, nicht agitiert, keine Ansprachen hält, keine Untersuchungen durchführt, keine Erkundigungen einzieht, sich nicht um ihre Sorgen und Nöte kümmert und sie gleichgültig links liegenläßt; wenn man vergißt, daß man selbst ein Mitglied der kommunistischen Partei ist, und wenn man ein Mitglied der kommunistischen Partei mit einem beliebigen Mann aus dem Volke auf die gleiche Stufe stellt – das ist ein siebtes Symptom.

Wenn man ein Verhalten bemerkt, das den Interessen der Massen schadet, ohne darüber in Zorn zu geraten, zu mahnen, Einhalt zu gebieten, das Unrecht zu erklären, sondern es hinzunehmen und zuzulassen – das ist ein achtes Symptom.

Seine Arbeit nicht gewissenhaft, ohne konkrete Pläne und ohne eine bestimmte Orientierung verrichten, die Sachen flüchtig erledigen und sich mit dem Erreichten zufriedengeben, nach dem Spruch »Solange einer Mönch ist, läutet er die Glocke« einfach in den Tag hineinleben – das ist ein neuntes Symptom.

Sich selbst für einen verdienstvollen Revolutionär halten und sein Veteranentum herausstellen, sich aber an große Aufgaben nicht heranwagen und auch Kleinigkeiten nicht erledigen, arbeiten, wie es einem paßt, und nachlässig und träge sein beim Studium – das ist ein zehntes Symptom.

Hat man selbst einen Fehler begangen und ihn sogar schon erkannt, denkt aber nicht daran, ihn zu korrigieren, also eine liberale Haltung sich selbst gegenüber einnehmen – das ist ein elftes Symptom.

Man könnte noch eine ganze Reihe weiterer Symptome aufzählen, diese elf sind aber die wichtigsten. All das sind Symptome des Liberalismus.

Liberalismus in den revolutionären Kollektivorganisationen ist lebensgefährlich. Er ist ein Ätzmittel, das die Geschlossenheit zersetzt, den Zusammenhalt löst, Passivität bei der Arbeit und Meinungsverschiedenheiten entstehen läßt. Er führt dazu, daß die revolutionären Truppen ihre straffe Organisation und Disziplin verlieren, er verhindert eine gründliche Durchführung der politischen Richtlinien, und er hat eine Entfremdung der Parteiorganisationen von den von der Partei geführten Massen zur Folge. Das ist eine gravierend schlimme Tendenz.

Der Ursprung des Liberalismus liegt im Egoismus des Kleinbürgertums, das den persönlichen Vorteil des einzelnen an die erste Stelle und das Interesse der Revolution an die zweite Stelle setzt; daraus entsteht ein Liberalismus in Ideologie, Politik und in den Organisationen.

Die Liberalen halten abstrakte Dogmen für Prinzipien des Marxismus. Sie loben und preisen den Marxismus, aber sie sind nicht bereit, ihn in die Tat umzusetzen oder ihn völlig zu verwirklichen, sie sind nicht bereit, den Marxismus an die Stelle des eigenen Liberalismus zu setzen. Diese Leute haben etwas vom Marxismus, so wie sie etwas vom Liberalismus haben: Sie reden dem Marxismus das Wort, aber sie handeln im Sinne des Liberalismus, anderen gegenüber sind sie Marxisten, sich selbst gegenüber Liberale. Sie haben beide Sorten von Waren auf Lager, von denen jede ihre Funktion hat. Das ist die Denkweise gewisser Leute.

Der Liberalismus ist ein Symptom des Opportunismus, er ist grundlegend antimarxistisch. Er ist eine negative Sache, die, objektiv gesehen, den Wert einer Unterstützung für den Feind hat. Deswegen begrüßt der Feind jeden Liberalismus, der sich in unseren Reihen halten kann. Weil so das Wesen des Liberalismus aussieht, darf es in den Reihen der Revolution keinen Raum für ihn geben.

Wir müssen den negativen Liberalismus mit dem positiven Geist des Marxismus überwinden. Ein Kommunist muß geradeheraus, ehrlich und aktiv sein, das Interesse der Revolution sollte ihm wichtiger als das eigene Leben sein, und seinen persönlichen Vorteil muß er dem Vorteil der Revolution unterordnen; ganz gleich wo und wann: immer und überall muß er an den richtigen Grundsätzen festhalten und einen unermüdlichen

Kampf gegen alle falschen Gedanken und Verhaltensweisen führen, um so das kollektive Leben der Partei und die Verbindung der Partei zu den Massen zu festigen. Es ist wichtiger, sich um die Partei und die Massen zu kümmern als um die eigene Person, es ist wichtiger, sich um die anderen als um sich selbst zu kümmern. Nur so kann er als Kommunist gelten. Alle loyalen, aufrechten, aktiven und ehrlichen Kommunisten müssen sich zur Opposition gegen die liberalen Tendenzen einer gewissen Gruppe von Leuten zusammenschließen, um sie auf die richtige Seite herüberzubringen – das ist eine der Aufgaben an der ideologischen Front.

2. Großzügig die Intelligenz heranziehen[1]

1. Dezember 1939

1. Im Verlauf des langen und grausamen nationalen Befreiungskrieges und während des großen Kampfes zur Schaffung eines neuen China muß die Kommunistische Partei es verstehen, die Intelligenz heranzuziehen; erst dann wird es möglich sein, große Kräfte für den Widerstandskampf und die Millionenmassen der Bauernschaft zu organisieren und die revolutionäre Kulturbewegung sowie die revolutionäre Einheitsfront zu entfalten. Ohne die Teilnahme der Intelligenz ist der Sieg der Revolution nicht möglich.
2. Während der letzten drei Jahre haben unsere Partei und unsere Armee bereits entsprechende Anstrengungen unternommen, um die Intelligenz zu gewinnen. Ein großer Teil der revolutionären Intelligenz wurde dabei zur Mitarbeit in der Partei, in der Armee und in den Regierungsorganen sowie zur Förderung von Kultur- und Massenbewegungen herangezogen und so die Einheitsfront verbreitert. Das ist ein großer Erfolg. Zahlreiche Kader in der Armee jedoch haben die große Bedeutung der Intelligenz immer noch nicht begriffen, sie fürchten die Intelligenz immer noch und nehmen ihr gegenüber sogar eine ablehnende Haltung ein. Viele der von uns geführten Lehranstalten wagen es auch nicht, die studentische Jugend uneingeschränkt und in großem Umfang aufzunehmen. Viele der örtlichen Parteiorgane sind noch nicht gewillt, die Intelligenz zum Ein-

[1] Beschluß des ZK der KPCh; von Mao Tsetung ausgearbeitet 1. Dezember 1939. Mao Tsetung bemüht sich in dieser Beschlußvorlage, die Bedeutung des zweiten wichtigen, bis dahin vernachlässigten Revolutionsträgers – der Intelligenz – den Parteimitgliedern nahezulegen, die die Revolution nur mit den Volksmassen durchzuführen gedenken. Zahlreiche Beobachter haben Maos Erfolg u. a. auf seine Fähigkeit zurückgeführt, die beiden wichtigsten Gruppen der chinesischen Gesellschaft – Bauernschaft (Massen) und Intelligenz – für sich zu gewinnen. Die Pekinger Ausgabe übersetzt den Titel dieses Beitrages »Die Intellektuellen *in Massen* heranziehen« – wir bleiben bei der unseren.

tritt in die Partei zu bewegen. Derartige Erscheinungen entstehen dadurch, daß man die große Bedeutung der Intelligenz für die revolutionäre Sache nicht erkennt. Man erkennt nicht den Unterschied zwischen der Intelligenz der kolonialen und halbkolonialen Länder und der Intelligenz der kapitalistischen Länder; man erkennt nicht den Unterschied zwischen der Intelligenz, die in den Diensten der Grundbesitzer und Bourgeoisie steht, und der Intelligenz, die der Arbeiterklasse und Bauernschaft dient. Man verkennt die ernste Situation, die darin besteht, daß die bürgerlichen Parteien gerade jetzt mit uns erbittert um die Intelligenz kämpfen, und auch der japanische Imperialismus setzt alle Mittel ein, um die chinesische Intelligenz zu korrumpieren und zu verdummen; und vor allem verkennt man den günstigen Umstand, daß unsere Partei und Armee bereits ihren festen Kern geschaffen haben und die Fähigkeit besitzen, die Intelligenz zu führen.

3. Deshalb ist von nun ab folgendes zu beachten:

a) Alle Parteiorgane in den Kampfgebieten und alle Armee-Einheiten der Partei müssen in großem Umfang die Intelligenz für den Eintritt in unsere Armee-Einheiten, in unsere Lehranstalten und für die Arbeit in den Regierungsorganen gewinnen. Alle mehr oder minder loyalen Intellektuellen, die Härten und Mühsal einigermaßen ertragen können, sind, wenn sie nur bereit sind, gegen Japan zu kämpfen, in jeder Weise zu gewinnen und zu erziehen, damit sie im Verlauf des Kampfes und bei ihrer Arbeit gestählt werden, um so der Armee, der Regierung und den Massen zu dienen; gleichzeitig ist je nach den konkreten Umständen[2] der Teil der Intelligenz in die Partei aufzunehmen, der die Bedingungen für die Aufnahme in die Partei erfüllt hat. Mit jenen Intellektuellen, die nicht in die Partei eintreten können oder nicht eintreten wollen, muß man ebenfalls gute Beziehungen bei der gemeinsamen Arbeit herstellen und sie bei ihrer Arbeit unentwegt anleiten.

b) Bei der Durchführung der Politik zur großzügigen Heranziehung der Intelligenz ist – das steht außer Frage – sorgsam darauf zu achten, daß unzuverlässige Personen und Elemente, die vom Feind und den bürgerlichen Parteien entsandt wurden, abgewiesen werden. Bei der Abweisung dieses Personenkreises muß streng verfahren werden. Sind solche Elemente bereits in unsere Partei, in unsere Armee und in die Regierungsorgane eingedrungen, so sollten sie, gestützt auf zuverlässige Beweise,

[2] Frühere Fassungen scheinen hier »individuell« zu lesen, vgl. Dietz III, 82. Als die KPCh zum ersten Mal mit der KMT zusammenarbeitete (1923–27), war eine der Bedingungen, die die KMT für die Aufnahme der Kommunisten stellte, daß diese »individuell« einträten. Vielleicht war dies zunächst als Analogie dazu gedacht.

entschieden und in differenzierter Weise ausgeschlossen werden. Man darf deswegen aber die verhältnismäßig loyalen Intellektuellen nicht verdächtigen; man muß sich vor Verleumdungen guter Leute durch Konterrevolutionäre sehr in acht nehmen.

c) Allen mehr oder minder brauchbaren und verhältnismäßig loyalen Intellektuellen ist eine geeignete Arbeit zuzuweisen; man muß sie sorgfältig unterweisen und anleiten, ihre Schwächen in langem Kampf allmählich zu überwinden, damit sie revolutionär werden und den Massen näherkommen, damit sie sich an die alten Parteimitglieder und alten Kader angleichen und mit den Parteimitgliedern aus den Reihen der Arbeiter und Bauern eines Sinnes werden.

d) Diejenigen Kader, die sich gegen eine Mitarbeit der Intelligenz sträuben – ganz besonders gewisse Funktionäre der regulären Armee –, müssen wirksam überzeugt werden, damit sie begreifen, daß die Gewinnung der Intelligenz zur Mitarbeit notwendig ist. Gleichzeitig soll man Kader, die aus den Reihen der Arbeiter und Bauern hervorgegangen sind, wirksam zu intensivem Studium anhalten und ihr kulturelles Niveau heben. So wird die Bildung der Kader aus den Reihen der Arbeiter und Bauern und die Annäherung der Intelligenz an die Arbeiter- und Bauernmassen gleichzeitig verwirklicht.

e) In den Gebieten der KMT-Herrschaft und in den Gebieten, die die japanischen Banditen besetzt halten, sind die genannten Prinzipien grundsätzlich anwendbar; wenn allerdings Intellektuelle in die Partei aufgenommen werden, muß dem Grad ihrer Loyalität noch größere Aufmerksamkeit gewidmet werden, um eine noch stärkere Geschlossenheit der Parteiorganisation zu gewährleisten. Mit den zahlreichen parteilosen Intellektuellen, die mit uns sympathisieren, sind entsprechende Verbindungen aufzunehmen; sie sind für den großen Kampf gegen Japan und für die Errichtung der Demokratie, zur Beteiligung an der Kulturbewegung und an der Arbeit der Einheitsfront zu organisieren.

4. Alle Parteigenossen müssen erkennen, daß die richtige Politik gegenüber der Intelligenz eine der wichtigen Voraussetzungen für den Sieg der Revolution ist. Die falsche Haltung gegenüber der Intelligenz, die unsere Partei an zahlreichen Orten und in zahlreichen Truppenteilen während der Agrarrevolution[3] einnahm, darf künftig nie wieder vorkommen;

[3] Mit der ›Agrarrevolution‹ oder dem ›Krieg der Landrevolution‹ ist stets die Phase 1927–1937 gemeint, als die Kommunisten auf wenige Stützpunkte im Süden und später im Nordwesten Chinas angewiesen waren und eine im Vergleich zur Zeit der zweiten Koalition mit der KMT (seit 1937) radikale Politik gegen die Grundbesitzer und – wie die Äußerung an dieser Stelle beweist – auch gegen die für die eigenen Führungsaufgaben so wichtige Intelligenz durchgeführt hatten.

außerdem ist die Schaffung einer eigenen Intelligenz des Proletariats unmöglich ohne die Hilfe der in der Gesellschaft ursprünglich vorhandenen Intelligenz. Das ZK erwartet, daß die Parteikomitees aller Instanzen sowie alle Parteigenossen dieser Frage ernsthaft ihre Aufmerksamkeit widmen.

3. Die chinesische Revolution und die KPCh

Dezember 1939

Die großangelegte Analyse der chinesischen Revolution, die zugleich Bestandsaufnahme und Programm sein sollte, wurde im Winter 1939 in Yen-an, dem Zentrum der kommunistischen Bewegung, ausgearbeitet. Das erste Kapitel stammt nicht aus der Feder Mao Tsetungs, wurde jedoch von ihm überarbeitet. Es enthält eine stolze Würdigung der chinesischen Vergangenheit, in der besonders die Beiträge chinesischer Erfinder zur fortschreitenden Weltkultur hervorgehoben werden. Ein weiterer Abschnitt ist der »alten Feudalgesellschaft« gewidmet, die als Phase sehr langsamer Entwicklung geschildert wird. Im dritten Abschnitt stellt die Autorengruppe, die das erste Kapitel verfaßte, die Frage, ob China auch heute noch in vollem Umfang eine Feudalgesellschaft sei. Die Frage wird verneint, da China sich seit dem Opiumkrieg 1840 schnell in ein teils koloniales, teils halbkoloniales und halbfeudales Land verwandelt habe.
Das zweite Kapitel wurde von Mao Tsetung selbst verfaßt. Hieraus wurden die vier wichtigsten Abschnitte im folgenden ausgewählt. Es handelt sich um die Abschnitte zwei bis fünf. Der erste Abschnitt faßt das vorhergehende Kapitel noch einmal zusammen, während der sechste und siebente Abschnitt den Gedanken der Neuen Demokratie vorwegnehmen, der in dem nachfolgenden Beitrag gesondert dargestellt wird. Es bestand zunächst die Absicht, daß die Redaktionsgruppe noch ein drittes Kapitel »Der Parteiaufbau« schreiben sollte. Da jedoch die Vorarbeiten nicht rechtzeitig fertiggestellt wurden, nahm man davon Abstand (vgl. hierzu AW II S. 353f.).

2. Gegen wen richtet sich die chinesische Revolution?

Aus der im dritten Abschnitt des ersten Kapitels durchgeführten Analyse wissen wir bereits, daß die moderne chinesische Gesellschaft kolonialen, halbkolonialen und halbfeudalen Charakter trägt[1]. Nur wenn man den

[1] Kolonial, weil manche Gebiete wie Honkong, Formosa u. a. von fremden Mächten tatsächlich annektiert waren, halbkolonial, weil die fremden Mächte gemeinsam über bestimmte Vorrechte wie Konzessionen und eine eigene Konsulargerichtsbarkeit sowie über bestimmte Einflußbereiche verfügten, und halbfeudal, weil die moderne kapitalistische Wirtschaft China bereits erfaßt hatte. (Hrsg.)

Charakter der chinesischen Gesellschaft genau kennt, vermag man zu erkennen, gegen wen sich die chinesische Revolution richtet und welches ihre Aufgaben, ihre Triebkräfte, ihre Wesenszüge, ihre Perspektiven und ihre zukünftigen Wandlungen sind. Den Charakter der chinesischen Gesellschaft, d. h. die nationale Eigenart Chinas genau zu kennen, ist für das Verständnis aller Fragen der Revolution daher die wichtigste Grundlage.

Wenn die gegenwärtige chinesische Gesellschaft ihrem Wesen nach eine koloniale, halbkoloniale und halbfeudale Gesellschaft ist, gegen wen vor allem richtet sich dann die chinesische Revolution in der gegenwärtigen Phase, wer sind ihre Hauptfeinde?

Natürlich nichts anderes als Imperialismus und Feudalismus, d. h. die Bourgeoisie der imperialistischen Mächte und die Grundherrenklasse in China, denn in der chinesischen Gesellschaft der gegenwärtigen Phase sind es gerade diese beiden Hauptkräfte, welche die Entwicklung der chinesischen Gesellschaft niederdrücken und hemmen. Beide haben sich zur Unterdrückung des chinesischen Volkes verbündet, und weil die nationale Unterdrückung durch den Imperialismus das größte Joch darstellt, ist der Imperialismus auch der erste und ärgste Feind des chinesischen Volkes.

Seit dem bewaffneten Einfall Japans in China sind die Hauptfeinde der chinesischen Revolution der japanische Imperialismus und alle chinesischen Verräter und reaktionären Elemente, die sich mit Japan verbünden und offen kapituliert haben oder sich zu kapitulieren anschicken.

Im Grunde leidet auch die chinesische Bourgeoisie unter der imperialistischen Unterdrückung, und einmal hat sie bereits einen revolutionären Kampf angeführt und in der Führung eine Hauptrolle gespielt, wie z. B. bei der Revolution von 1911; sie nahm auch weiterhin an revolutionären Kämpfen teil, wie beim Nordfeldzug (1926/27) und gegenwärtig im Kampf gegen Japan. Die Oberschicht dieser Bourgeoisie jedoch, d. h., jene Schicht, deren Repräsentant die reaktionäre Kuomintangclique ist, hat schon einmal in der langen Zeit von 1927 bis 1937 mit den Imperialisten zusammengearbeitet, mit der Grundbesitzerklasse ein reaktionäres Bündnis geschlossen und dabei die Freunde, die sie einst unterstützt hatten – die Kommunistische Partei, das Proletariat, die Bauernschaft und andere Teile des Kleinbürgertums –, verraten, sie verrieten die chinesische Revolution und bereiteten ihr eine Niederlage. Daher konnten das revolutionäre Volk und die revolutionäre Partei (die Kommunistische Partei) in jener Zeit nicht umhin, die Elemente dieser Bourgeoisie als einen der Gegner zu betrachten, gegen die sich die Revolution richtete.

Im Kampf gegen Japan hat ein Teil der großen Grundherren und Großbourgeoisie, vertreten durch Wang Djingwe[2], abermals Verrat geübt und ist zu Landesverrätern geworden. Deshalb mußte das Volk, das gegen Japan kämpft, auch diese Elemente der Großbourgeoisie, die an den nationalen Interessen Verrat geübt haben, als einen weiteren Feind ansehen, gegen den sich die Revolution richtet.

Daraus läßt sich auch erkennen, daß die Feinde der chinesischen Revolution außerordentlich stark sind. Zu den Feinden der Revolution zählen nicht nur der mächtige Imperialismus, sondern auch die mächtigen feudalistischen Kräfte, und zu gewissen Zeiten zählt dazu auch noch die reaktionäre Clique der Bourgeoisie, die sich mit dem Imperialismus und den feudalistischen Kräften zusammenschließt, um dem Volk als Feind gegenüberzutreten. Deshalb wäre es falsch, die Stärke der Feinde des revolutionären chinesischen Volkes zu unterschätzen.

Gegenüber einem solchen Gegner hat sich der langwierige und erbitterte Charakter der chinesischen Revolution herausgebildet. Auf Grund der außerordentlichen Stärke unseres Feindes wird es sehr lange dauern, bis die Kräfte der Revolution gesammelt, gestählt und zu einer solchen Macht geworden sind, daß sie den Endsieg über unsere Feinde zu erringen vermögen. Da der Feind die chinesische Revolution mit außerordentlicher Grausamkeit unterdrückt, werden die Kräfte der Revolution weder ihre Positionen behaupten noch die Positionen des Feindes erobern können, ohne sich abzuhärten und ihre eigene zähe Unnachgiebigkeit zu zeigen. Aus diesem Grund ist es falsch, zu glauben, man könne die Kräfte der chinesischen Revolution im Nu aufbauen und den revolutionären Kampf in China mit einem Schlag siegreich beenden.

Angesichts eines solchen Feindes kann die Hauptmethode der chinesischen Revolution und ihre Hauptform nicht der friedliche Kampf sein, sondern es muß die bewaffnete Auseinandersetzung sein, das steht fest. Denn unsere Feinde geben dem chinesischen Volk keine Möglichkeit, mit friedlichen Mitteln zu handeln, und es verbleiben dem chinesischen Volk keinerlei Rechte auf seine politische Freiheit. Stalin hat einmal gesagt: »In China kämpft die bewaffnete Revolution gegen die bewaffnete Konterrevolution. Das ist eines der besonderen Merkmale der chinesischen Revolution und einer ihrer Vorzüge«[3]. Das ist eine vollkom-

[2] Wang Djingwe (1884(?)–1944), einer der ältesten Mitkämpfer Dr. Sun Yatsens und häufig in Opposition zu Tschiang Kaischek, verließ 1939 Tschungking, die Kriegshauptstadt des freien China, um mit Japan zu verhandeln und in Nanking eine projapanische Gegenregierung zu bilden. Sie wurde u. a. auch vom nationalsozialistischen Deutschland anerkannt.

[3] J. W. Stalin: ›Über die Perspektiven der Revolution in China‹. Werke Bd. 8, S. 324.

men richtige Feststellung. Darum ist es falsch, den bewaffneten Kampf, den revolutionären Krieg, den Partisanenkrieg und die Arbeit in der Armee zu unterschätzen.

Die Konfrontation mit einem solchen Feind hat auch die Frage nach den Stützpunktgebieten der Revolution aufgeworfen. Der mächtige Imperialusmus und seine reaktionären Verbündeten in China setzen sich in der Regel auf lange Zeit in den zentralen Städten des Landes fest. Wenn daher die revolutionären Kämpfer keinen Kompromiß mit den Imperialisten und ihren Handlangern eingehen wollen, sondern den Kampf standhaft fortzusetzen beabsichtigen, wenn sie die Absicht haben, ihre Kräfte auszubilden, zu sammeln und zu stählen und, solange diese Kräfte nicht stark genug sind, der entscheidenden Auseinandersetzung mit dem starken Feind auszuweichen, dann müssen sie aus dem zurückgebliebenen Land ein fortschrittliches und festes Stützpunktgebiet, eine große militärische, politische, wirtschaftliche und kulturelle Bastion der Revolution schaffen, um, auf diese gestützt, dem Todfeind[4], der die Städte für den Angriff auf die ländlichen Gebiete ausnutzt, entgegenzutreten und nach und nach in einem lang andauernden Krieg den vollständigen Sieg der Revolution zu erringen. Einerseits ist unter diesen Umständen der Sieg der chinesischen Revolution zuerst in den ländlichen Gebieten möglich geworden, und zwar bedingt durch die uneinheitliche ökonomische Entwicklung Chinas (das Fehlen einer geschlossenen kapitalistischen Wirtschaft), die Größe seines Territoriums (die revolutionären Kräfte haben Raum genug zum Operieren), das Fehlen der Einheit und die Fülle der Widersprüche im Lager der chinesischen Konterrevolution, sowie die Führung des Kampfes der Bauern, die die Hauptstreitmacht der chinesischen Revolution darstellen, durch die Partei des Proletariats – die Kommunistische Partei; andererseits wird dadurch aber auch die Ungleichmäßigkeit der Revolution bewirkt, und die Erringung des vollen Sieges der Revolution wird sich lange hinziehen und mühevoll sein. Hieraus wird auch klar, daß der lang andauernde revolutionäre Krieg, der von solchen revolutionären Stützpunktgebieten aus geführt wird, im wesentlichen ein von der Kommunistischen Partei Chinas geleiteter Partisanenkrieg der Bauern ist. Daher ist es nicht richtig, die Einrichtung ländlicher Gebiete als revolutionäre Stützpunktgebiete zu mißachten, die harte Arbeit unter den Bauern zu vernachlässigen und den Partisanenkrieg geringzuschätzen.

Den bewaffneten Kampf zu betonen heißt jedoch nicht, daß man auf die

[4] Wörtlich: »arglistiger Feind«, die Wendung »Todfeind« entspricht jedoch dem Gemeinten besser.

übrigen Formen des Kampfes verzichten kann. Im Gegenteil, ohne Abstimmung mit den verschiedenen nicht-kriegerischen Formen des Kampfes kann der bewaffnete Kampf nicht zum Sieg führen. Und die Betonung der Arbeit in den ländlichen Stützpunktgebieten bedeutet nicht Verzicht auf Arbeit in den Städten und in den weiten ländlichen Gebieten, die noch unter der Gewalt des Feindes stehen. Im Gegenteil, unterbleibt die Arbeit in den Städten und den anderen ländlichen Gemeinden, so ist es möglich, daß die ländlichen Stützpunktgebiete isoliert werden und die Revolution eine Niederlage erleidet. Außerdem ist das Endziel der Revolution die Eroberung der Städte, die die Hauptstützpunkte des Feindes darstellen. Ohne hinreichende Arbeit in den Städten ist dieses Ziel nicht zu erreichen.

Hieraus wird deutlich, daß ohne Zerschlagung der Hauptwaffe, die der Feind im Kampf gegen das Volk einsetzt – seine Armee nämlich –, der Sieg der Revolution weder im Dorf noch in der Stadt errungen werden kann. Deshalb kommt neben der Vernichtung der feindlichen Truppen auch der Zersetzungsarbeit innerhalb der feindlichen Streitkräfte große Bedeutung zu.

Hieraus wird ferner deutlich, daß bei der propagandistischen und organisatorischen Arbeit der Kommunistischen Partei in den seit langer Zeit vom Feind besetzten und in das Dunkel der Reaktion gehüllten Städte und Dörfer kein überstürzt abenteuerlicher Kurs eingeschlagen werden darf, sondern daß man der Richtung folgen muß: getarnt und effektiv arbeiten, die Kräfte sammeln und einen günstigen Zeitpunkt abwarten. Die Taktik, das Volk im Kampf gegen den Feind zu führen, kann nur dadurch zum Erfolg führen, daß man alles ausnutzt, was im Rahmen gesetzlicher Bestimmungen und Verordnungen und gesellschaftlicher Sitten und Bräuche offen und legal auszunützen möglich ist, und daß man dabei von den Gesichtspunkten ausgeht, im Recht zu sein, den Vorteil zu haben und maßvoll zu bleiben, und so Schritt für Schritt, fest und entschlossen, vorangeht, niemals aber dadurch, daß man ein lautes Geschrei erhebt und rücksichtslos dreinschlägt.

3. Die Aufgaben der chinesischen Revolution

Wenn in der gegenwärtigen Phase die Hauptfeinde der chinesischen Revolution der Imperialismus und die Klasse der feudalen Grundherren sind, welches sind dann die Aufgaben der chinesischen Revolution in diesem Stadium?

Ohne Zweifel geht es hauptsächlich darum, diese beiden Feinde zu schlagen, das ist nach außen die nationale Revolution, die das Joch des Imperialismus zu brechen hat, und nach innen die demokratische Revolution, die das Joch der feudalen Grundherren abwerfen soll, aber die wichtigste Aufgabe ist die auf den Sturz des Imperialismus gerichtete nationale Revolution.
Diese beiden großen Aufgaben der chinesischen Revolution sind miteinander verbunden. Wenn die Herrschaft des Imperialismus nicht gestürzt wird, kann die Herrschaft der feudalen Grundherrenklasse nicht vernichtet werden, da vor allem der Imperialismus die feudalen Grundherren unterstützt. Wenn andererseits der Bauernschaft nicht geholfen wird, die feudale Grundherrenklasse zu stürzen, wird es nicht möglich sein, eine mächtige Armee der chinesischen Revolution zu organisieren und so die Herrschaft des Imperialismus zu brechen, da die feudale Grundherrenklasse die wichtigste gesellschaftliche Basis der imperialistischen Herrschaft in China und die Bauernschaft die Hauptstreitkraft der chinesischen Revolution ist. Deshalb unterscheiden sich die beiden Hauptaufgaben, die nationale und die demokratische Revolution, voneinander und bilden zugleich eine Einheit.
Die heutige Aufgabe der nationalen Revolution in China ist vor allem der Kampf gegen die japanischen Imperialisten, die in China eingefallen sind, und auch die Aufgabe der demokratischen Revolution muß dadurch gelöst werden, daß der militärische Sieg errungen wird, beide revolutionäre Aufgaben haben sich bereits zu einer Einheit verbunden. Der Standpunkt, der die nationale und demokratische Revolution in zwei scharf unterschiedene Etappen der Revolution aufgeteilt sieht, ist falsch.

4. Die Triebkräfte der chinesischen Revolution

Welches sind nun die Triebkräfte der chinesischen Revolution entsprechend der Analyse und Definition des Charakters der chinesischen Gesellschaft sowie der Kampfobjekte und Aufgaben der chinesischen Revolution im gegenwärtigen Stadium?
Da die chinesische Gesellschaft kolonial, halbkolonial und halbfeudal ist, da sich die chinesische Revolution vor allem gegen die Herrschaft des ausländischen Imperialismus in China und gegen den einheimischen Feudalismus richtet und da ihre Aufgabe der Sturz dieser beiden Unterdrücker ist, fragt es sich: Welche von den verschiedenen Klassen und

Schichten der chinesischen Gesellschaft bilden dann die Kräfte, die den Imperialismus und Feudalismus bekämpfen können? Das ist eben die Frage der Triebkräfte der chinesischen Revolution im gegenwärtigen Stadium. Erst wenn man sich über diese Frage klargeworden ist, kann man die Frage der grundlegenden Taktik der chinesischen Revolution richtig lösen.

Welche Klassen gibt es gegenwärtig in der chinesischen Gesellschaft? Es gibt die Grundherrenklasse und die Bourgeoisie – die Grundherren und die Oberschicht der Bourgeoisie bilden die herrschenden Klassen, und es gibt die Arbeiter, die Bauernschaft und die verschiedenen Kategorien des Kleinbürgertums außer der Bauernschaft – diese drei Klassen sind heute in den meisten Gebieten Chinas immer noch die beherrschten Klassen.

Die Haltung und die Stellungnahme einer jeden dieser Klassen zur chinesischen Revolution wird voll und ganz durch ihre sozialökonomische Lage bestimmt. Daher bestimmt der sozialökonomische Charakter Chinas nicht nur die Kampfobjekte und Aufgaben der Revolution, sondern auch ihre Triebkräfte.

Gehen wir nun auf die Analyse der verschiedenen Klassen in der chinesischen Gesellschaft ein[1].

1. Die Grundherrenklasse. Die Klasse der Grundherren ist die wichtigste soziale Basis für die Herrschaft des Imperialismus in China, sie ist die Klasse, die unter Ausnutzung der feudalen Ordnung die Bauernschaft ausbeutet und unterdrückt, die Klasse, die den politischen, wirtschaftlichen und kulturellen Fortschritt der chinesischen Gesellschaft hemmt und keinerlei fortschrittliche Rolle spielt.

Daher sind die Grundherren als Klasse ein Objekt der Revolution und nicht deren Triebkraft.

Im Widerstandskrieg gegen die japanische Aggression kapitulierte ein Teil der großen Grundherren im Gefolge eines Teils der Großbourgeoisie (der Kapitulanten) vor den japanischen Aggressoren und wurde zu

[1] Wir geben erst an dieser Stelle Maos spezifischer Klassenanalyse Raum, deren erstes Zeugnis die Reihe der Ausgewählten Werke einleitet. Dies geschieht aus zwei Gründen: einmal, weil die Bauernschaft hier ihrer wahren Rolle entsprechend gesondert behandelt wird, während sie in dem Aufsatz aus dem Jahr 1926 unter die Kleinbourgeoisie und das etwas konstruiert wirkende »Halbproletariat« aufgeteilt wurde; zum anderen kann sich die Analyse des Jahres 1939 nicht nur auf des Autors Erfahrungen von zwölf Jahren selbständiger Tätigkeit in der Führung der Revolution gründen, sondern auch von Zielvorstellungen ausgehen, die im antijapanischen Widerstandskrieg und nach Ausbruch des Zweiten Weltkrieges in Europa sehr viel konkreter aussehen als im Jahr 1926.

Landesverrätern, während ein anderer Teil der großen Grundherren im Gefolge eines anderen Teils der Großbourgeoisie (der Reaktionäre) zwar noch im Lager des Widerstandskampfes verbleibt, aber bereits äußerst wankelmütig geworden ist. Doch viele aufgeklärte Notabeln[2] unter den mittleren und kleineren Grundherren, das heißt Grundherren, die in gewissem Maße kapitalistisch gefärbt sind, zeigen noch Aktivität im Kampf gegen die Aggressoren, und auch mit ihnen haben wir uns zum gemeinsamen Kampf gegen Japan zu vereinigen.

2. Die Bourgeoisie. Es gibt einen Unterschied zwischen der Kompradoren-Großbourgeoisie und der nationalen Bourgeoisie.

Die Kompradoren-Großbourgeoisie ist eine Klasse, die unmittelbar im Dienst der Kapitalisten der imperialistischen Länder steht und von diesen gemästet wird; sie ist durch Tausende Fäden mit den feudalen Kräften des Dorfes verbunden. Deshalb war die Kompradoren-Großbourgeoisie in der Geschichte der chinesischen Revolution niemals eine Triebkraft der Revolution, sondern stets ihr Kampfobjekt.

Da aber die verschiedenen Gruppen der Kompradoren-Großbourgeoisie Chinas von verschiedenen imperialistischen Ländern abhängig sind, ist es in Perioden der krassen Verschärfung der Widersprüche zwischen den imperialistischen Staaten, in Perioden, da sich die Revolution vor allem gegen einen bestimmten imperialistischen Staat richtet, möglich, daß sich die mit den Gruppierungen anderer imperialistischer Staaten verbundene Kompradoren-Bourgeoisie in einem gewissen Grad und für eine gewisse Zeitspanne ebenfalls der jeweiligen antiimperialistischen Front anschließt. Sobald aber die Auftraggeber dieser Kompradoren-Bourgeoisie den Kampf gegen die chinesische Revolution aufnehmen, sind auch sie sogleich gegen die Revolution [. . .]

Die nationale Bourgeoisie ist eine Klasse von zwiespältigem Charakter.

Einerseits wird die nationale Bourgeoisie vom Imperialismus unterdrückt und vom Feudalismus gefesselt; infolgedessen gibt es sowohl zwischen ihr und dem Imperialismus als auch zwischen ihr und dem Feudalismus Widersprüche. In diesem Sinne ist sie eine der Kräfte der Revolution. In der Geschichte der chinesischen Revolution hat die nationale Bourgeoisie eine gewisse Aktivität im Kampf gegen den Imperialismus und gegen die Regierungen der hohen Bürokratie und der Militärmachthaber gezeigt.

[2] Ein älterer deutscher Ausdruck für »gentry«, der den Rang besser zum Ausdruck bringt als das englische Wort, das sich mehr auf den Landbesitz bezieht.

Andererseits fehlt es jedoch der nationalen Bourgeoisie infolge ihrer ökonomischen und politischen Schwäche, und auch weil sie die ökonomischen Bindungen zum Imperialismus und Feudalismus nicht völlig abgebrochen hat, an Mut, den Kampf gegen den Imperialismus und Feudalismus konsequent zu führen. Dies wird besonders offenkundig, wenn die revolutionären Kräfte der Volksmassen erstarken.
Dieser zwiespältige Charakter der nationalen Bourgeoisie bringt es mit sich, daß sie in bestimmten Perioden und bis zu einem gewissen Grad an der Revolution gegen den Imperialismus, gegen die Regierungen der hohen Bürokratie und der Militärmachthaber teilnimmt und zu einer der Kräfte der Revolution werden kann. In anderen Perioden dagegen besteht die Gefahr, daß sie im Fahrwasser der Kompradoren-Großbourgeoisie zum Handlanger der Konterrevolution wird [...]

3. Die verschiedenen Kategorien des Kleinbürgertums – außer der Bauernschaft. Zum Kleinbürgertum gehören – außer der Bauernschaft – die breiten Schichten der Intelligenz, der Kleinhändler, der Handwerker, sowie der Angehörigen freier Berufe.
Die Stellung dieser Kategorien gleicht in gewissem Grad jener der Mittelbauern. Sie alle werden von dem Imperialismus, dem Feudalismus und der Großbourgeoisie unterdrückt und kommen mit jedem Tag dem Bankrott und Ruin näher.
Deshalb sind diese Teile des Kleinbürgertums eine der Triebkräfte der Revolution und ein zuverlässiger Verbündeter des Proletariats. Sie können ihre Befreiung ebenfalls nur unter Führung des Proletariats erreichen.
Analysieren wir nunmehr die verschiedenen Kategorien des Kleinbürgertums – außer der Bauernschaft[3].
Erstens, die Intelligenz und die studierende Jugend. Die Intelligenz und die studierende Jugend sind keine Klasse oder Schicht. Aber ihrer sozialen Herkunft, ihren Lebensbedingungen und ihrem politischen Standpunkt nach kann die Mehrheit der Intelligenz und der studierenden Jugend im heutigen China zum Kleinbürgertum gezählt werden. In den

[3] Prinzipiell wird an der Zugehörigkeit der Bauernschaft zum Kleinbürgertum auch hier festgehalten und vor allem die Mittelbauern als gleichartige soziale Gruppe bezeichnet, praktisch kommt jedoch die Unterscheidung von Stadt und Land deutlich zum Ausdruck. Im übrigen muß sich der Leser dieser Gesellschaftsanalyse stets vor Augen halten, daß sie das Ziel verfolgt, die Triebkräfte der Revolution im Stadium des antijapanischen Widerstandskrieges zu bezeichnen, die Bestimmung der Klassenzugehörigkeit hängt also wesentlich von dem Grad ab, wie die Angehörigen einer Klasse von dem politischen und – auch – ökonomischen Geschehen der Zeit betroffen sind.

letzten Jahrzehnten hat sich in China eine zahlenmäßig starke Gruppe der Intelligenz und der studierenden Jugend gebildet. Mit Ausnahme eines Teils der Intelligenz, der dem Imperialismus und der Großbourgeoisie nahesteht, ihnen dient und sich gegen die Volksmassen wendet, werden die Intelligenz und die studierende Jugend im allgemeinen vom Imperialismus, Feudalismus und der Großbourgeoisie unterdrückt und schweben in Gefahr, arbeitslos zu werden oder die Studien nicht fortsetzen zu können. Deshalb sind sie sehr revolutionär gesinnt. Sie besitzen mehr oder weniger große Kenntnisse in den Wissenschaften des Kapitalismus, haben einen scharfen Sinn für Politik und spielen im gegenwärtigen Stadium der chinesischen Revolution häufig die Rolle einer Vorhut und eines Bindeglieds. Die Bewegung unter chinesischen Studenten im Ausland vor der Revolution von 1911, die Bewegung des 4. Mai 1919, die Bewegung des 30. Mai 1925 und die Bewegung des 9. Dezember 1935[4] sind anschauliche Beispiele dafür. Besonders die zahlreichen ärmeren Intellektuellen sind in der Lage, gemeinsam mit den Arbeitern und Bauern an der Revolution teilzunehmen und sie zu unterstützen. In China fanden die Ideen des Marxismus-Leninismus zuerst unter der Intelligenz und der studierenden Jugend Verbreitung und Aufnahme. Ohne Beteiligung der revolutionären Intelligenz können die Kräfte der Revolution nicht erfolgreich durchgeführt werden. Doch solange sich die Intellektuellen nicht mit dem revolutionären Kampf der Massen identifiziert haben, solange sie nicht entschlossen sind, den Interessen der Massen zu dienen und sich mit ihnen zu verbinden, neigen sie oft zu Subjektivismus und Individualismus, und ihre Ideen erweisen sich häufig als inhaltlos und ihre Handlungen als inkonsequent. Daher sind, obwohl die breiten Massen der revolutionären Intellektuellen Chinas die Rolle einer Vorhut und eines Bindeglieds spielen, nicht alle diese Intellektuellen imstande, bis zuletzt revolutionär zu sein. Ein Teil wird in kritischen Augenblicken die Reihen der Revolution verlassen und passiv werden, während ein kleiner Teil sogar zu Feinden der Revolution werden kann. Diese Mängel können die Intellektuellen nur im Verlauf langwieriger Massenkämpfe überwinden.

Zweitens, die Kleinhändler. In der Regel besitzen sie kleine Läden und beschäftigen überhaupt keine oder nur sehr wenige Handlungsgehilfen. Die Ausbeutung von seiten der Imperialisten, der Großbourgeoisie und der Wucherer führt dazu, daß sie ständig unter der Drohung des Bankrotts leben.

[4] Zu den Daten vgl. die Zeittafel im Anhang.

Drittens, die Handwerker. Sie bilden eine große Masse. Sie besitzen eigene Produktionsmittel, dingen entweder überhaupt keine Arbeitskräfte oder haben nur ein bis zwei Lehrlinge oder Gesellen. Die Stellung eines Handwerkers ist der eines Mittelbauern ähnlich.
Viertens, die Angehörigen freier Berufe. Zu dieser Kategorie gehören Vertreter verschiedener Berufe, z. B. die Ärzte. Die Angehörigen der freien Berufe beuten andere Leute nicht oder nur in geringem Maße aus. Ihre Stellung ist jener der Handwerker ähnlich.
Diese genannten Kategorien des Kleinbürgertums umfassen eine sehr große Anzahl von Menschen, die im allgemeinen imstande sind, an der Revolution teilzunehmen und sie zu unterstützen. Sie sind gute Verbündete der Revolution, deshalb müssen wir sie gewinnen und schützen. Ein Mangel dieser Leute ist, daß manche von ihnen leicht unter den Einfluß der Bourgeoisie geraten; deshalb ist es notwendig, der revolutionären Propaganda- und Organisationsarbeit unter ihnen Beachtung zu schenken.

4. Die Bauernschaft. Die Bauernschaft, die etwa 80 Prozent der Gesamtbevölkerung Chinas ausmacht, ist gegenwärtig die Hauptkraft in der Volkswirtschaft des Landes.
In der Bauernschaft geht ein stürmischer Differenzierungsprozeß vor sich.
Erstens, die Großbauern. Die Großbauern machen etwa 5% (zusammen mit den Grundherren rund 10%) der Landbevölkerung aus. Sie werden als ländliche Bourgeoisie bezeichnet. Die meisten chinesischen Großbauern tragen, da sie einen Teil ihres Bodens verpachten, Wucher treiben und Landarbeiter grausam ausbeuten, einen halbfeudalen Charakter. Die Großbauern arbeiten aber in der Regel selbst mit, und in diesem Sinne gehören sie doch zur Bauernschaft. Ihre Produktionstätigkeit wird während einer bestimmten Periode immer noch nützlich bleiben. Die Großbauern können im allgemeinen einen gewissen Beitrag zum Kampf der Bauernmassen gegen den Imperialismus leisten und in dem agrarrevolutionären Kampf gegen die Grundherren Neutralität wahren. Deshalb dürfen wir die Großbauern nicht zu derselben Klasse wie die Grundherren zählen, wir dürfen nicht vorzeitig eine Politik zur Beseitigung des Großbauerntums betreiben.
Zweitens, die Mittelbauern. Die Mittelbauern machen etwa 20% der Landbevölkerung Chinas aus. Sie befriedigen ihre wirtschaftlichen Bedürfnisse aus eigener Produktion (wobei sie in ertragreichen Jahren gewisse Produktionsüberschüsse haben können, zuweilen auch in gerin-

gem Umfang fremde Arbeitskraft dingen oder geringe Geldsummen als Darlehen gewähren); im allgemeinen beuten sie andere nicht aus, werden jedoch selbst von den Imperialisten, der Grundherrenklasse und der Bourgeoisie ausgebeutet. Die Mittelbauern haben durchweg keine politischen Rechte. Ein Teil von ihnen hat nicht genug Land, und nur bei einem gewissen Teil (den wohlhabenden Mittelbauern) gibt es geringe Bodenüberschüsse. Die Mittelbauern können nicht nur an der antiimperialistischen Revolution und an der Agrarrevolution teilnehmen, sondern auch den Sozialismus akzeptieren. Deshalb können die Mittelbauern in ihrer Gesamtheit zum zuverlässigen Verbündeten des Proletariats werden, sie stellen eine wichtige Triebkraft der Revolution dar. Die zustimmende oder ablehnende Einstellung der Mittelbauern zur Revolution ist ein für Sieg oder Niederlage der Revolution entscheidender Faktor, und das gilt besonders für die Periode nach der Agrarrevolution, wenn die Mittelbauern zur Mehrheit der ländlichen Bevölkerung werden.

Drittens, die armen Bauern. In China machen die armen Bauern zusammen mit den Landarbeitern rund 70% der ländlichen Bevölkerung aus. Die armen Bauern bilden die große Masse der Bauern, die entweder überhaupt kein Land oder nicht genügend Land besitzen. Sie sind das ländliche Halbproletariat, die größte Triebkraft der chinesischen Revolution, der natürliche und zuverlässige Verbündete des Proletariats, die Hauptarmee unter den Kräften der chinesischen Revolution. Die armen Bauern und die Mittelbauern können ihre Befreiung nur unter Führung des Proletariats erlangen, und das Proletariat wiederum kann einzig und allein im festen Bündnis mit den armen Bauern und Mittelbauern die Revolution zum Sieg führen, andernfalls ist der Sieg unmöglich. Wenn wir »Bauernschaft« sagen, meinen wir hauptsächlich die armen Bauern und Mittelbauern.

5. *Das Proletariat.* Zum chinesischen Proletariat gehören zweieinhalb bis drei Millionen Arbeiter in der modernen Industrie, rund zwölf Millionen Lohnarbeiter in der städtischen Kleinindustrie und im Handwerk, sowie Handlungsgehilfen in Handelsunternehmen; außerdem gibt es eine große Anzahl ländlicher Proletarier (d. h. Landarbeiter)[5] und anderer Besitzloser in Stadt und Land.

Außer den grundlegenden Vorzügen, die dem Proletariat im allgemeinen

[5] Die Landarbeiter sind jedoch schon mit den armen Bauern zu den 70% der ländlichen Bevölkerung gezählt worden, die die Hauptarmee der chinesischen Revolution genannt wurden, s. o.

eigen sind, das heißt, daß es mit der fortgeschrittensten Wirtschaftsform verbunden ist, sich durch einen starken Sinn für Organisation und Disziplin auszeichnet und keine privaten Produktionsmittel besitzt, hat das chinesische Proletariat viele andere hervorragende Eigenschaften. Welches sind diese Eigenschaften?

Erstens ist das chinesische Proletariat einer dreifachen Unterdrückung (durch den Imperialismus, die Bourgeoisie und die feudalen Kräfte) ausgesetzt, deren Härte und Grausamkeit man unter anderen Nationen der Welt selten findet; infolgedessen ist es im revolutionären Kampf entschlossener und konsequenter als irgendeine andere Klasse. Im kolonialen und halbkolonialen China fehlt die ökonomische Grundlage für einen Sozialreformismus, wie man ihn in Europa findet; deshalb ist das gesamte Proletariat, mit Ausnahme weniger Streikbrecher, am revolutionärsten.

Zweitens steht das chinesische Proletariat seit dem Augenblick, da es die revolutionäre Bühne betreten hat, unter der Führung seiner eigenen revolutionären Partei – der Kommunistischen Partei Chinas –, und es ist zur bewußtesten aller Klassen der chinesischen Gesellschaft geworden.

Drittens ist das chinesische Proletariat, da es in seiner Mehrheit aus den Reihen der ruinierten Bauern hervorgegangen ist, durch natürliche Bande mit den breiten Massen der Bauernschaft verbunden, was ihm ein enges Bündnis mit der Bauernschaft erleichtert.

Infolgedessen ist das chinesische Proletariat, obwohl es auch seine unvermeidlichen Schwächen hat, zu denen beispielsweise seine relativ geringe zahlenmäßige Stärke (im Vergleich zur Bauernschaft), seine relative Jugend (im Vergleich zum Proletariat der kapitalistischen Länder) und sein relativ niedriges Kulturniveau (im Vergleich zur Bourgeoisie) gehören, schließlich zur wesentlichsten Triebkraft der chinesischen Revolution geworden. Ohne die Führung durch das Proletariat kann die chinesische Revolution zweifellos nicht siegen. Wenden wir uns vergangenen Zeiten zu, dann haben wir das Beispiel der Revolution von 1911 vor uns, die mit einer Fehlgeburt endete, weil das Proletariat noch nicht bewußt an der Revolution teilnahm, weil es damals noch keine Kommunistische Partei gab. Wenden wir uns der jüngeren Vergangenheit zu, dann haben wir das Beispiel der Revolution von 1924 bis 1927 vor uns, die in einer bestimmten Periode große Erfolge erzielte, weil das Proletariat bewußt an der Revolution teilnahm und die Führung innehatte, da bereits die Kommunistische Partei bestand. Aber weil die Großbourgeoisie später ihr Bündnis mit dem Proletariat verriet und das gemeinsame revolutionäre Programm aufgab, und weil zugleich das chinesische Prole-

tariat und seine Partei damals noch keine reichen revolutionären Erfahrungen besaßen, erlitt auch diese Revolution eine Niederlage. Nach Beginn des Widerstandskrieges gegen die japanische Aggression wurde dank der Führung der antijapanischen nationalen Einheitsfront durch das Proletariat und die Kommunistische Partei der Zusammenschluß der ganzen Nation erreicht, der große Widerstandskrieg entfaltete sich und wurde entschlossen weitergeführt.
Das chinesische Proletariat muß begreifen, daß es, obwohl es die Klasse mit dem höchsten Bewußtsein und dem höchsten Sinn für Organisation ist, keinen Sieg erringen kann, wenn es sich nur auf seine eigenen Kräfte verläßt. Will es siegen, muß es sich unter den verschiedensten Bedingungen mit allen Klassen und Schichten vereinigen, die sich an der Revolution beteiligen können, und so eine revolutionäre Einheitsfront schaffen. Unter den verschiedenen Klassen der chinesischen Gesellschaft ist die Bauernschaft der feste Verbündete der Arbeiterklasse; das städtische Kleinbürgertum ist ebenfalls ihr zuverlässiger Verbündeter; die nationale Bourgeoisie ist ein Verbündeter in bestimmten Perioden und bis zu einem gewissen Grad. Das ist eines der fundamentalen Gesetze, das durch die Geschichte der chinesischen Revolution der neuesten Zeit bereits bestätigt worden ist[6].

6. Die vagierenden Elemente. Die koloniale und halbkoloniale Lage Chinas hat in den Dörfern und Städten eine gewaltige Menge von Arbeitslosen hervorgebracht. Darunter sind viele, die der Möglichkeit, sich die Existenzmittel auf ehrlichem Weg zu erwerben, beraubt wurden und nun eben ihren Unterhalt auf unehrliche Weise erwerben müssen. Aus diesen Reihen stammen die Banditen, Landstreicher, Bettler, Prostituierten und die vielen berufsmäßigen Nutznießer des Aberglaubens. Diese Ge-

[6] Hier ist das vierfache Klassenbündnis zum ersten Mal bezeichnet, das der maoistischen Konzeption der neu-demokratischen Revolution zugrunde liegt und den Fortbestand gewisser nicht-kommunistischer Parteien auch nach dem Sieg im Jahr 1949 gewährleisten half. Die im vorstehenden Abschnitt stark herausgestrichene Rolle des Proletariats läßt sich nicht mehr, wie noch 1926, auf erfolgreiche Arbeitskämpfe beziehen, auch fehlen Gewerbezweige wie Eisenbahn, Bergwerke, Seefahrt, Textilindustrie und Schiffsbau zur genaueren Kennzeichnung der neuen Produktivkräfte und der Fortschrittlichkeit dieser Klasse. Statt dessen ist hier der enge Zusammenhang mit den breiten Massen der Bauernschaft hervorgehoben, d. h. die Realität der chinesischen Revolution erscheint hier, in Übereinstimmung mit Gedanken im »Hunan-Bericht« (bes. S. 32), deutlicher gekennzeichnet. Das »Proletariat« ist im Grunde mit »seiner eigenen revolutionären Partei« identisch geworden, die nun in der Tat »entschlossener und konsequenter als irgendeine andere Klasse« und »zur bewußtesten aller Klassen [. . .] geworden« ist. »Ohne die Führung durch das Proletariat« konnte, so gesehen, »die chinesische Revolution zweifellos nicht siegen« (s. o.).

sellschaftsschicht ist unbeständig. Ein Teil dieser Menschen läßt sich leicht durch die reaktionären Kräfte kaufen, während sich ein anderer Teil an der Revolution beteiligen kann. Mehr zur Zerstörung als zum Aufbau neigend, für den ihnen der Sinn fehlt, werden diese Menschen, sobald sie sich an der Revolution beteiligen, zur Quelle der Mentalität umherschweifender Rebellenhaufen und des Anarchismus. Folglich muß man sie umzuerziehen verstehen und vor ihrem Zerstörungsdrang auf der Hut sein [...]

4. Über die neue Demokratie[1]

Januar 1940

I. Wohin geht China?

Seit Beginn des Widerstandskrieges gegen die japanische Aggression herrscht im ganzen chinesischen Volk eine Stimmung des Aufschwungs, jedermann ist der Meinung, daß ein Ausweg aus der Sackgasse gefunden worden ist, niemandes Stirn verdüstert sich mehr aus Verzweiflung. In letzter Zeit verdichtet sich jedoch plötzlich erneut die Atmosphäre der Kompromißlerei, es erhebt sich wiederum wildes antikommunistisches Geschrei, und abermals wird das ganze Volk in Verwirrung gestürzt. Mit besonderer Schärfe empfinden das die Kulturschaffenden und die studierende Jugend, sie sind davon in erster Linie betroffen. Aufs neue erhebt sich die Frage: Was tun? Wohin geht China? Anläßlich des Erscheinens der Zeitschrift ›*Dschungguo Wenhua*‹ (Chinesische Kultur) mag es daher von Nutzen sein, die politischen und kulturellen Tendenzen in China zu erhellen. Was die Kulturfragen anbelangt, so bin ich darin ein Laie, ich will sie studieren, bin aber erst am Beginn. Glücklicherweise befinden sich in Yen-an viele Genossen, die darüber eingehend geschrieben haben, so daß meine ungeschliffenen Worte gleichsam als der Gongschlag dienen mögen, mit dem eine Theatervorstellung eingeleitet wird. Für die fortgeschrittenen Kulturschaffenden unseres Landes dürfte das, was wir zu sagen haben, als Erfolg langen mühevollen Suchens betrachtet werden, als bescheidener Ansporn zur Leistung ihrer eigenen wertvollen Beiträge, und wir hoffen, daß sie sich mit uns an der Diskussion beteiligen werden, um zu richtigen Schlußfolgerungen zu gelangen, die den Bedürf-

[1] Der Titel dieses Aufsatzes, der zu den grundlegenden Beiträgen der chinesischen Revolutionstheorie gerechnet wird, lautet eigentlich »Über den Neu-Demokratismus«, die Theorie hervorhebend, gleichwohl wird die hier verwendete Form in Übereinstimmung mit der Pekinger deutschen Ausgabe der Sache gerecht: es ist ganz konkret, was der Autor sagen will, nicht nur eine neue politische Theorie.

nissen unserer Nation entsprechen. Eine wissenschaftliche Haltung einnehmen heißt »die Wahrheit in den Tatsachen suchen«, während man mit der anmaßenden Einstellung jener, die sich für unfehlbar halten und andere Leute schulmeistern wollen, niemals irgendwelche Probleme lösen kann. Das Unheil, das unsere Nation heimgesucht hat, ist überaus ernst, und lediglich mit einer wissenschaftlichen Haltung und mit Verantwortungsbewußtsein kann man sie auf den Weg zur Befreiung führen. Es gibt nur eine Wahrheit, und die Frage, wer eigentlich die Wahrheit entdeckt hat, läßt sich nicht auf Grund subjektiver Großsprecherei entscheiden, sondern durch die objektive Praxis. Der einzige Maßstab der Wahrheit ist die revolutionäre Praxis von Millionen Menschen [. . .]

II. Wir wollen ein neues China aufbauen

Wir Kommunisten kämpfen seit vielen Jahren nicht nur für die politische und wirtschaftliche Revolution in China, sondern auch für eine chinesische Kulturrevolution; das Ziel dieses umfassenden Kampfes ist die Errichtung einer neuen Gesellschaft und eines neuen Staates für die chinesische Nation. In dieser neuen Gesellschaft, diesem neuen Staat werden nicht nur die Politik und die Wirtschaft neu sein, sondern wird es auch eine neue Kultur geben. Das heißt, wir wollen nicht bloß das politisch unterdrückte und ökonomisch ausgebeutete China in ein politisch freies und wirtschaftlich blühendes Land verwandeln, sondern auch aus dem wegen seiner Beherrschung durch die alte Kultur unwissenden und rückständigen China ein Land machen, in dem eine neue Kultur herrscht und das daher aufgeklärt und fortschrittlich ist. Mit einem Wort, wir wollen ein neues China aufbauen. Eine neue Kultur der chinesischen Nation schaffen – das ist unser Ziel im kulturellen Bereich.

III. Die geschichtliche Besonderheit Chinas

Wir wollen eine neue Kultur der chinesischen Nation schaffen, doch was für eine Kultur soll das eigentlich sein? [. . .]
Den geschichtlichen Verlauf der chinesischen Revolution muß man in zwei Phasen teilen; erstens die Phase der demokratischen Revolution und zweitens die Phase der sozialistischen Revolution; diese Phasen bilden ihrem Charakter nach zwei verschiedene revolutionäre Prozesse. Und die Demokratie, von der hier die Rede ist, gehört nicht mehr zur alten

Kategorie der Demokratie, sie ist keine alte Demokratie, sondern sie gehört einer neuen Kategorie an und sie ist eine neue Demokratie.
Man kann daher die Feststellung treffen, daß die neue Politik der chinesischen Nation eine Politik der Neuen Demokratie sein wird, ihre neue Wirtschaft eine Wirtschaft der Neuen Demokratie und ihre neue Kultur eine Kultur der Neuen Demokratie.
Das eben ist heute die geschichtliche Besonderheit der chinesischen Revolution. Jede beliebige Partei, Gruppe oder Einzelperson, die an der chinesischen Revolution teilnimmt, wird, wenn sie diese Besonderheit nicht versteht, außerstande sein, die Revolution zu leiten und zum Sieg zu führen; sie wird vom Volk beiseite geschleudert werden und irgendwo in einem Schmollwinkel ihr Geschick bejammern.

IV. Die chinesische Revolution ist ein Teil der Weltrevolution

Die historische Besonderheit der chinesischen Revolution besteht darin, daß sie sich in zwei Phasen teilt, in eine demokratische und eine sozialistische, wobei die erste Phase nicht mehr eine Demokratie schlechthin, sondern eine Demokratie chinesischen Typus darstellt – die Neue Demokratie. Wie hat sich nun diese historische Besonderheit herausgebildet? Ist sie schon in den letzten hundert Jahren vorhanden gewesen, oder ist sie erst jüngeren Ursprungs?
Studiert man die geschichtliche Entwicklung Chinas und der Welt, so zeigt es sich, daß diese historische Besonderheit keineswegs bereits mit dem Opiumkrieg in Erscheinung getreten ist, sondern sich erst später herausgebildet hat, nach dem Ersten imperialistischen Weltkrieg und der Oktoberrevolution in Rußland. Untersuchen wir nun diesen Bildungsprozeß.
Es ist durchaus einleuchtend, daß es eben der koloniale, halbkoloniale, halbfeudale Charakter der heutigen chinesischen Gesellschaft ist, der die Teilung der chinesischen Revolution in zwei Phasen notwendig macht. In der ersten Phase muß die koloniale, halbkoloniale und halbfeudale Form der Gesellschaft umgewandelt werden. In der zweiten Phase ist die Revolution voranzutreiben und eine sozialistische Gesellschaft zu errichten. Gegenwärtig durchläuft die chinesische Revolution ihre erste Phase.
Das Vorbereitungsstadium dieser ersten Phase begann schon mit dem Opiumkrieg von 1840, als die Verwandlung der chinesischen Gesellschaft aus einer feudalen in eine halbkoloniale und halbfeudale einsetzte. Zahl-

reiche weitere Stadien folgten, die zusammen ein volles Jahrhundert beanspruchten: die Taiping-Tiänguo-Bewegung, der Chinesisch-Französische Krieg, der Chinesisch-Japanische Krieg, die Reformbewegung von 1898, die Revolution von 1911, die Bewegung des 4. Mai, der Nordfeldzug, der Agrarrevolutionäre Krieg und in unserer unmittelbaren Gegenwart der Widerstandskrieg gegen die japanische Aggression[2]. In einem gewissen Sinne bilden sie alle die erste Phase, jene Phase, in welcher das chinesische Volk unter verschiedenen Zeitumständen und in verschiedenem Grade gegen den Imperialismus und die feudalen Kräfte, für die Errichtung einer unabhängigen demokratischen Gesellschaft, für die Vollendung seiner ersten Revolution kämpfte und kämpft. Doch im eigentlichen Sinne begann diese Revolution erst mit der Revolution von 1911. Sie war ihrem gesellschaftlichen Charakter nach eine bürgerlich-demokratische Revolution und keine proletarisch-sozialistische. Diese bürgerlich-demokratische Revolution ist bis heute unvollendet geblieben, sie erfordert weiterhin gewaltige Anstrengungen, weil ihre Feinde bis jetzt noch außerordentlich stark sind. Dr. Sun Yatsen sagte: »Die Revolution ist noch nicht vollendet, meine Kameraden müssen das Ringen fortsetzen.« Er meinte damit eben die bürgerlich-demokratische Revolution.

In der chinesischen bürgerlich-demokratischen Revolution trat jedoch seit dem Ausbruch des Ersten imperialistischen Weltkriegs im Jahre 1914 und seit der russischen Oktoberrevolution von 1917, als auf einem Sechstel des Erdballs ein sozialistischer Staat gegründet wurde, ein Wandel ein. Vorher hatte die bürgerlich-demokratische Revolution in China zur alten Kategorie bürgerlich-demokratischer Revolutionen in der Welt gehört, sie war ein Bestandteil der alten bürgerlich-demokratischen Weltrevolution.

Seither ist die chinesische bürgerlich-demokratische Revolution in die neue Kategorie der bürgerlich-demokratischen Revolutionen hinübergewechselt, und sie bildet, unter dem Gesichtswinkel der revolutionären

[2] Die hier genannten zehn historischen Vorgänge stellen Maos Zusammenfassung der neueren Geschichte Chinas dar, zu denen auch noch der Opiumkrieg, der englisch-französische Aggressionskrieg 1856–60, sowie die Boxer-Bewegung und deren Niederschlagung gehören, vgl. AW II, S. 360 u. 364; wichtig ist ihre Zusammenfassung als Vorbereitungsphase der chinesischen Revolution, die hier als Konsequenz aus der zunehmend schärfer werdenden Unterdrückung durch Imperialismus und Feudalismus gedeutet wird. Den Einfluß neuer Ideen aus dem Westen sowie der Bevölkerungsvermehrung und Vernachlässigung öffentlicher Einrichtungen für das wachsende Elend in China weist Mao dagegen als historisch irrelevant zurück, vgl. unten: »Der Zusammenbruch der idealistischen Geschichtsauffassung«, S. 375.

Frontlinie gesehen, nunmehr einen Bestandteil der proletarisch-sozialistischen Weltrevolution.
Warum? Weil der Erste imperialistische Weltkrieg und die erste siegreiche sozialistische Revolution, die Oktoberrevolution, den ganzen Lauf der Weltgeschichte geändert und eine neue Epoche der Weltgeschichte eingeleitet haben [...]
Die chinesische Revolution hat heute eine noch größere Bedeutung gewonnen. Der gegenwärtige Zeitpunkt ist dadurch gekennzeichnet, daß die wirtschaftliche und politische Krise des Kapitalismus die Welt immer tiefer in den Strudel des Zweiten Weltkriegs hineinzieht; daß die Sowjetunion in die Periode des Übergangs vom Sozialismus zum Kommunismus eingetreten ist und die Fähigkeit besitzt, das Proletariat und die unterdrückten Nationen der ganzen Welt in ihrem Kampf gegen den imperialistischen Krieg und gegen die kapitalistische Reaktion zu führen und zu unterstützen; daß sich das Proletariat der kapitalistischen Länder zum Sturz des Kapitalismus und zur Errichtung des Sozialismus rüstet; daß in China das Proletariat, die Bauernschaft, die Intelligenz und andere kleinbürgerliche Schichten unter der Führung der Kommunistischen Partei Chinas zu einer großen unabhängigen politischen Kraft geworden sind. Müssen wir angesichts einer solchen Situation nicht zu der Einschätzung gelangen, daß die Weltbedeutung der chinesischen Revolution gewachsen ist? Ich denke, wir müssen das. Die chinesische Revolution ist ein sehr bedeutender Teil der Weltrevolution.
Obgleich die chinesische Revolution in ihrem ersten Stadium (mit seinen vielen Unterabschnitten) dem gesellschaftlichen Charakter nach eine bürgerlich-demokratische Revolution von neuem Typus ist und noch keine proletarisch-sozialistische Revolution, ist sie dennoch schon längst zu einem Bestandteil der sozialistischen Weltrevolution des Proletariats geworden und wird jetzt darüber hinaus zu einem sehr bedeutsamen Bestandteil, zu einem großen Bundesgenossen dieser Weltrevolution. Die erste Phase, das erste Stadium der chinesischen Revolution bedeutet keineswegs und kann nicht bedeuten, daß eine kapitalistische Gesellschaft unter der Diktatur der chinesischen Bourgeoisie errichtet werden wird; das erste Stadium unserer Revolution wird vielmehr mit der Errichtung einer neudemokratischen Gesellschaft unter der gemeinsamen Diktatur der vom chinesischen Proletariat geführten revolutionären Klassen Chinas abschließen. Sodann müssen wir die Revolution in ihr zweites Stadium hinüberführen, in dessen Verlauf die sozialistische Gesellschaft in China aufgerichtet werden wird.
Das ist die grundlegendste Besonderheit der chinesischen Revolution

zum gegenwärtigen Zeitpunkt, das ist der nunmehr zwanzig Jahre (seit der Bewegung des 4. Mai 1919) währende neue revolutionäre Prozeß, das ist der lebendige, konkrete Inhalt der Revolution im heutigen China.

V. Die Politik der neuen Demokratie

[...] Vor der Bewegung des 4. Mai 1919 (diese Bewegung entstand nach dem 1914 ausgebrochenen Ersten imperialistischen Weltkrieg und nach der russischen Oktoberrevolution von 1917) waren das Kleinbürgertum und die Bourgeoisie (d.h. ihre Intellektuellen) die politischen Führer der chinesischen bürgerlich-demokratischen Revolution. Das chinesische Proletariat hatte damals noch nicht als selbstbewußte, unabhängige Klassenkraft die politische Bühne betreten, es nahm noch als Gefolgschaft des Kleinbürgertums und der Bourgeoisie an der Revolution teil. Eine solche (abhängige) Klasse war das Proletariat zum Beispiel während der Revolution von 1911.

Nach der Bewegung des 4. Mai nahm zwar die chinesische nationale Bourgeoisie weiter an der Revolution teil, aber die politische Führung in der bürgerlich-demokratischen Revolution Chinas lag nicht mehr in den Händen der Bourgeoisie, sondern in den Händen des Proletariats. Als Ergebnis seines eigenen Reifeprozesses und unter dem Einfluß der Revolution in Rußland war das chinesische Proletariat rasch zu einer selbstbewußten und unabhängigen politischen Kraft geworden. Die Parole der Niederschlagung des Imperialismus wurde von der Kommunistischen Partei Chinas ausgegeben, die auch ein gründliches Programm für die gesamte bürgerlich-demokratische Revolution in China ausarbeitete; und die Durchführung der Agrarrevolution war einzig und allein das Werk der Kommunistischen Partei Chinas [...] In China ist die Sachlage völlig klar: Wer das Volk zum Sturz des Imperialismus und der Feudalkräfte führen kann, der wird sich das Vertrauen des Volkes erwerben, denn die Todfeinde des Volkes sind die Imperialisten und die feudalen Kräfte, vor allem die Imperialisten. Wer heute das Volk zur Vertreibung der japanischen Imperialisten und zur Verwirklichung der demokratischen Ordnung führen kann, der wird der Retter des Volkes sein. Die Geschichte hat es bewiesen: Die chinesische Bourgeoisie kann diese Aufgabe nicht erfüllen; das zu tun ist eine Verantwortung, die unvermeidlich dem Proletariat zufällt.

Somit bilden zweifellos das Proletariat, die Bauernschaft, die Intellektuellen und die anderen Schichten des Kleinbürgertums die grundlegenden Kräfte, die das Schicksal Chinas bestimmen. Diese Klassen, von denen die einen schon aufgewacht sind, während die anderen gerade im Begriff sind aufzuwachen, werden in einer chinesischen demokratischen Republik die Fundamentteile der Struktur des Staates und der politischen Macht sein, und das Proletariat wird hierbei die führende Kraft bilden. Die chinesische demokratische Republik, die wir jetzt errichten wollen, kann nur eine demokratische Republik der gemeinsamen Diktatur aller gegen den Imperialismus und den Feudalismus kämpfenden Menschen unter Führung des Proletariats sein, das heißt eine Republik der Neuen Demokratie; dies wird dann auch eine Republik der auf die drei politischen Hauptrichtlinien begründeten wirklich revolutionären neuen Drei Volksprinzipien[3] sein.

Diese Republik der Neuen Demokratie wird sich einerseits von den unter der Diktatur der Bourgeoisie stehenden kapitalistischen Republiken des alten, europäisch-amerikanischen Typs unterscheiden, also von den Republiken der alten Demokratie, die bereits überholt sind; sie wird sich auch von einer unter der Diktatur des Proletariats stehenden sozialistischen Republik des sowjetischen Typs unterscheiden, also von einer sozialistischen Republik, wie sie bereits in der Sowjetunion zur Blüte gelangt ist und in allen kapitalistischen Ländern errichtet werden wird, und wie sie zweifellos einmal die dominierende strukturelle Form des Staates und der politischen Macht in allen industriell fortgeschrittenen Ländern sein wird, jedoch für eine bestimmte Geschichtsperiode den Revolutionen in kolonialen und halbkolonialen Ländern nicht angemessen ist. Deshalb müssen die Revolutionen in allen kolonialen und halbkolonialen Ländern für diese Geschichtsperiode eine dritte Staatsform wählen, nämlich die besagte Republik der Neuen Demokratie. Diese Form gilt für eine gewisse Geschichtsperiode und ist daher eine Übergangsform; sie kann aber nicht ersetzt werden und stellt eine notwendige Form dar.

Die mannigfaltigen Staatssysteme in der Welt können daher nach dem Klassencharakter der politischen Macht auf drei grundlegende Typen reduziert werden: 1. unter der Diktatur der Bourgeoisie stehende Republiken; 2. unter der Diktatur des Proletariats stehende Republiken; 3. unter der gemeinsamen Diktatur mehrerer revolutionärer Klassen stehende Republiken.

Der erste Typus umfaßt die Staaten der alten Demokratie. Heute, nach Ausbruch des Zweiten imperialistischen Krieges, ist in vielen kapitali-

[3] Vgl. hierzu die genaueren Ausführungen im Abschnitt X. »Die alten und die neuen Drei Volksprinzipien«.

stischen Ländern kaum noch eine Spur von Demokratie zu finden; sie sind entweder zu einer blutigen Militärdiktatur der Bourgeoisie übergegangen oder werden bald dahin übergehen. Gewisse unter der gemeinsamen Diktatur der Grundherren und der Bourgeoisie stehende Länder fallen auch in diese Kategorie.

Der zweite Typus existiert in der Sowjetunion, und in den kapitalistischen Ländern reifen die Bedingungen für diesen Typus heran. In der Zukunft wird er für eine bestimmte Periode zur vorherrschenden Form in der Welt werden.

Der dritte Typus ist jene Übergangsstaatsform, die sich die Revolutionen in kolonialen und halbkolonialen Ländern wählen müssen. Jede dieser Revolutionen wird notwendigerweise gewisse, von den anderen unterschiedene Besonderheiten haben, doch wird es sich dabei lediglich um geringe Unterschiede bei großer Ähnlichkeit handeln. Sobald es sich um Revolutionen in den Kolonien und Halbkolonien handelt, wird dort die Staats- und Regierungsstruktur im wesentlichen die gleiche sein müssen, nämlich die eines Staates der Neuen Demokratie, in dem sich einige antiimperialistische Klassen zur gemeinsamen Diktatur verbünden. Im heutigen China besteht eine solche Staatsform der Neuen Demokratie eben in der Form der antijapanischen Einheitsfront. Es ist dies ein Staat des Widerstands gegen die japanische Aggression, des Kampfes gegen den Imperialismus; und es ist dies auch ein Staat des Bündnisses mehrerer Klassen, einer Einheitsfront [. . .]

Was hier besprochen wurde, ist die Frage des »Staatssystems«. Über diese Frage hat man sich seit den letzten Jahren der Tjing-Dynastie jahrzehntelang gestritten, ohne daß sie geklärt worden wäre. In der Tat handelt es sich dabei lediglich um die Frage, welchen Platz die einzelnen Gesellschaftsklassen im Staate einnehmen. Die Bourgeoisie verschleiert in der Regel diese Frage und übt unter der »nationalen« Etikette praktisch die Diktatur einer Klasse, die Diktatur allein ihrer Klasse aus. Eine derartige Verschleierung liegt durchaus nicht im Interesse des revolutionären Volkes, und man muß ihm die Sachlage deutlich erläutern. Man kann die Bezeichnung »national« verwenden, doch darf dieser Begriff die Konterrevolutionäre und Landesverräter nicht einschließen. Der Staat, den wir jetzt brauchen, ist eine Diktatur aller revolutionären Klassen über die Konterrevolutionäre und Landesverräter [. . .]

Was die Frage des »Regierungssystems« betrifft, so handelt es sich darum, welche strukturelle Form die politische Macht hat, welche Form eine bestimmte Gesellschaftsklasse wählt, um den Machtapparat für den Kampf gegen den Feind und zum eigenen Schutz zu organisieren. Es gibt keinen Staat, der nicht einen entsprechenden Machtapparat hätte, welcher ihn repräsentiert. China könnte jetzt ein System von Vertretungskörperschaften annehmen, das von einem Volkskongreß des Landes über Volkskongresse der Provinzen, Kreise und Distrikte bis zu Volkskongressen der Gemeinden hinabreicht und auf allen Stufen die Wahl der entsprechenden Machtorgane durch die jeweiligen Volkskongresse vorsieht. Wenn jedoch dem Platz jeder revolutionären Klasse im Staat, der Äußerung des Volkswillens, der Leitung des revolutionären Kampfes und dem Geist der Neuen Demokratie entsprochen werden soll, dann muß ein System des wirklich allgemeinen und gleichen Wahlrechts ohne Unterschied des Geschlechts, des Glaubens, der Vermögenslage und des Bildungsstands usw. eingeführt werden. Dieses System ist der demokratische Zentralismus[4]. Nur wenn es eine auf den demokratischen Zentralismus begründete Regierung gibt, kann sich der Wille des gesamten revolutionären Volkes voll und ganz durchsetzen, und auch die Feinde der Revolution können dann am wirksamsten bekämpft werden. In der Zusammensetzung der Regierung und der Armee muß jener Geist zum Ausdruck kommen, der durch die Worte »Nicht Privatbesitz einer kleinen Minderheit« charakterisiert ist; ohne ein echtes demokratisches System ist dieses Ziel nicht zu erreichen, und das Regierungssystem wird mit dem Staatssystem nicht übereinstimmen.

Das Staatssystem ist die gemeinsame Diktatur der revolutionären Klassen, das Regierungssystem ist der demokratische Zentralismus. Darin besteht eben die Politik der Neuen Demokratie, so sieht die neudemokratische Republik aus, die Republik der antijapanischen Einheitsfront, die Republik der auf die drei politischen Hauptrichtlinien begründeten neuen Drei Volksprinzipien, jene Republik, die sowohl dem Namen nach wie in der Tat die Republik China sein wird. Jetzt haben wir wohl eine Republik China dem Namen nach, aber eine tatsächliche Republik China gibt es immer noch nicht; unsere Bemühungen zielen heute darauf ab, die Wirklichkeit dem Namen anzupassen.

Das sind die innenpolitischen Beziehungen, die im revolutionären China

[4] Demokratischer Zentralismus und »wirklich allgemeines und gleiches Wahlrecht« scheinen unvereinbar zu sein, gemeint ist ein System, das die Konterrevolutionäre in Schach halten kann und rund zehn Jahre später »Demokratische Diktatur des Volkes« genannt wurde, vgl. das letzte Dokument dieses Abschnittes. Nun enthält der chinesische Begriff keine Unterscheidung von Adjektiv und Nomen, obwohl das möglich wäre, und man könnte auch »Demokratie und Zentralismus« übersetzen, mithin von einem System sprechen, in welchem Demokratie herrscht und zugleich zentralistisch regiert wird, wie es im Parteistatut der KPCh i. J. 1969, Abschn. 3, Art. 5 festgelegt ist: »einen politischen Zustand schaffen, der *sowohl* zentralistisch *als auch* demokratisch ist.«

des Widerstandskriegs gegen Japan hergestellt werden sollen und unbedingt hergestellt werden müssen, das ist die heute einzig richtige Orientierung für den (von Dr. Sun Yatsen in Aussicht genommenen) »Aufbau des Staates«.

VI. Die Wirtschaft der neuen Demokratie

Wenn China zu einer solchen Republik aufgebaut werden soll, muß es nicht nur in politischer, sondern auch in wirtschaftlicher Hinsicht ein Land der Neuen Demokratie sein.

Die großen Banken sowie die großen Industrie- und Handelsunternehmungen müssen Staatseigentum dieser Republik werden. ...

Die staatliche Wirtschaft einer vom Proletariat geleiteten neudemokratischen Republik trägt sozialistischen Charakter, sie ist die führende Kraft der gesamten Volkswirtschaft, doch wird diese Republik das übrige kapitalistische Privateigentum nicht beschlagnahmen, und sie wird auch eine Entwicklung der kapitalistischen Produktion nicht untersagen, soweit diese »nicht die Lebenshaltung der Nation kontrolliert«, denn die Wirtschaft in China ist noch außerordentlich rückständig.

Diese Republik wird gewisse notwendige Maßnahmen ergreifen, um den grundherrlichen Boden zu konfiszieren, ihn unter die landlosen und landarmen Bauern aufzuteilen, die Parole Dr. Sun Yatsens »Jedem Pflüger sein Feld!« in die Tat umzusetzen, die feudalen Beziehungen im Dorf zu liquidieren und Grund und Boden zum Privateigentum der Bauern zu machen. Eine Großbauernwirtschaft wird im Dorf zugelassen sein. Das ist die Politik des »Ausgleichs der Bodenrechte«. Die richtige Lösung, die dieser Politik entspricht, lautet: »Jedem Pflüger sein Feld!« In diesem Stadium wird im allgemeinen noch keine sozialistische Landwirtschaft errichtet, doch die verschiedenen Arten von genossenschaftlichen Wirtschaften, die sich auf der Grundlage dieses Prinzips [...] zu entwickeln begonnen haben, weisen auch sozialistische Elemente auf.

Die chinesische Wirtschaft muß den Weg der »Regulierung des Kapitals« und des »Ausgleichs der Bodenrechte«[5] gehen, sie wird keineswegs eine solche des »Privatbesitzes einer kleinen Minderheit« sein; man darf absolut nicht zulassen, daß einige wenige Kapitalisten und Grundherren »die Lebenshaltung der Nation kontrollieren«; weder darf eine kapitalistische Gesellschaft im europäisch-amerikanischen Stil errichtet noch

[5] Die in Anführungsstriche gesetzten Begriffe und Sätze sind Zitate aus den entsprechenden Abschnitten eines Manifestes, das im Januar 1924 vom ersten Nationalkongreß der Kuomintang, noch unter Führung Dr. Sun Yatsens, erlassen wurde.

die alte halbfeudale Gesellschaft aufrechterhalten werden. Wer es wagen sollte, sich dieser Orientierung zu widersetzen, wird sein Ziel bestimmt nicht erreichen, sondern sich nur den Kopf einrennen.

Das sind die Wirtschaftsbeziehungen im Innern des Landes, die das revolutionäre China, das China des Widerstandskriegs gegen Japan herstellen muß und notwendigerweise herstellen wird.

Eine solche Wirtschaft ist eben die Wirtschaft der Neuen Demokratie. Und die Politik der Neuen Demokratie ist nichts anderes als der konzentrierte Ausdruck einer solchen neudemokratischen Wirtschaft [. . .]

Zwischen die Abschnitte über Politik und Wirtschaft der neuen Demokratie und die abschließenden fünf Abschnitte über die Kultur der neuen Demokratie, die dem ganzen Aufsatz den Akzent geben, sind vier polemische Abschnitte eingeschoben, die sich in der Hauptsache gegen die Kuomintang unter Tschiang Kaischeks Führung richten, aber auch mit den Kapitulanten unter Wang Djingwe abrechnen. An einer Stelle kritisiert der Autor auch Utopisten, offenbar in den eigenen Reihen, die den Grundgedanken der qualitativ anderen neudemokratischen Revolution nicht anerkennen und die sozialistische Revolution unter dem Stichwort »Vollendung auf einen Schlag« sogleich mitvollziehen wollten.

Man muß diesen ganzen Aufsatz, so grundlegend er auch ist, zugleich als publizistische Äußerung in der Zeitsituation von 1939/1940 verstehen. Er diente zunächst der Eröffnung einer neuen, vorwiegend geistig-kulturellen Fragen gewidmeten Zeitschrift, offenkundig, um weitere Intellektuelle für die »neudemokratische Revolution« zu gewinnen. Die lange Auseinandersetzung um die Frage der richtigen Interpretation des Sun Yatsenschen Erbes polemisiert einerseits mit Kreisen in der Kuomintang, die den Kommunismus als überholte Angelegenheit ansehen zu können glaubten, andererseits werden auch diejenigen Anhänger der großen alten Partei Sun Yatsens umworben, die einer radikaleren Interpretation der Thesen des lange verstorbenen Führers zuneigten.

Jedenfalls verkündet Mao an dieser Stelle die Ersetzung der Drei »alten« Volksprinzipien: Volkshoheit, Volksrechte, Volkswohlfahrt, durch die noch von Sun Yatsen formulierten drei politischen Leitlinien: Bündnis mit der Sowjetunion, mit der Kommunistischen Partei und mit Arbeitern und Bauern, die zu den »neuen« und »echten« Drei Volksprinzipien erhoben werden. Darum hat es später noch viel Streit gegeben. Mao legt hier jedoch unmißverständlich fest, daß er und seine Partei ausschließlich von den »neuen« Prinzipien auszugehen beabsichtigen, um die demokratische Revolution neuen Typs und somit das Werk Sun Yatsens siegreich zu Ende zu führen. Die Gemeinsamkeit von Kommunisten und Nationalisten im Erbe Suns offenbart hier ihre Trennung, auch wenn jeder von ihnen sich auf ihn berufen kann.

Die folgenden Abschnitte behandeln den kulturellen Teil des neudemokratischen Konzepts von Mao Tsetung. Hier wird der Begriff »Kulturrevolution« zum ersten Mal ausführlich erläutert. Geschrieben um die Wende der Jahre 1939/40, ist dies doch ein bemerkenswertes Zeugnis für die Konsistenz des gesamtrevolutionären Programms: die »proletarische« Kulturrevolution der 60er Jahre erscheint in der Tat wie eine spätere Phase der »neudemokratischen« Kulturrevolution, von der hier die Rede ist, ja diese deutet in mancher Formulierung bereits auf jene hin.

XI. Die Kultur der neuen Demokratie

Vorher haben wir die historischen Besonderheiten der chinesischen Politik in der neuen Periode sowie die Frage der neudemokratischen Republik erläutert. Wir können nun zur Frage der Kultur fortschreiten.
Eine bestimmte Kultur ist die ideologische Widerspiegelung der Politik und Wirtschaft einer bestimmten Gesellschaft. Es gibt in China eine imperialistische Kultur, darin spiegelt sich die politische und wirtschaftliche Herrschaft oder Teilherrschaft des Imperialismus über China wider. Diese Art von Kultur wird nicht nur von jenen Kultureinrichtungen gefördert, die von den Imperialisten direkt verwaltet werden, sondern auch von einigen Chinesen, die kein Schamgefühl haben. Zu dieser Kategorie gehören alle jene Kulturerzeugnisse, in denen sich Versklavungsideen äußern. Es gibt ferner in China eine halbfeudale Kultur, in ihr spiegelt sich die halbfeudale Politik und die halbfeudale Wirtschaft wider; zu ihren Vertretern gehören jene, die den Kult um Konfuzius und das Studium des konfuzianischen Kanons befürworten, die alte Ethik und die alten Ideen predigen und gegen die neue Kultur und die neuen Ideen auftreten. Die imperialistische Kultur und die halbfeudale Kultur sind sehr einträchtige Brüder, sie haben auf dem Gebiet der Kultur ein reaktionäres Bündnis geschlossen und bekämpfen die neue Kultur Chinas. Diese reaktionäre Kultur dient dem Imperialismus und der Feudalklasse, sie muß beseitigt werden. Wird sie nicht beseitigt, dann kann keinerlei neue Kultur aufgebaut werden. Ohne Niederreißen gibt es keinen Aufbau, ohne Eindämmen kein Fließen, ohne Anhalten keine Bewegung[6]; zwischen ihnen (der einen und der anderen Kultur) tobt ein Kampf auf Leben und Tod. [. . .]
Die neuen politischen, wirtschaftlichen und kulturellen Kräfte bilden die revolutionären Kräfte Chinas, die der alten Politik, Wirtschaft und Kultur als Widerpart gegenüberstehen. Diese alte Politik, alte Wirtschaft und alte Kultur setzen sich aus zwei Bestandteilen zusammen: aus der eigenen halbfeudalen Politik, Wirtschaft und Kultur Chinas und aus der Politik, Wirtschaft und Kultur des Imperialismus, wobei die letzteren in dem Bündnis dominieren. Das alles ist Unrat und muß restlos zerstört werden. Der Kampf zwischen dem Alten und dem Neuen in der chinesi-

[6] Drei Tetragramme, aus je vier Zeichen bestehende Kurzsätze im traditionellen Stil, sind in der Zeit der Kulturrevolution der sechziger Jahre oft zitiert worden; ihrer Form nach häufig zur Kennzeichnung von Gegensätzlichem gebraucht, stehen die jeweils zwei verneinten Verben hier in einem spannungsvollen Bedingungsverhältnis der Ausschließlichkeit: »wenn nicht . . . dann nicht«, ohne daß dies durch irgendein grammatisches Zeichen angezeigt wird – klassisches Chinesisch!

schen Gesellschaft ist ein Kampf zwischen den neuen Kräften der breiten Volksmassen (der revolutionären Klassen) und den alten Kräften des Imperialismus und der Feudalklasse[7]. Dieser Kampf zwischen dem Alten und dem Neuen ist ein Kampf zwischen Revolution und Konterrevolution. Dieser Kampf dauert nun schon, vom Opiumkrieg an gerechnet, volle hundert Jahre und, von der Revolution von 1911 an gerechnet, nahezu dreißig Jahre.

Wie aber bereits ausgeführt wurde, teilt sich die Revolution gleichfalls in eine neue und eine alte; was in einer gewissen Geschichtsperiode neu war, verwandelt sich in einer anderen in etwas Altes. Die hundert Jahre bürgerlich-demokratischer Revolution in China zerfallen in zwei Abschnitte: einen früheren von achtzig Jahren und einen späteren von zwanzig Jahren[8]. Jeder der beiden Abschnitte hat seine grundlegende historische Besonderheit, und zwar gehörte die bürgerlich-demokratische Revolution in den ersten achtzig Jahren zur alten Kategorie, während sie in den letzten zwanzig Jahren auf Grund der Wandlungen in der internationalen und inneren politischen Lage in die neue Kategorie fiel. Die Besonderheit des früheren Abschnitts ist die alte Demokratie, die des späteren – die Neue Demokratie. Dieser Unterschied gilt ebenso für die Kultur wie für die Politik.

Worin drückt sich nun dieser Unterschied auf kulturellem Gebiet aus? Diese Frage soll nachstehend geklärt werden.

XII. Die historischen Besonderheiten der chinesischen Kulturrevolution

An der kulturellen oder ideologischen Front in China bilden die Zeitabschnitte vor beziehungsweise nach der Bewegung des 4. Mai zwei voneinander verschiedene Geschichtsperioden.

Vor der Bewegung des 4. Mai ging an der chinesischen Kulturfront ein Kampf zwischen der neuen Kultur der Bourgeoisie und der alten Kultur der Feudalklasse vor sich. Diesen Charakter trugen der Kampf zwischen dem modernen Schulsystem[9] und dem System der kaiserlichen Examen,

[7] Das ist nach Formulierung und Inhalt die logische Vorstufe der neuen KR als proletarischer KR gegen die Bourgeoisie neo-revisionistischer Prägung.

[8] Gemeint sind die Jahre von 1840–1920 sowie von 1920–1940, vgl. die Zeittabelle im Anhang.

[9] Mit dem modernen Schulsystem ist das Unterrichtssystem nach dem Muster der kapitalistischen Länder Europas und Amerikas gemeint. Das System der kaiserlichen Examen ist jenes feudale Prüfungssystem, das von alters her in China bestan-

der Kampf zwischen neuen und alten, westlichen und chinesisch-traditionellen Lehren. Das, was man damals modernes Schulsystem bzw. neue oder westliche Lehren nannte, bestand im wesentlichen in den von den Vertretern der Bourgeoisie benötigten Naturwissenschaften sowie bürgerlichen sozialpolitischen Lehren (ich sage »im wesentlichen«, denn ihnen waren noch viele giftige Überreste aus der Feudalzeit Chinas beigemischt). Zu jener Zeit spielten die Ideen der sogenannten neuen Lehren eine revolutionäre Rolle, indem sie die chinesischen feudalen Ideen bekämpften, und sie dienten der bürgerlich-demokratischen Revolution der alten Periode. Weil aber die chinesische Bourgeoisie kraftlos und die Welt bereits ins Zeitalter des Imperialismus eingetreten war, konnten sich diese bürgerlichen Ideen nur einige wenige Runden schlagen, dann wurden sie von dem reaktionären Bündnis der Versklavungsideologie des ausländischen Imperialismus und der »Zurück-zur-guten-alten-Zeit«-Ideologie des chinesischen Feudalismus zurückgeworfen; kaum hatte dieses reaktionäre ideologische Bündnis zu den ersten leichten Gegenschlägen ausgeholt, als die sogenannten neuen Lehren die Fahnen einrollten, die Trommeln verpackten und zum Rückzug bliesen; sie büßten ihre Seele ein und behielten nur die äußere Hülle bei. Die alte bürgerlich-demokratische Kultur war im Zeitalter des Imperialismus bereits angefault und ohnmächtig, ihre Niederlage war unvermeidlich.

Anders war es nach der Bewegung des 4. Mai. An der Kulturfront Chinas traten völlig neue, unverbrauchte Streitkräfte auf den Plan, nämlich die von den chinesischen Kommunisten geleiteten Kräfte der kommunistischen Kultur und Ideologie, d. h. die Weltanschauung des Kommunismus und die Theorie von der sozialen Revolution. Die Bewegung des 4. Mai fand im Jahre 1919 statt, und die Gründung der Kommunistischen Partei Chinas erfolgte im Jahre 1921, womit auch die Arbeiterbewegung ihren eigentlichen Anfang nahm. All dies ereignete sich im Gefolge des Ersten Weltkriegs und der Oktoberrevolution, also zu jener Zeit, als in der ganzen Welt die nationale Frage und die revolutionäre Bewegung in den Kolonialländern ein anderes Aussehen bekamen, dabei wurde der Zusammenhang zwischen der chinesischen Revolution und der Weltrevolution ganz offenkundig. Weil nun frische politische Kräfte auf die politische Bühne Chinas getreten waren, nämlich das chinesische Proletariat und die Kommunistische Partei Chinas, marschierten jene frischen kulturellen Streitkräfte, neu eingekleidet und neu ausgerüstet, im Verein

den hatte. Gegen Ende des 19. Jahrhunderts forderten die aufgeklärten chinesischen Intellektuellen die Abschaffung des Systems der kaiserlichen Examen und die Einführung des modernen Schulsystems (Anm. i. Orig.).

mit allen Verbündeten, mit denen ein Bündnis möglich war, in Gefechtsformation auf und entfalteten eine heroische Offensive gegen die imperialistische und die feudale Kultur. Auf allen Gebieten der Gesellschaftswissenschaften sowie der Literatur und Kunst – in der Philosophie wie in der Wirtschaftslehre, in den politischen und Militärwissenschaften wie in der Geschichtswissenschaft, in der Literatur wie in der Kunst (darunter in der Theater- und Filmkunst, in der Musik, Skulptur und Malerei) – nahmen diese frischen Streitkräfte eine imposante Entwicklung. Was immer sie in den letzten zwanzig Jahren unter Beschuß nahmen, von den Ideen bis zu den Formen (z. B. die Literatursprache), erlebte eine große Revolution. Ihr Einfluß war so weitreichend, ihre Gewalt so ungestüm, daß ihnen einfach kein Feind widerstehen konnte. Die von ihr mobilisierten Kräfte hatten hinsichtlich der zahlenmäßigen Stärke in keiner einzigen Geschichtsperiode Chinas ihresgleichen [. . .][10]

XIII. Vier Perioden

Die Kulturrevolution ist die ideologische Widerspiegelung der politischen und ökonomischen Revolution und dient ihnen. Ebenso wie in der politischen Revolution gibt es in China auch in der Kulturrevolution eine Einheitsfront.

Die zwanzigjährige Geschichte der Einheitsfront auf dem Gebiet der Kulturrevolution zerfällt in vier Perioden. Die erste Periode dauerte zwei Jahre, von 1919 bis 1921, die zweite sechs Jahre, von 1921 bis 1927, die dritte zehn Jahre, von 1927 bis 1937, und die vierte umfaßt die letzten drei Jahre bis zum jetzigen Zeitpunkt.

Die erste Periode datiert von der Bewegung des 4. Mai 1919 bis zur Gründung der Kommunistischen Partei Chinas im Jahre 1921. Sie stand vor allem im Zeichen der Bewegung des 4. Mai.

Die Bewegung des 4. Mai richtete sich sowohl gegen den Imperialismus wie gegen den Feudalismus. Ihre hervorragende historische Bedeutung liegt in einem Wesenszug, wie ihn die Revolution von 1911 noch vermißt hatte, nämlich in ihrem konsequenten, kompromißlosen Kampf gegen

[10] Hier folgt eine Lobeshymne auf Lu Hsün (1881–1936), einen der bedeutendsten Schriftsteller und Kritiker seiner Zeit; er selbst würde ein solches Lob vermutlich zurückgewiesen haben. Das Bild im kulturellen Leben des damaligen China war im übrigen farbiger und vielfältiger, als die Maoschen Formulierungen erkennen lassen, denen hier mehr propagandistische Bedeutung zukommt. Vgl. hierzu Wolfgang Franke, Chinas Kulturelle Revolution. Die Bewegung vom 4. Mai 1919, München 1957.

den Imperialismus und den Feudalismus. Die Bewegung des 4. Mai besaß diese Eigenschaft, weil sich damals die kapitalistische Wirtschaft in China um einen Schritt vorwärtsentwickelt hatte und für die damalige chinesische revolutionäre Intelligenz neue Hoffnungen auf die nationale Befreiung Chinas aufkamen, als sie sah, wie die drei imperialistischen Großmächte Rußland, Deutschland und Österreich-Ungarn zusammenbrachen und die zwei imperialistischen Großmächte England und Frankreich geschwächt wurden, während das russische Proletariat einen sozialistischen Staat errichtete, und in Deutschland, Ungarn und Italien das Proletariat zur Revolution schritt. Die Bewegung des 4. Mai war eine Antwort auf den Ruf der damals angebrochenen Weltrevolution, auf den Ruf der Revolution in Rußland und auf den Ruf Lenins[11]. Sie war ein Bestandteil der proletarischen Weltrevolution. Obwohl in der Periode der Bewegung des 4. Mai die Kommunistische Partei Chinas noch nicht existierte, gab es doch schon eine große Zahl von Intellektuellen, die der Revolution in Rußland zustimmten und sich die elementaren Ideen des Kommunismus angeeignet hatten. Die Bewegung des 4. Mai war in ihren Anfängen die revolutionäre Bewegung einer Einheitsfront, in der sich drei Gruppen von Menschen zusammengefunden hatten: kommunistische Intellektuelle, revolutionäre kleinbürgerliche Intellektuelle und bürgerliche Intellektuelle (letztere bildeten den rechten Flügel der Bewegung). Ihre Schwäche bestand darin, daß sie sich lediglich auf Intellektuelle beschränkte, daß keine Arbeiter und Bauern an ihr teilnahmen. Als sie sich jedoch zur Bewegung des 3. Juni entwickelt hatte[12], beteiligten sich an ihr nicht bloß die Intellektuellen, sondern auch breite Massen von Proletariern, Kleinbürgern und Bourgeois, und sie wurde zu einer das ganze Land umspannenden revolutionären Bewegung. Die von der Bewegung des 4. Mai eingeleitete Kulturrevolution war eine Bewegung,

[11] Dies trifft zwar im Sinne der damals vorgetragenen Ideen und Zielvorstellungen, d. h. des Zeitbewußtseins in China, nur in eingeschränktem Maße zu (vgl. W. Franke), dennoch ist unleugbar, daß für die hier betroffenen Gruppen der chinesischen Gesellschaft, vornehmlich Intellektuelle, das Kriegsende 1918 mit den Ereignissen in Rußland seit dem Oktober 1917 eng verknüpft war. Dies war um so mehr der Fall, nachdem die neue Sowjetregierung ihren Verzicht auf die zaristischen Eroberungen erklärte, denn nun konnte sich die vorherrschende nationalistische Grundstimmung mit den russischen Ereignissen identifizieren, wie das Sun Yatsens Wendung zur Sowjetunion seit dieser Zeit beweisen kann.

[12] Unter diesem Datum wird die Ausweitung der Pekinger Studentenbewegung vom 4. Mai auf andere Städte Chinas verstanden, die nun auch auf Kreise der Arbeiterschaft und des Bürgertums übergriff, und zwar im gemeinsamen nationalen Widerstand gegen die Absicht der Friedensmacher in Versailles, das ehemals deutsche Tsingtau Japan zu übertragen.

die einen konsequenten Kampf gegen die feudale Kultur führte; eine so große und gründliche Kulturrevolution hatte es in der chinesischen Geschichte bis dahin noch nicht gegeben. Sie erwarb sich damals bedeutende Verdienste, als sie ihre beiden Aufrufe, gegen die alte und für eine neue Moral sowie gegen die alte und für eine neue Literatur einzutreten, zum Panier der Kulturrevolution erhob. Dieser Kulturbewegung war es noch nicht möglich, unter den breiten Massen der Arbeiter und Bauern populär zu werden. Sie stellte zwar die Losung auf: »Die Literatur für das einfache Volk!«, was man damals jedoch das »einfache Volk« nannte, bezog sich in Wirklichkeit nur auf die kleinbürgerliche und bürgerliche Intelligenz der Städte, oder was man die Intellektuellen des städtischen Bürgertums nannte. Die Bewegung des 4. Mai hat ideologisch wie auch hinsichtlich der Heranbildung von Kadern die Gründung der Kommunistischen Partei Chinas im Jahre 1921, dann die Bewegung des 30. Mai 1925 sowie den Nordfeldzug vorbereitet. Der größte Teil der bürgerlichen Intellektuellen, die den rechten Flügel der Bewegung des 4. Mai bildeten, schloß dann in der zweiten Periode einen Kompromiß mit dem Feind und ging auf die Seite der Reaktion über.

In der zweiten Periode, die durch die Gründung der Kommunistischen Partei Chinas, die Bewegung des 30. Mai und den Nordfeldzug gekennzeichnet ist, wurde die zur Zeit der Bewegung des 4. Mai gebildete Einheitsfront der drei Klassen fortgeführt und ausgebaut, die Bauernschaft wurde in sie einbezogen und eine politische Einheitsfront aller dieser Klassen hergestellt – das war die erstmalige Zusammenarbeit zwischen der Kuomintang und der Kommunistischen Partei. Dr. Sun Yatsen war nicht nur deshalb ein großer Mann, weil er an der Spitze der großen Revolution von 1911 stand (obwohl diese bloß eine demokratische Revolution der alten Periode war), sondern auch weil er imstande war, »sich dem Lauf der Welt anpassend, den Bedürfnissen der Massen entsprechend«, die drei revolutionären politischen Hauptrichtlinien des Bündnisses mit Rußland, des Bündnisses mit der Kommunistischen Partei sowie der Unterstützung der Bauern und Arbeiter aufzustellen, die Drei Volksprinzipien neu zu interpretieren und so die auf die drei politischen Hauptrichtlinien begründeten neuen Drei Volksprinzipien ins Leben zu rufen. Früher hatten die Drei Volksprinzipien die Kreise der Lehrerschaft, der Wissenschaftler und Gelehrten sowie der Jugend nur wenig berührt, weil sie weder die antiimperialistische Parole noch die Parole des Kampfes gegen die feudale Gesellschaftsordnung und gegen die feudale Kultur und Ideologie enthielten. Bis dahin waren es die alten Drei Volksprinzipien gewesen, die von den Menschen als eine Fahne jener Leute betrachtet wurden, die sich ihrer als Notbehelf bedienten, um Machtpositionen in der Regierung zu erjagen, d. h., um zu Beamtenposten zu gelangen, als eine Fahne der rein politischen Karriere. Dann kamen die neuen Drei Volksprinzipien mit ihren drei politischen Hauptrichtlinien. Dank der Zusammenarbeit zwischen der Kuomintang und der Kommunistischen Partei sowie dank den gemeinsamen Anstrengungen der revolutionären Mitglieder beider Parteien fanden die neuen Drei Volksprinzipien Verbreitung über ganz China – bei einem Teil der Lehrer, der Wissenschaftler und Gelehrten und bei den breiten Massen der studierenden Jugend. Das war einzig und allein dem Umstand zuzuschreiben, daß sich die ursprünglichen Drei Volksprinzipien zu den auf die drei politischen Hauptrichtlinien gegründeten antiimperialistischen, antifeudalen, neudemokratischen Drei Volksprinzipien weiterentwickelt hatten. Ohne diese Entwicklung wäre es unmöglich gewesen, die Ideen der Drei Volksprinzipien zu verbreiten.

In dieser Periode wurden die revolutionären Drei Volksprinzipien zur politischen Grundlage der Einheitsfront zwischen der Kuomintang und der Kommunistischen Partei sowie zwischen allen revolutionären Klassen; und da es hieß: »Der Kommunismus ist ein guter Freund der Drei Volksprinzipien«, bildete sich aus diesen beiden Lehren eine Einheitsfront. Klassenmäßig war es eine Einheitsfront zwischen dem Proletariat, der Bauernschaft, dem städtischen Kleinbürgertum und der Bourgeoisie. Die beiden Parteien führten – mit dem kommunistischen Organ Hsiangdao Dschoubao (Wochenzeitung »Die Führung«) und der Schanghaier Kuomintang-Zeitung Minguo Jibao (Republikanisches Tageblatt) sowie den verschiedenen Lokalblättern als Kampfstellungen – gemeinsam eine antiimperialistische Propaganda durch, bekämpften gemeinsam das auf dem Kult um Konfuzius und dem Studium des konfuzianischen Kanons beruhende feudale Bildungssystem, nahmen gemeinsam Stellung gegen die im antiken feudalen Gewand steckende alte Literatur und klassische Literatursprache und traten gemeinsam für die neue Literatur und die allgemeinverständliche Literatursprache ein, die den Antiimperialismus und Antifeudalismus zum Inhalt hatten. Während der militärischen Operationen in der Provinz Kuangtung und während des Nordfeldzuges impften sie der chinesischen Armee antiimperialistische und antifeudale Ideen ein und reformierten die Armee Chinas. Sie stellten unter den Millionenmassen der Bauern die Losungen »Nieder mit den korrupten Beamten!« und »Nieder mit den lokalen korrupten Machthabern!« auf, so daß große revolutionäre Bauernkämpfe ausgelöst wurden. Dank all dem sowie dank der Hilfe der Sowjetunion konnte der Sieg im Nordfeld-

zug errungen werden[13]. Kaum aber hatte die Großbourgeoisie von der Staatsmacht Besitz ergriffen, als sie sofort dieser Revolution ein Ende setzte und hiermit eine neue politische Situation geschaffen wurde.
Die dritte Periode war die neue revolutionäre Periode von 1927–1937. Gegen Ende der vorhergegangenen Periode war im revolutionären Lager eine Veränderung vor sich gegangen, die chinesische Großbourgeoisie hatte sich dem reaktionären Lager des Imperialismus und der feudalen Kräfte zugewandt, und die nationale Bourgeoisie leistete ihr Folge, so daß im revolutionären Lager von den ursprünglichen vier Klassen nur drei verblieben, nämlich das Proletariat, die Bauernschaft und die übrigen Schichten des Kleinbürgertums (einschließlich der revolutionären Intelligenz). Deshalb mußte die chinesische Revolution in dieser Zeit in eine neue Periode eintreten, in welcher die Kommunistische Partei Chinas auf sich allein gestellt die Massen zur Revolution führte. Diese Periode war einerseits durch konterrevolutionäre »Einkreisungs- und Ausrottungsfeldzüge«; andererseits aber durch eine Vertiefung der Revolution gekennzeichnet. Die konterrevolutionären »Einkreisungs- und Ausrottungsfeldzüge«, waren von zweierlei Art: es waren militärische und kulturelle »Feldzüge«. Auch die Vertiefung der Revolution war von zweierlei Art: es war eine Vertiefung sowohl der Revolution im Dorf wie der Kulturrevolution. Angestachelt durch die Imperialisten, wurden die konterrevolutionären Kräfte im ganzen Land und in der ganzen Welt für die »Einkreisungs- und Ausrottungsfeldzüge« mobilisiert, die sich über einen Zeitraum von zehn langen Jahren hinzogen und deren Grausamkeit einmalig in der Weltgeschichte war. Mehrere hunderttausend Kommunisten und junge Studenten wurden niedergemetzelt, mehrere Millionen Arbeiter und Bauern bestialischen Repressalien unterworfen. Die für all das Verantwortlichen zweifelten anscheinend nicht daran, daß sie den Kommunismus und die Kommunistische Partei »vom Erdboden vertilgen« könnten. Das Ergebnis war aber gerade umgekehrt: beide Arten von »Feldzügen« erlitten schmählich Schiffbruch. Die militärischen »Feldzüge« hatten zur Folge, daß die Rote Armee nach Norden marschierte, um den Widerstand gegen die japanische Aggression zu entfalten; die kulturellen »Feldzüge« hatten zur Folge, daß im Jahre 1935 die revolutionäre Bewegung der Jugend vom 9. Dezember ausbrach. Und das gemeinsame Ergebnis beider Arten von »Feldzügen« war das

[13] Die militärische Seite des Sieges durch die von Tschiang Kaischek geführten Truppen wird hier begreiflicherweise nicht weiter erwähnt, richtig ist jedoch, daß der siegreiche Feldzug ohne die Unterstützung durch lokale Bauernaufstände nicht so rasch zustande gekommen wäre.

Erwachen des ganzen Volkes. Das sind drei positive Ergebnisse. Das erstaunlichste dabei ist, daß die kulturellen »Feldzüge« auch in den Kuomintang-Gebieten völlig scheiterten, wo die Kommunistische Partei in keiner einzigen Kulturinstitution auch nur die geringste Möglichkeit hatte, Widerstand zu leisten. Wie erklärt sich das? Sollte man nicht auch darüber gründlich nachdenken? Gerade inmitten solcher »Einkreisungs- und Ausrottungsfeldzüge« wurde Lu Hsün, der seiner Überzeugung nach ein Kommunist war, zur großen Persönlichkeit der chinesischen Kulturrevolution.

Das negative Ergebnis der konterrevolutionären »Feldzüge« war der Einfall der japanischen Imperialisten in China. Das ist der wichtigste Grund, warum unser ganzes Volk bis auf den heutigen Tag die zehnjährige antikommunistische Kampagne so sehr verabscheut.

In den Kämpfen dieser Periode hielt die revolutionäre Seite an der antiimperialistischen und antifeudalen Neuen Demokratie der breiten Volksmassen und an deren neuen Drei Volksprinzipien fest, während die konterrevolutionäre Seite unter dem Kommando der Imperialisten das despotische Regime des Blocks der Grundherrenklasse und der Großbourgeoisie ausübte. Dieses despotische Regime würgte auf politischem sowie auf kulturellem Gebiet die drei politischen Hauptrichtlinien Sun Yatsens und seine neuen Drei Volksprinzipien ab und beschwor ein großes Unheil über die chinesische Nation herauf.

Die vierte Periode ist die Periode des gegenwärtigen Widerstandskriegs gegen die japanische Aggression. In der Zickzackbewegung der chinesischen Revolution ist es wieder einmal zu einer Einheitsfront der vier Klassen gekommen. Der Umfang der Einheitsfront ist aber viel breiter geworden; ihrer Oberschicht gehören viele Leute an, die sich an der Macht befinden, ihre mittlere Schicht umfaßt die nationale Bourgeoisie und das Kleinbürgertum, ihre Unterschicht schließt das gesamte Proletariat ein, so daß alle Bevölkerungsschichten zu Bundesgenossen geworden sind, die sich entschlossen dem japanischen Imperialismus widersetzen. Die erste Phase dieser Periode dauerte bis zum Fall von Wuhan. In dieser Zeit herrschte im ganzen Land auf allen Gebieten eine gehobene Stimmung; auf dem Gebiet der Politik gab es eine Tendenz zur Demokratisierung, auf dem der Kultur erfolgte eine verhältnismäßig breite Mobilisierung der Kräfte. Nach dem Fall von Wuhan begann die zweite Phase, in der die politische Lage viele Veränderungen erfuhr; ein Teil der Großbourgeoisie kapitulierte vor dem Feind, und ein anderer Teil trug sich ebenfalls mit dem Gedanken, den Widerstandskrieg bald zu beenden. Auf dem Gebiet der Kultur spiegelte sich diese Situation in der reaktionären Tätigkeit (verschiedener Denker und Literaten) sowie im Fehlen der Rede- und Pressefreiheit wider.

Um diese Krise zu überwinden, muß man einen entschlossenen Kampf gegen alle jene Ansichten führen, die gegen den Widerstandskrieg, gegen den Zusammenschluß und gegen den Fortschritt gerichtet sind; falls diese reaktionären Ansichten nicht zerschlagen werden, ist auf die siegreiche Beendigung des Widerstandskriegs nicht zu hoffen. Was sind die Perspektiven dieses Kampfes? Das ist die große Frage, die das ganze Volk bewegt. Nach den inneren und internationalen Bedingungen zu urteilen, ist dem chinesischen Volk der Sieg gewiß, wieviel Schwierigkeiten auch immer auf dem Weg des Widerstandskriegs noch bevorstehen mögen. Nimmt man die ganze Geschichte Chinas, so übertrifft der in den zwanzig Jahren seit der Bewegung des 4. Mai erzielte Fortschritt nicht nur den der vorangegangenen achtzig Jahre, sondern geradezu alles, was es in den früheren Jahrtausenden an Fortschritt gegeben hat. Kann man sich nicht vorstellen, welche Fortschritte China in weiteren zwanzig Jahren machen wird? Das Wüten all der finsteren Kräfte des In- und Auslands hat unserer Nation großes Unglück gebracht; dieses Wüten zeugt aber auch davon, daß sie einen letzten Verzweiflungskampf führen, daß sich die Volksmassen allmählich dem Sieg nähern. Das gilt für China, und das gilt auch für den gesamten Osten und für die ganze Welt.

XIV. Abweichungen in der Frage des Wesens der Kultur

Alles Neue wird im Feuer harter Kämpfe geschmiedet. Das trifft auch auf die neue Kultur zu, die auf ihrem Zickzackweg, den sie in den zwanzig Jahren (seit 1919) gegangen ist, drei Wendungen mitmachte, wobei alles Gute und alles Schlechte erprobt wurde [. . .]

Weil die Politik, die Wirtschaft und die Kultur der Neuen Demokratie sämtlich unter der Führung des Proletariats stehen, weisen sie sozialistische Elemente auf, und zwar nicht irgendwelche Elemente, sondern solche, die eine entscheidende Rolle spielen. Jedoch sind jeweils die Politik, die Wirtschaft und die Kultur in ihrer Gesamtheit noch nicht sozialistisch, sondern neudemokratisch. Da die grundlegende Aufgabe der Revolution in ihrem gegenwärtigen Stadium hauptsächlich im Kampf gegen den ausländischen Imperialismus und den einheimischen Feudalismus besteht, ist sie eine bürgerlich-demokratische Revolution und noch keine auf den Sturz des Kapitalismus abzielende sozialistische Revolution. Was die Sphäre der Nationalkultur anbetrifft, so wäre es unrichtig anzunehmen, daß sie gegenwärtig in ihrer Gesamtheit sozialistisch sei oder sein müsse. Das hieße die Propagierung der kommunistischen Ideologie mit der praktischen Durchführung des gegenwärtigen Aktionsprogramms verwechseln, und die Anwendung kommunistischer Methoden bei der Untersuchung von Problemen, bei der wissenschaftlichen Forschung, bei der Verrichtung verschiedener Arbeit und bei der Schulung von Kadern vermengen mit der allgemeinen Richtlinie für die nationale Volksbildung und Kultur im Stadium der chinesischen demokratischen Revolution. Eine Nationalkultur mit sozialistischem Inhalt muß eine sozialistische Politik und Wirtschaft widerspiegeln. In unserer Politik und Wirtschaft gibt es sozialistische Elemente, und diese spiegeln sich auch in den sozialistischen Elementen unserer Nationalkultur wider; dennoch hat sich bei uns, wenn man die Gesellschaft als Ganzes nimmt, noch keine völlig sozialistische Politik und Wirtschaft herausgebildet, so daß es noch keine völlig sozialistische Nationalkultur geben kann. Da die gegenwärtige chinesische Revolution ein Bestandteil der proletarisch-sozialistischen Weltrevolution ist, ist auch die gegenwärtige neue Kultur Chinas ein Bestandteil der neuen, sozialistischen Kultur des Weltproletariats und deren großer Bundesgenosse; dieser Bestandteil enthält wohl sehr bedeutende Elemente der sozialistischen Kultur, ist aber, wenn man eben die Nationalkultur als Ganzes nimmt, noch nicht als eine völlig sozialistische Kultur, sondern als eine antiimperialistische und antifeudale neudemokratische Kultur der breiten Volksmassen Teilhaber der sozialistischen Kultur des Weltproletariats. Da die gegenwärtige chinesische Revolution ohne die Führung durch das chinesische Proletariat undenkbar ist, muß auch die gegenwärtige neue Kultur Chinas unter der Führung der Kultur und Ideologie des chinesischen Proletariats stehen, d. h. sich von den Ideen des Kommunismus leiten lassen. Diese Führung bedeutet jedoch im gegenwärtigen Stadium, daß die breiten Volksmassen zur politischen und kulturellen Revolution gegen Imperialismus und Feudalismus geführt werden; somit ist zur Zeit im ganzen genommen der Inhalt der neuen Nationalkultur noch kein sozialistischer, sondern ein neudemokratischer.

Es unterliegt keinem Zweifel, daß man jetzt die Propaganda der kommunistischen Ideen ausdehnen und das Studium des Marxismus-Leninismus intensivieren muß, andernfalls wird man nicht nur außerstande sein, die chinesische Revolution in das künftige sozialistische Stadium überzuleiten, sondern auch die gegenwärtige demokratische Revolution nicht zum siegreichen Ende führen können. Wir müssen jedoch einen Unterschied machen zwischen der Propaganda der kommunistischen Ideologie und Gesellschaftsordnung einerseits und der praktischen Durchführung des neudemokratischen Aktionsprogramms andererseits; desgleichen müssen wir unterscheiden zwischen der Anwendung der kommunistischen Theorie und Methode bei der Untersuchung von Problemen, bei der wissenschaftlichen Forschung, bei der Verrichtung verschiedener Arbeit und bei der Schulung von Kadern einerseits und der neudemokratischen Richtlinie für die Nationalkultur als Ganzes andererseits. Die beiden Seiten in einen Topf zu werfen wäre zweifellos höchst unangebracht [...]

XV. Eine nationale, wissenschaftliche und Massenkultur

Die neudemokratische Kultur ist national. Sie ist gegen imperialistische Unterdrückung gerichtet und verficht die Würde und Unabhängigkeit der chinesischen Nation. Sie gehört unserer Nation und trägt unsere nationalen Züge. Sie verbindet sich mit allen sozialistischen und neudemokratischen Kulturen anderer Nationen, stellt zu ihnen Beziehungen der gegenseitigen Bereicherung und Entwicklung her, bildet gemeinsam mit ihnen eine neue Weltkultur; doch kann sie sich nie und nimmer mit der reaktionären imperialistischen Kultur welcher Nation auch immer verbinden, denn unsere Kultur ist eine revolutionäre nationale Kultur. China muß sehr viel von der fortschrittlichen Kultur des Auslands in sich aufnehmen als Rohmaterial für seine eigene kulturelle Nahrung; diesbezüglich ist in der Vergangenheit noch sehr wenig getan worden. Das gilt nicht nur für die gegenwärtigen sozialistischen und neudemokratischen Kulturen; wir müssen auch von den ausländischen Kulturen früherer Epochen, zum Beispiel von der Kultur verschiedener kapitalistischer Länder im Zeitalter der Aufklärung, alles das in uns aufnehmen, was uns heute nützen kann. Alles Ausländische muß jedoch so behandelt werden wie unsere Speise, die im Mund zerkaut, im Magen und Darm verarbeitet, mit Speichel und Sekreten des Verdauungsapparates durchsetzt, in verwertbare und wertlose Bestandteile zerlegt wird, worauf die Schlacken ausgeschieden und die Nährstoffe absorbiert werden, so daß unser Körper Nutzen von der Speise hat; das Ausländische darf keineswegs mit Haut und Haaren roh verschlungen, kritiklos einverleibt werden, Eine »pauschale Verwestlichung«[14] zu befürworten ist falsch. Die formalistische Absorption ausländischer Dinge kam China

[14] Die »pauschale Verwestlichung« wurde von einem Teil der bürgerlichen Fachgelehrten befürwortet. Sie priesen vorbehaltlos die längst überlebte westliche bürger-

in der Vergangenheit teuer zu stehen. Ebenso müssen auch die chinesischen Kommunisten bei der Anwendung des Marxismus auf die chinesischen Verhältnisse die allgemeingültige Wahrheit des Marxismus mit der konkreten Praxis der chinesischen Revolution in vollem Ausmaß und in angemessener Weise vereinigen, d.h. mit den nationalen Besonderheiten Chinas integrieren, und nur dann wird der Marxismus – durch eine bestimmte nationale Form – brauchbar sein; auf keinen Fall darf er subjektivistisch und schematisch angewendet werden. Die Schematiker unter den Marxisten treiben nur Scherz mit dem Marxismus und der chinesischen Revolution; für sie gibt es keinen Platz in den Reihen der chinesischen Revolutionäre. Die chinesische Kultur muß ihre eigene Form, d.h. die nationale Form, haben. National in der Form und neudemokratisch dem Inhalt nach – das ist unsere neue Kultur von heute.

Diese neudemokratische Kultur ist wissenschaftlich. Sie richtet sich gegen alle feudalen und abergläubischen Anschauungen, sie will die Wahrheit in den Tatsachen suchen[15] und tritt für die objektive Wahrheit, für die Einheit von Theorie und Praxis ein. In diesem Punkt erscheint es möglich, eine Einheitsfront gegen Imperialismus, Feudalismus und Aberglauben zu schaffen zwischen dem wissenschaftlichen Denken des chinesischen Proletariats und jenen bürgerlichen Materialisten und Naturwissenschaftlern Chinas, die noch fortschrittlich gesinnt sind; niemals aber kann eine Einheitsfront mit irgendwelchem reaktionären Idealismus hergestellt werden. In ihrer politischen Tätigkeit können die Kommunisten eine antiimperialistische und antifeudale Einheitsfront mit gewissen Idealisten, ja sogar mit religiös Gläubigen bilden, doch können sie sich keinesfalls mit deren idealistischen Auffassungen beziehungsweise religiösen Dogmen einverstanden erklären. In der langen Periode des Bestehens der Feudalgesellschaft in China wurde die glänzende Kultur der alten Zeit geschaffen. Es ist eine unerläßliche Bedingung für die Entwicklung der neuen nationalen Kultur und für die Hebung des nationalen Selbstvertrauens, daß wir den Entwicklungsprozeß der klassischen Kultur sichten, ihre feudalen Schlacken wegräumen und die in ihr enthaltenen demokratischen Werte assimilieren; unter keinen Umständen darf man aber alles in Bausch und Bogen kritiklos übernehmen. Man muß einen Unterschied machen zwischen all dem faulen Zeug aus alter

liche Kultur, deren Kernstück der Individualismus ist, und forderten, daß China alles, was es in den kapitalistischen Ländern Europas und Amerikas gibt, restlos nachahme. Sie nannten das »pauschale Übernahme alles aus dem Westen Kommenden«. (Anm. i. Orig.).

[15] Maxime der textkritischen Schule des Konfuzianismus der Tjing-Zeit, besonders im 17. und 18. Jahrhundert.

Zeit, das von der herrschenden Feudalherrenklasse hinterlassen wurde, und der herrlichen alten Volkskultur, das heißt dem, was mehr oder weniger demokratischen und revolutionären Charakter trägt. Die neue Politik und neue Wirtschaft des heutigen China haben sich aus der alten Politik und Wirtschaft der früheren Zeit entwickelt, und ebenso ist die gegenwärtige neue Kultur aus der alten klassischen Kultur hervorgegangen; wir müssen daher unsere Geschichte in Ehren halten, dürfen keineswegs das historische Band durchschneiden. Die Achtung für die Geschichte bedeutet jedoch, ihr einen bestimmten wissenschaftlichen Platz einzuräumen, die dialektische Entwicklung der Geschichte zu achten, nicht aber die Vergangenheit zu preisen, die Gegenwart zu schmähen[16] und jedes beliebige feudale Gift zu loben. Was die Volksmassen und die studierende Jugend betrifft, so ist die Hauptsache, daß sie angeleitet werden, vorwärts zu blicken und nicht rückwärts.

Diese neudemokratische Kultur gehört den breiten Massen und ist daher demokratisch. Sie muß den werktätigen Massen der Arbeiter und Bauern dienen, die mehr als neunzig Prozent der Nation ausmachen, und allmählich zu ihrer eigenen Kultur werden. Zwischen den Kenntnissen, die man den revolutionären Kadern und den breiten revolutionären Massen übermittelt, muß sowohl ein gradueller Unterschied bestehen als auch eine Verbindung vorhanden sein; man muß zwischen Hebung des Niveaus und Popularisierung unterscheiden, aber auch beides verknüpfen. Die revolutionäre Kultur ist für die breiten Volksmassen eine machtvolle Waffe der Revolution. Vor der Revolution ist sie eine ideologische Vorbereitung für die Revolution; während der Revolution ist sie ein notwendiger und wichtiger Frontabschnitt innerhalb der allgemeinen revolutionären Front. Und jene, die revolutionäre Kulturarbeit leisten, nehmen auf verschiedener Ebene die Kommandoposten an dieser Kulturfront ein. »Ohne revolutionäre Theorie kann es auch keine revolutionäre Bewegung geben«[17]; man sieht, welche Bedeutung die revolutionäre Kulturbewegung für die praktische revolutionäre Bewegung hat. Sowohl diese Kulturbewegung wie diese praktische Bewegung sind von den Massen getragen. Daher müssen alle fortschrittlichen Kulturschaffenden im Widerstandskrieg gegen Japan ihre eigenen Kulturtruppen besitzen, und diese sind eben die breiten Massen des Volkes. Revolutionäre Kulturschaffende, die keine Fühlung mit den Volksmassen haben, gleichen

[16] Vorliebe für die Tradition und Vernachlässigung der gegenwärtigen Aufgaben ist ein altüberlieferter Vorwurf gegen die Konfuzianische Schule gewesen, mindestens seit Li Ssu, dem Minister des Ersten Kaisers von China (Tjin Schi Huang im 3. Jh. v. Ch.).

[17] W. I. Lenin: Was tun? (Werke I, S. 194).

»Kommandeuren ohne Armee«, und ihre Feuerkraft ist nicht imstande, den Feind niederzuwerfen. Um dieses Ziel zu erreichen, müssen die Schriftzeichen unter bestimmten Bedingungen reformiert, muß die Sprache den Volksmassen nähergebracht werden; man muß begreifen, die Volksmassen sind die unerschöpfliche Quelle der revolutionären Kultur.

Eine nationale, wissenschaftliche und Massenkultur – das ist die antiimperialistische und antifeudale Kultur der breiten Volksmassen, das ist die Kultur der Neuen Demokratie, das ist die neue Kultur der chinesischen Nation.

Die neudemokratische Politik, die neudemokratische Wirtschaft und die neudemokratische Kultur ergeben zusammengenommen die Republik der Neuen Demokratie, sie sind sowohl dem Namen nach wie in der Tat die Republik China, sind jenes neue China, das wir errichten wollen.

Das Neue China ist in Sicht, laßt es uns willkommen heißen!

Die Mastspitzen des Schiffes zeigen sich schon am Horizont. Klatschen wir dem Neuen China Beifall! Begrüßen wir das Schiff!

Streckt beide Hände aus, das Neue China ist unser!

5. Über die demokratische Diktatur des Volkes

Zum 28. Jahrestag der Gründung der KPCh

30. Juni 1949

Der 1. Juli 1949 kennzeichnet die Tatsache, daß die KPCh bereits einen Weg von 28 Jahren zurückgelegt hat. Wie ein Mensch, so hat auch sie ihre Kindheit, ihre Jugend, ihre Mannesreife und ihr Alter. Die KPCh ist kein kleines Kind mehr, auch kein grüner Junge von etwas mehr als zehn Jahren, sondern sie ist bereits erwachsen, Wenn ein Mensch alt wird, nähert er sich seinem Tode, auch einer Partei ergeht es so. Mit der Auflösung der Klassen werden alle Werkzeuge des Klassenkampfes – die politischen Parteien und der Staatsapparat – ihre Funktion verlieren und unnötig werden, sie sterben allmählich ab und beendigen ihre historische Aufgabe, und es wird eine höhere Ebene der menschlichen Gesellschaft erreicht werden. Wir stehen im Gegensatz zu den politischen Parteien der Bourgeoisie. Diese fürchten sich, von der Auflösung der Klassen, der Staatsmacht und der Parteien zu reden. Wir hingegen erklären öffentlich, daß wir nach Kräften dafür kämpfen, um eben die Voraussetzung für die beschleunigte Auflösung dieser Institutionen zu schaffen. Die Führung durch die KP und die Staatsmacht der Volksdiktatur sind eben solche Voraussetzungen. Wer diese Wahrheit nicht anerkennt, ist kein Kommunist. Junge Genossen, die den Marxismus-Leninismus noch nicht studiert haben und soeben erst in die Partei eingetreten sind, werden diese Wahrheit möglicherweise noch nicht verstehen. Sie müssen aber diese Wahrheit verstehen, um zur richtigen Weltanschauung zu gelangen. Sie müssen erkennen, daß die Auflösung der Klassen, die Auflösung der Staatsmacht und die Auflösung der Parteien der Weg ist, den die gesamte Menschheit gehen wird; es ist nur eine Frage der Zeit und der Umstände. Die Kommunisten in der ganzen Welt sind einsichtiger als die Kapitalisten; sie kennen das Wesen der Dinge und die Entwicklungsgesetze, sie kennen die Dialektik und sehen weiter. Die Bourgeoisie heißt diese Wahrheit deshalb nicht willkommen, weil sie nicht von anderen Leuten gestürzt werden will. Gestürzt zu werden – wie z. B. augenblicklich die KMT-Reaktionäre von uns gestürzt werden und in der Vergangenheit der japanische Imperialismus von uns und den Völkern anderer Länder gestürzt wurde –, das ist für diejenigen, die gestürzt werden, bitter und unvorstellbar. Für die Arbeiterklasse, das werktätige Volk und die KP handelt es sich nicht darum, gestürzt zu werden, es geht vielmehr darum, hart zu arbeiten und die Voraussetzungen zu schaffen, um die Klassen, die Staatsmacht und die politischen Parteien ihrer ganz natürlichen Auflösung zuzuführen, so daß die Menschheit in das Reich der Großen Gemeinsamkeit eintreten kann[1]. Um die Fragen klarzumachen, über die wir im folgenden reden wollen, erschien es angemessen, hier die fernen Perspektiven des Fortschritts der Menschheit anzusprechen.

Unsere Partei hat 28 Jahre hinter sich gebracht, die – wie jeder weiß – nicht friedlich verliefen, sondern unter schwierigen Umständen vergingen; wir mußten mit Feinden innerhalb und außerhalb des Landes, innerhalb und außerhalb der Partei kämpfen. Wir danken Marx, Engels, Lenin und Stalin, daß sie uns die Waffe dazu gaben. Diese Waffe ist kein Maschinengewehr, sondern der Marxismus-Leninismus.

Lenin schilderte 1920 in seinem Buch ›Der linke Radikalismus – eine Kinderkrankheit des Kommunismus‹, wie die Russen nach einer revolutionären Theorie gesucht haben. Erst nachdem die Russen während mehrerer Jahrzehnte Mühsal und Leiden durchgemacht hatten, fanden sie den Marxismus. China wies zahlreiche Züge auf, die dem Rußland vor der Oktoberrevolution gleich oder ähnlich waren. Die feudalistische Unterdrückung war die gleiche. Die wirtschaftliche und kulturelle Rückständigkeit war ähnlich. Beide Länder waren unterentwickelt, China sogar noch mehr. Gleich war auch, daß fortschrittliche Menschen, um den Staat zu neuer Blüte zu bringen, auf der Suche nach revolutionärer Wahrheit harte Kämpfe nicht scheuten [. . .]

Die Vorhut des chinesischen Proletariats studierte nach der Oktober-

[1] Die Welt der Großen Gemeinsamkeit hat hier natürlich die Bedeutung von kommunistischer Gesellschaft. Der chinesische Begriff Da-tung hat eine lange Tradition in China. Bereits vor 2000 Jahren wurde er als Bezeichnung für den idealen Endzustand der menschlichen Entwicklung angewandt. Berühmt ist das Da-tung schu (das »Buch über die Große Gemeinschaft«; englische Übersetzung von L. G. Thompson: »Ta T'ung Shu. The One World Philosophy of K'ang Yu-wei«. London 1958), des Reformpolitikers Kang Yuwe, das in mancher Hinsicht Thomas Morus' Utopia gleicht, obwohl Kang die Struktur und Ordnung einer wirklich realisierbaren Welt aufzuzeichnen gedachte. Die Anwendung dieses Ausdrucks ist ein gutes Beispiel für die Auffüllung eines traditionellen Begriffes mit marxistischem Gehalt. Kang Yuwe schrieb das Buch kurz nach 1900.

revolution den Marxismus-Leninismus und gründete die KPCh. Unmittelbar darauf trat sie in den politischen Kampf ein, und erst nachdem sie 28 Jahre lang einen vielfach gewundenen Weg durchschritten hatte, wurde der entscheidende Sieg errungen. Auf Grund der 28jährigen Erfahrung sind wir, wie Sun Yatsen »auf Grund einer 40jährigen Erfahrung«, von der er in seinem Testament spricht, zu einer ähnlichen Schlußfolgerung gekommen; diese ist: Wir sind fest davon überzeugt, daß es, wenn man den Sieg erringen will, »notwendig ist, die Volksmassen zu erwecken und sich mit jenen Völkern der Welt, die uns als Gleichberechtigte behandeln, zu verbünden und mit ihnen gemeinsam zu kämpfen«. Sun Yatsen hatte eine von uns völlig verschiedene Weltanschauung, und er untersuchte und behandelte die Probleme von einem anderen Klassenstandpunkt aus; in der Frage jedoch, wie mit dem Imperialismus zu kämpfen sei, kam er in den zwanziger Jahren des 20. Jh. zu dieser grundsätzlich mit uns übereinstimmenden Schlußfolgerung.

Seit dem Tode Sun Yatsens sind 24 Jahre vergangen, und Theorie und Praxis der chinesischen Revolution haben sich unter Führung der KPCh mächtig fortentwickelt und das Gesicht Chinas von Grund auf gewandelt. Die folgenden zwei Punkte bezeichnen die wichtigen und grundlegenden Erfahrungen, die das chinesische Volk bis heute bereits gemacht hat:

1. Im Lande sind die Volksmassen zu erwecken. Das heißt: die Arbeiterklasse, die Bauernschaft, die städtische Kleinbourgeoisie und die nationale Bourgeoisie zusammenschließen, unter Führung der Arbeiterklasse eine nationale Einheitsfront bilden und von hier aus bis zur Einrichtung eines Staates voranschreiten, der unter Führung der Arbeiterklasse auf der Grundlage des Bündnisses der Arbeiter und Bauern eine demokratische Diktatur des Volkes ist.

2. Nach außen hin gilt es, mit denjenigen Nationen, die uns als Gleichberechtigte behandeln, und mit den Volksmassen aller Länder zusammenzugehen und mit ihnen gemeinsam zu kämpfen. Das heißt: im Bündnis mit der Sowjetunion, mit allen Volksdemokratien, sowie mit dem Proletariat und den Volksmassen der übrigen Länder eine internationale Einheitsfront bilden.

»Ihr neigt euch nach einer Seite«[2]. – Genau so ist es. Sich nach einer Seite zu neigen ist das, was uns die 40jährige Erfahrung Sun Yatsens und

[2] Im folgenden greift der Redner in Form von Aussagen und Fragen Meinungen und Sorgen auf, die damals der neuen Siegermacht entgegengebracht wurden; er beantwortet sie und füllt somit den neuen Begriff von der »demokratischen Diktatur«, der schon in der »Neuen Demokratie« vorgebildet erscheint (s. dort).

die 28jährige Erfahrung der KP gelehrt haben; wir wissen genau, daß man sich nach einer Seite neigen muß, wenn man den Sieg erringen und ihn festigen will. Gemäß den in 40 und 28 Jahren gesammelten Erfahrungen neigen die Chinesen ohne jede Ausnahme entweder zum Imperialismus oder aber zum Sozialismus. Auf der Mauer zu sitzen ist unmöglich, und einen dritten Weg gibt es nicht. Wir sind gegen die zum Imperialismus neigenden Tschiang Kaischek-Reaktionäre, wir sind ebenfalls gegen die Illusion eines dritten Weges[3].

»Ihr seid zu herausfordernd.« – In diesem Zusammenhang geht es um die Behandlung der in- und ausländischen Reaktionäre, d.h. der Imperialisten und der ihnen nachlaufenden Hunde[4], nicht um die Behandlung irgendwelcher anderer Leute. Gegenüber diesen Leuten stellt sich überhaupt nicht die Frage, ob wir zu herausfordernd sind oder nicht; sie bleiben sich ganz gleich, ob wir sie herausfordern oder nicht, denn sie sind Reaktionäre. Nur indem die Trennungslinie zwischen Reaktionären und Revolutionären klar gezogen, die Intrigen und Ränke der Reaktionäre aufgedeckt, innerhalb der Reihen der Revolutionäre Wachsamkeit und Aufmerksamkeit aufgebracht, Entschlossenheit gesteigert und die Macht des Feindes vernichtet wird, vermag man die Reaktionäre zu isolieren und im Kampf zu überwinden oder ihren Platz einzunehmen. Angesichts eines wilden Tieres darf man nicht die geringste Angst zeigen. Wir müssen von Wu Sung in den Djing-yang-Bergen lernen[5]. Von Wu Sung aus betrachtet war der Tiger auf dem Djing-yang-Grat auf jeden Fall darauf aus, einen Menschen zu verschlingen, ob er selbst nun herausfordernd war oder nicht. Entweder den Tiger töten oder von ihm gefressen werden, eines von beiden mußte es sein.

»Wir wollen Handel treiben.« – Ganz richtig, Handel wird betrieben werden. Wir sind lediglich gegen die inneren und äußeren Reaktionäre, die uns hindern, Handel zu treiben; darüber hinaus sind wir gegen niemanden. Es sollte allgemein bekannt sein, daß es niemand anders als die Imperialisten und die ihnen nachlaufenden Hunde der Tschiang Kaischek-Reaktionäre sind, die uns daran hindern, mit dem Ausland Handel zu treiben und diplomatische Beziehungen aufzunehmen. Wenn alle zu-

[3] Es ist bemerkenswert, daß ein Satz wie: »Nicht nur in China, auch in der ganzen Welt neigt man ausnahmslos zum Imperialismus oder zum Sozialismus; Neutralität ist Tarnung, einen dritten Weg gibt es nicht« in der neueren Ausgabe fortgelassen ist.

[4] Derselbe Ausdruck, der hier wörtlich wiedergegeben ist, wird an anderer Stelle neutraler mit »Helfershelfer«, »Parteigänger« oder »Lakai« übersetzt.

[5] Wu Sung ist einer der berühmten Helden des Romans Schui-hu-dschuan (Deutsch von Franz Kuhn: »Die Räuber vom Liang-schan-Moor«. [Insel Verlag] Leipzig o. J.).

sammengeschlossenen nationalen und internationalen Kräfte die inneren und äußeren Reaktionäre zerschlagen haben, werden wir Handel treiben und auf der Basis der Gleichberechtigung, des gegenseitigen Nutzens und der gegenseitigen Respektierung der Hoheitsrechte mit allen Staaten diplomatische Beziehungen aufnehmen können[6].

»Der Sieg ist auch ohne internationale Hilfe möglich.« – Das ist eine irrige Auffassung. In der Zeit, da der Imperialismus existiert, kann eine echte Volksrevolution in keinem Staat allein den Sieg erringen, wenn sie nicht in mannigfaltigster Form die Hilfe der internationalen revolutionären Kräfte erhält; hat man aber den Sieg errungen und will ihn festigen, so wird auch das unmöglich sein. Bei dem Sieg und der Konsolidierung der großen Oktoberrevolution war es ebenso, wie Lenin und Stalin uns schon sehr früh gelehrt haben. In der gleichen Weise wurden im Zweiten Weltkrieg drei imperialistische Staaten geschlagen und die einzelnen Volksdemokratien begründet. So steht es auch um die Gegenwart und Zukunft von Volks-China. Bitte, überlegen Sie einmal: Wenn es die Sowjetunion nicht gegeben hätte, wenn der antifaschistische Zweite Weltkrieg nicht siegreich verlaufen wäre, wenn der japanische Imperialismus nicht geschlagen worden wäre, wenn die verschiedenen Volksdemokratien nicht entstanden wären, wenn die unterdrückten Völker des Ostens sich nicht zum Kampf erhöben, wenn die Volksmassen im Inneren Amerikas, Englands, Frankreichs, Deutschlands, Italiens, Japans und anderer imperialistischer Staaten nicht gegen die sie beherrschenden reaktionären Cliquen kämpften, wenn es das alles zusammen nicht gäbe, würde der Druck der internationalen Reaktion, der auf uns lastet, wer weiß um wieviel größer sein als jetzt. Hätten wir unter solchen Umständen siegen können? Ganz gewiß nicht. Und nach einem Sieg wäre es wiederum unmöglich gewesen, ihn zu festigen. Die Erfahrungen des chinesischen Volkes in dieser Hinsicht sind überreich. Die Bemerkung Sun Yatsens kurz vor seinem Tode, daß es nötig sei, sich mit den internationalen Kräften zu verbünden, spiegelte schon früher diese Erfahrung wider.

»Wir benötigen die Hilfe der englischen und amerikanischen Regierungen.« – Gegenwärtig ist auch dies eine kindische Auffassung. Die gegenwärtigen englischen und amerikanischen Herrscher sind immer noch Imperialisten; vermögen sie einem Volksstaat Hilfe zu geben? Ange-

[6] In diesen drei Punkten klingen schon die fünf Grundsätze der friedlichen Koexistenz an, die China und Indien im April 1954 einem Abkommen zugrunde legten. Diese Formulierung bestimmte den Grundtenor aller späteren Verträge der VRCh mit anderen Staaten. Vgl. Verträge der VRCh mit anderen Staaten, Bd. XII/1–4 der Schriftenreihe des Instituts für Asienkunde Hamburg. Frankfurt 1962 ff.

nommen, diese Staaten wären in Zukunft bereit, da wir mit ihnen Handel trieben, uns zu gegenseitig vorteilhaften Bedingungen Geld zu leihen – was wären wohl die Gründe hierfür? Es geschähe, weil die Kapitalisten dieser Staaten Geld machen und die Bankiers Zinsen verdienen wollten, um damit ihre eigene Krise zu lösen, und nicht etwa um dem chinesischen Volk zu helfen. Die kommunistischen Parteien sowie die fortschrittlichen Parteien und Gruppen dieser Länder drängen augenblicklich ihre Regierungen, mit uns Handel zu treiben und sogar diplomatische Beziehungen aufzunehmen; das ist eine gute Absicht und gewiß eine Hilfe, das kann mit dem Verhalten der Bourgeoisie jener Länder nicht auf eine Stufe gestellt werden. Während seines ganzen Lebens hat Sun Yatsen sich unzählige Male an die kapitalistischen Staaten um Hilfe gewandt; es endete jedesmal mit einem Reinfall, ja, er mußte sogar eine schonungslose Abfuhr hinnehmen. Nur einmal in seinem ganzen Leben erhielt Sun Yatsen internationale Hilfe, und das war Hilfe von der Sowjetunion. Ich bitte die Leser, einmal Herrn Suns Testament einzusehen; was er darin den Menschen ernstlich nahelegt, ist nicht die Aufforderung, nach Hilfe bei den imperialistischen Staaten Ausschau zu halten, sondern »sich mit den Völkern der Welt zu verbünden, die uns als Gleichberechtigte behandeln«. Herr Sun hatte seine Erfahrungen gemacht; er hatte Schaden erlitten und war betrogen worden. Wir müssen seiner Worte eingedenk sein und dürfen uns nicht noch einmal betrügen lassen. International gesehen gehören wir auf die Seite der antiimperialistischen Front, an deren Spitze die Sowjetunion steht; echte, freundschaftliche Hilfe können wir nur auf dieser Seite, nicht aber auf der Seite der imperialistischen Front suchen.

»Ihr seid diktatorisch.« – Werte Herren, ihr habt recht, genau das sind wir. Alle Erfahrungen, die das chinesische Volk jahrzehntelang angesammelt hat, gebieten uns, die demokratische Diktatur des Volkes zu verwirklichen oder auch die demokratische Alleinentscheidungsgewalt[7] des Volkes, was auf ein und dasselbe hinausläuft, nämlich daß den Reaktionären das Recht zur Meinungsäußerung genommen und allein dem Volk gewährt wird.

Wer ist das Volk? Im augenblicklichen Stadium Chinas ist das die Arbeiterklasse, die Bauernschaft, die städtische Kleinbourgeoisie und die nationale Bourgeoisie. Diese Klassen vereinigen sich unter der Führung der Arbeiterklasse und der KP, organisieren ihren eigenen Staat, wählen ihre eigene Regierung, verwirklichen gegenüber den imperialistischen

[7] Dieser Ausdruck ist die wörtliche Wiedergabe dessen, was in der Eingangsfeststellung dieses Absatzes »diktatorisch« genannt ist.

Lakaien (wtl. »Laufhunde« s.o.) – d.h. den Grundbesitzern, den bürokratischen Kapitalisten[8] wie auch ihren Repräsentanten, den Reaktionären der KMT und ihren Komplizen – die Diktatur und Alleinentscheidungsgewalt, unterdrücken sie und erlauben ihnen nur, sich ordnungsgemäß zu verhalten, nicht aber aufrührerisch zu reden oder zu handeln. Reden oder handeln sie aufrührerisch, wird ihnen sofort Einhalt geboten und Strafe zugemessen. Innerhalb des Volkes wird das demokratische System verwirklicht; das Volk hat Rede-, Versammlungs- und Koalitionsfreiheit. Das Wahlrecht kommt nur dem Volke zu, nicht aber den Reaktionären. Diese beiden Aspekte, der demokratische innerhalb des Volkes und der diktatorische gegenüber den Reaktionären, bilden zusammen die demokratische Diktatur des Volkes.

Aus welchem Grund muß so verfahren werden? Jedermann ist das klar. Wenn man nicht so vorginge, würde die Revolution scheitern, das Volk geriete ins Unglück, und der Staat würde ausgelöscht.

»Wollt ihr denn nicht die Staatsmacht abschaffen?« – Wir wollen es, aber gegenwärtig wollen wir es noch nicht, gegenwärtig können wir es noch nicht wollen. Warum? Immer noch gibt es den Imperialismus und in unserem Land die Reaktionäre und Klassen. Unsere augenblickliche Aufgabe liegt in der Stärkung des Staatsapparates des Volkes – das sind hauptsächlich die Volksarmee, die Volkspolizei und die Volksgerichte –, um dadurch die Landesverteidigung zu festigen und die Interessen des Volkes zu sichern. Unter diesen Bedingungen kann China unter Führung der Arbeiterklasse und der KP sicheren Schritts von einem Agrarstaat fortschreiten zu einem Industriestaat, von einer neudemokratischen Gesellschaft zu einer sozialistischen und kommunistischen Gesellschaft, es wird die Möglichkeit haben, die Klassen aufzulösen und die Große Gemeinsamkeit zu verwirklichen. Armee, Polizei, Gerichte und ähnliche Staatseinrichtungen sind die Werkzeuge, mit denen eine Klasse die andere unterdrückt. Sie sind die Werkzeuge zur Unterdrückung feindlicher Klassen, sie sind Gewalt und nicht irgendwelche »humanen« Dinge. »Ihr seid nicht human.« Genau das. Wir werden gegenüber den Reaktionären und den reaktionären Handlungen der reaktionären Klassen unter keinen Umständen ein humanes Regiment aufziehen. Wir wer-

[8] In engerem Sinne die Familien Sung, Kung u. a., mit denen Tschiang Kaischek verwandt ist. In weiterem Sinne die Angehörigen des höheren Beamtenstandes, die durch Beteiligung am Großhandel und an Wirtschaftsunternehmen ihre Macht festigten und großen Reichtum erwarben. Der Begriff wurde erst im Laufe des Krieges gebildet, als im »freien« Teil Chinas die Staatsorgane mehr und mehr das Wirtschaftsgeschehen dirigierten, ganz im Sinne alter staatskonfuzianischer Wirtschaftsauffassung. Die Eigenart des Begriffes erklärt sich aus dieser Voraussetzung.

den ein humanes Regiment nur innerhalb des Volkes ausüben, nicht aber gegenüber den Handlungen der außerhalb des Volkes stehenden Reaktionäre und reaktionären Klassen. Der Volksstaat schützt das Volk. Erst wenn es einen Volksstaat gibt, kann das Volk in gesamtstaatlichem Umfang vollkommen demokratische Methoden anwenden, sich selbst erziehen und umerziehen, sich von dem Einfluß der inneren und äußeren Reaktionäre frei machen (dieser Einfluß ist gegenwärtig noch sehr groß und wird es auch noch eine lange Zeit bleiben; er läßt sich nicht sehr schnell beseitigen), erst dann kann es die eigenen schlechten Gewohnheiten und abwegigen Ideen, die aus der alten Gesellschaft herrühren, abtun und verhindern, daß es auf die Irrwege gerät, die die Reaktionäre weisen, und weiterhin voranschreiten, voran in Richtung auf eine sozialistische und kommunistische Gesellschaft. Die Methode, die wir dabei anwenden, ist demokratisch, d.h., sie ist eine Methode der Überzeugung und nicht des Zwanges. Wenn jemand aus dem Volk gegen die Gesetze verstößt, so wird auch er bestraft und ins Gefängnis gesteckt; auch wird es die Todesstrafe geben. Das jedoch sind wenige Einzelfälle, die sich grundsätzlich von der Diktatur über die Reaktionäre als Klasse unterscheiden. Den Reaktionären und Angehörigen reaktionärer Gruppen wird, nachdem ihre Regierungsmacht gestürzt worden ist, Land und Arbeit gegeben, es wird ihnen erlaubt, ihr Leben zu führen und durch Arbeit sich selbst zu wandeln und zu neuen Menschen zu werden, vorausgesetzt, sie rebellieren nicht, treiben keine Sabotage und stiften keine Unruhe. Wenn sie nicht bereit sind zu arbeiten, wird der Volksstaat sie zur Arbeit zwingen. Auch wird man sie einer Propaganda- und Erziehungsarbeit unterwerfen, und zwar mit großer Sorgfalt und umfassend, wie wir dies bereits mit gefangenen Offizieren durchgeführt haben. Auch das kann man »human regieren« nennen in dem Sinn, daß wir den Angehörigen einer ursprünglich feindlichen Klasse Zwang auferlegen; das kann mit der Selbsterziehungsarbeit, die wir innerhalb des revolutionären Volkes durchführen, nicht auf eine Stufe gestellt werden.

Eine derartige Umerziehungsarbeit an der reaktionären Klasse kann nur ein Staat der demokratischen Diktatur des Volkes unter Führung der KP vollbringen. Wird diese Arbeit erfolgreich zu Ende gebracht, so werden die Hauptausbeuterklassen Chinas, die Grundbesitzerklasse und die bürokratischen Kapitalisten, d.h. die Klasse der Monopolkapitalisten, schließlich und endlich beseitigt sein. Übrig bleiben die nationalen Kapitalisten; in der gegenwärtigen Phase kann an ziemlich vielen unter ihnen bereits ziemlich viel an guter Erziehungsarbeit geleistet werden. Sobald in der Zukunft der Sozialismus, d.h. die Verstaatlichung der Privatunternehmen, verwirklicht sein wird, wird die Erziehungs- und Umerziehungsarbeit an ihnen einen Schritt weitergeführt. Das Volk hat einen mächtigen Staatsapparat in Händen und braucht eine Rebellion der nationalen Kapitalisten nicht zu fürchten.

Ein ernstes Problem ist die Erziehung der Bauern. Die bäuerliche Wirtschaft ist zersplittert, und nach den sowjetischen Erfahrungen bedarf es langer Zeit und sorgfältiger Arbeit, bevor sie sozialisiert werden kann. Ohne die Sozialisierung der Landwirtschaft gibt es keinen allumfassenden, gefestigten Sozialismus. Die Maßnahmen zur Sozialisierung der Landwirtschaft müssen der Entwicklung einer starken Industrie, deren Rückgrat die Staatsunternehmen sind, angepaßt sein[9]. Der Staat der demokratischen Diktatur des Volkes muß schrittweise das Problem der staatlichen Industrialisierung lösen. Da nicht die Absicht besteht, in dem vorliegenden Aufsatz Wirtschaftsfragen eingehend zu erörtern, werde ich hierzu keine weiteren Einzelheiten vortragen.

1924 wurde auf dem ersten Nationalkongreß der KMT, den Sun Yatsen persönlich leitete und an dem Mitglieder der KP teilnahmen, ein berühmtes Manifest angenommen. In dem Manifest hieß es: »In allen modernen Staaten wird das sog. System demokratischer Rechte von der Bourgeoisie immer wieder monopolisiert und dient als Werkzeug zur Unterdrückung des einfachen Volkes. Das KMT-Prinzip der Volksherrschaft jedoch ist Gemeineigentum des gesamten einfachen Volkes und nicht Privateigentum weniger Personen.« Abgesehen von der Frage, wer wen führt, entspricht die hier erwähnte Volksherrschaft als allgemein politisches Programm dem, was wir Volksdemokratie oder neue Demokratie nennen. Wenn dieses Staatssystem, das nur Gemeineigentum des gesamten einfachen Volkes und nicht Privateigentum der Bourgeoisie sein darf, unter die Führung der Arbeiterklasse gestellt wird, so ergibt sich das Staatssystem der demokratischen Diktatur des Volkes.

Tschiang Kaischek hat Sun Yatsen verraten und die Diktatur der bürokratischen Kapitalisten und Grundbesitzer als Werkzeug zur Unterdrückung des einfachen Volkes benutzt. Diese konterrevolutionäre Diktatur blieb 22 Jahre an der Macht und wird erst heute vom einfachen chinesischen Volk unter unserer Führung gestürzt. Die ausländischen Reaktionäre, die uns beschuldigen, »diktatorische« oder »totalitäre« Herrschaft auszuüben, sind Leute, die selber diktatorisch und totalitär

[9] Mao hat am 31. Juli 1955 noch einmal mit Nachdruck auf die Koordinierung der ländlichen Sozialisierung mit der Industrialisierung des Landes hingewiesen. Vgl. Mao Tsetung: Zur Frage der landwirtschaftlichen Genossenschaften. Abschnitt 7 und 8. (Anm. i. Orig.). Vgl. die unter demselben Datum veröffentlichte Rede »Zur Kollektivierung der Landwirtschaft« s. u. S. 161f.

sind. Sie üben die Diktatur und die totalitäre Herrschaft einer einzigen Klasse, der Bourgeoisie, gegen das Proletariat und andere Menschen aus. Die von Sun Yatsen angesprochene Bourgeoisie der modernen Staaten, die das einfache Volk unterdrückt, bezieht sich gerade auf jene Leute. Die konterrevolutionäre Diktatur Tschiang Kaischeks ist eben von solchen reaktionären Burschen erlernt.

Der Philosoph Dschu Hsi der Sung-Dynastie hat viele Bücher geschrieben und zahlreiche Dinge gesagt; die meisten sind vergessen, ein Satz jedoch nicht: »Gemäß dem Verhalten (dem Weg) einer Person die Person selbst vergeltend behandeln[10].« Eben das tun wir; gemäß dem Verhalten des Imperialismus und seiner Lakaien, der reaktionären Gruppe Tschiang Kaischeks, behandeln wir vergeltend die Imperialisten selbst und ihre Lakaien, die Reaktionäre der Tschiang Kaischek-Clique. Das ist alles. Etwas anderes liegt nicht vor.

Die revolutionäre Diktatur und die konterrevolutionäre Diktatur der Reaktion sind gegensätzlichen Charakters; die erstere wurde von der zweiten erlernt. Dieser Lernprozeß ist sehr wichtig. Wenn das revolutionäre Volk die Methoden zur Behandlung der reaktionären Klasse nicht beherrscht, vermag es nicht die Regierungsgewalt zu behaupten; seine Macht würde von inneren und äußeren Reaktionären gestürzt werden, die ihr Regime über China wieder errichten könnten, und das revolutionäre Volk geriete ins Unheil.

Die Basis der demokratischen Diktatur des Volkes ist das Bündnis der Arbeiterklasse mit der Bauernschaft und der städtischen Kleinbourgeoisie, zur Hauptsache jedoch das Bündnis der Arbeiter und Bauern, da diese beiden Klassen 80 bis 90 Prozent der chinesischen Bevölkerung ausmachen. Die Kräfte dieser beiden Klassen sind es hauptsächlich, die den Imperialismus und die KMT-Reaktionäre stürzen. Der Übergang von der neuen Demokratie zum Sozialismus beruht vornehmlich auf dem Bündnis dieser beiden Klassen.

Die demokratische Diktatur des Volkes braucht die Führung der Arbeiterklasse; denn sie allein ist so weitsichtig, so vollkommen selbstlos und konsequent revolutionär. Die gesamte revolutionäre Geschichte beweist, daß ohne die Führung der Arbeiterklasse die Revolution scheitern muß; unter der Führung der Arbeiterklasse hat sie dagegen triumphiert. Im Zeitalter des Imperialismus vermag keine andere Klasse in irgendeinem Staate eine echte Revolution zum Siege zu führen. Dies wird dadurch bestätigt, daß die chinesische Kleinbourgeoisie und die Klasse der natio-

[10] Dschu Hsi: Kommentar zum konfuzianischen Dschung-yung (›Maß und Mitte‹). Kapitel 13 (Anm. i. Orig.).

nalen Kapitalisten wiederholt Revolutionen geleitet haben, die alle fehlschlugen.

Die nationalen Kapitalisten sind in der gegenwärtigen Phase von äußerst großer Bedeutung. Der Imperialismus ist immer noch in unserer Nähe, und er ist ein sehr grausamer Feind[11]. Der Anteil der modernen Industrie Chinas an der Gesamtvolkswirtschaft ist immer noch sehr gering. Es gibt im Augenblick keine zuverlässigen Ziffern; auf Grund gewisser Unterlagen wird geschätzt, daß vor dem Widerstandskrieg gegen Japan der Produktionswert der modernen Industrie nur etwa 10 Prozent des Bruttoproduktes der Gesamtvolkswirtschaft ausmachte. Um der imperialistischen Unterdrückung zu begegnen und das rückständige Wirtschaftsniveau auf eine höhere Stufe zu heben, müssen in China alle kapitalistischen Faktoren in Stadt und Land genutzt werden, die der nationalen Wirtschaft und der Volkswohlfahrt zum Vorteil und nicht zum Schaden gereichen, und man muß sich mit den nationalen Kapitalisten verbünden und gemeinsam mit ihnen kämpfen. Unsere gegenwärtige Politik ist es, den Kapitalismus zu regulieren, nicht ihn aufzulösen. Die nationalen Kapitalisten können jedoch nicht als Führer der Revolution fungieren und dürfen keine wichtigen Positionen in der Staatsverwaltung einnehmen. Warum das so sein soll[12], ergibt sich daraus, daß ihre gesellschaftliche und wirtschaftliche Lage ihre Schwäche bedingt; sie ermangeln des Weitblicks und besitzen nicht genügend Mut, und nicht wenige unter ihnen fürchten die Volksmassen.

Sun Yatsen empfahl, »die Volksmassen zu erwecken« bzw. »die Bauern und Arbeiter zu unterstützen«[13]. Wer wird sie »wecken« und »unterstützen«? Sun Yatsen dachte an die Kleinbourgeoisie und die nationalen Kapitalisten. Diese jedoch waren in Wirklichkeit dazu unfähig. Woran lag es wohl, daß Sun Yatsens 40jährige Revolution scheiterte? Im Zeitalter des Imperialismus sind die Kleinbourgeoisie und die nationalen Kapitalisten unfähig, irgendeine echte Revolution zum Siege zu führen, hierin liegt der Grund.

Unsere 28 Jahre waren grundverschieden. Wir besaßen viele wertvolle Erfahrungen. Die drei Hauptwaffen, mit denen wir den Feind schlugen,

[11] Die folgenden beiden Sätze fehlen in der neuen Ausgabe: »Zur Verwirklichung einer echten wirtschaftlichen Unabhängigkeit wird China noch eine lange Zeit brauchen. Erst wenn die chinesische Industrie entwickelt und China wirtschaftlich nicht mehr auf das Ausland angewiesen ist, wird es in vollem Umfange echte Unabhängigkeit besitzen.«

[12] Im Text wird hier der ganze vorhergehende Satz noch einmal wiederholt.

[13] Bei Sun Yatsen heißt es stets: »Bauern und Arbeiter«, bei Mao, seit er sich von seinen »Vorurteilen« während der Hunan-Periode (1927) gelöst hat: »Arbeiter und Bauern«.

waren eine disziplinierte, mit den Theorien des Marxismus-Leninismus ausgerüstete Partei, die die Methode der Selbstkritik pflegte und mit den Volksmassen verbündet war, eine Armee, die von dieser Partei geführt wurde, und endlich die Einheitsfront aller revolutionären Klassen und Gruppen unter der Führung dieser Partei. Alles das unterscheidet uns von unseren Vorgängern. Gestützt auf diese drei Faktoren errangen wir den entscheidenden Sieg. Wir sind einen gewundenen Weg gegangen. Wir haben mit opportunistischen Tendenzen innerhalb der Partei gekämpft, sowohl mit rechten wie mit »linken«. Jedesmal, wenn ernsthafte Fehler hinsichtlich dieser drei Faktoren begangen wurden, erlitt die Revolution einen Rückschlag. Belehrt durch Fehler und Rückschläge sind wir klüger geworden und handhaben unsere Angelegenheiten ein wenig besser. Es ist immer schwierig für eine politische Partei und einen Menschen, Fehler zu vermeiden, aber wir sollten uns darum bemühen, einige weniger zu begehen. Ist ein Fehler begangen worden, sollten wir danach trachten, ihn zu korrigieren; je schneller und gründlicher dies geschieht, desto besser.

Wenn wir unsere Erfahrungen zusammenfassen und auf einen Nenner bringen, so ist das die demokratische Diktatur des Volkes auf der Grundlage des Bündnisses der Arbeiter und Bauern unter Führung der Arbeiterklasse (durch die KP). Diese Diktatur muß sich mit den internationalen Kräften der Revolution zu einem Ganzen verbinden. Das ist unsere Formel, unsere Haupterfahrung, unser Hauptprogramm.

Die 28 Jahre unserer Partei sind eine lange Zeit, und wir haben nur eines erreicht – wir haben den entscheidenden Sieg im revolutionären Kampf errungen. Das ist einen Glückwunsch wert; denn es ist der Sieg des Volkes, der Sieg in China, diesem so großen Land. Aber wir haben noch sehr viel zu tun, und das in der Vergangenheit Getane ist – wie bei einem Fußmarsch – nicht mehr als daß wir einen ersten Schritt auf einem zehntausend Meilen langen Weg gemacht haben. Übriggebliebene Feinde müssen noch weggefegt werden. Die ernste Aufgabe des wirtschaftlichen Wiederaufbaus liegt vor uns. Einige der uns wohlvertrauten Dinge werden wir bald auf sich beruhen lassen müssen, während wir gezwungen sein werden, uns mit unvertrauten Dingen zu beschäftigen. Das ist schwierig. Die Imperialisten rechnen damit, daß wir mit der Wirtschaft nicht zurechtkommen werden; sie stehen an der Seite, schauen zu und warten auf unser Scheitern.

Wir müssen die Schwierigkeiten überwinden, wir müssen das, was wir nicht verstehen, meistern. Wir müssen von allen Experten (wer sie auch sein mögen) die wirtschaftliche Arbeitsweise erlernen. Wir müssen sie als

Lehrer würdigen und respektvoll und ernsthaft von ihnen lernen. Verstehen wir etwas nicht, so verstehen wir es nicht; wir dürfen nicht so tun, als verstünden wir es. Wir dürfen uns nicht als Bürokraten aufführen. Wenn wir uns in eine Sache hineinbohren, werden wir sie in einigen Monaten, in ein, zwei Jahren oder in drei bis fünf Jahren meistern können. Einige Mitglieder der KPdSU verstanden anfangs auch nicht viel von Wirtschaftsführung, und die Imperialisten warteten auch auf ihr Versagen. Aber die KPdSU hat gesiegt; unter der Führung von Lenin und Stalin war sie nicht nur zur Revolution, sondern auch zum Aufbau fähig. Sie hat bereits einen großen, herrlichen sozialistischen Staat aufgebaut. Die KPdSU ist unser bester Lehrer; wir müssen von ihr lernen. Die äußere und innere Lage ist für uns günstig; wir können uns völlig auf die Waffe der demokratischen Diktatur des Volkes verlassen und außer den Reaktionären alle Menschen im ganzen Land zusammenschließen und sicheren Schrittes auf unser Ziel zugehen.

6. Drei Gedichte

I. Oktober 1935

Die Rote Armee fürchtet nicht die Mühen des weiten Marsches,
zehntausend Wasser, tausend Berge wie etwas Alltägliches.
Fünf Bergzüge winden sich endlos – erstiegen liegen sie wie Wellenspiel,
das Wu-meng-Steinmassiv drohend – im Abstieg gleich rollenden Kieseln.

Warm sind die Wolkenklippen, umspült vom Goldsandstrom,
kalt die Ketten aus Eisen quer über der Großen Furt.
Getroster dann in tausend Meilen Schnee des Min-Gebirges,
als alle drüben sind, das ganze Heer, löst sich die Spannung.

II. Februar 1936

Nördliches Land in Sicht:
tausend Meilen eisige Starre,
zehntausend Meilen schneeverweht.
Schau: die Große Mauer, beiderseits
geblieben nur Öde;
den Gelben Fluß hinauf, hinab
stocken die Wasser.
Die Grate tanzende Silberschlangen,
Bergkuppen eilende Elefanten,
möchten dem Himmel gleich sein an Höhe.
Warte, im Sonnenlicht
siehst du rote Gewänder, weiß innen,
maßloser Zauber.

Landschaft wie diese, überall lockend,
ließ unzählige Freier im Streit sich beugen.
Ach: Tjin Schi-huang, Han Wu-di –
beschränkt ihre Bildung;
Tang Tai-dsung, Sung Tai-dsu –
gering ihr Geschmack.
Eines Zeitalters Himmelsstolz,
Dschingis Khan,
konnte nur Bogen schießen nach großen Adlern.
Alle dahin!
Zählst du auf frei gesonnene Menschen,
wende den Blick zum Heute.

III. April 1949

Am Dschung-Berg in Nanking Wind und Regen stürmisch bewegt,
eine Million tapfere Soldaten setzen über den großen Strom.
Tiger geduckt und Drache gewunden – heute wie je,
Himmel gewendet und Erde im Aufruhr – gewaltiger als sonst.
Allen Mut noch einmal zusammengefaßt: verfolgt den müden Feind,
kein falscher Ruhm für Gnade wie beim Kriegsherren einst!
Der Himmel, hätte er Mitgefühl, er würde selbst alt,
die Menschen ziehen den geraden Weg – Ödnis wird ihnen zum Feld.

C. Aufbau und Fortsetzung

In der Phase des Aufbaus der Volksrepublik China ist die Aktivität ihres ersten Präsidenten auf mehreren Ebenen zu verspüren, am deutlichsten auf dem Gebiet der sozialen Revolution in der chinesischen Landwirtschaft. In historischer Perspektive wird man den Vorgängen von 1955/1956 – d. h. der Kollektivierung der millionenhaften Kleinwirtschaft zu einer ›endlichen‹ Zahl von Großwirtschaften – eine im ganzen größere Bedeutung zumessen als dem drei Jahre später folgenden Unternehmen der überprüfenden Zusammenfassung in abermals größere Einrichtungen, die sogenannten ›Volkskommunen‹. Das erstere war der Schnitt ins Fleisch, die soziale Umwälzung, die wesentliche Veränderung der Produktionsbasis Chinas, das letztere der Versuch einer organisatorischen Verbesserung dieser Umstellung. Die im Jahr 1957 erfolgte Veröffentlichung von drei Bänden mit Einzelberichten über die Schaffung der Genossenschaften, zu denen der Staatspräsident und Parteivorsitzende persönlich Vorworte niederschrieb, unterstreichen die Bedeutung, die er diesem Vorgang beimaß.

Es gilt heute als sicher, daß das Ziel der Sozialisierung immer angestrebt worden war. Über das Tempo aber sind feste Absichten niemals laut geworden. Bis dahin hatten die Parolen ›Schritt für Schritt‹, ›keine Übereilung‹, ›Vorsicht vor Abenteurerpolitik‹ gegolten. Mao hat sich als vorsichtiger Taktiker durchaus einen Ruf erworben. Was war es nun, was das Tempo so steigerte? Eine Teilantwort findet sich in der Rede selbst: es geht darum, zwischen der Entwicklung in der Industrie und in der Landwirtschaft einen Gleichschritt herzustellen; aber ein anderes Motiv tritt hinzu: es soll keinen »Ozean von individuellem Eigentum« geben, der sich nach dem Sieg von 1949 ausgebreitet hat. So wirkt die Aktion der Kollektivierung wie ein ungeduldiges Dazwischengreifen bei drohender Stagnation. Zu Hilfe kommt dem Anreger der Aktion ein Bericht aus dem Norden der Mandschurei, wo die Verhältnisse überhaupt anders liegen, wo es große Ackerflächen gibt und die Besiedlung viel dünner ist. Und diese Beschleunigung hält an. Ende 1956 ist das Ziel von 1960 bereits erreicht, 1958 wird das Ziel von 1970 angestrebt, die Volkskommunen sollen die Endphase der Sozialisierung einleiten.

Der Planungschef der chinesischen Regierung und Partei, Li Fu-ch'un, gab später in einem Aufsatz in der ›*Roten Fahne*‹ (Hong Qi) vom 1.10.1959 zu erkennen, daß Mao die noch raschere Entwicklung der chinesischen Wirtschaft und Gesellschaft, d. h. den Großen Sprung, in jenem Winter 1955/56 antizipiert habe.

Mao habe die erhöhte Beschleunigung bis in die Einzeldirektive hinein vorausgeplant. Diese und andere, ähnliche Äußerungen aus dem Herbst 1958, als die Bewegung zur Bildung von Volkskommunen ganz China wie ein Sturmwind erfaßte, scheinen zu beweisen, daß Mao in eigener Person es gewesen ist, der nach dem Ruf zur Kollektivierung im Juli 1955 das chinesische Volk auf den Weg zum zukünftigen, möglichst noch zu seinen Lebzeiten zu erreichenden Kommunismus Stoß um Stoß vorangetrieben hat und vorantreiben wollte. Der Rücktritt vom Posten des Staatspräsidenten im Dezember 1958, als die überhasteten Maßnahmen eine allgemeine Desorganisation nach sich zu ziehen drohten, erscheint von hier aus gesehen nur konsequent.
Zur Erleichterung des Verständnisses für das, was geschah, folgt zunächst eine Übersicht über die Entwicklung der chinesischen Agrarrevolution in Form einer Tabelle, die dem Buch von Salomon Adler: ›The Chinese Economy‹, London 1957, entnommen wurde:

Entwicklung der chinesischen Agrarrevolution 1950/58

Jahr	Produktionsform	Organisationsform	Zahl der Haushalte	Eigentumsform
1950	Einzelproduktion	Einzelhof nach vollzogener Landreform	1	Privateigentum
1951	Produktion durch gegenseitige Hilfe	Zeitweilige Vereinigung zu gegenseitiger Hilfe	3–5	Privateigentum
1953	Produktion durch gegenseitige Hilfe	Dauernde Vereinigung zu gegenseitiger Hilfe	6–7	Privateigentum
1954	Gegenseitige Hilfe und teilweise Kollektivproduktion	Halbsozialistische Produktionsgenossenschaft	20–50	Teilweises Gemeineigentum
1955	Kollektive Produktion	Sozialistische Produktionsgenossenschaft (innerhalb der Volkskommune s. u. Produktionsbrigade)	100 und mehr	Volles Gemeineigentum
1958	Kollektive Produktion in militarisierter Form	Volkskommune	bis 20000	Volles Gemeineigentum

Diese etwas schematische Übersicht zeigt die Hauptetappen der chinesischen Landrevolution, die nicht immer streng zu periodisieren sind, sie gingen oft ineinander über. Auch die Ziffern für die Anzahl der Haushalte geben nur einen Anhalt.
Die große Kollektivierungsrede sowie das Hauptvorwort und zwei Beispiele für Einzelvorworte der genannten Publikation ›Der sozialistische Aufschwung in Chinas Dörfern‹ bilden den Kern der in diesem Abschnitt wiedergegebenen Dokumente (Texte 2 und 3). Davor steht die Ansprache anläßlich der Eröffnungssitzung einer Vorbereitungskonferenz zur Schaffung einer volksfrontartigen Vertretung, genannt »Politische Konsultativkonferenz«, vom 15. Juni 1949. Sie be-

zeichnet den Wendepunkt in der Geschichte der kommunistischen Bewegung in China. Die Stadt Nanking war, nach einer erfolgreichen Überquerung des Yangtse, im April erobert worden (vgl. das dritte Gedicht am Ende des vorhergehenden Abschnitts), und die neue Volksrepublik, der neue Staat, die neue politische Einheit Chinas wurde wenige Monate später von der Balustrade des alten Kaiserpalastes in Peking ausgerufen. Diese Ansprache (Text 1) spiegelt etwas von der Atmosphäre des großen chinesischen Bürgerkrieges 1946–1949 wider, ihr Inhalt und auch ihr Stil bezeichnen unmißverständlich den Sieger.

Den Kollektivierungsdokumenten folgen zwei längere Reden des Jahres 1957. Von ihnen wird die Rede über die richtige Behandlung der Widersprüche innerhalb des Volkes als die bedeutendste Rede nach der Machteroberung 1949 angesehen, nicht zuletzt deshalb, weil mit der Definition von Widersprüchen »innerhalb des Volkes«, d. h. innerhalb des sozialistischen Systems, die eigenständige Tendenz des chinesischen Kommunismus deutlicher als sonst unterstrichen wurde. In historischer Perspektive wäre hinzuzufügen, daß das Jahr 1957 einerseits das Jahr der ›Hundert-Blumen-Kampagne‹ gewesen ist, d. h. des Versuchs, eine breite Kritikbewegung in Gang zu setzen, bei der die Partei nicht geschont werden sollte, hierin auf die Kulturrevolution 1966 vorausweisend. Andererseits war 1957 das Jahr der Vorbereitung auf 1958, jenes Jahr, in welchem der nächste ökonomische Schritt auf dem neuen Weg gewagt wurde: Volkskommune und Großer Sprung. All dies hat auch schon zu tun mit der allmählichen Abdrift der chinesischen von der sowjet-russischen Entwicklung.

Die Rede über die Widersprüche im Volk gehört sachlich eng zusammen mit der in demselben Jahr gehaltenen Rede vor einem internen Kreis der Propagandafunktionäre der Partei. Diese ist in ganzer Länge wiedergegeben, weil sie den Ernst und den Eifer des Redners für die Sache der richtigen Umformung auch des kulturellen Überbaus nach erfolgter Veränderung der ökonomischen Basis eindringlich dokumentieren können. Beide Reden zusammengenommen bilden, wieder historisch gesehen, das ideologische Fundament für die Auseinandersetzungen in der Kulturrevolution der sechziger Jahre.

Die drei Gedichte am Schluß überspannen den Bogen von 1950–1963, von der Siegesfeier am ersten Jahrestag der Ausrufung der Volksrepublik (erstes Gedicht) bis zum dramatischen Austausch von polemischen Schriftstücken der Parteiführungen in Peking und Moskau. Das letzte Gedicht ist ein Reflex davon, die »Fliegen«, die »Ameisen«, die »surrenden Pfeile« und die sich aufbäumende Erde sind sprechende Hinweise. Dagegen erinnert sich im zweiten Gedicht der altgewordene Revolutionsführer seiner Heimat, in der die Revolution ihren Ausgang nahm.

1. Eine demokratische Volksfront für den Frieden*

Ansprache des Vorsitzenden Mao auf der Eröffnungssitzung der Vorbereitungskonferenz der neuen Politischen Konsultativkonferenz des chinesischen Volkes[1]

15. Juni 1949

Meine Herren Delegierten! Die vorbereitende Konferenz für die neue Politische Konsultativkonferenz wird heute eröffnet. Die Aufgaben der Vorbereitungskonferenz sind die folgenden: alle notwendigen Vorbereitungsarbeiten abzuschließen, um die neue Politische Konsultativkonferenz einzuberufen und eine demokratische Koalitionsregierung zu bilden, damit die Bevölkerung ganz Chinas dazu angeleitet werden kann, die restlichen Kräfte der Kuomintang-Reaktion möglichst rasch auszuräumen, ganz China zu einigen sowie im ganzen Land systematisch und methodisch den Aufbau auf den Gebieten der Politik, der Wirtschaft, der Kultur und der Landesverteidigung durchzuführen. Die Bevölkerung im ganzen Land erwartet von uns, daß wir dies tun, also müssen wir es tun. Die neue Politische Konsultativkonferenz wurde von der Kommunistischen Partei dem ganzen chinesischen Volk bereits am 1. Mai 1948 vorgeschlagen, dieser Vorschlag fand rasch ein Echo im ganzen Volk, in allen demokratischen Parteien und Volksvereinigungen, bei demokratischen Persönlichkeiten aller Bereiche, den nationalen Minderheiten und Chinesen in Übersee. Die Kommunistische Partei, alle demokratischen Parteien und Volksvereinigungen, alle demokratischen Persönlichkeiten, die nationalen Minderheiten und Chinesen in Übersee erkennen an, daß man die Herrschaft des Imperialismus, des Feudalismus, des bürokratischen Kapitals[2] und der Kuomintang-Reaktion stürzen muß, daß man eine

* Titelformulierung des Herausgebers.

[1] Die vorstehende Ansprache ist in keiner bisherigen Sammlung Maoscher Schriften enthalten (einzige Ausnahme eine 1970 in Tokio neu zusammengestellte Schriftenreihe). Sie wurde am 19.6.1949 über Agentur Neues China verbreitet. Sie bezeichnet das Ende des Bürgerkrieges und den Beginn einer neuen Ära. Die Politische Konsultativkonferenz sollte alle Kräfte zusammenfassen, die nicht oder nicht mehr zur Kuomintang gehörten.

[2] »Bürokratisches Kapital« bezeichnet die führenden Familiengruppen des Kuo-

Politische Konsultativkonferenz einberufen muß, die Vertreter aller demokratischen Parteien usw. umfaßt, um die Gründung einer demokratischen Republik des chinesischen Volkes zu proklamieren und eine diese Republik repräsentierende demokratische Koalitionsregierung zu wählen. Erst dann kann unser großes Vaterland sein halbkoloniales und halbfeudales Schicksal von sich tun und den Weg der Unabhängigkeit, der Freiheit, des Friedens, der Einheit und der Stärke betreten. Dies ist eine gemeinsame politische Basis, die von der Kommunistischen Partei, allen demokratischen Parteien usw. vereint erkämpft wurde, ja, eine Basis, die vom gesamten chinesischen Volk vereint erkämpft wurde. Diese politische Basis erscheint sicher gegründet, es ist von keiner einzigen echt demokratischen Partei, Volksvereinigung oder demokratischen Persönlichkeit eine nicht zustimmende Meinung geäußert worden. Alle sehen ein, daß es nur diesen einen richtigen Weg gibt, der zur Lösung aller Probleme Chinas führen wird.

Die Bevölkerung im ganzen Land unterstützt ihre eigene Volksbefreiungsarmee, die den Sieg im Krieg errungen hat. Dieser gewaltige Volksbefreiungskrieg hat im Juli 1946 begonnen und bis jetzt gerade drei Jahre angedauert. Dieser Krieg ist von der Kuomintang-Reaktion mit Unterstützung des ausländischen Imperialismus angezettelt worden. Die Reaktionäre der Kuomintang haben wortbrüchig und widerrechtlich das Waffenstillstandsabkommen und die Entschließung der (alten) Politischen Konsultativkonferenz vom Januar 1946 gebrochen, sie haben diesen gegen das Volk gerichteten Bürgerkrieg ausgelöst. Aber in knapp drei Jahren sind sie von der tapferen Volksbefreiungs-Armee geschlagen worden, und erst vor kurzem[4] ist die Volksbefreiungs-Armee, nach Enthüllung der faulen Friedenspläne der Kuomintang-Reaktionäre, energisch zum Angriff übergegangen, sie hat den Yangtse überschritten, die Hauptstadt der Kuomintang-Reaktion, Nanking, eingenommen; Schanghai, Hangdschou, Nantschang, Wuhan und Hsi-an sind bereits befreit, und jetzt sind alle Feldarmeen der Volksbefreiungs-Armee gerade zu einer in der chinesischen Geschichte noch nicht dagewesenen Offensive übergegangen. Binnen dreier Jahre hat die Volksbefreiungs-Armee insgesamt 5,59 Mio. Mann der reaktionären Kuomintang-Armee vernichtet. Zum gegenwärtigen Zeitpunkt umfassen die restlichen Kuomintang-Streitkräfte einschließlich der regulären und der nicht-regulären Verbände, der

mintang-Regimes, die damit angeprangert wurden, daß sie sich mit Hilfe ihrer Machtpositionen im politischen Apparat bereichert hätten.

[3] Hier folgen dieselben Gruppierungen und Kräfte wie vorher.

[4] Zwei Monate vorher, im April 1949.

rückwärtigen Dienste und militärischen Ausbildungsstätten nur noch 1,5 Mio. Mann. Die Vernichtung dieses restlichen Teils der Feindkräfte ist nur eine Frage der Zeit, und ihre Frist ist nicht mehr lang.
Dies ist ein Sieg des ganzen chinesischen Volkes, ja der Völker der Welt. Außer den Imperialisten und Reaktionären aller Länder ist in der ganzen Welt niemand, der sich nicht über diesen großen Sieg des chinesischen Volkes freut und Begeisterung empfindet. Der Kampf des chinesischen Volkes gegen seine Feinde und der Kampf der Völker der Welt gegen ihre Feinde haben die gleiche Bedeutung, das chinesische Volk und die Völker der Welt haben diesen Sachverhalt allesamt erkannt. Die Imperialisten haben die Reaktionäre in China dirigiert, in einem konterrevolutionären Krieg grausam gegen das chinesische Volk anzugehen, das chinesische Volk aber hat mit Hilfe des revolutionären Krieges die Reaktion siegreich geschlagen.
Und hier möchte ich die Aufmerksamkeit aller auf folgendes lenken: die Imperialisten und ihre Helfershelfer, die chinesischen Reaktionäre, werden sich nicht leichten Herzens mit ihrer Niederlage auf dem Territorium Chinas abfinden. Sie werden immer wieder in enger Zusammenarbeit und mit allen Mitteln gegen das chinesische Volk angehen wollen, beispielsweise ihre Helfershelfer ins Innere Chinas abordnen, um Spaltungsarbeit und Sabotage zu treiben, das wird mit Gewißheit geschehen. Sie werden bestimmt nicht versäumen, so etwas zu unternehmen, wie die Anstiftung chinesischer Reaktionäre zu bösen Taten, und sie werden ihnen sogar eigene Streitkräfte beigeben, um die chinesischen Seehäfen zu blokkieren. Wo nur eine Möglichkeit besteht, werden sie so handeln. Und es ist auch keineswegs unmöglich, daß sie wiederum, falls sie noch auf Abenteuer aus sind, eine Streitmacht aussenden, um das chinesische Küstengebiet anzugreifen. Auf all dies müssen wir vollauf gefaßt sein. Wir dürfen unter keinen Umständen in unserer Wachsamkeit gegenüber den wahnwitzigen Racheplänen der Imperialisten und ihrer Helfershelfer nachlassen. Hier in seiner Wachsamkeit nachzulassen hieße, politisch abrüsten und sich mit einer rein passiven Position zufriedengeben.
Unter diesen Umständen muß sich das ganze chinesische Volk zusammenschließen und entschlossen sein, das ganze Land gründlich auszukehren und alle die finsteren Pläne der Imperialisten und ihrer Helfershelfer, der chinesischen Reaktionäre, gegen das chinesische Volk zu zerschlagen. China soll unabhängig sein, China soll frei sein, über Chinas Angelegenheiten soll das chinesische Volk selber Herr sein und verfügen können. Es darf nicht die leiseste Einmischung irgendeines imperialistischen Staates mehr geben. Die chinesische Revolution ist die Revolution

der Volksmassen in der ganzen Nation. Alle Menschen außer den Imperialisten, den Feudalisten, der bürokratischen Bourgeoisie: den Kuomintang-Reaktionären und ihren Helfershelfern, sind unsere guten Freunde. Wir haben eine breite und feste revolutionäre Einheitsfront. Diese Einheitsfront ist aus folgendem Grund so breit: sie umfaßt die Arbeiterklasse, die Bauernschaft, die Kleinbourgeoisie und die nationale Bourgeoisie. Diese Einheitsfront ist aus folgendem Grund so fest: sie hat den festen Willen gefaßt, alle Feinde zu besiegen und alle Schwierigkeiten zu überwinden, und sie hat die dazu nötigen unerschöpflichen Kräfte. Die Periode, in der wir uns jetzt befinden, wird den Imperialismus seinem völligen Ruin entgegenführen, und die Imperialisten sind bereits in eine Krise hineingeraten, aus der sie sich nicht mehr herauswinden können. Wie auch immer sie ihren Kampf gegen das chinesische Volk fortzusetzen gedenken, das chinesische Volk wird immer über die Mittel und Wege verfügen, den letzten Sieg zu erringen.

Zu gleicher Zeit machen wir vor der ganzen Welt bekannt: Wir bekämpfen lediglich das imperialistische System und dessen gegen das chinesische Volk gerichtete finstere Anschläge. Wir wollen mit jeder ausländischen Regierung auf der Basis der Gleichberechtigung, des gegenseitigen Nutzens und des Grundsatzes der gegenseitigen Respektierung der Souveränität über die Aufnahme diplomatischer Beziehungen in Verhandlungen eintreten, sofern sie bereit ist, ihre Beziehungen zur chinesischen Reaktion abzubrechen und nicht wieder mit ihr zusammenzuarbeiten oder sie zu unterstützen, und sofern sie gegenüber Volks-China eine echte und nicht nur formell freundschaftliche Haltung einnimmt. Das chinesische Volk möchte mit den Völkern in allen Ländern der Welt freundschaftlich zusammenarbeiten, den internationalen Handel wiederherstellen und entwickeln zum Nutzen einer Ankurbelung der Produktion und des Aufblühens der Wirtschaft.

Meine Herren Delegierten, alle Voraussetzungen für die Einberufung einer neuen Politischen Konsultativkonferenz und die Bildung einer demokratischen Koalitionsregierung sind bereits gegeben. Deswegen blickt das ganze chinesische Volk mit brennender Erwartung auf unsere Einberufung einer Versammlung und die Bildung einer Regierung. Ich bin überzeugt, daß unser jetziges Gründungswerk diese Hoffnungen erfüllen kann und dazu auch nicht mehr lange Zeit benötigen wird. Wenn eine chinesische demokratische Koalitionsregierung einmal gegründet sein wird, dann werden die Schwerpunkte ihrer Tätigkeit in folgendem liegen: 1. die Reste der Reaktionäre auszukehren und ihre Unruhestiftung nachhaltig zu unterbinden; 2. mit allen nur verfügbaren Kräften den Wiederaufbau und die Entwicklung der Wirtschaft in Angriff zu nehmen und zugleich das kulturelle Leben und die Erziehung des Volkes wieder in Gang zu setzen und weiterzuentwickeln.

Das chinesische Volk wird es nun erkennen können, daß das Schicksal Chinas, wenn das Volk selbst es einmal in seine Hände genommen hat, aufgehen wird wie die Sonne im Osten, die im Glanz ihrer eigenen Strahlen die weite Erde beleuchtet und die von der Regierung der Reaktion hinterlassenen schlammigen Pfützen rasch austrocknen wird. Es erbaut sich damit eine völlig neue, eine starke, eine dem Anspruch ihres Namens voll gerecht werdende Demokratische Republik des Chinesischen Volkes.

Es lebe die Demokratische Republik des Chinesischen Volkes!

Es lebe die Demokratische Koalitionsregierung!

Es lebe der Zusammenschluß des ganzen chinesischen Volkes!

2. Zu Fragen der Kollektivierung der Landwirtschaft[1]

31. Juli 1955

I

In den Dörfern des ganzen Landes steht eine neue Flut der sozialistischen Massenbewegung bevor. Einige Genossen unter uns torkeln jedoch wie ein Weib mit gebundenen Füßen über die Straße, das, bald nach Osten schwankend, bald nach Westen sich neigend, den anderen immerzu grollend vorhält: Ihr geht zu schnell! Ihr geht zu schnell! Sie glauben, daß übermäßige Kritik an Haupt und Gliedern, unangebrachter Groll, fortwährendes Besorgtsein sowie unaufhörliche Korrekturen und Beschränkungen die richtige Politik ausmachten, um die sozialistische Massenbewegung auf dem Lande zu führen.

Nein, das ist nicht die richtige Politik; das ist eine falsche Politik.

Die Flut des Umbaus der Gesellschaft, d. h. die gegenwärtige Kollektivierung auf dem Lande, hat bereits einige Orte erreicht und wird bald das ganze Land erfassen. Es ist dies eine sozialistische, revolutionäre Bewegung größten Ausmaßes, die eine Landbevölkerung von mehr als 500 Millionen umfaßt; sie hat eine außerordentlich große Weltbedeutung. Wir sollten diese Bewegung aktiv, mit Begeisterung und systematisch führen und sie nicht auf jede Weise zurückhalten. In einer solchen Bewegung lassen sich gewisse Fehler nicht vermeiden; das ist verständlich, aber es ist auch nicht schwer, sie zu korrigieren. Die Schwächen und Fehler innerhalb der Kader und der Bauernschaft können überwunden

[1] Rede Mao Tsetungs vor den Parteisekretären der Provinzen, der provinzfreien Städte und autonomen Gebiete. Die Übersetzung folgt der Textfassung, wie sie in der ›*Volkszeitung*‹ vom 17. Oktober 1955 veröffentlicht wurde. Die Tagung fand am 31. Juli 1955 statt. Die Rede kann als Auftakt zu der neuen Wirtschaftspolitik verstanden werden, die wenige Jahre später zur Bildung von Volkskommunen und zur Politik des ›Großen Sprungs nach vorn‹ geführt hat. Ihre Übersetzung erscheint daher im wesentlichen ungekürzt.

und korrigiert werden, wenn wir ihnen nur aktiv helfen. Die Kader und Bauern schreiten unter der Führung der Partei voran; die Bewegung ist grundsätzlich gesund. In bestimmten Orten hat man bei der Arbeit gewisse Fehler gemacht, z. B. sind einerseits arme Bauern vom Eintritt in die Genossenschaften ausgeschlossen und ihre Schwierigkeiten nicht berücksichtigt worden, andererseits hat man die mittleren wohlhabenden Bauern gezwungen, den Genossenschaften beizutreten und ihre Interessen beeinträchtigt. Dies alles ist dadurch zu korrigieren, daß man sie unterrichtet und sie nicht einfach dem Tadel aussetzt. Tadel allein vermag keine Probleme zu lösen. Es gilt, die Bewegung mutig zu führen, ohne daß man vorne den Drachen fürchtet und hinten den Tiger. Die Kader und die Bauernschaft werden durch die Erfahrung ihres eigenen Kampfes sich selbst wandeln. Man muß sie handeln lassen; im Zuge ihrer Tätigkeit werden sie lernen, und ihre Fähigkeit wird wachsen. Auf diese Weise wird eine große Zahl hervorragender Leute zusammenkommen. Eine Haltung, die vorn den Drachen und hinten den Tiger fürchtet, wird es nicht erlauben, Kader heranzubilden. Es ist notwendig, von oben eine große Anzahl von Kadern, die eine kurze Ausbildungszeit durchgemacht haben, auf das Land zu entsenden, um die Kollektivierungsbewegung zu führen und zu unterstützen; die von oben nach unten entsandten Kader jedoch werden erst innerhalb der Bewegung lernen, wie die Arbeit durchzuführen ist. Wenn man bloß Trainingskurse besucht und zugehört hat, wie der Lehrer einige Dutzend Regeln erläuterte, dann heißt das noch lange nicht, daß man auch arbeiten kann.

Kurz gesagt, die Führung darf nicht hinter die Massenbewegung zurückfallen. In der augenblicklichen Situation ist es aber gerade die Massenbewegung, die der Führung vorauseilt, und die Führung kann der Bewegung nicht mehr nachkommen. Dieser Zustand muß geändert werden.

II

Gegenwärtig, da sich die Kollektivierungsbewegung bereits im ganzen Land in großem Stil entwickelt, müssen wir immer noch folgende Probleme erörtern: Können die Genossenschaften[2] sich entfalten? Können sie gefestigt werden? Das heißt, der Schwerpunkt des Problems liegt für gewisse Genossen in ihrem Zweifel, ob die gegenwärtig bestehenden

[2] Der chinesische Ausdruck *ho-dso*, »zusammenarbeiten«, läßt sich verschieden übersetzen. In dieser Übersetzung wird der Prozeß »Kollektivierung«, das Resultat »Genossenschaft« genannt.

mehreren hunderttausend halbsozialistischer, zumeist kleinerer Genossenschaften (die im Durchschnitt nur etwas mehr als 20 Haushalte umfassen) gefestigt werden können oder nicht. Wenn sie nicht gefestigt werden können, kann selbstverständlich von Entwicklung keine Rede sein. Einige Genossen, die die Entwicklungsgeschichte der Kollektivierung während der vergangenen Jahre beobachtet haben, sind immer noch nicht überzeugt; sie wollen erst noch sehen, wie sich die Lage in diesem Jahr 1955 entwickelt. Vielleicht wollen sie auch noch das Jahr 1956 über beobachten und werden erst dann wirklich davon überzeugt sein, daß die Landwirtschaft kollektiviert werden kann und daß die Politik des ZK unserer Partei korrekt ist, wenn noch mehr Genossenschaften gefestigt sind. Gerade deshalb ist die Arbeit in diesen beiden Jahren sehr dringlich.

Um die Durchführbarkeit der landwirtschaftlichen Kollektivierung und die Richtigkeit der Politik des ZK unserer Partei hinsichtlich der Kollektivierung der Landwirtschaft zu beweisen, ist es vielleicht nicht ohne Nutzen, wenn wir hier einmal die Geschichte der Kollektivierungsbewegung in der Landwirtschaft unseres Landes erörtern.

Bereits vor der Gründung der VRCh hat unsere Partei während des 22jährigen revolutionären Krieges nach einer Agrarreform Erfahrungen gesammelt, wie man die Bauernschaft dazu anleitet, im Ansatz sozialistische Vereinigungen der gegenseitigen Hilfe bei der landwirtschaftlichen Produktion zu organisieren. Zu jener Zeit gab es in Kiangsi Gesellschaften zur gegenseitigen Arbeitshilfe und Pflugbrigaden, im nördlichen Shensi Arbeitsaustauschbrigaden sowie an verschiedenen Orten Nord-, Ost- und Nordostchinas Organisationen der gegenseitigen Hilfe. Zu jener Zeit entstanden ebenfalls vereinzelt halbsozialistische und sozialistische landwirtschaftliche Produktionsgenossenschaften. Während des Widerstandskampfes gegen Japan zum Beispiel entstand im Kreis An-sai in Nord-Shensi eine landwirtschaftliche Produktionsgenossenschaft sozialistischen Charakters. Allerdings wurde ein solcher Typ von Genossenschaft zu der Zeit noch nicht ausgebaut.

Erst nach der Gründung der Chinesischen Volksrepublik hat unsere Partei die Bauernschaft in größerem Umfang dazu angeleitet, Organisationen der gegenseitigen Hilfe bei der landwirtschaftlichen Produktion zu bilden, und damit begonnen, auf der Grundlage dieser Organisation landwirtschaftliche Produktionsgenossenschaften in großer Zahl einzurichten. Bis heute sind darüber ungefähr sechs Jahre vergangen.

Als das ZK unserer Partei am 15. 12. 1951 den lokalen Parteiorganisationen den ersten Entschließungsentwurf über gegenseitige Hilfe und Zusammenarbeit in der Landwirtschaft übermittelte, um ihn an verschiedenen Orten versuchsweise durchzuführen (das Dokument wurde erst im Februar 1953 im genauen Wortlaut in der Presse veröffentlicht), gab es bereits mehr als 300 landwirtschaftliche Produktionsgenossenschaften. Nach weiteren zwei Jahren, als am 16. 12. 1953 das ZK unserer Partei die Entschließung über die landwirtschaftlichen Produktionsgenossenschaften veröffentlichte, waren diese bereits auf mehr als 14000 angewachsen, d.h. innerhalb von zwei Jahren betrug die Zunahme das 47fache.

Die Entschließung wies aus, daß zwischen dem Winter 1953 und der Herbsternte 1954 die landwirtschaftlichen Produktionsgenossenschaften von über 14000 auf über 35800 zunehmen würden, was lediglich einer zweieinhalbfachen Zunahme entsprochen hätte; das Ergebnis war, daß in jenem Jahr die Zahl der Genossenschaften auf 100000 anstieg, was mehr als das Siebenfache gegenüber den 14000 Genossenschaften ausmachte.

Im Oktober 1954 beschloß das ZK unserer Partei, die Anzahl um das Sechsfache zu vergrößern, von 100000 auf 600000; das Ergebnis waren 670000 Genossenschaften. Bis zum Juni 1955 wurde im Zuge der ersten Korrekturen die Anzahl um 20000 verringert, so daß 650000 Genossenschaften übrigblieben, d.h. 50000 mehr als das erste Planziel. Die Anzahl der Bauernhaushalte, die den Genossenschaften beitraten, betrug insgesamt 16900000, im Durchschnitt also 26 Haushalte je Genossenschaft[3].

Diese Genossenschaften befinden sich größtenteils in jenen nördlichen Provinzen, die verhältnismäßig früh befreit wurden. In den meisten Provinzen des Landes, die später befreit wurden, entstanden eine Anzahl landwirtschaftlicher Produktionsgenossenschaften. Die Gründungen in Anhui und Chekiang sind verhältnismäßig zahlreich, in den übrigen Provinzen ist die Zahl noch nicht sehr groß.

Die Genossenschaften sind im allgemeinen klein; dennoch gibt es unter ihnen auch einige wenige Großgenossenschaften, die jeweils 70, 80 oder 100, ja sogar mehrere hundert Haushalte umfassen.

Die Genossenschaften sind im allgemeinen halbsozialistisch; dennoch gibt es unter ihnen auch einige wenige, die sich zu sozialistischen Genossenschaften höheren Typs entwickelt haben.

Gleichzeitig mit der Entwicklung der Kollektivierungsbewegung der Landwirtschaft hat unser Staat bereits eine kleine Zahl sozialistischer

[3] Das ist rund ein Sechstel der damaligen Bauernbevölkerung. Zur Erläuterung der hier angedeuteten Entwicklung vgl. die Übersicht, die dem Buch von Salomon Adler, The Chinese Economy, London 1957, entnommen wurde, s. o. S. 154.

Staatsfarmen eingerichtet. Bis 1957 wird es 3038 Staatsfarmen geben, die eine Fläche von 1124333 ha bebauen werden. Unter ihnen werden 141 mechanisierte Farmen sein (einschließlich derjenigen, die bereits 1952 bestanden, und derjenigen, die mit dem ersten Fünfjahrplan hinzukommen) mit einer Kulturfläche von 505333 ha. Die Zahl der nicht mechanisierten lokalen Staatsfarmen wird 2897 betragen mit einer Kulturfläche von 620000 ha. Während des Ablaufs des zweiten und dritten Fünfjahrplanes wird sich die staatlich betriebene Landwirtschaft in erheblichem Umfange ausweiten.

Im Frühjahr 1955 beschloß das ZK unserer Partei, daß die Anzahl der landwirtschaftlichen Produktionsgenossenschaften auf eine Million steigen sollte. Dieser Wert bedeutet lediglich eine Zunahme um etwas mehr als die Hälfte, nämlich 350000 gegenüber den bereits vorhandenen 650000. Ich finde, das ist etwas wenig. Man sollte die ursprünglichen 650000 Genossenschaften ungefähr verdoppeln, so daß etwa 1300000 Genossenschaften erreicht werden, um so in jeder der etwa 200000 Gemeinden des ganzen Landes – mit Ausnahme gewisser Grenzregionen – eine oder mehrere kleine landwirtschaftliche Produktionsgenossenschaften halbsozialistischen Charakters zu haben, die als Vorbild dienen. Diese Genossenschaften würden im Verlauf von ein, zwei Jahren Erfahrungen sammeln und zu alten Genossenschaften werden, von denen andere Leute lernen könnten. Bis zur Herbsternte im Oktober 1956 verbleiben noch 14 Monate, und die vollständige Durchführung dieses Planes zur Errichtung der Genossenschaften dürfte möglich sein. Ich hoffe, daß die verantwortlichen Genossen aller Provinzen und autonomen Regionen nach ihrer Rückkehr noch einmal alles überprüfen, um gemäß den konkreten Umständen ein angemessenes Programm zu beschließen und innerhalb von zwei Monaten dem ZK Bericht zu erstatten. Wir werden sodann noch einmal zusammenkommen, um Besprechungen zu führen, und schließlich eine Entscheidung treffen.

Die Frage ist, ob die Genossenschaften gefestigt werden können oder nicht. Es gibt Leute, die sagen, die Planung von 500000 Genossenschaften im letzten Jahr sei zu umfangreich, zu gewagt gewesen, und auch der Plan dieses Jahres, der 350000 Genossenschaften vorsieht, sei zu umfangreich und zu gewagt. Sie bezweifeln, daß derart viele Genossenschaften gefestigt werden können.

Wie steht es damit?

Natürlich ist weder die sozialistische Industrialisierung noch die sozialistische Umgestaltung (im ganzen) eine leichte Angelegenheit. Bei der Überführung von annähernd 110 Millionen Bauernhaushalten aus der

Einzelwirtschaft in die Kollektivwirtschaft wie auch bei der Technisierung der Landwirtschaft wird es bestimmt zahlreiche Schwierigkeiten geben. Wir sollten jedoch darauf vertrauen, daß unsere Partei die Massen bei der Überwindung dieser Schwierigkeiten zu führen versteht.

Hinsichtlich der landwirtschaftlichen Kollektivierung, so denke ich, sollten wir davon überzeugt sein, daß die armen und die mittleren Bauern aus den Reihen sowohl der neuen als auch der alten mittleren Bauern tatkräftig den Weg des Sozialismus gehen und positiv auf den Appell unserer Partei zur Kollektivierung antworten, weil ihre wirtschaftliche Lage schwierig ist (arme Bauern), oder weil sie ihrer wirtschaftlichen Lage nach immer noch nicht wohlhabend sind, obwohl sie sich im Vergleich zu der Zeit vor der Befreiung verbessert haben (untere Mittelbauern), und besonders groß ist diese positive Einstellung bei denjenigen unter ihnen, die ein ziemlich hoch entwickeltes politisches Bewußtsein haben.

Ich denke, wir sollten darauf vertrauen, daß die Partei die Fähigkeit besitzt, das Volk des ganzen Landes zur sozialistischen Gesellschaft zu führen. Unsere Partei hat bereits mit Erfolg die große demokratische Revolution des Volkes angeführt und eine demokratische Diktatur des Volkes mit der Arbeiterklasse an der Spitze errichtet, so daß sie gewiß auch das gesamte Volk dazu anleiten kann, innerhalb von ungefähr drei Fünfjahrplanperioden die sozialistische Industrialisierung sowie die sozialistische Umgestaltung der Landwirtschaft, des Handwerks und der kapitalistischen Industrie- und Handelsunternehmungen grundsätzlich durchzuführen. Auf dem Gebiet der Landwirtschaft wie auch auf den übrigen Gebieten haben wir überzeugende und machtvolle Beweise. Betrachten Sie bitte die erste Gruppe von 300 Genossenschaften, die zweite von 13700 und die dritte von 86000, insgesamt 100000 Genossenschaften, die alle vor dem Herbst 1954 gegründet und gefestigt wurden. Warum sollte die vierte Gruppe von Genossenschaften (550000), die zwischen 1954 und 1955 entstanden ist, wie auch die fünfte Gruppe der Jahre 1955/56 (die vorläufige Zahl ist auf 350000 festgesetzt, die endgültige Zahl wird später bestimmt) nicht gefestigt werden?

Wir müssen Vertrauen in die Massen haben, und wir müssen Vertrauen in die Partei haben, das sind die beiden grundlegenden Glaubenssätze. Wenn wir an diesen beiden Grundsätzen zweifeln, dann werden wir nichts zuwege bringen.

III

Um die Kollektivierung in den Dörfern des ganzen Landes allmählich zu vollenden, müssen die bereits bestehenden Genossenschaften gewissenhaft verbessert werden.

Der Qualität der Genossenschaften muß große Aufmerksamkeit gewidmet werden, und man muß der Neigung entgegentreten, ohne Rücksicht auf die Qualität allein den Ziffern der Genossenschaften und Bauernhaushalte nachzujagen. Aus diesem Grund gilt es, der Überprüfung der Genossenschaften Aufmerksamkeit zu schenken.

Die Genossenschaften sind nicht nur einmal, sondern zwei- bis dreimal im Jahr zu überprüfen. Einige sind in der ersten Hälfte dieses Jahres bereits einmal überprüft worden (an gewissen Orten anscheinend recht großzügig ohne großen Aufwand an Mühe). Ich schlage vor, im Herbst und im Winter eine zweite Überprüfung durchzuführen und im Frühjahr und Sommer nächsten Jahres eine dritte. Unter den gegenwärtig bestehenden 650000 Genossenschaften befinden sich 550000 neue, die im vergangenen Winter oder in diesem Frühjahr eingerichtet wurden. Einige von diesen – die sog. »Genossenschaften erster Ordnung« – sind einigermaßen gefestigt. Fügt man diesen die 100000 bereits konsolidierten alten Genossenschaften hinzu, so ist ihre Zahl keineswegs gering. Können diese dann die noch nicht konsolidierten Genossenschaften dahin führen, daß auch sie allmählich konsolidiert werden? Man muß mit Entschiedenheit sagen, daß sie es können.

Wir sollten jede noch so geringe sozialistische Initiative seitens der Bauern und Kader würdigen und sie nicht behindern. Wir sollten mit den Mitgliedern und Kadern der Genossenschaften und den Kadern der Kreise, Bezirke und Gemeinden zusammen leben und atmen und ihre Initiative nicht beeinträchtigen.

Die Auflösung einer Genossenschaft darf nur beschlossen werden, wenn alle oder fast alle ihrer Mitglieder entschieden eine Fortführung ablehnen. Wenn nur ein Teil der Mitglieder einer Genossenschaft sich entschieden hat, nicht weiterzumachen, dann ist es diesem zu gestatten, sich zurückzuziehen, während der verbleibende größere Teil die Arbeit fortsetzt. Hat sich eine Mehrheit entschieden, die Arbeit nicht fortzuführen, und ist nur eine Minderheit bereit, weiterzuarbeiten, so ist es der Mehrheit zu erlauben, sich zurückzuziehen, und der Minderheit, mit der Arbeit fortzufahren. Wenn man es so macht, ist es auch gut. In einer sehr kleinen Genossenschaft der Provinz Hopei, in der nur sechs Haushalte zusammengefaßt waren, beschlossen die drei Haushalte alter Mittelbauern, die

Arbeit nicht fortzusetzen; schließlich ließ man sie gehen. Die drei Haushalte armer Bauern gaben zu erkennen, daß sie unter allen Umständen fortzufahren wünschten; man ließ sie weiterarbeiten, und die Organisation der Genossenschaft blieb erhalten. Tatsache ist, daß die Richtung, die die drei Haushalte armer Bauern einschlugen, die Richtung ist, die von 500 Millionen Bauern im ganzen Land eingeschlagen werden wird. Alle einzeln wirtschaftenden Bauern werden schließlich auch auf den Weg einschwenken, den die drei Haushalte armer Bauern so entschieden gewählt haben.

Mit der Annahme der Politik der sog. »drastischen Reduzierung« in der Provinz Chekiang (sie wurde nicht vom Provinzkomitee von Chekiang bestimmt) wurden mit einem Mal 15000 Genossenschaften, die 400000 Bauernhaushalte umfaßten, aus einer Gesamtzahl von 53000 aufgelöst, wobei unter den Massen und Kadern große Unzufriedenheit entstand. Das war absolut falsch. Die Politik der »drastischen Reduzierung« wurde in einem Zustand ängstlicher Verwirrung beschlossen. Es war ebenfalls falsch, eine derart große Angelegenheit ohne die Zustimmung des ZK durchzuführen. Außerdem hatte das ZK im April 1955 bereits folgende Warnung ausgegeben: »Der Fehler des Jahres 1953, als die Genossenschaften in großem Umfange aufgelöst wurden, darf nicht wiederholt werden, andernfalls wird abermals Selbstkritik zu üben sein.« Doch gewisse Genossen wollten nicht hören.

Angesichts des Sieges, meine ich, treten zwei Dinge hervor, die nicht gut sind: 1. Der Erfolgsrausch, der den Kopf übermäßig anschwellen läßt und zu »linken« Fehlern führt, ist selbstverständlich nicht gut. 2. Aber auch die Angst vor dem Erfolg, die zur »drastischen Reduzierung« führt, wobei man den Fehler einer Rechtsabweichung begeht, ist nicht gut. Die gegenwärtige Situation ist durch die zweite Tendenz gekennzeichnet, einige Genossen sind durch die Existenz von ein paar hunderttausend kleiner Genossenschaften offenbar verängstigt.

IV

Die Vorbereitungsarbeiten müssen gewissenhaft durchgeführt werden, bevor mit der Einrichtung der Genossenschaften begonnen wird. Von Anbeginn muß auch die Qualität der Genossenschaften beachtet werden; der Tendenz, lediglich ihre Anzahl zu erhöhen, ist entgegenzutreten.

Keine Schlacht kämpfen ohne Vorbereitung, keinen Kampf führen, dessen man sich nicht sicher ist: das war die bekannte Parole unserer

Partei in der Periode des revolutionären Krieges der Vergangenheit. Diese Parole kann auch bei der Arbeit zum sozialistischen Aufbau angewendet werden. Will man Sicherheit, so bedarf es der Vorbereitung, und zwar der vollständigen Vorbereitung. Bevor in einer Provinz, in einem Sonderdistrikt oder in einem Kreis eine Reihe von neuen landwirtschaftlichen Produktionsgenossenschaften errichtet wird, sind zahlreiche Vorbereitungsarbeiten zu leisten. Diese Arbeiten sind im wesentlichen: 1. Kritik an falschen Ideen und Zusammenfassung der Arbeitserfahrung; 2. Systematische und wiederholte Aufklärung der Bauernmassen über das Prinzip, die Politik und die Methoden unserer Partei bei der Kollektivierung der Landwirtschaft, wobei nicht nur die Vorteile der Kollektivierung zu erläutern sind, sondern auch auf die Schwierigkeiten hinzuweisen ist, die im Prozeß der Kollektivierung auftreten können, so daß die Bauernschaft innerlich gut vorbereitet ist; 3. Festlegung eines umfassenden Planes für die Entfaltung der landwirtschaftlichen Kollektivierung in einer ganzen Provinz, einem Sonderdistrikt, einem Kreis, einem Bezirk und einer Gemeinde, wobei die konkrete Situation zugrunde zu legen ist und ferner, von hier ausgehend, die Ausarbeitung eines Jahresplanes; 4. Die kurzfristige Ausbildung von Genossenschaftskadern; 5. Die allgemeine und umfangreiche Entfaltung der Organisationen zur gegenseitigen Hilfe in der Landwirtschaft, wobei, wann immer möglich, darauf zu drängen ist, daß sich mehrere solcher Organisationen zusammenschließen und Vereinigte Organisationen zur gegenseitigen Hilfe bilden, um so die Grundlagen für den weiteren Zusammenschluß und die Errichtung von Genossenschaften zu schaffen. Unter diesen Voraussetzungen ist es möglich, die Probleme sowohl der quantitativen als auch der qualitativen Entwicklung der Genossenschaften von Grund auf zu lösen; aber auch nachdem eine Reihe von Genossenschaften errichtet worden ist, soll man unmittelbar die Überprüfungsarbeit einleiten.

Ob eine Reihe von Genossenschaften nach ihrer Errichtung gefestigt werden kann, hängt davon ab, ob erstens die Vorbereitungsarbeiten vor ihrer Gründung und zweitens die Überprüfungsarbeiten danach sorgfältig durchgeführt werden.

Die Gründungs- und Überprüfungsarbeit an den Genossenschaften obliegt den Gemeindezellen der Partei und der Jugendliga. Aus diesem Grund muß die Gründungs- und Überprüfungsarbeit eng mit dem Aufbau und der Festigung der Partei und Jugendliga in den Dörfern verbunden sein.

Bei der Gründungs- und Überprüfungsarbeit sollten selbstverständlich die lokalen Kader in den Dörfern die Hauptkraft darstellen, sie sollten unterstützt und zur Übernahme von Verantwortung herangezogen werden. Die von oben entsandten Kader sollten die Hilfskraft darstellen, deren Rolle es ist, Anleitung und Unterstützung zu geben, nicht aber alles allein zu machen.

V

Die landwirtschaftlichen Produktionsgenossenschaften müssen eine höhere Produktionsquote an landwirtschaftlichen Erzeugnissen erzielen als allein wirtschaftende Familien und Organisationen zur gegenseitigen Hilfe. Sie dürfen unter keinen Umständen auf dem Produktionsstand von allein wirtschaftenden Familien und Organisationen zur gegenseitigen Hilfe stehenbleiben; das wäre eine Niederlage; und wären dann Genossenschaften nötig? Noch weniger darf die Produktionsquote sinken. Über 80 Prozent der bereits bestehenden 650000 landwirtschaftlichen Produktionsgenossenschaften haben ihre Produktionsquote gesteigert. Das ist außerordentlich gut, und es zeigt, daß die Produktionsbereitschaft der Mitglieder der landwirtschaftlichen Produktionsgenossenschaften groß ist und daß die Genossenschaften den Organisationen zur gegenseitigen Hilfe und noch mehr den allein wirtschaftenden Familien tatsächlich überlegen sind.
Um die Produktionsquote zu steigern, ist es nötig, 1. am Prinzip der Freiwilligkeit und des gegenseitigen Nutzens festzuhalten; 2. die Verwaltung zu verbessern (Produktionsplanung, Produktionsleitung, Arbeitsorganisationen usw.); 3. das Niveau der Bebauungstechnik zu heben (tief pflügen und intensiv arbeiten, eng pflanzen und dicht säen, Ausweitung der Anbaufläche, die mehrmals im Jahr bebaut werden kann, Saatauswahl, Verbreitung moderner Geräte, Kampf gegen Schädlinge und Seuchen usw.); 4. die Produktionsmittel zu vermehren (Ackerboden, Düngemittel, Wasseranlagen, Zugvieh, Geräte usw.). Dies sind einige der Voraussetzungen für die Festigung der Genossenschaften und die Sicherung einer vermehrten Produktion, die man nicht geringachten darf.
Gegenwärtig gilt es, der Lösung folgender Fragen Aufmerksamkeit zu widmen, wobei am Prinzip der Freiwilligkeit und des gegenseitigen Nutzens festzuhalten ist: 1. Ist es richtig, wenn Zugvieh und schwere landwirtschaftliche Geräte erst nach ein, zwei Jahren in die Genossenschaft eingebracht werden? Sind die Preise, die für ihre Übernahme in die Genossenschaften festgelegt werden, angemessen, und ist die Zah-

lungsfrist zu lang? 2. Ist das Verhältnis zwischen Boden- und Arbeitsvergütung richtig? 3. Wie soll eine Genossenschaft die notwendigen Investitionsmittel ansammeln? 4. Können Genossenschaftsmitglieder einen Teil ihrer Arbeit zusätzlicher Produktion widmen? (Da die landwirtschaftlichen Produktionsgenossenschaften, die wir bis jetzt aufgebaut haben, im allgemeinen lediglich halbsozialistischen Charakter tragen, muß der korrekten Lösung der oben erwähnten vier Punkte Beachtung geschenkt werden, damit das Prinzip des gegenseitigen Nutzens zwischen armen und mittleren Bauern nicht beeinträchtigt wird. Nur auf der Basis des gegenseitigen Nutzens kann Freiwilligkeit verwirklicht werden); 5. Wieviel Land sollen die Genossenschaftsmitglieder zur eigenen Bearbeitung zurückbehalten? 6. Die Frage, wie sich die Genossenschaften zusammensetzen sollen, usw.

Ich werde hier die letzte Frage erörtern. Ich bin der Meinung, wir sollten innerhalb der vor uns liegenden ein, zwei Jahre in allen Gebieten, in denen die Genossenschaften gerade erst begonnen haben, sich auszubreiten, oder deren Ausbreitung noch nicht lange andauert, das heißt zur Zeit in den meisten Gebieten, zunächst den aktiven Elementen unter (1) den armen Bauern, (2) den unteren neuen Mittelbauern und (3) den unteren alten Mittelbauern erlauben, sich zu organisieren. Diejenigen unter ihnen, die vorläufig noch nicht aktiv sind, sollten nicht mit Gewalt zum Beitritt gezwungen werden. Wir müssen warten, bis ihr Verständnis zugenommen hat und sie den Genossenschaften mit Interesse begegnen; dann sind sie gruppenweise zum Beitritt heranzuziehen. Die wirtschaftliche Stellung dieser Leute ist nahezu die gleiche. Ihr Leben ist entweder immer noch beschwerlich (so für die armen Bauern, die zwar Land zugeteilt erhielten und denen es viel besser geht als vor der Befreiung, die aber immer noch ein schweres Leben haben, da ihre Arbeitskraft, ihr Zugvieh und ihre Geräte nicht ausreichen), oder sie sind immer noch nicht wohlhabend (wie die unteren Mittelbauern); deshalb haben sie den aktiven Wunsch, Genossenschaften zu organisieren. Trotzdem ist der Grad ihrer Aktivität aus verschiedenen Gründen immer noch nicht der gleiche. Einige von ihnen sind sehr aktiv, andere sind vorläufig noch nicht sehr aktiv, und wieder andere wollen erst einmal zusehen. Aus diesem Grund sollten wir all jene, die vorerst noch nicht daran denken, einer Genossenschaft beizutreten, selbst wenn es arme und mittlere Bauern sind, eine Zeitlang unterweisen und geduldig auf ihre Einsicht warten; wir sollten das Prinzip der Freiwilligkeit nicht verletzen und sie nicht mit Gewalt zum Beitritt zwingen.

Die oberen Schichten unter den neuen und alten Mittelbauern, d. h. alle

Mittelbauern, deren wirtschaftliche Lage verhältnismäßig gut ist, dürfen vorläufig nicht zugelassen und erst recht nicht mit Gewalt zum Beitritt gezwungen werden, ausgenommen diejenigen, die bereits erkannt haben, daß sie den sozialistischen Weg gehen müssen und aufrichtig einer Genossenschaft beizutreten wünschen – diese können zugelassen werden. Das geschieht deswegen, weil sie augenblicklich noch nicht eingesehen haben, daß sie den sozialistischen Weg gehen müssen, und sich erst dann entschließen, einer Genossenschaft beizutreten, wenn die Mehrheit der Dorfbevölkerung eingetreten ist, der Hektarertrag einer Genossenschaft denjenigen eines wohlhabenden Mittelbauern erreicht oder gar übersteigt, und wenn sie begreifen, daß sie in der Fortführung ihrer Alleinwirtschaft auf keinem Gebiet einen Nutzen haben, und daß es tatsächlich vorteilhafter ist, einer Genossenschaft beizutreten.
Zunächst also werden diejenigen, deren wirtschaftliche Lage kritisch bzw. nicht gut ist (sie stellen ungefähr 60 bis 70 Prozent der Dorfbevölkerung) ihrem Bewußtseinsniveau entsprechend in Gruppen eingeteilt, die innerhalb von einigen Jahren Genossenschaften organisieren, die dann später die wohlhabenden Mittelbauern aufnehmen. Auf diese Weise können wir den Fehler der Kommandowirtschaft vermeiden.
Während der nächsten Jahre dürfen Grundherren und reiche Bauern in all jenen Gebieten, in denen die Kollektivierung auf das Ganze gesehen noch nicht durchgeführt wurde, den Genossenschaften unter keinen Umständen beitreten. In den Gebieten, in denen die Kollektivierung im wesentlichen schon durchgeführt ist, dürfen jene Genossenschaften, die bereits gefestigt sind, unter bestimmten Bedingungen in gewissen Zeitabständen und gruppenweise solche Elemente aufnehmen, die ursprünglich Grundherren oder reiche Bauern gewesen waren, die Ausbeutung jedoch schon früher aufgegeben, Arbeit verrichtet und die Gesetze der Regierung respektiert haben; man soll sie an der Gruppenarbeit teilnehmen lassen und während der Arbeit weiterhin umerziehen.

VI

Bei dem Problem der Weiterentwicklung geht es im Augenblick nicht darum, Übereilung zu kritisieren. Es ist falsch, wenn man sagt, daß die Entwicklung der Genossenschaften »die konkreten Möglichkeiten übersteige« und »das Bewußtsein der Massen überfordere«. Die Situation in China ist doch so: da die Bevölkerung enorm groß ist und das bereits kultivierte Land nicht ausreicht (im Landesdurchschnitt nur 0,2 ha pro

Kopf; an zahlreichen Orten in den Südprovinzen lediglich 0,07 ha oder weniger), da von Zeit zu Zeit Naturkatastrophen hereinbrechen (jedes Jahr sind zahlreiche Bauerngebiete verschieden starken Überflutungen, Dürren, Stürmen, Frösten, Hagelschauern oder Schädlingen ausgesetzt) und die Bearbeitungsmethoden rückständig sind, ist das Leben der breiten Bauernmassen immer noch beschwerlich bzw. nicht wohlbestellt, wenn es auch seit der Landreform im Vergleich zur Zeit davor Verbesserungen bzw. wesentliche Verbesserungen gegeben hat. Die Zahl der wohlhabenden Bauern ist nur verhältnismäßig klein, und deshalb hat die Mehrheit der Bauern den aktiven Wunsch, den sozialistischen Weg zu gehen. Der Aufbau der sozialistischen Industrie in unserem Land und ihre täglichen Erfolge verstärken diese positive Einstellung gerade jetzt. Für die Bauern gibt es außer dem Sozialismus keinen anderen Weg. Sie machen 60 bis 70 Prozent der gesamten Dorfbewohner unseres Landes aus. Das besagt, daß die Mehrheit der Bauern unseres Landes, wenn sie sich der Armut entledigen, ihren Lebensstandard verbessern und Naturkatastrophen widerstehen will, vereinigt die breite Straße des Sozialismus gehen muß, um ihre Ziele zu erreichen. Diese Erkenntnis verbreitet sich bereits schnell unter der breiten Masse der armen und nicht wohlhabenden Bauern. Die wohlhabenden bzw. verhältnismäßig wohlhabenden Bauern machen nur 20 bis 30 Prozent der gesamten Landbevölkerung aus; sie schwanken und einige versuchen, nach Kräften den Weg des Kapitalismus zu gehen. Wie ich bereits sagte, gibt es auch unter den armen und nicht wohlhabenden Bauern zahlreiche, die vorläufig noch abwarten und ebenfalls schwanken, weil ihr sozialistisches Bewußtsein nicht sehr entwickelt ist. Im Vergleich zu den wohlhabenden Bauern jedoch können sie den Sozialismus verhältnismäßig leicht akzeptieren. Das ist die tatsächlich bestehende Lage.

Gewisse Genossen allerdings ignorieren diese Lage, und sie glauben, daß die paar hunderttausend halbsozialistischer Produktionsgenossenschaften, die soeben entstanden sind, bereits »die konkreten Möglichkeiten übersteigen« und »das Bewußtsein der Massen überfordern«, das heißt, sie sehen die verhältnismäßig kleine Zahl wohlhabender Bauern und vergessen die äußerst große Zahl armer und nicht wohlhabender Bauern. Das ist die erste falsche Vorstellung.

Diese Genossen unterschätzen ebenfalls die Führungskraft der KP in den Dörfern und die begeisterte Unterstützung, die die Masse der Bauern der Partei zukommen läßt. Sie glauben, unsere Partei fände es schwierig, jene paar hunderttausend kleiner Genossenschaften zu konsolidieren, und sie wagen es noch weniger, sich deren breite Entfaltung vorzustellen.

Sie beurteilen die gegenwärtige Situation, in der sich die Partei bei ihrer Führungsarbeit in der Kollektivierung der Landwirtschaft befindet, pessimistisch, und sie glauben, daß »sie das Erfahrungsniveau der Kader übersteige«. Ganz recht, die sozialistische Revolution *ist* eine neue Revolution. In der Vergangenheit machten wir lediglich unsere Erfahrungen mit der bürgerlich-demokratischen Revolution; Erfahrungen mit der sozialistischen Revolution hatten wir nicht. Aber wie sollen wir derlei Erfahrungen machen? Indem wir dasitzen und uns nicht rühren, oder indem wir in den Kampf um die sozialistische Revolution eintreten und im Verlauf des Kampfes lernen? Wenn wir den Fünfjahrplan nicht durchführen, wenn wir die sozialistische Industrialisierung nicht in Angriff nehmen, wie können wir dann Erfahrungen in der Industrialisierung sammeln? Ein Bestandteil des Fünfjahrplanes ist die Kollektivierung der Landwirtschaft; wenn wir die Bauern nicht anleiten, in jeder Gemeinde und in jedem Dorf eine oder mehrere landwirtschaftliche Produktionsgenossenschaften in Gang zu setzen, wo soll dann »das Erfahrungsniveau der Kader« herkommen, und woran soll es sich steigern? Es ist offensichtlich, daß die Vorstellung, der gegenwärtige Entwicklungsstand der landwirtschaftlichen Produktionsgenossenschaften »übersteige das Erfahrungsniveau der Kader«, falsch ist. Das ist die zweite falsche Vorstellung.

Es ist nicht richtig, wie diese Genossen die Probleme betrachten. Sie beachten das Wesentliche und Hauptsächliche des Problems nicht und übertreiben statt dessen die unwesentlichen, nebensächlichen Aspekte. Ich muß darauf hinweisen, daß die unwesentlichen, nebensächlichen Probleme nicht ignoriert werden dürfen, sondern nach und nach gelöst werden müssen. Aber man sollte sie nicht für das Wesentliche und Hauptsächliche halten und sich darüber in der Generallinie irremachen lassen.

Wir müssen darauf vertrauen, daß 1. die Bauernmassen bereit sind, unter Führung der Partei schrittweise den sozialistischen Weg zu gehen, und daß 2. die Partei fähig ist, die Bauern auf dem sozialistischen Weg zu führen. Diese beiden Punkte sind das Wesentliche, die Hauptsache. Wenn uns dies zweifache Vertrauen fehlt, werden wir nicht imstande sein, den Sozialismus innerhalb von ungefähr drei Fünfjahrplänen in den Grundlagen aufzubauen.

VII

Die Sowjetunion begeistert unser Volk durch ihre große historische Erfahrung beim Aufbau des Sozialismus und erfüllt es mit Vertrauen, daß auch in unserem Land der Sozialismus aufgebaut werden wird. Nun gibt es aber verschiedene Beurteilungen dieser internationalen Erfahrung. Gewisse Genossen mißbilligen die Politik des ZK der Partei, nach der die Kollektivierung der Landwirtschaft mit der sozialistischen Industrialisierung unseres Landes einherschreiten soll, eine Politik, die sich in der Sowjetunion bereits als richtig erwiesen hat. Sie sind der Meinung, daß bei der Industrialisierung das gegenwärtig vorgeschriebene Tempo eingehalten werden kann, während die Kollektivierung der Landwirtschaft nicht unbedingt mit der Industrialisierung Schritt halten muß, sondern in besonders langsamer Weise betrieben werden sollte. Das hieße, die Erfahrungen der Sowjetunion ignorieren. Diese Genossen begreifen nicht, daß die sozialistische Industrialisierung nicht getrennt von der Kollektivierung der Landwirtschaft und nicht isoliert durchgeführt werden kann. Zunächst einmal – und das weiß ein jeder – ist in unserem Land das Produktionsniveau an marktfähigem Brotgetreide und industriellen Rohmaterialien gegenwärtig sehr niedrig, während der Bedarf des Staates an diesen Produkten von Jahr zu Jahr wächst. Hierin liegt ein scharfer Widerspruch. Wenn wir nicht innerhalb eines Zeitraumes von ungefähr drei Fünfjahrplänen das Problem der landwirtschaftlichen Kollektivierung lösen können, d.h. von Kleinbetrieben, in denen die Geräte durch tierische Energie bewegt werden, auf Großbetriebe mit Maschineneinsatz überspringen – einschließlich der vom Staat organisierten und von Umsiedlern mit Maschinen durchgeführten großräumigen Urbarmachung von Brachland (geplant ist für den Zeitraum von drei Fünfjahrplänen die Reklamation von 25 bis 35 Millionen ha Land) –, so werden wir nicht in der Lage sein, den Widerspruch zwischen dem jährlich wachsenden Bedarf an marktfähigem Brotgetreide und industriellen Rohmaterialien einerseits und dem augenblicklich allgemein sehr niedrigen Produktionswert der wichtigsten landwirtschaftlichen Erzeugnisse andererseits zu lösen, wodurch unsere sozialistische Industrialisierung in größte Schwierigkeiten gerät und es uns unmöglich wird, sie zu vollenden. Die Sowjetunion hat im Verlauf ihres sozialistischen Aufbaus diesen Problemen bereits gegenübergestanden. Sie hat sie durch planmäßige Leitung und Entwicklung der landwirtschaftlichen Kollektivierung gelöst. Auch wir können sie nur lösen, wenn wir diese Methode anwenden.

Ferner denken einige unserer Genossen auch nicht daran, folgende zwei Momente in Beziehung zu setzen, nämlich die Tatsache, daß der wichtigste Zweig der sozialistischen Industrie die Schwerindustrie ist – sie produziert die Traktoren, die anderen landwirtschaftlichen Maschinen, die chemischen Düngemittel, die modernen Transportgeräte, die Brennstoffe und die elektrische Energie –, und die Tatsache, daß sie nur auf der Basis einer bereits kollektivierten Landwirtschaft mit Großbetrieben nützlich oder in großem Umfang nützlich sein kann. Gegenwärtig führen wir nicht nur eine gesellschaftliche Revolution durch, in der sich der Übergang von Privateigentum zum öffentlichen Eigentum vollzieht, sondern gleichfalls eine technische Revolution, in der sich der Übergang von der handwerklichen Produktion zur Großproduktion mit modernen Maschinen abwickelt. Diese beiden Revolutionen bilden eine Einheit. Auf dem landwirtschaftlichen Sektor muß unter den in unserem Land bestehenden Bedingungen (in kapitalistischen Staaten entwickelt sich die Landwirtschaft in kapitalistischer Richtung) zunächst die Kollektivierung durchgeführt werden, bevor Großmaschinen zur Anwendung kommen können. Hieraus läßt sich erkennen, daß die beiden Momente Industrie und Landwirtschaft, die sozialistische Industrialisierung und sozialistische Umwandlung der Landwirtschaft, unter keinen Umständen voneinander getrennt und isoliert betrachtet werden dürfen; auch ist es unzulässig, nur die eine Seite zu betonen und die andere zu vernachlässigen. Die sowjetische Erfahrung weist uns auch in diesem Zusammenhang die Richtung. Gewisse Genossen jedoch schenken ihr keine Beachtung und betrachten die Probleme immer wieder isoliert, als bestünde keine Beziehung zwischen ihnen. Außerdem denken einige unserer Genossen nicht daran, auch folgende zwei Momente in Beziehung zu setzen, nämlich die Tatsache, daß große Geldmittel für die nationale Industrialisierung und die technische Umwandlung der Landwirtschaft nötig sind, und die Tatsache, daß ein sehr großer Teil dieser Mittel von der Landwirtschaft aufgebracht wird. Abgesehen von den von der Landwirtschaft direkt aufgebrachten Steuern werden diese Mittel durch den Ausbau der leichtindustriellen Produktion, die in großem Umfang die von den Bauern benötigten Verbrauchsgüter herstellt, aufgebracht. Diese Produkte werden gegen das Brotgetreide und die Rohstoffe für die Leichtindustrie bei den Bauern eingetauscht, wodurch die materiellen Bedürfnisse sowohl der Bauern als auch des Staates befriedigt und überdies für den Staat Investitionsmittel akkumuliert werden. Eine Entwicklung der Leichtindustrie in großem Stil bedarf nicht nur des Ausbaus der Schwerindustrie, sondern auch der Entfaltung der Landwirtschaft. Da die Entwicklung der Leichtindustrie in großem Stil nicht auf der Basis einer Kleinbauernwirtschaft durchgeführt werden kann, wartet sie auf eine weiträumige Landwirtschaft, und das bedeutet für unser Land eine sozialistische, kollektivierte Landwirtschaft. Nur diese Art von Landwirtschaft vermag den Bauern eine um ein Vielfaches größere Kaufkraft zu geben, als sie sie heute kennen. Auch diese Erfahrung hat uns die Sowjetunion bereits vermittelt. Einige unserer Genossen jedoch schenken ihr keine Beachtung. Sie stehen auf dem Standpunkt der Bourgeoisie, der reichen Bauern oder auf dem der wohlhabenden Mittelbauern, die eine spontane Neigung zum Kapitalismus haben, und denken eher an die Wenigen, als daß sie auf dem Standpunkt der Arbeiterklasse stünden und an den ganzen Staat und die ganze Bevölkerung dächten.

VIII

Gewisse Genossen kritisieren unter Berufung auf die Geschichte der KPdSU das, was sie Ungeduld und Übereilung bei der in unserem Land gegenwärtig stattfindenden Kollektivierung der Landwirtschaft nennen. Ja, sagt uns denn nicht der ›Kurzlehrgang der Geschichte der KPdSU‹, daß zahlreiche ihrer lokalen Parteiorganisationen, als es zur Frage des Kollektivierungstempos kam, auch eine Zeitlang den Fehler der Ungeduld und Übereilung begingen? Und sollten wir etwa diese internationale Erfahrung unbeachtet lassen?

Ich bin der Meinung, daß wir die sowjetische Erfahrung durchaus beachten sollten; wir sollten uns jeder ideologischen Ungeduld und Übereilung widersetzen, die zu unvorbereiteten, die Bewußtseinslage der Massen nicht berücksichtigenden Schritten führt. Aber wir sollten es jenen Genossen nicht gestatten, die sowjetischen Erfahrungen als Verschleierung dafür zu benutzen, daß sie ideologisch auf allen vieren kriechen.

Wie hat nun das ZK unserer Partei entschieden, um in China die Kollektivierung der Landwirtschaft durchzuführen?

Erstens ist beabsichtigt, den Plan innerhalb von 18 Jahren im wesentlichen durchzuführen. Der Zeitraum von etwas mehr als drei Jahren seit der Gründung der VRCh im Oktober 1949 bis 1952 war dem Wiederaufbau unserer Volkswirtschaft gewidmet. Neben der Verwirklichung der Agrarreform und dem Wiederaufbau der Landwirtschaft förderten wir zu dieser Zeit in allen befreiten Gebieten im Agrarsektor weithin die Bildung von Organisationen zur gegenseitigen Hilfe bei der landwirtschaftlichen Produktion sowie die Einrichtung von halbsozialistischen landwirtschaftlichen Produktionsgenossenschaften und machten dabei unsere Erfahrungen. Es folgte, 1953 beginnend, der erste Fünfjahrplan. Bis heute sind nahezu drei Jahre vergangen, die Kollektivierungsbewegung in der Landwirtschaft hat sich bereits im Rahmen unseres ganzen Landes ausgebreitet, und unsere Erfahrungen haben sich vermehrt. Insgesamt 18 Jahre werden von der Gründung der VRCh bis zur vollständigen Durchführung des dritten Fünfjahrplanes vergehen. Innerhalb dieses Zeitraumes beabsichtigen wir, gleichzeitig mit der sozialistischen Industrialisierung die sozialistische Umwandlung des Handwerks und der kapitalistischen Industrie- und Handelsunternehmen sowie auf dem Sektor der Landwirtschaft die Kollektivierung im wesentlichen zu vollenden. Ist das möglich? Die sowjetische Erfahrung sagt uns, daß es voll und ganz möglich ist. Der Bürgerkrieg in der Sowjetunion endete 1920; die Kollektivierung der Landwirtschaft wurde in den 17 Jahren zwischen 1921 und 1937 vollendet, und dabei wurde die Hauptarbeit in den sechs Jahren zwischen 1929 und 1934 vollbracht. Obwohl in dieser Zeit gewisse lokale Parteiorganisationen in der Sowjetunion, wie es im ›Kurzlehrgang der Geschichte der KPdSU‹ heißt, den Fehler der sog. »Trunkenheit durch Erfolg« begingen, wurde dieser sehr schnell korrigiert. Durch eine gewaltige Kraftanstrengung vollendete die Sowjetunion schließlich siegreich die sozialistische Umwandlung der gesamten Landwirtschaft und erreichte gleichzeitig eine imposante technische Umgestaltung im landwirtschaftlichen Bereich. Gerade der von der Sowjetunion beschrittene Weg ist unser Vorbild.

Zweitens haben wir für die sozialistische Umgestaltung der Landwirtschaft ein Verfahren gewählt, das eine stufenweise Entwicklung vorsieht. Auf der ersten Stufe werden in den Dörfern, gemäß dem Prinzip der Freiwilligkeit und dem des gegenseitigen Nutzens, die Bauern aufgerufen, Organisationen zur gegenseitigen Hilfe bei der landwirtschaftlichen Produktion zu bilden, die nur gewisse sozialistische Keime aufweisen und sich aus einigen, manchmal auch einem Dutzend Haushalten zusammensetzen. Danach werden auf der zweiten Stufe – auf der Basis der Organisationen zur gegenseitigen Hilfe und wie zuvor in Übereinstimmung mit dem Prinzip der Freiwilligkeit und des gegenseitigen Nutzens – die Bauern angehalten, kleine landwirtschaftliche Produktionsgenossenschaften halbsozialistischen Charakters zu organisieren, deren besonderes Merkmal darin liegt, daß die Bauern ihr Land als Kapitalanteil einbringen und es als Gesamtheit bewirtschaften. Erst auf der dritten Stufe werden die Bauern aufgerufen, auf der Basis der kleinen halbsozialistischen Genossenschaften – in Übereinstimmung mit dem gleichen Prinzip der Freiwilligkeit und des gegenseitigen Nutzens – sich weiter zusammenzuschließen und große landwirtschaftliche Produktionsgenossenschaften vollsozialistischen Charakters zu organisieren. Eine solche Reihenfolge ermöglicht es den Bauern, durch eigene Erfahrung das Niveau ihres sozialistischen Bewußtseins schrittweise zu erhöhen und allmählich ihre Lebensweise zu ändern, so daß sie kaum zu dem Empfinden gelangen, die Veränderung ihrer Lebensweise sei plötzlich eingetreten. Eine solche Reihenfolge erlaubt es, eine Verminderung der Produktion an landwirtschaftlichen Erzeugnissen innerhalb eines bestimmten Zeitraumes (von z. B. ein, zwei Jahren) im wesentlichen zu vermeiden; im Gegenteil, sie muß sicherstellen, daß die Produktion von Jahr zu Jahr steigt, und das kann sie erreichen. Mehr als 80 Prozent der gegenwärtig existierenden 650000 landwirtschaftlichen Produktionsgenossenschaften haben ihre Produktion erhöht, etwas mehr als 10 Prozent verzeichneten weder eine Steigerung noch eine Abnahme, und einige vom Hundert weisen eine verminderte Produktion auf. Der Zustand in den beiden letzten Kategorien ist nicht gut; er ist besonders schlecht in der Kategorie mit zu geringer Produktion. Er muß durch eine Kraftanstrengung gebessert werden. Da mehr als 80 Prozent der Genossenschaften ihre Produktion steigern konnten (die Produktionssteigerung betrug zwischen 10 und 30 Prozent) und da etwas mehr als 10 Prozent der Genossenschaften, nachdem sie eine Überprüfung erfahren hatten, im zweiten Jahr eine höhere Produktion erreichen konnten, obwohl diese im ersten Jahr weder zu- noch abnahm, und da schließlich die wenigen Genossenschaften, deren Produktion abnahm, nach einer Überprüfung im zweiten Jahr ebenfalls einen Produktionszuwachs erzielen oder eine Position erreichen konnten, die weder durch eine Zunahme noch eine Abnahme gekennzeichnet ist, kann man hinsichtlich des Ganzen sagen, daß die Entfaltung unserer Kollektivierung gesund ist und im wesentlichen eine Produktionssteigerung garantiert und eine Produktionssenkung verhindert. Diese Reihenfolge (der sozialistischen Umgestaltung) ist ebenfalls eine ausgezeichnete Schule für die Ausbildung der Kader, und sie erlaubt es, in großem Umfang Verwaltungskader und technisches Personal für die Genossenschaften schrittweise auszubilden.

Drittens wird jedes Jahr einmal entsprechend den konkreten Gegebenheiten eine Sollzahl für die Entfaltung der landwirtschaftlichen Genossenschaften festgesetzt und mehrmals am Fortschritt der Kollektivierungsarbeit überprüft. Auf diese Weise können an Hand der wechselnden Situationen und des positiven oder negativen Erfolges die konkreten

Maßnahmen eines jeden Jahres für die Entwicklung in den verschiedenen Provinzen, Kreisen und Gemeinden bestimmt werden. An einigen Orten mag man vorübergehend pausieren, während sie überprüft werden; an anderen Orten kann die Entfaltung und die Überprüfung nebeneinander verlaufen. Einigen Mitgliedern gewisser Genossenschaften mag es gestattet werden, auszutreten. Einzelne Genossenschaften dürfen sich vorübergehend auflösen. Während an einigen Orten Genossenschaften in großer Zahl zu errichten sein werden, gibt es andere, an denen lediglich die Zahl der Bauernhaushalte in den alten Genossenschaften vermehrt werden darf. Jedesmal, wenn in einer Provinz oder in einem Kreis eine Reihe von Genossenschaften entstanden sind, muß eine Phase eintreten, in der die Entwicklung angehalten wird und Überprüfungen durchgeführt werden, bevor weitere Genossenschaften eingerichtet werden. Die Vorstellung, daß keine Rast und keine Pause erlaubt sei, ist falsch. Die Überwachung der Kollektivierungsbewegung muß vom ZK, den Provinzkomitees, den regionalen Komitees sowie den Stadt- und Lokalkomitees jedes Jahr nicht einmal, sondern zwei- und dreimal äußerst streng durchgeführt werden. Sobald ein Problem aufgekommen ist, ist es zu lösen; sie dürfen sich nicht anhäufen, um dann alle mit einem Mal gelöst zu werden. Kritik muß Kritik zur rechten Zeit sein. Man darf sich nicht daran gewöhnen, erst nach den Ereignissen zu kritisieren. So hat z. B. in den ersten sieben Monaten dieses Jahres allein das ZK drei Konferenzen – einschließlich der jetzigen – mit den örtlich verantwortlichen Genossen zur Erörterung von Problemen der Kollektivierung in den Dörfern einberufen. Indem wir dieses Verfahren verwirklichen, das Maßnahmen gemäß den örtlichen Verhältnissen und eine rechtzeitige Führung vorsieht, dürfte gewährleistet sein, daß wir bei unserer Arbeit weniger Fehler machen oder, wenn Fehler begangen worden sind, sie schnell korrigieren.

Glauben Sie nicht, daß man im Hinblick auf die oben aufgeführten Umstände sagen kann, daß die Führungspolitik des ZK unserer Partei gegenüber der landwirtschaftlichen Kollektivierung richtig ist und die gesunde Entwicklung der Bewegung somit hinreichend gewährleistet? Ich glaube, daß man das sagen kann und sagen sollte. Diese Politik mit dem Ausdruck »übereilt« zu bewerten, ist absolut falsch.

IX

Gewisse Genossen, die vom Standpunkt der Bourgeoisie und der reichen Bauern oder dem der wohlhabenden Mittelbauern ausgehen, die eine spontane Neigung zum Kapitalismus haben, betrachten das Problem der Allianz der Arbeiter und Bauern, das äußerst wichtig ist, falsch. Sie halten die Situation der gegenwärtigen Kollektivierungsbewegung für äußerst kritisch und drängen uns, auf der vor uns liegenden Straße der Kollektivierung »geschwind vom Pferd zu steigen«. Sie halten uns die Warnung entgegen: »Wenn ihr nicht geschwind vom Pferd steigt, besteht die Gefahr, daß die Allianz der Arbeiter und Bauern zerstört wird.« Wir sind genau der umgekehrten Meinung, nur wenn wir nicht geschwind auf das Pferd steigen, besteht die Gefahr, daß die Allianz der Arbeiter und Bauern zerstört wird. Sichtbar ist hier der Unterschied nur durch ein einziges Wort: die einen wollen ab-, die anderen aufsteigen; und dennoch offenbart es das Auseinandergehen zweier Wege. Wie Sie alle wissen, haben wir bereits eine Allianz der Arbeiter und Bauern, die auf der Basis der bürgerlich-demokratischen Revolution gegen den Imperialismus und Feudalismus steht und das Land aus den Händen der Großbesitzer nahm und den Bauern übergab, wodurch diese vom System des Feudaleigentums befreit wurden. Diese Revolution ist jedoch vorüber. Der Feudalbesitz ist bereits liquidiert. Was heutzutage im Dorf noch weiterbesteht, ist das kapitalistische Besitztum der reichen Bauern sowie ein ganzer Ozean von individuellem bäuerlichem Eigentum. Wie jedermann während der vergangenen Jahre beobachtet haben wird, hat sich der Kapitalismus in den Dörfern von Tag zu Tag nach Kräften ausgebreitet; allerorten sind neue reiche Bauern aufgetreten, und zahlreiche wohlhabende Mittelbauern streben mit Gewalt danach, selbst auch reiche Bauern zu werden. Da ihre Produktionsmittel nicht ausreichen, befinden sich viele arme Bauern wie zuvor in einer kläglichen Lage; einige sind verschuldet, andere haben ihr Land verkauft oder verpachtet. Wenn man dieser Tendenz erlaubt, sich weiter zu entfalten, wird auf dem Lande die Spaltung in zwei Extreme unweigerlich von Tag zu Tag kritischer. Die Bauern, die ihr Land verloren haben, oder solche, die sich weiterhin in einer kläglichen Lage befinden, werden über uns verärgert sein und sagen, wir sähen zu, wie sie verrecken, ohne sie zu retten und ohne ihnen aus der Not zu helfen. Auch die zum Kapitalismus tendierenden wohlhabenden Bauern sind mit uns nicht zufrieden, da wir niemals die Erwartungen dieser Bauern werden erfüllen können, solange wir nicht daran denken, den kapitalistischen Weg zu gehen. Kann sich unter diesen

Umständen das Bündnis zwischen Bauern und Arbeitern weiterhin festigen? Offenbar nicht. Dieses Problem kann nur auf einer neuen Basis gelöst werden. Diese ist die gleichzeitig mit der allmählich verwirklichten sozialistischen Industrialisierung sowie der sozialistischen Umwandlung des Handwerks und der kapitalistischen Industrie- und Handelsunternehmen stufenweise vollzogene sozialistische Umgestaltung der gesamten Landwirtschaft, d.h. die Kollektivierung, wobei das System der reichen Bauernwirtschaft und das der Einzelwirtschaft aufgelöst wird und die Landbevölkerung als ein Ganzes zum Wohlstand aufsteigen kann. Wir sind der Meinung, daß nur auf diese Weise das Bündnis zwischen Arbeitern und Bauern gefestigt werden kann. Wenn wir nicht so verfahren, ist das Bündnis in Gefahr, zerstört zu werden. Jene Genossen, die uns anhalten, »vom Pferd zu steigen«, befinden sich in dieser Frage auf dem Holzwege.

X

Wir müssen heute erkennen, daß die Dörfer in ganz China bald von einer riesigen Woge der sozialistischen Umwandlung erfaßt werden. Das ist unvermeidlich. Gegen Ende des ersten und zu Beginn des zweiten Fünfjahrplanes, also im Frühjahr des Jahres 1958, werden ungefähr 250 Millionen Menschen im ganzen Land – das sind etwa 55 Millionen Bauernhaushalte (mit einer Durchschnittsgröße von 4,5 Personen) – den halbsozialistischen Genossenschaften beigetreten sein. Das ist die Hälfte der gesamten Landbevölkerung. Zu jenem Zeitpunkt wird die halbsozialistische Umwandlung der Landwirtschaft in sehr vielen Kreisen und in einigen Provinzen im wesentlichen abgeschlossen sein; außerdem werden überall im Land einige wenige Genossenschaften aus halbsozialistischen in vollsozialistische umgewandelt sein. In der zweiten Hälfte des zweiten Fünfjahrplanes, etwa im Jahre 1960, wird die halbsozialistische Umwandlung der noch verbleibenden Bevölkerungshälfte im großen und ganzen vollendet sein. Die Zahl der aus halbsozialistischen zu vollsozialistischen umgewandelten Genossenschaften wird dann noch größer sein. Während der Laufzeit des ersten und zweiten Fünfjahrplanes wird die Reform auf dem Lande zur Hauptsache noch eine Gesellschaftsreform sein, und erst in zweiter Linie eine technische. Große landwirtschaftliche Maschinen werden gewiß zahlreicher geworden sein, aber immer noch nicht sehr zahlreich. Im Verlauf des dritten Fünfjahrplanes wird die gesellschaftliche und technische Reform auf dem Lande gleichzeitig voranschreiten und der Einsatz von großen landwirtschaftlichen Maschinen von Jahr zu Jahr zunehmen, während sich auf dem Gebiet der Gesellschaftsreform nach 1960 die Genossenschaften allmählich gruppenweise und zu verschiedenen Zeitpunkten von halbsozialistischen zu vollsozialistischen entwickeln werden. Erst wenn die sog. Umwandlung des sozial-ökonomischen Systems voll und ganz durchgeführt worden ist und auf dem technischen Sektor in allen Abteilungen und an allen Orten, an denen Maschinen zum Einsatz kommen können, allgemein Maschinen benutzt werden, wird sich das sozial-ökonomische Gesicht Chinas vollkommen wandeln. Auf Grund der wirtschaftlichen Voraussetzungen unseres Landes wird die technische Reform etwas länger als die gesellschaftliche dauern. Man schätzt, daß etwa vier bis fünf Fünfjahrpläne, d.h. 20 bis 25 Jahre, nötig sind, um die technische Reform auf dem Gebiet der Landwirtschaft im wesentlichen zu vollenden. Die ganze Partei muß um die Verwirklichung dieser großen Aufgaben ringen[4].

XI

Wir brauchen umfassende Pläne, und wir müssen die Führung noch mehr stärken.

Wir müssen für die Durchführung der Kollektivierung in ihren verschiedenen Phasen Pläne haben, die das ganze Land, eine ganze Provinz, einen ganzen Sonderdistrikt, ganze Kreise, ganze Bezirke und ganze Gemeinden umfassen. Außerdem müssen an Hand der Entwicklung der praktischen Arbeit die eigenen Pläne ununterbrochen revidiert werden. Die Partei- und Jugendliga-Organisationen, seien sie auf Provinz-, Distrikts-, Kreis-, Bezirks- oder Gemeindeebene, haben den dörflichen Problemen ihre ganze Aufmerksamkeit zu schenken und ihre Führung in der Dorfarbeit gründlich zu verbessern. Die verantwortlichen Genossen der Partei- und Ligakomitees, gleich welcher Ebene, sollten die Arbeit der landwirtschaftlichen Produktionsgenossenschaften mit großem Eifer studieren und sich zu Experten entwickeln. Um es zusammenzufassen: Es gilt, Herr der Bewegung, nicht ihr Opfer zu sein; wir müssen unsere Führung stärken, nicht aber aufgeben.

Die folgenden Abschnitte enthalten vornehmlich Zitate aus Berichten untergeordneter Parteidienststellen, die das bereits Gesagte illustrieren sollen.

[4] Die ausführlichste Einführung in die Umwandlung der chinesischen Landwirtschaft gibt Max Biehl: Die chinesische Volkskommune im »Großen Sprung« und danach. Hamburg 1965.

3. Vorrede zu einem Buch ›Der sozialistische Umschwung in Chinas Landwirtschaft‹

27. Dezember 1955

Im Zusammenhang mit dem Aufschwung der Kollektivierung auf dem Lande gab das ZK der KPCh eine Sammelschrift heraus, in der 176 verschiedene Beiträge über die Aspekte der Sozialisierung der chinesischen Landwirtschaft zusammengestellt wurden. Mao schrieb dazu ein Vorwort und zahlreiche Anmerkungen. Nach einer redaktionellen Vorbemerkung, in der er feststellte, daß die Beiträge, die im September 1955 geschrieben worden waren, sich im Ton von jenen unterschieden, die im Dezember zustande kamen, schreibt er:

Es geht aber um mehr als um die Frage des Materials. Das Entscheidende ist, daß die Lage sich während der zweiten Hälfte 1955 in China grundlegend gewandelt hat. Zur Zeit (Ende Dezember 1955) haben sich von Chinas 110 Millionen ländlichen Haushalten mehr als 70 Millionen (über 60 Prozent) dem Ruf des ZK zufolge zu halbsozialistischen Produktionsgenossenschaften zusammengeschlossen. Ich hatte in meinem Bericht über die Kollektivierung der Landwirtschaft vom Juli 1955 festgestellt, daß 16,9 Mill. ländlicher Haushalte den Genossenschaften beigetreten wären. Seitdem sind binnen weniger Monate über 50 Mill. mehr beigetreten.

Das ist ein ungeheures Ereignis. Es sagt uns, daß wir nur ein Jahr brauchen – 1956 –, um den Übergang in halbsozialistische Genossenschaften praktisch abzuschließen. In drei oder vier Jahren, 1959 oder 1960, können wir die Umschaltung von halb- in vollsozialistische Genossenschaften beenden. Das Ereignis sagt uns ferner, daß die sozialistische Umbildung des chinesischen Handwerks, der kapitalistischen Industrie und des Handels, wenn der Bedarf der sich ausweitenden Landwirtschaft gedeckt werden soll, ebenfalls beschleunigt werden muß. Es sagt uns, daß Maß und Geschwindigkeit der chinesischen Industrialisierung und der Entwicklung von Wissenschaft, Kultur, Erziehung, öffentlicher Gesundheit usw. nicht mehr dieselben sein können, wie ursprünglich geplant. Alles muß entsprechend erweitert und beschleunigt werden. Ist dieser rapide Vorstoß in die Kollektivierung der Landwirtschaft gesund? Das ist er gewiß. Alle örtlichen Parteiinstanzen unterstellen die Bewegung ihrer umfassenden Führung. Die Bauern machen mit großer Begeisterung und in guter Ordnung mit. Ihr Produktionseifer ist so groß wie noch nie. Zum erstenmal hat die große Mehrheit des Volkes eine klare Zukunft vor Augen. Mit dem Abschluß dreier Fünfjahrpläne, also 1967, wird die Produktion von Getreide und vieler anderer Feldfrüchte den höchsten Stand vor der Gründung der Volksrepublik um das Doppelte oder Dreifache übersteigen. Das Analphabetentum wird in verhältnismäßig kurzer Zeit beseitigt sein, etwa in sieben, acht Jahren. Viele Krankheiten, an denen die Menschen litten, wie Schistosomiasis, Krankheiten, die früher für unheilbar galten, können wir nun behandeln. Kurzum, das Volk kann die große Straße sehen, die offen vor ihm liegt.

Das Problem, vor dem die Partei und das Volk im ganzen Land stehen, ist nicht mehr das des Kampfes gegen rechts-konservative Ideen über die Geschwindigkeit der sozialistischen Umgestaltung des Landes. Das ist schon gelöst. Auch handelt es sich nicht mehr um das Problem, wie schnell die kapitalistische Industrie und der Handel im ganzen in gemischt-staatliche Unternehmen überführt werden sollen. Auch das Problem ist gelöst. In der ersten Hälfte 1956 müssen wir über die Geschwindigkeit der sozialistischen Umformung des Handwerks reden. Auch das Problem wird sich ohne weiteres lösen lassen.

Unser heutiges Problem ist keines von diesen, es berührt andere Fragen: die landwirtschaftliche Produktion, die Industrieproduktion (einschließlich Staats-, gemischt-staatliche und kooperative Betriebe), handwerkliche Produktion, Umfang und Tempo des vordringlichen Ausbaus von Industrie, Verkehr und Transport, die Koordinierung des Handels mit anderen Wirtschaftszweigen und die Koordinierung der Arbeit in Wissenschaft, Kultur, Erziehung, Gesundheitspflege usw. mit unseren verschiedenen wirtschaftlichen Aufbauvorhaben. All diesen Gebieten gegenüber herrscht eine Unterschätzung der Lage, die kritisiert und korrigiert werden muß, wenn die Arbeit Schritt halten soll mit der Entwicklung der Gesamtlage. Das Denken des Volkes muß sich den veränderten Bedingungen anpassen. Gewiß darf niemand wild drauflos phantasieren oder Pläne machen, die die objektive Lage nicht rechtfertigt, oder auf Biegen und Brechen das Unmögliche wollen. Das Problem ist, daß rechtskonservative Kreise auf vielen Gebieten immer noch Schwierigkeiten machen und verhindern, daß die Arbeit auf diesen Gebieten mit der Entwicklung der objektiven Lage Schritt hält. Viele Leute nämlich sind da-

bei, schier Unmögliches zu erwägen, das getan werden könnte, wenn man sich nur gehörig anstrengt. Darum ist es durchaus notwendig, die rechtskonservativen Ideen, die tatsächlich immer noch existieren, weiterhin zu kritisieren[1].
Dieses Buch ist gedacht für die Genossen, die auf dem Lande arbeiten. Können Stadtbewohner es auch lesen? Sie können nicht nur, sie sollen es sogar lesen. Es handelt alles von neuen Dingen. So wie jeden Tag, ja jede Stunde im Zuge der Sozialisierung neue Entwicklungen in den Städten eintreten, so ist es auch auf dem Lande. Was tun die Bauern? Welche Beziehungen bestehen zwischen ihrem Tun und dem, was die Arbeiter, die Intellektuellen und alle, die ihr Land lieben, tun? Ein Blick in dieses Material über die ländlichen Gebiete wird die Antwort darauf erleichtern.

Eine Kurzfassung soll die Verbreitung der Kenntnisse über das Land erleichtern.

Diese Gemeinde hat sich in zwei Jahren bereits kollektiviert[2]

Jene Leute, die nicht glauben wollten, daß binnen drei Jahren die erste Stufe der Kollektivierung in jedem einzelnen Ort werde durchgeführt werden können (die Losung der Kollektivierung binnen drei Jahren kam von den Massen und stieß auch prompt auf die Kritik der Opportunisten), und jene Leute, die nicht glauben wollten, daß die später befreiten Gebiete mit den alt-befreiten[3] zu gleicher Zeit kollektiviert werden können, sollten sich doch einmal diese Gemeinde in Kunschan in der Provinz Kiangsu ansehen. Hier ist nicht binnen drei Jahren, sondern binnen zwei Jahren die Kollektivierung durchgeführt worden. Und dies ist nicht ein alt-befreites Gebiet, sondern ein voll und ganz später befreites Gebiet. Und dieses spät-befreite Gebiet hat einige alt-befreite überholt! Was soll man da tun? Sie etwa wieder zurückzerren? Natürlich nicht, die Opportunisten können nur noch ihre Niederlage eingestehen. In den Massen

[1] Das ist kein Widerspruch zu dem Satz weiter oben, daß der *Kampf* gegen die Rechts-Konservativen kein Problem mehr sei. Der Passus deutet an, daß man nunmehr milder verfahren könne, aber auch, daß Extremisten sich oft zu weit vorwagen und der rechts-konservativen Kritik Vorschub leisten.

[2] Vorrede zu einem Bericht über die Gemeinde Hsi-hsiu im Distrikt Kun-schan, Provinz Kiangsu, vgl. »Sozialistischer Aufschwung in den Dörfern Chinas« (chin.), Peking 1956, Bd. 2, S. 587f.

[3] Diese Unterscheidung trifft die während des Krieges gegen Japan bereits unter kommunistische Kontrolle gekommenen Gebiete (»alt-befreit«) sowie die während des Bürgerkrieges 1946–1949 erst eroberten Gebiete (»spät-befreit«).

hatte sich nämlich ein gewaltiger sozialistischer Aktivismus angesammelt. Jene Leute aber, die auch in der revolutionären Periode nur den herkömmlichen Weg gehen konnten, haben angesichts dieses Aktivismus überhaupt nichts bemerkt. Sie sind Blinde, vor ihrem Gesicht erscheint nur schwarze Finsternis. Zuweilen wollen sie geradezu alles durcheinanderwerfen und -mischen, richtig und falsch, Schwarz und Weiß. Sollten wir diesem Typ etwa nur selten begegnen? Diese Leute, die nur den ausgetretenen Pfaden folgen können, haben den Aktivismus der Massen immer schon zu gering eingeschätzt. Tritt einmal etwas Neues in Erscheinung, sie werden es nie willkommen heißen, zunächst gilt einmütige Opposition. Nachher geben sie klein bei und üben ein wenig Selbstkritik. Kommt ein zweites Mal etwas Neues zum Vorschein, wiederholt sich der Kreislauf dieser beiden Verhaltensweisen. Und jede spätere Neuerscheinung behandeln sie ebenso. Diese Leute sind die ewig Passiven, in einem Moment dringender Entscheidung treten sie auf der Stelle, sie brauchen immer wieder jemanden, der ihnen von hinten einen kräftigen Stoß versetzt, damit sie bereit sind, einen Schritt nach vorn zu tun. Welches Jahr wird solche Leute denn dazu bringen können, einmal selbständig und bewußt einen Weg zu betreten und beim Gehen auch fest zu bleiben? Es gibt eine Methode, dieses Übel zu kurieren, nämlich sich ein wenig Zeit zu nehmen und einmal mitten unter die Massen zu gehen und sich anzusehen, was man in den Massen so denkt und tut, und bei ihnen progressive Erfahrungen herauszufinden und sie zu erweitern. Das ist eine wirkungsvolle Medizin, die ein hartnäckiges rechtsseitiges Übel kurieren kann, möchten die Herren doch nicht versäumen, sie einmal zu probieren.

Eine ernste Lehre[4]

Die politische Arbeit ist die Lebenslinie aller wirtschaftlichen Arbeit. Wenn im System von Gesellschaft und Wirtschaft ein grundlegender Wandel eintritt, ist das erst recht so. Die Kollektivierungskampagne in der Landwirtschaft war von allem Anfang an ein ernster ideologischer und politischer Kampf. Jede Genossenschaft konnte erst gegründet werden, nachdem sie einen solchen Kampf durchgemacht hatte. Ein ganz neues Wirtschaftssystem muß ja auf der Grundlage eines alten Systems errichtet werden, und es muß dann diese Grundlage beseitigen. Reste des

[4] Vorrede zu einem Bericht aus der Provinz Shansi, s. o. Bd. 1, S. 123f.

alten Denkens, welches das alte System widerspiegelt, werden stets noch lange Zeit in den Köpfen der Menschen haften bleiben, sie werden das Feld nicht leicht räumen wollen. Eine Genossenschaft muß nach ihrer Gründung noch viele Kämpfe durchstehen, bevor sie sich selbst festgegründet wissen kann. Man braucht nach ihrer Festigung nur einmal die Zügel locker zu lassen, und schon kann sie wieder zusammenbrechen. Die Genossenschaft San-lou-ssu im Kreis Djiä-yü in Shansi ist nach ihrer Konsolidierung beinahe wieder zusammengebrochen, weil man die Zügel locker gelassen hatte. Und nur weil die dortige Parteiorganisation ihre eigenen Fehler kritisiert hat und den Massen der Genossenschaftsmitglieder eine gegen den Kapitalismus gerichtete und den Sozialismus stärkende Erziehung zuteil werden ließ und so die politische Arbeit wiederaufgenommen hat, konnte sie die Gefahr überwinden und den Weg einer weiteren positiven Entwicklung gehen. Die kapitalistische Tendenz zur Eigenentwicklung, die allein dem Eigennutz dient, bekämpfen, und einen sozialistischen Geist, der den Grundsatz der Verbindung von kollektivem und individuellem Nutzen zum Maßstab aller Reden und Aktionen macht, fördern, das gibt die ideologische und politische Gewähr dafür, daß die atomisierte Kleinbauernwirtschaft allmählich in eine großzügige Kollektivwirtschaft überführt werden kann. Diese Arbeit ist mühselig, man muß sie unter Berücksichtigung der Lebenserfahrungen der Bauern sehr konkret und sehr sorgsam durchführen, und man darf keine gewalttätige Haltung einnehmen und keine kurz angebundenen Verfahren anwenden. Sie muß in einem Arbeitsgang mit der wirtschaftlichen Arbeit und nicht isoliert durchgeführt werden. Für diese Arbeit haben wir überall in China bereits reiche Erfahrungen gesammelt. Die Berichte in diesem Buch weisen beinahe alle auf diesen wichtigen Punkt.

4. Zur Frage der richtigen Behandlung von Widersprüchen im Volk[1]

27. Februar 1957

Die Frage der richtigen Behandlung von Widersprüchen innerhalb des Volkes ist das Hauptthema. Der besseren Übersicht wegen wurde es in zwölf Unterthemen gegliedert. Wenn hier auch von Widersprüchen zwischen uns und unseren Feinden die Rede sein wird, so wird doch das Hauptgewicht auf der Erörterung der Widersprüche innerhalb des Volkes liegen.

1. Zwei verschiedene Arten von Widersprüchen

So wie heute ist unser Land nie zuvor geeint gewesen. Der Sieg der bürgerlich-demokratischen Revolution und der sozialistischen Revolution sowie die Errungenschaften des sozialistischen Aufbaus haben das Gesicht des alten China rasch verändert. Eine schönere Zukunft unseres Vaterlandes liegt nun vor uns. Der vom Volke verabscheute Zustand nationaler Zersplitterung und Zerrüttung ist für immer vorüber. Unser 600-Millionen-Volk ist dabei, unter Führung der Arbeiterklasse und der Kommunistischen Partei gemeinsam das große Werk des sozialistischen Aufbaus zu verwirklichen. Einheit des Landes, Zusammenschluß des Volkes und aller Nationalitäten im Land – das sind die grundlegenden Garantien für den sicheren Sieg unserer Sache. Das heißt jedoch nicht,

[1] Rede vom 27.2.1957 auf der 11. Erweiterten Sitzung der Obersten Staatskonferenz. Jetzt nach den damaligen Aufzeichnungen vom Verfasser überarbeitet und in einigen Punkten ergänzt (i. Orig.). Durch die Umstände, die die freie Diskussion während der ›Hundert Blumen‹-Periode im Mai/Juni 1957 herbeiführte, ist diese überarbeitete und ergänzte Fassung erst in der zweiten Junihälfte veröffentlicht worden; diese Rede ist enthalten in der 1964 erstmalig publizierten Schriftenauswahl Maos »Mao Tsetung-Chrestomathie, Teil A«, S. 327ff. Deutsche Übersetzungen zuerst Peking 1960, dann Peking 1965 als Einzelausgabe im Verlag für fremdsprachige Literatur (1967 2. Druck).

daß in unserer Gesellschaft keinerlei Widersprüche mehr existierten. Die Annahme, es gäbe keine Widersprüche, ist naiv und entspricht nicht der objektiven Wirklichkeit. Wir sehen uns zwei Arten von gesellschaftlichen Widersprüchen gegenüber: den Widersprüchen zwischen uns und unseren Feinden und den Widersprüchen innerhalb des Volkes. Diese beiden Arten von Widersprüchen sind ihrem Wesen nach grundsätzlich verschieden.

Um diese beiden verschiedenen Arten von Widersprüchen – zwischen uns und unseren Feinden einerseits und innerhalb des Volkes andererseits – richtig zu erkennen, muß zunächst geklärt werden, was unter »Volk« und was unter »Feinden« zu verstehen ist. Der Begriff »Volk« hat in den verschiedenen Ländern und in den verschiedenen Geschichtsperioden jedes Landes verschiedene Bedeutung. Nehmen wir z. B. unser Land: Während des antijapanischen Krieges gehörten alle Klassen, Schichten und gesellschaftlichen Gruppierungen, die den Japanern Widerstand leisteten, zur Kategorie des Volkes; die japanischen Imperialisten, die Landesverräter und die projapanischen Elemente waren die Feinde des Volkes. Während des Befreiungskrieges waren die amerikanischen Imperialisten und ihre Helfershelfer – die bürokratischen Kapitalisten und die Grundbesitzerklasse – sowie die diese Klassen vertretenden Kuomintang-Reaktionäre die Feinde des Volkes; alle Klassen, Schichten und sozialen Gruppierungen, die sich diesen Feinden widersetzten, gehörten zur Kategorie des Volkes. In der gegenwärtigen Periode, während des Aufbaus des Sozialismus, gehören alle Klassen, Schichten und gesellschaftlichen Gruppierungen, die die Sache des sozialistischen Aufbaus fördern, unterstützen und sich für sie einsetzen, zur Kategorie des Volkes; alle gesellschaftlichen Kräfte und Gruppierungen, die sich der sozialistischen Revolution widersetzen sowie dem sozialistischen Aufbau feindlich gegenüberstehen und ihn stören, sind die Feinde des Volkes.

Die Widersprüche zwischen uns und unseren Feinden sind antagonistische Widersprüche. Die Widersprüche innerhalb des Volkes, z. B. solche unter der werktätigen Bevölkerung, sind nichtantagonistisch; solche zwischen ausgebeuteten Klassen und ausbeutenden Klassen haben außer ihrer antagonistischen Seite noch eine nichtantagonistische Seite.

Widersprüche innerhalb des Volkes bestehen nicht erst seit heute, aber sie waren in jeder Periode der Revolution und des sozialistischen Aufbaus ihrem Inhalt nach verschieden. Unter den gegenwärtigen Bedingungen in China umfassen die sogenannten Widersprüche innerhalb des Volkes die Widersprüche innerhalb der Arbeiterklasse, die Widersprüche innerhalb der Bauernschaft, dann die Widersprüche innerhalb der Intelligenz, die Widersprüche zwischen den Klassen der Arbeiter und der Bauern, ferner die Widersprüche der Arbeiter und Bauern zur Intelligenz, die Widersprüche der Arbeiterklasse und der übrigen werktätigen Bevölkerung zur nationalen Bourgeoisie, dann die Widersprüche innerhalb der nationalen Bourgeoisie usw. Unsere Volksregierung ist eine Regierung, welche die Interessen des Volkes wahrhaft vertritt, sie ist eine Regierung, die dem Volke dient – aber zwischen ihr und den Volksmassen existieren gewisse Widersprüche. Diese umfassen Widersprüche zwischen den Interessen des Staates, kollektiven Interessen und individuellen Interessen, Widersprüche zwischen Demokratie und Zentralismus, Widersprüche zwischen Führern und Geführten und Widersprüche zwischen den bürokratischen Eigenarten gewisser im Staatsapparat tätiger Beamter und den Massen. Diese Widersprüche sind auch Widersprüche innerhalb des Volkes. Allgemein gesagt, sind die Widersprüche innerhalb des Volkes Widersprüche auf der Basis der grundsätzlichen Einheit der Interessen des Volkes.

In unserem Land gehören die Widersprüche zwischen der Arbeiterklasse und der nationalen Bourgeoisie zu den Widersprüchen innerhalb des Volkes. Der Klassenkampf zwischen der Arbeiterklasse und der nationalen Bourgeoisie gehört im allgemeinen zu den Klassenkämpfen innerhalb des Volkes wegen des dualistischen Charakters der nationalen Bourgeoisie unseres Landes. Während der bürgerlich-demokratischen Revolution war sie einerseits revolutionär gesinnt, andererseits neigte sie zu Kompromissen. In der Periode der sozialistischen Revolution beutet sie zum Zwecke des Profits einerseits die Arbeiterklasse aus, andererseits schützt sie die Verfassung und ist willens, die sozialistische Umgestaltung zu akzeptieren. Die Klasse der nationalen Bourgeoisie unterscheidet sich von den Imperialisten, der Grundbesitzerklasse und der Klasse der bürokratischen Kapitalisten. Die Widersprüche zwischen Ausbeutern und Ausgebeuteten, die zwischen der Arbeiterklasse und der Klasse der nationalen Bourgeoisie bestehen, sind eigentlich antagonistische Widersprüche. Aber unter den konkreten Bedingungen in China können die antagonistischen Widersprüche zwischen diesen beiden Klassen, wenn man sie richtig behandelt, in nichtantagonistische Widersprüche umgewandelt und auf friedlichem Wege gelöst werden. Wenn man sie aber nicht richtig behandelt und keine Politik der Einigung, Kritik und Erziehung gegenüber der Klasse der nationalen Bourgeoisie betreibt oder die Klasse der nationalen Bourgeoisie diese Politik nicht akzeptiert, dann können die Widersprüche zwischen der Arbeiterklasse und der nationalen Bourgeoisie zu Widersprüchen zwischen uns und unseren Feinden werden.

Weil die Widersprüche zwischen uns und unseren Feinden und diejenigen innerhalb des Volkes ihrer Natur nach verschieden sind, müssen sie auch auf verschiedene Weise gelöst werden. Kurz gesagt, ist das einmal die Frage der klaren Unterscheidung zwischen uns und unseren Feinden, zum anderen die Frage der klaren Unterscheidung zwischen Recht und Unrecht. Natürlich ist die Frage der Unterscheidung zwischen uns und unseren Feinden ebenfalls die Frage nach Recht und Unrecht. Wer letzten Endes recht hat und wer im Unrecht ist, z.B. wir oder die Reaktionäre innerhalb und außerhalb des Landes, d.h. die Imperialisten, die Feudalisten und die bürokratischen Kapitalisten, das ist gleichfalls ein Problem der Unterscheidung von Recht und Unrecht, aber es ist seiner Natur nach verschieden von dem Problem der Unterscheidung von Recht und Unrecht innerhalb des Volkes.

Unser Staat ist ein Staat der demokratischen Diktatur des Volkes unter Führung der Arbeiterklasse, gegründet auf das Bündnis von Arbeitern und Bauern. Was bezweckt diese Diktatur? Die erste Funktion der Diktatur ist die Unterdrückung reaktionärer Klassen und Elemente und jener Ausbeuter innerhalb des Landes, die sich der sozialistischen Revolution widersetzen, sowie die Unterdrückung jener, die den sozialistischen Aufbau stören; das geschieht zur Lösung der Widersprüche zwischen uns und unseren Feinden im Lande. In den Rahmen der Diktatur gehören z.B. die Festnahme gewisser Konterrevolutionäre und deren Verurteilung sowie eine befristete Entziehung des Wahlrechts und des Rechts auf Redefreiheit für Grundbesitzer und bürokratische Kapitalisten. Um die sozialistische Ordnung zu schützen und die Interessen des Volkes zu sichern, ist die Ausübung der Diktatur auch notwendig gegenüber Dieben, Betrügern, Mördern, Brandstiftern, Banden von Herumtreibern und allen negativen Elementen, die die gesellschaftliche Ordnung ernsthaft zersetzen.

Die zweite Funktion der Diktatur besteht im Schutz des Landes vor subversiver Tätigkeit und möglichen Aggressionen auswärtiger Feinde. Wenn diese Umstände eintreten, obliegt der Diktatur nach außen hin die Aufgabe, die Widersprüche zwischen uns und unseren Feinden zu lösen.

Der Zweck der Diktatur besteht darin, das ganze Volk zu schützen, damit es in Frieden arbeiten und China zu einem sozialistischen Staat mit moderner Industrie, moderner Landwirtschaft sowie moderner Wissenschaft und Kultur aufbauen kann. Wer übt die Diktatur aus? Natürlich die Arbeiterklasse und das unter ihrer Führung stehende Volk. Die Maßnahmen der Diktatur kommen nicht innerhalb des Volkes zur Anwendung. Das Volk selbst kann nicht sich selbst gegenüber Diktatur ausüben, auch kann nicht von einem Teil des Volkes ein anderer Teil des Volkes unterdrückt werden. Gesetzesübertreter im Volk werden zwar nach dem Gesetz bestraft, aber das unterscheidet sich grundsätzlich vom Ausüben der Diktatur zur Unterdrückung der Feinde des Volkes. Innerhalb des Volkes kommt der demokratische Zentralismus zur Anwendung. In unserer Verfassung ist festgelegt, daß die Bürger[2] der Volksrepublik China die Freiheit der Rede, der Presse, der Versammlung, des Zusammenschlusses, der Prozession, der Demonstration, des religiösen Glaubens usw. genießen. Außerdem legt unsere Verfassung fest, daß die Staatsorgane den demokratischen Zentralismus verwirklichen und sich auf die Volksmassen stützen sollen und daß die Mitarbeiter der Staatsorgane dem Volk dienen sollen. Diese unsere sozialistische Demokratie ist Demokratie im weitesten Sinne, wie sie in keinem kapitalistischen Land möglich ist. Unsere Diktatur nennt sich eine demokratische Diktatur des Volkes, geführt von der Arbeiterklasse und gegründet auf das Bündnis zwischen Arbeitern und Bauern. Das bedeutet, daß innerhalb des Volkes die demokratische Ordnung verwirklicht wird, während von der Arbeiterklasse, zusammen mit allen denen aus dem Volk, die im Besitz der bürgerlichen Rechte[3] sind – an ihrer Spitze die Bauernschaft –, die Diktatur ausgeübt wird gegenüber reaktionären Klassen und Elementen sowie solchen, die sich den sozialistischen Umwandlungen und dem sozialistischen Aufbau widersetzen. Unter den sogenannten bürgerlichen Rechten verstehen wir in politischer Hinsicht Freiheit und demokratische Rechte.

Aber diese Freiheit ist Freiheit unter Führung, und diese Demokratie ist Demokratie unter zentralisierter Leitung, keine Anarchie. Anarchie entspricht nicht den Interessen und Wünschen des Volkes.

Als sich die Zwischenfälle in Ungarn ereignet hatten, gab es in unserem Land Leute, die sich darüber freuten. Sie hofften, daß es auch in China zu derartigen Zwischenfällen kommen würde, daß Tausende und aber Tausende von Menschen auf die Straßen gehen und sich gegen die Volksregierung wenden würden. Diese ihre Hoffnung stand im Widerspruch zu den Interessen der Volksmassen, deshalb konnten sie nicht die Unterstützung der Volksmassen erlangen. In Ungarn machte ein Teil des Volkes, von in- und ausländischen konterrevolutionären Kräften getäuscht,

[2] Der chinesische Begriff, der hier verwendet wird, bedeutet »ein Angehöriger des Volkes, der öffentlich anerkannt ist«, *gung-min*, in der Zeit der Republik seit 1912 schon gebraucht, vielleicht aber schon aus der Amtssprache der Tjing- oder gar der Ming-Zeit (1368–1644) übernommen.

[3] s. o. Anm. 2.

den Fehler, gewaltsam gegen die Volksregierung vorzugehen, mit dem Ergebnis, daß Staat und Volk Schaden erlitten. Der Schaden, den die Unruhen einiger Wochen auf wirtschaftlichem Gebiet angerichtet haben, wird erst nach geraumer Zeit behoben werden können.
Und es gab andere Leute in unserem Land, die sich in der Ungarn-Frage sehr schwankend verhielten, weil sie die konkrete Weltsituation nicht begriffen. Sie waren der Meinung, daß es unter unserer volksdemokratischen Ordnung im Vergleich mit der parlamentarischen Demokratie des Westens zu wenig Freiheit gäbe. Sie forderten die Einführung des westlichen Zwei-Parteien-Systems, wo eine Partei an der Macht ist, die andere in der Opposition steht. Aber dieses sogenannte Zwei-Parteien-System ist nichts anderes als ein Mittel zur Aufrechterhaltung der Diktatur der Bourgeoisie, unter keinen Umständen kann es die freiheitlichen Rechte der werktätigen Bevölkerung sichern. Tatsächlich gibt es auf der Welt nur konkrete Freiheit und konkrete Demokratie, keine abstrakte Freiheit und abstrakte Demokratie. In einer Gesellschaft, wo Klassenkampf herrscht, hat die ausbeutende Klasse die Freiheit, die werktätige Bevölkerung auszubeuten, aber die werktätige Bevölkerung hat nicht die Freiheit, sich der Ausbeutung zu entziehen. Wo es Demokratie für die Bourgeoisie gibt, gibt es keine Demokratie für das Proletariat und die werktätige Bevölkerung. In einigen kapitalistischen Ländern dürfen die kommunistischen Parteien zwar legal bestehen, aber nur insoweit, als sie die Grundinteressen der Bourgeoisie nicht gefährden; andernfalls werden sie verboten. Diejenigen, die eine abstrakte Freiheit, eine abstrakte Demokratie fordern, betrachten die Demokratie als einen Zweck und erkennen nicht an, daß Demokratie ein Mittel ist. Die Demokratie als solche scheint manchmal ein Zweck zu sein, in Wirklichkeit ist sie nur ein Mittel. Der Marxismus lehrt uns, daß die Demokratie zum Überbau, zur Kategorie der Politik gehört. Das bedeutet letzten Endes, daß sie der ökonomischen Basis dient. Mit der Freiheit verhält es sich ebenso. Demokratie und Freiheit tragen relativen, nicht absoluten Charakter, beide sind historisch entstanden und haben sich historisch entwickelt. Innerhalb des Volkes spricht man von Demokratie in Hinsicht auf den Zentralismus und von Freiheit in Hinsicht auf Disziplin. Diese sind zwei widersprüchliche Seiten eines einheitlichen Ganzen; sie stehen im Widerspruch zueinander und sind auch wieder einheitlich, und wir dürfen nicht einseitig die eine hervorheben und die andere verneinen. Innerhalb des Volkes brauchen wir Freiheit und brauchen wir auch Disziplin; wir brauchen Demokratie, aber wir brauchen auch den Zentralismus. Diese Einheit von Demokratie und Zentralismus, von Freiheit

und Disziplin, das ist unser demokratischer Zentralismus. Unter diesem System genießt das Volk ein großes Maß an Demokratie und Freiheit; aber gleichzeitig hat es sich in den Grenzen der sozialistischen Disziplin zu halten. Diese Grundsätze werden von der Masse des Volkes verstanden.

Wir treten ein für die Freiheit unter Führung, für Demokratie unter zentralisierter Leitung – das soll keineswegs bedeuten, daß ideologische Fragen innerhalb des Volkes und Fragen der Unterscheidung von Recht und Unrecht mit Zwangsmaßnahmen gelöst würden. Jeder Versuch, auf dem Weg administrativer Verordnungen oder durch Zwangsmaßnahmen ideologische Fragen und Fragen der Unterscheidung von Recht und Unrecht zu lösen, bleibt nicht nur wirkungslos, sondern ist außerdem schädlich. Wir können nicht mit administrativen Verordnungen die Religion abschaffen, noch können wir die Menschen zwingen, nicht zu glauben. Wir können die Menschen nicht zwingen, den Idealismus aufzugeben, noch können wir sie zwingen, an den Marxismus zu glauben. Alle Fragen ideologischer Art und alle Streitfragen innerhalb des Volkes können nur auf demokratischem Wege, auf dem Weg der Diskussion, der Kritik, der Überzeugung und Erziehung gelöst werden, nicht durch Zwang und Unterwerfung. Im Interesse einer wirksamen Fortführung der Produktion und des Studiums sowie eines geordneten Lebens fordert das Volk von seiner Regierung, den Leitern der Produktion, den Leitern von Kultur- und Erziehungsinstitutionen, geeignete administrative Verordnungen bindender Art zu erlassen. Daß es ohne solche administrative Verordnungen nicht möglich wäre, die gesellschaftliche Ordnung aufrechtzuerhalten, ist allgemein bekannt. Administrative Verordnungen zusammen mit der Methode der Überzeugung und Erziehung als zwei einander unterstützende und ergänzende Faktoren lösen die Widersprüche innerhalb des Volkes. Zum Zweck der Aufrechterhaltung der gesellschaftlichen Ordnung erlassene administrative Verordnungen müssen mit Überzeugung und Erziehung gepaart sein, weil in sehr vielen Fällen administrative Verordnungen allein nichts ausrichten.

Bereits im Jahre 1942 konkretisierten wir diese demokratische Methode zur Lösung von Widersprüchen innerhalb des Volkes durch die Formel: »Einheit – Kritik – Einheit«. Genauer gesagt, bedeutet das: von dem Wunsch nach Einheit auszugehen, durch Kritik oder Auseinandersetzung die Widersprüche zu lösen und sodann auf neuer Basis zu einer neuen Einheit zu gelangen. Nach unseren Erfahrungen ist das eine richtige Methode zur Lösung der Widersprüche innerhalb des Volkes. 1942 wandten wir diese Methode an bei der Lösung von Widersprüchen innerhalb der Kommunistischen Partei, nämlich Widersprüchen zwischen den Dogmatikern und der großen Masse der Parteimitglieder, Widersprüchen zwischen Dogmatismus und Marxismus. Die von den ›links‹gerichteten Dogmatikern früher angewandte Methode des innerparteilichen Kampfes, genannt »Schonungsloser Kampf und rücksichtsloser Schlag«, war eine falsche Methode. Als wir die ›links‹gerichteten Dogmatiker kritisierten, benutzten wir nicht diese alte Methode, sondern eine neue: von dem Wunsch nach Einheit auszugehen, durch Kritik oder Auseinandersetzung Richtiges und Falsches klar zu unterscheiden und auf neuer Basis zu einer neuen Einheit zu gelangen. Diese Methode wurde angewandt, als im Jahre 1942 der Arbeitsstil richtiggestellt wurde[4]. Wenige Jahre später, als die Kommunistische Partei im Jahre 1945 ihren 7. Parteitag abhielt, war tatsächlich das Ziel der Einheit der ganzen Partei erreicht, und auf Grund dessen wurde der große Sieg der Volksrevolution errungen. Das Haupterfordernis ist hier, von dem Wunsch nach Einheit auszugehen. Fehlt der subjektive Wunsch nach Einheit, nimmt der einmal ausgebrochene Kampf zwangsläufig chaotische, nicht wieder zu ordnende Formen an; ist das dann nicht »Schonungsloser Kampf und rücksichtsloser Schlag«? Würde es dann noch irgendeine Einheit der Partei geben? Aus diesen Erfahrungen heraus fanden wir die Formel: »Einheit – Kritik – Einheit«. Oder, anders ausgedrückt: »Begangene Fehler korrigieren, um sie nicht zu wiederholen« bzw. »Die Krankheit behandeln, um den Patienten zu retten«. Wir beschränkten diese Methode nicht nur auf die Partei. In den antijapanischen Stützpunkten wandten wir diese Methode mit großem Erfolg an zur Regelung der Beziehungen zwischen den Führern und den Massen, zwischen der Armee und der Zivilbevölkerung, zwischen Offizieren und Mannschaften, zwischen den verschiedenen Einheiten der Armee und zwischen den verschiedenen Gruppen von Kadern. Dieses Problem läßt sich in der Geschichte unserer Partei noch weiter zurückverfolgen. Seitdem wir im Jahre 1927 im Süden mit dem Aufbau unserer revolutionären Streitkräfte und Stützpunkte begannen, haben wir diese Methode angewandt zur Regelung der Beziehungen zwischen der Partei und den Massen, zwischen der Armee und der Zivilbevölkerung, zwischen den Offizieren und den Mannschaften und außerdem zur Regelung der Beziehungen innerhalb des Volkes. Jedoch wurde während des antijapanischen Krie-

[4] Das ist die annähernd richtige Übersetzung des chinesischen *dscheng-dun-dso-feng*. Dieser Begriff bezeichnet die große Parteireform, die mitten im Kriege, 1942–43, aus der KPCh eine schlagkräftige und auf den Maoismus eingeschworene Kaderpartei machte, vgl. das III. Kapitel dieses Buches.

ges die Methode bewußter angewandt. Nach der Befreiung des Landes wandten wir dieselbe Methode »Einheit – Kritik – Einheit« gegenüber demokratischen Parteien sowie Industrie- und Handelskreisen an. Jetzt ist es unsere Aufgabe, diese Methode im ganzen Volke weiterzuverbreiten und sie noch besser anzuwenden, und wir fordern von allen Fabriken, Genossenschaften, Geschäftsfirmen, Schulen, Ämtern und Organisationen, kurz, von den 600 Millionen unseres Volkes, mit dieser Methode ihre internen Widersprüche zu lösen.

Normalerweise sind die Widersprüche innerhalb des Volkes nicht antagonistischer Art. Aber wenn sie nicht richtig behandelt werden oder man es an Wachsamkeit fehlen läßt und fahrlässig ist, kann auch Antagonismus entstehen. Das ist in einem sozialistischen Land im allgemeinen nur eine begrenzte und zeitweilige Erscheinung, weil in einem sozialistischen Land das System der Ausbeutung des Menschen durch den Menschen beseitigt worden ist und die Interessen des Volkes grundsätzlich übereinstimmen. Derart ausgedehnte antagonistische Aktionen, wie sie während der ungarischen Ereignisse sichtbar wurden, ergeben sich daraus, daß in- und ausländische konterrevolutionäre Elemente am Werk waren. Das war eine besondere, aber zeitweilige Erscheinung. Die Reaktionäre in einem sozialistischen Land verbünden sich mit den Imperialisten und machen sich die Widersprüche innerhalb des Volkes zunutze, säen Zwietracht und stiften Unruhe in der Absicht, ihre geheimen Pläne zu verwirklichen. Diese Lehre aus den ungarischen Ereignissen verdient unsere Aufmerksamkeit.

Viele Menschen denken, daß der Gesichtspunkt, demokratische Methoden bei der Lösung von Widersprüchen innerhalb des Volkes anzuwenden, neu sei. Dem ist aber in Wirklichkeit nicht so. Die Marxisten waren von jeher der Auffassung, daß sich die Sache des Proletariats nur auf die Volksmassen stützen könne und daß die Kommunisten bei ihrem Wirken unter der werktätigen Bevölkerung die demokratische Methode der Überzeugung und Erziehung anwenden müßten, keinesfalls aber Kommandotum und Mittel des Zwanges. Die Kommunistische Partei Chinas hält sich getreulich an die Prinzipien des Marxismus-Leninismus. Wir haben von jeher die Ansicht vertreten, daß unter der demokratischen Diktatur des Volkes zur Lösung der beiden verschiedenen Arten von Widersprüchen – derjenigen zwischen uns und unseren Feinden und derjenigen innerhalb des Volkes – zwei verschiedenartige Methoden – Diktatur und Demokratie – anzuwenden sind. Diese Auffassung ist in zahlreichen Dokumenten unserer Partei und zahlreichen Reden von verantwortlichen Parteiführern immer wieder dargelegt worden. Ich habe schon in dem im Jahre 1949 verfaßten Artikel ›Über die demokratische Diktatur des Volkes‹ gesagt: »Demokratie für das Volk und Diktatur gegenüber den Reaktionären ergeben zusammen die demokratische Diktatur des Volkes«, und zur Lösung von Problemen innerhalb des Volkes: »Die Methode, die wir anwenden, ist die demokratische der Überzeugung, nicht die des Zwanges.« Im Juni 1950 habe ich in einer Rede auf der 2. Politischen Konsultativkonferenz ausgeführt: »Die demokratische Diktatur des Volkes bedient sich zweier Methoden. Den Feinden gegenüber gebraucht sie die Methode der Diktatur, d. h., innerhalb eines erforderlichen Zeitraumes wird ihnen die politische Betätigung untersagt, sie zwingt sie, sich den Gesetzen der Volksregierung zu unterwerfen, einer Arbeit nachzugehen und sich durch die Arbeit in neue Menschen zu verwandeln. Demgegenüber wendet sie in bezug auf das Volk nicht die Methode des Zwanges an, sondern die demokratische Methode, d. h., sie muß dem Volke gestatten, sich politisch zu betätigen, und ohne es zu diesem oder jenem zu zwingen, gebraucht sie die demokratische Methode der Erziehung und Überzeugung. Diese Erziehung ist Selbsterziehung innerhalb des Volkes; die Methode der Kritik und Selbstkritik ist die grundlegende Methode der Selbsterziehung.« Wir haben früher schon zu wiederholten Malen über diese Frage der Anwendung demokratischer Methoden zur Lösung von Widersprüchen innerhalb des Volkes gesprochen, außerdem ist unsere Arbeit darauf gegründet, und zahlreiche Kader sowie ein großer Teil der Bevölkerung verstehen in der Praxis diese Frage. Wie kommt es dann, daß es jetzt noch Leute gibt, die denken, dies sei eine neue Frage? Der Grund dafür ist, daß in der Vergangenheit der Kampf zwischen uns und unseren Feinden innerhalb und außerhalb des Landes mit äußerster Schärfe geführt wurde und die Widersprüche innerhalb des Volkes noch nicht in dem Maße wie heute Beachtung fanden.

Diese zwei verschiedenen Arten von Widersprüchen – zwischen uns und unseren Feinden sowie innerhalb des Volkes – werden von vielen Menschen nicht klar unterschieden und leicht verwechselt. Es muß allerdings zugegeben werden, daß sie zuweilen leicht zu verwechseln sind. Wir haben sie früher in unserer Arbeit gelegentlich auch verwechselt. Bei der Beseitigung konterrevolutionärer Elemente wurden gute Menschen irrtümlich für schlechte gehalten; so etwas geschah früher und geschieht auch heutzutage noch. Unsere Fehler haben sich in Grenzen gehalten, weil wir die Politik verfolgten, zwischen uns und unseren Feinden unbedingt klar zu unterscheiden und, wo Fehler gemacht wurden, sie zu revidieren.

Nach Auffassung der marxistischen Philosophie ist das Gesetz der Einheit von Gegensätzen ein grundlegendes Gesetz des Universums. Dieses Gesetz ist allgegenwärtig, in der Natur, in der menschlichen Gesellschaft und im menschlichen Denken. Was im Widerspruch zueinander sich gegenübersteht, vereinigt sich bald und bekämpft sich bald, und dadurch werden Bewegung und Veränderung der Dinge vorangetrieben. Widersprüche existieren überall, aber wie Dinge ihrer Natur nach verschieden sind, so sind auch Widersprüche ihrer Natur nach verschieden. Die Einheit der Gegensätze irgendeines konkreten Dinges ist bedingt, zeitweilig, vorübergehend und daher relativ, während der Kampf zwischen Gegensätzen absolut ist. Lenin hat eine sehr klare Erläuterung dieses Gesetzes gegeben. Immer mehr Menschen in unserem Land beginnen, dieses Gesetz zu verstehen. Aber für viele sind Anerkennung dieses Gesetzes und Anwendung des Gesetzes bei der Prüfung und Behandlung von Problemen zweierlei. Viele wagen nicht, offen zuzugeben, daß innerhalb des chinesischen Volkes noch Widersprüche bestehen und daß gerade diese Widersprüche die Entwicklung unserer Gesellschaft vorantreiben. Viele geben nicht zu, daß in einer sozialistischen Gesellschaft noch Widersprüche existieren, und stehen daher gesellschaftlichen Widersprüchen abwartend und passiv gegenüber[5]; sie verstehen nicht, daß die sozialistische Gesellschaft in dem unaufhörlichen Prozeß der richtigen Behandlung und Lösung von Widersprüchen immer einheitlicher und geschlossener wird. Somit müssen wir unter unserer Bevölkerung – und besonders unter den Kadern – aufklärend wirken, sie lehren, die Widersprüche in der sozialistischen Gesellschaft zu erkennen und zu verstehen, wie diese Widersprüche richtig zu behandeln sind.

Widersprüche in der sozialistischen Gesellschaft unterscheiden sich grundsätzlich von Widersprüchen in alten Gesellschaftsformationen, z.B. in der kapitalistischen Gesellschaft. Die Widersprüche in der kapitalistischen Gesellschaft finden ihren Ausdruck in heftigen Gegensätzen und Konflikten sowie in erbitterten Klassenkämpfen; solche Widersprüche können nicht von dem kapitalistischen System selbst gelöst werden, sondern nur durch eine sozialistische Revolution. Die Widersprüche in der sozialistischen Gesellschaft sind, genau umgekehrt, keine antagonistischen Widersprüche und können von dem sozialistischen System selbst immer wieder gelöst werden.

Die grundlegenden Widersprüche in der sozialistischen Gesellschaft sind noch immer die zwischen den Produktionsverhältnissen und den Pro-

[5] Wörtlich steht da »mit eingezogenen Händen und Füßen«.

duktivkräften, die Widersprüche zwischen dem Überbau und der ökonomischen Basis. Aber diese Widersprüche in der sozialistischen Gesellschaft sind von den Widersprüchen zwischen Produktionsverhältnissen und Produktivkräften, zwischen Überbau und ökonomischer Basis in alten Gesellschaftsformationen dem Charakter und den Umständen nach grundsätzlich verschieden. Das gegenwärtige Gesellschaftssystem in unserem Land ist dem früheren weit überlegen. Wenn es nicht so wäre, hätte das alte System nicht gestürzt und das neue System nicht errichtet werden können[6]. Wenn wir sagen, daß die sozialistischen Produktionsverhältnisse für die Entwicklung der Produktivkräfte besser geeignet sind als die alten Produktionsverhältnisse, so bedeutet dies, daß sie den Produktivkräften gestatten, sich schneller zu entwickeln als in der alten Gesellschaft, so daß sich die Produktion ständig erweitert und die ständig wachsenden Bedürfnisse der Bevölkerung in zunehmendem Maße befriedigen kann. Unter der Herrschaft des Imperialismus, des Feudalismus und des bürokratischen Kapitalismus im alten China vollzog sich die Entwicklung der Produktivkräfte äußerst langsam. Im Laufe von mehr als fünfzig Jahren vor der Befreiung betrug die Stahlproduktion in ganz China, abgesehen von den nordöstlichen Provinzen, insgesamt nur einige 10000 Tonnen; mit den nordöstlichen Provinzen[7] betrug die höchste Produktionsmenge des Landes jährlich auch nur etwas über 900000 Tonnen. Im Jahr 1949 betrug die Stahlproduktion des Landes lediglich etwas mehr als 100000 Tonnen. Aber schon sieben Jahre nach der Befreiung des Landes überstieg die Stahlproduktion bereits 4 Millionen Tonnen. Im alten China gab es fast keine Maschinenbauindustrie, ebenso keine Auto- und Flugzeugindustrie – jetzt haben wir sie aufgebaut. Nach der Beseitigung der Herrschaft des Imperialismus, des Feudalismus und des bürokratischen Kapitalismus durch das Volk gab es viele, die sich nicht darüber im klaren waren, wohin sich China wenden würde – zum Kapitalismus oder zum Sozialismus. Die Tatsachen haben auf diese Frage bereits eine Antwort gegeben: Nur der Sozialismus kann China retten. Das sozialistische System hat die rasche Entwicklung der Produktivkräfte unseres Landes vorangetrieben – das müssen selbst unsere Feinde im Ausland zugeben.

[6] Dieser Gedanke ist so alt wie China. Schon in den Dokumenten des klassischen *Schu-djing*, die die Herrschaft der Dschou legitimieren sollen (seit etwa 1000 v. Chr.), ist der Gedanke, die Niederlage des voraufgehenden Herrschaftssystems sei der besseren Qulität des Nachfolgers zuzuschreiben, voll ausgesprochen. Neu ist jedoch die Bezugsetzung zu *sich entwickelnden* Gesellschaftsformationen.

[7] Das ist die Mandschurei, die im wesentlichen von Japan entwickelt worden war.

Aber unser sozialistisches System ist gerade erst errichtet worden, sein Aufbau ist noch nicht vollendet, und es ist noch nicht ganz gefestigt. In gemischt staatlich-privaten Industrie- und Handelsbetrieben erhalten die Kapitalisten noch einen festen Zinsbetrag, das heißt, daß noch Ausbeutung besteht. Soweit es die Besitzverhältnisse betrifft, sind diese Betriebe ihrem Charakter nach noch nicht vollständig sozialistisch. Die landwirtschaftlichen und handwerklichen Produktionsgenossenschaften sind zum Teil auch noch halbsozialistisch; sogar in den vollständig sozialisierten Produktionsgenossenschaften müssen noch weiterhin gewisse Eigentumsprobleme gelöst werden. Die Wechselbeziehungen zwischen Produktion und Austausch in allen Wirtschaftssektoren werden noch gemäß den allgemeinen Gesetzen des Sozialismus schrittweise geschaffen, und schrittweise werden einigermaßen geeignete Formen gesucht. Das Problem des richtigen Verhältnisses zwischen Akkumulation und Konsum in der volkseigenen Wirtschaft und der kollektiveigenen Wirtschaft wie auch zwischen diesen beiden Formen der sozialistischen Wirtschaft ist ein kompliziertes Problem, und es ist auch nicht leicht, es mit einem Mal vollständig richtig zu lösen.

Kurz gesagt, sind die sozialistischen Produktionsverhältnisse bereits geschaffen, und sie passen sich der Entwicklung der Produktivkräfte an; aber sie sind durchaus noch nicht vollkommen, und diese Unvollkommenheiten stehen im Widerspruch zur Entwicklung der Produktivkräfte. Außer der zwischen den Produktionsverhältnissen und der Entwicklung der Produktivkräfte bestehenden Übereinstimmung einerseits und Widersprüchlichkeiten andererseits gibt es auch noch Übereinstimmung und zugleich Widersprüchlichkeit zwischen dem Überbau und der ökonomischen Basis. Der Überbau – das staatliche System und die Gesetze der demokratischen Diktatur des Volkes sowie die vom Marxismus-Leninismus bestimmte sozialistische Ideologie – hat bei der Erringung des Sieges der sozialistischen Umgestaltung in unserem Land und bei der Schaffung einer sozialistischen Arbeitsorganisation eine positive Rolle gespielt; er entspricht der sozialistischen ökonomischen Basis, das sind die sozialistischen Produktionsverhältnisse. Aber das Fortbestehen der kapitalistischen Ideologie, eines gewissen bürokratischen Arbeitsstils im Staatsapparat und von Fehlerhaftigkeiten in gewissen Kettengliedern des staatlichen Systems steht im Widerspruch zur sozialistischen ökonomischen Basis. Wir müssen künftig den konkreten Bedingungen entsprechend fortfahren, alle die genannten Widersprüche zu lösen.

Natürlich werden, wenn diese Widersprüche gelöst sind, wieder neue Probleme auftauchen. Die neuen Widersprüche erfordern wiederum eine Lösung. Zum Beispiel müssen die objektiv lange bestehenden Widersprüche zwischen der gesellschaftlichen Produktion und den gesellschaftlichen Bedürfnissen durch dauernde staatliche Planung ausgeglichen werden. Unser Land stellt jedes Jahr einen Wirtschaftsplan auf, um ein richtiges Verhältnis zwischen Akkumulation und Konsum zu schaffen und ein Gleichgewicht zwischen Produktion und Nachfrage herzustellen. Was wir Gleichgewicht nennen, ist die zeitweilige und relative Einheit der Widersprüche. Am Ende eines Jahres ist, im ganzen gesprochen, dieses Gleichgewicht durch den Kampf der Widersprüche zerstört, hat diese Einheit eine Wandlung erfahren: Gleichgewicht wurde zu Unausgeglichenheit, Einheit zu Uneinheitlichkeit, und wiederum macht sich für das nächste Jahr die Schaffung von Gleichgewicht und Einheit notwendig. Darin besteht die Überlegenheit unserer Planwirtschaft. In Wirklichkeit werden dieses Gleichgewicht und diese Einheit jeden Monat und jedes Quartal teilweise zerstört und müssen teilweise wiederhergestellt werden. Manchmal entstehen, weil die subjektiven Regelungen den objektiven Bedingungen nicht entsprechen, Widersprüche und gestörtes Gleichgewicht; das nennt man dann Fehler begehen. Widersprüche entstehen ununterbrochen und müssen auch ununterbrochen gelöst werden – das ist das dialektische Gesetz von der Entwicklung der Dinge.

Augenblicklich ist die Lage folgendermaßen: Die stürmischen[8], von den Massen geführten Klassenkämpfe großen Ausmaßes der revolutionären Epoche sind im wesentlichen vorüber, aber der Klassenkampf ist noch nicht vollständig vorüber. Einerseits begrüßen die breiten Massen das neue System, andererseits sind sie aber noch nicht ganz daran gewöhnt; den Regierungsangestellten mangelt es auch noch an Erfahrung, und sie müssen fortgesetzt Wege zur Behandlung von Fragen der praktischen Politik suchen und prüfen. Das bedeutet, daß für unser sozialistisches System noch ein fortwährender Aufbau- und Festigungsprozeß, für die Volksmassen ein Prozeß der Gewöhnung an dieses neue System und für die Regierungsangestellten ein Prozeß des Lernens und des Sammelns von Erfahrungen notwendig ist. Es erweist sich zu diesem Zeitpunkt als unbedingt notwendig, daß wir die Frage stellen, wo die Grenzlinien zwischen den beiden Arten von Widersprüchen – zwischen uns und unseren Feinden und innerhalb des Volkes – zu ziehen sind und wie das Problem der Widersprüche innerhalb des Volkes richtig zu behandeln ist, um die Völker aller Nationalitäten Chinas zu neuem Kampf zusammenzuschließen – dem Kampf gegen die Natur –, fernerhin um unsere Wirt-

[8] Dieser Ausdruck wird in der maoistischen Literatur gerne verwendet; er stellt ein Zitat aus dem sog. ›Hunan-Bericht‹ dar, s. o. S. 29.

schaft und unsere Kultur weiterzuentwickeln, um das ganze Volk diese bevorstehende Übergangszeit verhältnismäßig reibungslos überstehen zu lassen, unser neues System zu festigen und unseren neuen Staat aufzubauen.

Dieser Abschnitt macht ein knappes Drittel der gesamten Rede aus. Im folgenden Abschnitt über die Ausmerzung der Konterrevolutionäre stellt Mao kühl fest, daß es in China deswegen nicht zu einer Fortsetzung der »ungarischen Ereignisse« gekommen sei, weil es gelungen war, die Konterrevolutionäre recht gründlich zu unterdrücken. Andererseits gibt er zu, daß »Fehler gemacht wurden«. Im Sinne einer Vervollkommnung des Rechtssystems sollen Fälle, wo offensichtlich Unrecht geschah, überprüft werden. Im dritten Abschnitt rechtfertigt Mao noch einmal die Kollektivierungsmaßnahmen von 1955, für deren Festigung er fünf Jahre und darüber ansetzt (ein Jahr später durch die Kommunenbewegung überholt). Er verteidigt außerdem das niedrigere Einkommen der Bauern gegenüber den Arbeitern und gibt zu, daß die Löhne einer kleinen Zahl von Arbeitern und einiger Mitarbeiter des Staatsapparates allerdings etwas zu hoch seien, die man darum auch neu einstufen müsse. Widersprüche in den Reihen des Volkes bestehen auch noch bei den ehemaligen Kapitalisten und den Intellektuellen (Abschnitte 4 und 5), sie können aber durch weitere geduldige Umerziehung überwunden werden. In der Frage der nationalen Minderheiten (Abschnitt 6) warnt er gleicherweise vor »Groß-Han-Chauvinismus« und »Lokalnationalismus«, und mit Tibet müsse man geduldig sein. Die Widersprüche zwischen Fortschritt und Schwierigkeiten beim Aufbau (Abschnitt 7) möchte er durch das Schlagwort: »Einheitliche Planung, allseitige Berücksichtigung und angemessene Regelung« gelöst sehen. Im 8. Abschnitt behandelt er den Kern der Politik, die unter dem Namen ›Hundert Blumen‹ bekannt geworden ist. Dieser Abschnitt folgt zusammen mit dem 9., 10. und 12. Abschnitt im Wortlaut.

8. Hundert Blumen blühen nebeneinander, Hundert Denkrichtungen streiten miteinander, Zusammenleben auf lange Zeit, Gegenseitige Kontrolle

Hundert Blumen blühen nebeneinander, hundert Denkrichtungen streiten miteinander, Zusammenleben auf lange Zeit und gegenseitige Kontrolle – wie kam es dazu, daß diese Losungen ausgegeben wurden? Sie sind ausgegeben worden, weil die konkrete Lage in China so ist, weil wir von der Erkenntnis ausgingen, daß in der sozialistischen Gesellschaft immer noch alle möglichen Widersprüche bestehen, und weil für das Land das dringende Bedürfnis besteht, seine Wirtschaft und seine Kultur rasch zu entwickeln. Die Politik, hundert Blumen blühen und hundert Denkrichtungen streiten zu lassen, ist eine Politik, die die Entwicklung der Künste und den Fortschritt der Wissenschaften, also das Aufblühen der sozialistischen Kultur in unserem Land, fördern soll. Verschiedene Formen und Stile in den Künsten können sich frei entwickeln, und verschiedene Schulmeinungen in den Wissenschaften können frei miteinander streiten. Wir erkennen, daß es für die Entwicklung von Kunst und Wissenschaft schädlich sein würde, wenn administrative Gewalt angewandt wird, um einen bestimmten Kunststil oder eine bestimmte Lehrmeinung durchzusetzen und andere zu verbieten. Fragen, ob etwas in Kunst und Wissenschaft richtig oder falsch sei, müssen durch freie Diskussionen unter den Künstlern und Wissenschaftlern gelöst werden, durch die Praxis von Kunst und Wissenschaft und nicht dadurch, daß man nach der Methode der groben Vereinfachung verfährt. Um zu entscheiden, ob etwas richtig, etwas falsch sei, bedarf es immer einer Frist der Überprüfung. In der Geschichte haben neue Dinge, die richtig waren, in der Anfangszeit häufig nicht die Anerkennung der Mehrzahl der Menschen gefunden, sondern erst auf Umwegen und nach hartem Kampf. Richtiges und Gutes haben die Menschen zu Beginn häufig nicht als duftende Blumen, sondern als giftiges Unkraut angesehen. Kopernikus' Lehre vom Sonnensystem und Darwins Entwicklungslehre haben einst als falsch gegolten, und sie haben einen harten Kampf durchgestanden. Auch in der Geschichte unseres Landes gibt es zahlreiche ähnliche Beispiele. Im Vergleich zur alten Gesellschaft sind in der sozialistischen Gesellschaft die Bedingungen für das Heranwachsen neu entstehender Dinge natürlich ganz andere und viel bessere als früher. Aber daß neu aufkommende Kräfte und vernünftige Ansichten unterdrückt werden, kommt immer noch häufig vor. Und es ist nicht einmal vorsätzliche Unterdrückung, sondern nur mangelnde Einsicht, die auch das Heranwachsen neu entstehender Dinge behindern kann. Darum soll man gegenüber dem, was falsch oder was richtig ist in Kunst und Wissenschaft, eine bedachtsame Haltung einnehmen, man soll die freie Diskussion anregen und keine voreiligen Schlußfolgerungen ziehen. Wir glauben, die Annahme einer solchen Haltung könne dazu behilflich sein, daß Wissenschaft und Kunst eine einigermaßen günstige Entwicklung nehmen werden.

Auch der Marxismus hat sich kämpfend entwickelt. Er war in der Anfangszeit allen möglichen Angriffen ausgesetzt und wurde als giftiges Unkraut angesehen. Er wird auch jetzt noch in vielen Gegenden der Welt fortgesetzt angegriffen und als giftiges Unkraut betrachtet. In sozialistischen Ländern ist die Stellung des Marxismus eine andere, aber selbst dort gibt es immer noch nichtmarxistische und sogar antimarxistische Anschauungen. In unserem Land ist zwar die sozialistische Umgestaltung – wenn man von den Besitzverhältnissen spricht – im wesentlichen abgeschlossen, und der weitgespannte und turbulente Klassenkampf der Massen während der revolutionären Periode ist grundsätzlich beendet, aber Überbleibsel der gestürzten Grundbesitzer- und Kompradorklassen sind noch vorhanden, die Bourgeoisie existiert noch, und die Kleinbourgeoisie befindet sich gerade erst in der Umwandlung. Der Klassenkampf ist keineswegs zu Ende. Der Klassenkampf zwischen Proletariat und Bourgeoisie, der Klassenkampf zwischen den verschiedenen politischen Kräften und der Klassenkampf zwischen Proletariat und Bourgeoisie im Bereich der Ideologie[9] ist lang anhaltend, verschlungen und zuweilen sogar erbittert. Das Proletariat will die Welt nach seiner eigenen Weltanschauung umgestalten, auch die Bourgeoisie will die Welt nach ihrer eigenen Weltanschauung umgestalten. In dieser Hinsicht ist die Frage, wer zwischen Proletariat und Bourgeoisie siegen und wer unterliegen wird, noch nicht wirklich entschieden. Ob in der Gesamtbevölkerung oder unter den Intellektuellen, die Marxisten sind immer noch eine Minderheit. Darum muß sich der Marxismus wie eh und je kämpfend entwickeln. Erst wenn er kämpfen muß, kann sich der Marxismus entwickeln, das war nicht nur früher so, das ist jetzt so; und das muß auch in Zukunft so sein. Richtiges entwickelt sich immer nur durch einen Prozeß des Kampfes mit dem Falschen. Das Wahre, das Gute, das Schöne, sie existieren immer nur im Vergleich zum Falschen, Bösen und Häßlichen, und sie wachsen immer nur im Kampf mit ihnen. Immer wenn irgendeine Unwahrheit von den Menschen allgemein abgelehnt und eine Wahrheit angenommen wird, muß die neue Wahrheit stets wieder mit einer neuen falschen Anschauung kämpfen. Dieser Kampf wird in Ewigkeit fortdauern. Das ist das Gesetz von der Entwicklung der Wahrheit, das ist natürlich auch das Gesetz von der Entwicklung des Marxismus. Der ideologische Kampf[10] um Sieg oder Niederlage zwischen Proletariat und Bourgeoisie in unserem Land erfordert noch eine ziemlich lange Zeit, bevor er entschieden werden kann. Das liegt daran, daß der Einfluß der Bourgeoisie und der Intellektuellen aus der alten Gesellschaft noch lange in unserem Land spürbar sein wird, und zwar als Bewußtseinshaltung[11] einer Klasse. Wenn man diesen Umstand nicht klar genug erkennt oder gar grundsätzlich verkennt, dann wird man einen gewaltigen Fehler begehen, man wird die Notwendigkeit des ideologischen Kampfes über-

[9] Das chinesische *i-schi hsing-tai* ist viel einprägsamer: »die Haltung (Wesen, Eigenart) des Bewußtseins«.
[10] Vgl. Anm. 10.
[11] Wörtliche Übersetzung.

sehen. Nun ist der ideologische Kampf verschieden von anderen Kampfformen, in ihm kann man nicht grobe Zwangsmittel anwenden, sondern nur das Mittel der Überredung, die in die Einzelheiten geht. Heute kann der Sozialismus im Kampf um die Bewußtseinsformen durchweg von außerordentlich günstigen Bedingungen ausgehen. Die Grundkräfte der politischen Macht befinden sich unter der Führung des Proletariats in Händen des arbeitenden Volkes. Die KP hat eine gewaltige Stärke und ein hohes Maß an Selbstvertrauen. Wenngleich unsere Arbeit Mängel und Fehler zeigt, kann doch jeder Gerechtdenkende erkennen, daß wir dem Volk gegenüber treu und aufrichtig sind, daß wir entschlossen und in der Lage sind, gemeinsam mit dem Volk das Vaterland aufzubauen, daß wir gewaltige Erfolge bereits erzielt haben und ferner noch gewaltigere Erfolge erzielen werden. Die große Mehrheit der Bürgerlichen und der aus der alten Gesellschaft kommenden Intellektuellen sind Patrioten, sie wünschen ihrem täglich höher emporsteigenden sozialistischen Vaterland zu dienen, und sie verstehen, daß sie, getrennt von der Sache des Sozialismus und getrennt von dem durch die KP geführten arbeitenden Volk, keinerlei Stütze und keinen glänzenden Weg mehr vor Augen haben würden.

Die Leute fragen: In unserem Land ist der Marxismus bereits von der großen Mehrheit der Menschen als leitende Idee anerkannt, kann man da noch Kritik an ihm üben? Natürlich kann man das. Der Marxismus ist eine wissenschaftliche Wahrheit, er fürchtet keine Kritik. Wenn der Marxismus Kritik fürchtete und durch Kritik umfallen könnte, dann wäre ja der Marxismus nutzlos. Tatsächlich kritisieren doch die Idealisten den Marxismus auf alle mögliche Weise jeden Tag. Und die Leute, die bürgerliche und kleinbürgerliche Ideen hegen und sich nicht bekehren wollen[12], kritisieren nicht auch sie den Marxismus täglich und auf jede Weise? Marxisten sollen Kritik nicht fürchten, von wem sie auch komme. Im Gegenteil, die Marxisten werden sich im Feuer der Kritik und im Sturm des Kampfes stählen, entwickeln und ihre Stellungen erweitern. Mit falschen Ideen zu kämpfen, das ist wie bei einer Pockenimpfung, wenn man die Wirkung der Impfpusteln erfahren hat, stärkt sich die Krankheitsimmunität im Körper. Was aus dem Treibhaus hervorgeht, wird kaum große Lebenskraft haben. Die Politik, hundert Blumen nebeneinander blühen und hundert Denkrichtungen miteinander streiten zu lassen, wird die führende Stellung des Marxismus in der Gedankenwelt gerade nicht schwächen, im Gegenteil, sie wird sie stärken.

[12] Chin. *gai-biän*, eigtl. »sich umwandeln«.

Welche Stellung sollen wir gegenüber dem nichtmarxistischen Denken beziehen? Gegenüber offenen Konterrevolutionären und denjenigen, die den Sozialismus sabotieren, ist die Sache einfach, man entzieht ihnen die Redefreiheit und damit gut. Gegenüber falschen Ideen innerhalb des Volkes ist die Sache aber anders. Geht es etwa an, solche Ideen zu verbieten und ihnen keinerlei Gelegenheit zur Äußerung zu lassen? Gewiß nicht. Es ist nicht nur nutzlos, sondern sogar äußerst schädlich, plumpe und summarische Methoden für die Behandlung ideologischer Fragen im Volke und für die Probleme in der geistigen Welt anzuwenden. Auch wenn man die falschen Anschauungen nicht zu Worte kommen läßt, werden sie schließlich doch weiterbestehen. Und wenn richtige Ansichten im Treibhaus hochgepäppelt werden, ohne je Wind und Regen gesehen zu haben und ohne gegen Krankheiten immun gemacht worden zu sein, werden sie falschen Ansichten gegenüber nicht obsiegen können. Darum kann man richtige Ansichten ernstlich nur mit dem Mittel der Diskussion, der Kritik und der Überredung fördern und nur so falsche Ansichten überwinden und Streitfragen wirklich lösen.
Bourgeoisie und Kleinbourgeoisie werden ihre ideologischen Auffassungen auf alle Fälle zum Ausdruck bringen. Sie werden sich auf jede Weise beharrlich über politische und ideologische Fragen äußern. Zu verlangen, daß sie sich nicht dazu äußern, ist unmöglich. Wir sollten nicht Methoden der Unterdrückung anwenden, um sie an einer Meinungsäußerung zu hindern, wir sollten zulassen, daß sie sich offen aussprechen, und gleichzeitig mit ihnen diskutieren und wohlüberlegte Kritik an ihnen üben. Zweifellos müssen wir alle Arten von falschen Ideen kritisieren. Es geht natürlich nicht, wenn wir sie vor Kritik verschonen und zuschauen, wie die falschen Ideen überall Platz greifen und nach Belieben die Märkte erobern. Das Falsche bedarf der Kritik, gegen giftiges Unkraut muß eingeschritten werden. Aber diese Kritik darf nicht doktrinär sein oder sich metaphysischer Methoden bedienen, sondern sie muß möglichst die dialektische Methode anwenden. Wir brauchen eine wissenschaftliche Analyse, wir brauchen volle Überzeugungskraft. Doktrinäre Kritik vermag nichts zu lösen. Wir sind gegen jedes giftige Unkraut, aber wir müssen sorgsam unterscheiden, was wirklich giftige Kräuter und was duftende Blumen sind. Wir müssen zusammen mit den Massen lernen, Blumen von Unkraut sorgfältig zu scheiden, und zusammen müssen wir die richtigen Methoden zur Vertilgung des Unkrauts anwenden lernen.
Wenn wir den Dogmatismus kritisieren, müssen wir gleichzeitig auch der Kritik am Revisionismus unsere Aufmerksamkeit schenken. Der

Revisionismus oder der rechtsgerichtete Opportunismus ist eine Gedankenrichtung der Bourgeoisie, sie ist weit gefährlicher als der Dogmatismus[13]. Die Revisionisten und rechtsgerichteten Opportunisten geben ein Lippenbekenntnis für den Marxismus ab und greifen dabei auch den ›Dogmatismus‹ an. Aber was sie angreifen, sind in Wirklichkeit die Grundlagen des Marxismus. Sie bekämpfen oder entstellen den Materialismus oder die Dialektik, sie bekämpfen die demokratische Diktatur des Volkes und die Führung der KP oder wollen sie schwächen, sie bekämpfen die sozialistische Umgestaltung und den sozialistischen Aufbau oder wollen sie schwächen. Noch nach dem grundlegenden Sieg der sozialistischen Revolution in unserem Land träumen einige Leute vom kapitalistischen System, sie wollen auf allen Gebieten gegen die Arbeiterklasse angehen, auch auf ideologischem Gebiet. Und bei diesem Kampf sind die Revisionisten ihre besten Helfer.

Hundert Blumen blühen nebeneinander, hundert Denkrichtungen streiten miteinander, diese beiden Losungen haben dem Begriffe nach keinen Klassencharakter, das Proletariat kann sie ausgeben, die Bourgeoisie gleichfalls, und auch andere Leute können sie anwenden. Was Blumen und was Giftkräuter sind, darüber hat jede Klasse, Schicht und Gesellschaftsgruppe ihre eigene Ansicht. Welches sind dann, vom Standpunkt der breiten Massen des Volkes her gesehen, die Maßstäbe, nach denen wir heute Blumen von Giftkräutern scheiden sollen? Wie sollen wir im politischen Leben unseres Volkes zwischen richtig und falsch in unseren Reden und Taten entscheiden? Gestützt auf die Grundsätze unserer Verfassung, auf den Willen der großen Mehrheit des Volkes und auf die gemeinsamen politischen Programme, die alle Parteien wiederholt verkündet haben, glauben wir, daß solche Richtlinien im großen und ganzen wie folgt festgelegt werden können: 1. Alles, was gesagt und getan wird, soll der Vereinigung des Volkes aller Nationalitäten im ganzen Land dienen und nicht der Spaltung. 2. Es soll der sozialistischen Umgestaltung und dem sozialistischen Aufbau dienen und sie nicht schädigen. 3. Es soll der Festigung der demokratischen Diktatur des Volkes dienen und sie nicht zerstören oder schwächen. 4. Es soll der Festigung des demokratischen Zentralismus dienen und ihn nicht zerstören oder schwächen. 5. Es soll die Führung der KP festigen helfen und sie nicht beseitigen oder schwächen wollen. 6. Es soll die internationale Solidarität des Sozialis-

[13] Auffallend ist die Akzentverschiebung gegenüber den früheren Schriften aus den dreißiger Jahren, wo der ›Dogmatismus‹ die schlimmere Form der Abweichung war. Vgl. hierzu auch die gleichlautende Feststellung im nachfolgenden Dokument 5 gegen Ende.

mus und der friedliebenden Völker in aller Welt fördern und nicht schädigen. Unter diesen sechs Richtlinien sind die beiden wichtigsten der sozialistische Weg und die Führung der Partei. Diese Richtlinien sind formuliert worden, um dem Volke zu helfen, eine freie Diskussion über alle Fragen zu entfalten, und nicht sie zu behindern. Die diese Richtlinien nicht billigen, können immer noch ihre Ansichten darlegen und zur Diskussion stellen. Aber die große Mehrheit des Volkes kann sich auf Grund dieser klar umrissenen Richtlinien mit ihrer Kritik und Selbstkritik auf richtigen Bahnen vorwärtsbewegen, mit diesen Maßstäben können sie entscheiden, was an unseren Reden und Taten falsch und was richtig ist, was duftende Blumen und was giftiges Unkraut ist. Dies sind politische Maßstäbe. Um zu entscheiden, ob eine wissenschaftliche Theorie richtig oder falsch und welches der künstlerische Wert eines Kunstwerkes sei, muß man natürlich noch gesonderte Maßstäbe aufstellen. Aber diese sechs politischen Richtlinien sind auch auf jedwede wissenschaftliche oder künstlerische Tätigkeit anwendbar. Könnte es denn wohl in diesem unserem sozialistischen Land irgendeine sinnvolle wissenschaftliche oder künstlerische Tätigkeit geben, die diesen politischen Richtlinien zuwiderliefe?

Alles, was oben dargelegt wurde, rührt von den konkreten historischen Bedingungen in unserem Lande her. Die Verhältnisse in den verschiedenen sozialistischen Ländern und bei den verschiedenen kommunistischen Parteien weichen voneinander ab. Darum glauben wir keineswegs, daß sie dem chinesischen Weg folgen müßten oder sollten.

Die Losung ›Zusammenleben auf lange Zeit und gegenseitige Kontrolle‹ ist auch ein Produkt der konkreten historischen Bedingungen in unserem Lande. Sie wurde durchaus nicht plötzlich aufgestellt, sondern sie ist in recht vielen Jahren ausgegoren worden. Die Idee des Zusammenlebens auf lange Zeit bestand schon recht lange. Als dann im vergangenen Jahr das sozialistische System in seinen Grundlagen errichtet war, wurde diese Losung präzise formuliert. Weshalb soll es den demokratischen Parteien, der Bourgeoisie und der Kleinbourgeoisie gestattet sein, lange Zeit neben der Partei der Arbeiterklasse zu bestehen? Weil wir keinen Grund haben, nicht eine Politik der langfristigen Koexistenz mit allen anderen demokratischen Parteien zu betreiben, die sich rückhaltlos für die Vereinigung des Volkes zum Dienst am Sozialismus einsetzen und das Vertrauen des Volkes haben. Schon auf der zweiten Tagung des Nationalkomitees der Politischen Konsultativkonferenz im Juni 1950 stellte ich die Frage so: »Wenn jemand nur wirklich bereit ist, sich für das Volk einzusetzen, oder ihm aufrichtig geholfen hat, als es noch in Schwierigkeiten war, wenn er

Gutes tat und weiterhin durchweg Gutes tut, ohne auf halbem Wege stehenzubleiben, dann haben das Volk und die Volksregierung keinen Grund, irgend jemanden abzulehnen und ihm die Gelegenheit vorzuenthalten, sein Brot zu verdienen und sich für das Land einzusetzen.« Was ich hier definiert habe, das war die politische Grundlage für das Zusammenleben der verschiedenen Parteien auf lange Zeit. Es ist unser Wunsch und auch unsere Politik, daß die Kommunistische Partei und die anderen demokratischen Parteien noch lange Zeit miteinander leben. Ob diese demokratischen Parteien lange bestehen können? Das hängt nicht nur von den Wünschen der Kommunistischen Partei ab, sondern auch von der Rolle, die diese demokratischen Parteien spielen, und davon, ob sie das Vertrauen des Volkes genießen. Die Tatsache der gegenseitigen Kontrolle der verschiedenen Parteien besteht ebenfalls schon lange, und zwar so, daß sie sich gegenseitig ihre Ansichten mitteilen und kritisieren. Gegenseitige Kontrolle ist natürlich keine einseitige Sache, die Kommunistische Partei kann die anderen demokratischen Parteien und die anderen demokratischen Parteien können die Kommunistische Partei kontrollieren. Weshalb sollen die anderen demokratischen Parteien die Erlaubnis erhalten, die Kommunistische Partei zu kontrollieren? Weil es für eine Partei ebensosehr wie für eine Einzelperson notwendig ist, anderslautende Meinungen zu hören. Wir alle wissen, daß die Kontrolle der Kommunistischen Partei in der Hauptsache von den Massen des werktätigen Volkes und der Parteimitglieder ausgeübt wird. Aber mit den demokratischen Parteien werden wir einen noch größeren Effekt haben. Natürlich werden Meinungsäußerungen und Kritik zwischen der Kommunistischen Partei und den anderen demokratischen Parteien für die gegenseitige Kontrolle nur dann einen positiven Effekt erzielen, wenn sie mit den oben angeführten sechs politischen Richtlinien in Einklang stehen. Deshalb hoffen wir, daß die anderen demokratischen Parteien der ideologischen Umerziehung Aufmerksamkeit schenken und ein Zusammenleben mit der Kommunistischen Partei auf lange Zeit und eine gegenseitige Kontrolle erstreben, um den Forderungen der neuen Gesellschaft zu genügen.

9. Über die Frage der Unruhestiftung durch kleine Gruppen von Menschen

Im Jahre 1956 ist es in einzelnen Gegenden durch kleine Gruppen von Arbeitern und Studenten zu Streikzwischenfällen gekommen. Die unmittelbare Ursache für die Unruhestiftung war, daß einige ihrer materiellen Forderungen nicht befriedigt wurden; dabei hätten einige dieser Forderungen erfüllt werden sollen und können, andere waren unangebracht oder gingen zu weit, so daß sie im Augenblick nicht befriedigt werden konnten. Eine noch wichtigere Voraussetzung für die Entstehung der Unruhen war jedoch ein bürokratisches Verhalten in den leitenden Organen. Für einige Fehler dieses Bürokratismus sind übergeordnete Behörden verantwortlich zu machen, und man darf nicht die ganze Schuld auf die untere Ebene abwälzen. Eine weitere Ursache für diese Unruhen war die unzureichende ideologisch-politische Erziehung der Arbeiter und Studenten. Im Jahre 1956 gab es unter einer kleinen Anzahl von Mitgliedern (landwirtschaftlicher) Genossenschaften ebenfalls Unruhe, die Hauptursache dafür war ebenfalls ein Bürokratismus leitender Organe und mangelnde erzieherische Arbeit unter den Massen.

Man muß zugeben, daß ein Teil der Massen oft dazu neigt, das Augenmerk auf augenblickliche, partielle und persönliche Interessen zu richten, während sie für die langfristigen, gesamtstaatlichen und kollektiven Interessen gar kein oder nur ungenügendes Verständnis aufbringen. Da der Jugend zu einem großen Teil die Erfahrung in der Politik und im gesellschaftlichen Leben fehlt, versteht sie keinen richtigen Vergleich zwischen dem alten und dem neuen China zu ziehen, es fällt ihr nicht leicht, richtig zu begreifen, wie unglaublich hart und schwer der Kampf war, ehe sich unser Volk vom Joch des Imperialismus und der Kuomintang-Reaktion befreien konnte, und welch langjährige harte Arbeit notwendig ist, um eine glückliche sozialistische Gesellschaft aufzubauen. Deshalb muß unter den Massen ständig eine lebendige und wirksame politisch-erzieherische Arbeit geleistet werden, man muß ihnen ständig die sich ergebenden Schwierigkeiten wahrheitsgetreu erläutern und zusammen mit ihnen Maßnahmen zur Überwindung dieser Schwierigkeiten erarbeiten.

Wir billigen keine Unruhen, da Widersprüche im Volk nach der Methode »Einheit – Kritik – Einheit« gelöst werden können, während Unruhen immer zu Verlusten führen werden und der Entwicklung des Sozialismus abträglich sind. Wir sind überzeugt, daß die breiten Volksmassen in unserem Land für den Sozialismus eintreten, daß sie sehr diszipliniert sind und vernünftig argumentieren, und daß sie niemals unbegründet Unruhen machen. Das bedeutet aber nicht, daß in unserem Land die Möglichkeit der Entstehung von Unruhen unter den Massen ausgeschlossen wäre. In dieser Frage sollten wir folgendes beachten: 1. Um die Ursachen von Unruhen mit der Wurzel zu beseitigen, muß man entschlossen den Bürokratismus ausmerzen, die ideologisch-politische Erziehung bedeutend verstärken und die verschiedenen Widersprüche in geeigneter Weise behandeln. Nur wenn man so vorgeht, wird es im ganzen keine Veranlassung zu Unruhen mehr geben. 2. Wenn es infolge unserer schlechten Arbeit zu Unruhen kommt, muß man dem Teil der Massen, der daran beteiligt ist, den richtigen Weg weisen und die Unruhen als besonderes Mittel ausnutzen, um die Arbeit zu verbessern sowie die Funktionäre und die Massen zu erziehen, und so die Probleme lösen, die im Alltag nicht gelöst worden waren. Bei der Behandlung von Unruhen muß man sorgfältige Arbeit leisten, man darf für die Behandlung nicht einfach kurzen Prozeß machen, und man darf auch nicht »die Truppen zurückziehen, ohne die Aufgabe erfüllt zu haben«. Man darf die leitenden Köpfe von Unruhen nicht leichthin entfernen, es sei denn, es handle sich um Elemente, die gegen die Strafgesetze verstoßen, und um solche, die akut konterrevolutionär sind, die man nach den Gesetzen behandeln muß. In einem so großen Land wie dem unseren braucht man wegen Unruhen, an denen wenige Menschen beteiligt sind, nicht überängstlich zu sein, sie können uns vielmehr dazu helfen, den Bürokratismus zu überwinden.

In unserer Gesellschaft gibt es eine geringe Anzahl von Menschen, die auf die öffentlichen Interessen keine Rücksicht nehmen, die sich vollkommen unverantwortlich aufführen und die Mord und Totschlag begehen. Diese können freilich unsere Richtlinien ausnutzen und entstellen, bewußt unverantwortliche Forderungen erheben, um die Massen aufzuwiegeln, oder sie verbreiten böswillig Gerüchte und provozieren Zwischenfälle, um die alltägliche Ordnung zu zerstören. Solchen Leuten billigen wir keinerlei Nachsicht zu. Im Gegenteil, gegen sie müssen die notwendigen gesetzlichen Maßnahmen ergriffen werden. Solche Leute zu bestrafen ist eine Forderung der breiten Massen der Gesellschaft, sie nicht bestrafen hieße sich dem Willen der Massen widersetzen.

10. Kann sich Schlechtes in Gutes verwandeln?

Wie ich schon oben sagte, sind Unruhen unter den Massen in unserer Gesellschaft etwas Schlechtes, und wir billigen sie nicht. Wenn solche Unruhen aber ausgebrochen sind, können sie uns wiederum Anlaß sein, Lehren daraus zu ziehen, den Bürokratismus zu überwinden sowie die Kader und die Massen zu erziehen. In diesem Sinne kann sich eine schlechte Sache in eine gute Sache verwandeln. Unruhen haben einen zwiespältigen Charakter. Wir können alle Unruhen unter diesem Gesichtswinkel betrachten.

Die ungarischen Ereignisse waren keine gute Sache, das ist jedermann klar. Aber auch sie haben einen zwiespältigen Charakter. Weil die ungarischen Genossen im Verlauf der Ereignisse richtige Maßnahmen trafen, verwandelten sich die Ereignisse in Ungarn letzten Endes aus einer schlechten in eine gute Sache. Ungarn steht jetzt fester da denn je, und alle anderen Länder des sozialistischen Lagers haben ebenfalls Lehren daraus gezogen.

Ebenso ist die in der zweiten Hälfte des Jahres 1956 angelaufene weltweite antikommunistische und volksfeindliche Kampagne gewiß eine schlechte Sache. Aber sie diente den kommunistischen Parteien und der Arbeiterklasse in allen Ländern zur Lehre und hat sie gestählt, auf diese Weise verwandelte sie sich in etwas Gutes. In vielen Ländern trat während dieser Kampagne eine Anzahl von Menschen aus den kommunistischen Parteien aus. Das Ausscheiden eines Teils der Mitglieder aus der Partei und ihre zahlenmäßige Verkleinerung ist natürlich eine schlechte Sache, aber sie hat auch eine gute Seite. Jene schwankenden Elemente wollten nicht länger in der Partei bleiben und traten aus, die große Mehrheit der standhaften Parteimitglieder schloß sich um so enger zum Kampf zusammen, warum soll das nicht gut sein?

Mit einem Wort, wir müssen lernen, die Probleme allseitig zu betrachten, nicht nur die Vorderseite der Dinge zu sehen, sondern auch ihre Kehrseite. Unter bestimmten Bedingungen kann Schlechtes zu guten Ergebnissen und Gutes zu schlechten Ergebnissen führen. Vor mehr als zweitausend Jahren sagte Laodse: »Das Elend ist es, worauf das Glück sich stützt, das Glück ist es, worunter das Elend sich birgt«[14]. Japan hatte China geschlagen, und die Japaner nannten es Sieg. Die Besetzung riesiger Gebiete Chinas nannten die Chinesen eine Niederlage. Aber Chinas

[14] Spruch 58, vgl. Lau Dse Dau Dö Djing, [Sammlung Dieterich] Bremen 1962, S. 177.

Niederlage barg den Sieg in sich, und in Japans Sieg war die Niederlage verborgen. Ist das nicht durch die Geschichte bestätigt worden?
In der ganzen Welt wird jetzt darüber diskutiert, ob ein dritter Weltkrieg ausbrechen wird oder nicht. Auf dieses Problem müssen wir moralisch vorbereitet sein und auch die Dinge analysieren. Wir setzen uns entschieden für den Frieden und gegen den Krieg ein. Aber wenn der Imperialismus unbedingt einen Krieg entfesseln will, werden wir ihn nicht fürchten. Unsere Haltung in dieser Frage ist die gleiche wie zu allen Unruhen, erstens, wir sind dagegen; zweitens, wir fürchten uns nicht. Auf den Ersten Weltkrieg folgte die Entstehung der Sowjetunion mit einer Bevölkerung von 200 Millionen Menschen. Der Zweite Weltkrieg brachte die Entstehung des sozialistischen Lagers mit einer Gesamtbevölkerung von 900 Millionen Menschen. Wenn nun die Imperialisten unbedingt einen dritten Weltkrieg entfesseln wollen, werden im Ergebnis, das kann man behaupten, gewiß weitere Hunderte Millionen Menschen auf die Seite des Sozialismus treten, und die dem Imperialismus verbleibenden Gebiete werden nicht mehr zahlreich sein, möglich ist auch, daß das ganze imperialistische System überhaupt zusammenbricht.
Im Ergebnis ihres Kampfes gegeneinander müssen sich die beiden gegensätzlichen Seiten eines Widerspruchs unter bestimmten Bedingungen in ihr Gegenteil verwandeln. Hier sind die Bedingungen wichtig. Ohne bestimmte Bedingungen können sich die beiden miteinander kämpfenden Seiten nicht ineinander verwandeln. Von allen Klassen der Welt ist das Proletariat am meisten daran interessiert, seine Lage zu verändern, dann folgt das Halbproletariat, weil das erstere gar nichts besitzt und das andere nur wenig. Die gegenwärtige Lage, da die Vereinigten Staaten über die Stimmenmehrheit in der UNO verfügen und viele Gebiete der Welt kontrollieren, ist nicht von Dauer, diese Lage wird sich eines Tages auf jeden Fall wandeln. Chinas Stellung als armes Land, das international rechtlos ist, wird sich ebenfalls ändern, ein armes Land wird zu einem reichen Land, Rechtlosigkeit wird sich zum Vollbesitz der Rechte wandeln – Verwandlung zum Gegenteil hin. Entscheidende Voraussetzungen sind hier das sozialistische System und der Kampf des zusammengeschlossenen Volkes.

Im elften Abschnitt wird die Notwendigkeit hervorgehoben, in einem wirtschaftlich so rückständigen Land wie China unbedingt sparsam und wirtschaftlich vorzugehen. Funktionäre, die sich bereichern, sollen versetzt oder in die Produktion zurückgeführt werden. »Soll unser Land reich und mächtig werden, müssen wir jahrzehntelang hart kämpfen und einen Kurs des Fleißes und der Wirtschaftlichkeit im Aufbau des Landes durchführen, Einhaltung strenger Sparsamkeit, Kampf der Verschwendung.« Der letzte Abschnitt folgt wieder im Wortlaut.

12. Chinas Weg zur Industrialisierung

Wenn ich von unserem Weg zur Industrialisierung spreche, meine ich in der Hauptsache das Verhältnis in der Entwicklung zwischen Schwerindustrie, Leichtindustrie und Landwirtschaft. Im Mittelpunkt des wirtschaftlichen Aufbaus in unserem Land steht die Schwerindustrie, das muß entschieden betont werden. Aber gleichzeitig muß die Entwicklung der Landwirtschaft und der Leichtindustrie genügend Beachtung finden. Unser Land ist ein großes Agrarland, die ländliche Bevölkerung umfaßt mehr als 80% der Gesamtbevölkerung, die Entwicklung der Industrie muß mit der der Landwirtschaft gleichzeitig in Angriff genommen werden, nur dann wird die Industrie Rohstoffe und einen Absatzmarkt haben, und nur dann wird es möglich sein, mehr Mittel für den Aufbau einer mächtigen Schwerindustrie zu akkumulieren. Jedermann weiß, daß die Leichtindustrie auf das engste mit der Landwirtschaft verbunden ist. Ohne Landwirtschaft keine Leichtindustrie. Daß eine Schwerindustrie aber die Landwirtschaft als wichtigen Absatzmarkt braucht, ist den Menschen im Augenblick noch nicht recht klar. Doch entsprechend der allmählichen technischen Umgestaltung und Modernisierung der Landwirtschaft werden Maschinen und Düngemittel, Ausrüstungen für Wasserwirtschafts- und Kraftwerksprojekte, Transportmittel und -anlagen sowie Brennstoffe und Baustoffe usw. für den Einsatz in der Landwirtschaft immer zahlreicher, und so wird die Bedeutung der Landwirtschaft als wichtiger Absatzmarkt für die Schwerindustrie leichter zu begreifen sein. Es wird also für die gesamte Volkswirtschaft von Nutzen sein, wenn sich unsere Landwirtschaft im zweiten und dritten Planjahrfünft noch stärker entwickeln kann und auch die Leichtindustrie entsprechend größer wird. Durch die Entwicklung der Landwirtschaft und der Leichtindustrie wird die Schwerindustrie Absatzmärkte und Geldmittel erhalten und so noch rascher wachsen. Auf den ersten Blick könnte sich also das Tempo der Industrialisierung etwas verlangsamen, tatsächlich wird das jedoch nicht der Fall sein, und das Tempo kann sogar noch beschleunigt werden. Im Laufe von drei Planjahrfünften oder in einer etwas längeren Frist wird es immer noch möglich sein, Chinas jährliche Stahlproduktion von dem Rekordstand vor der Befreiung, der etwas über 900000 Tonnen im Jahr 1943 betrug, auf 20 Millionen Tonnen oder mehr zu steigern[15]. Dann wird die Bevölkerung in Stadt und Land durchaus zufrieden sein können.

[15] Eine Schätzung für das Jahr 1970, 13 Jahre nach dieser Rede, spricht von 15 Mio. Tonnen, vgl. W. Klatt, A Review of China's Economy in 1970, in: *China Quarterly*, No. 43, S. 118.

Ich möchte heute nicht viel über wirtschaftliche Fragen sprechen. Beim wirtschaftlichen Aufbau fehlt es uns immer noch an Erfahrung; weil wir erst sieben Jahre dabei sind, müssen wir noch Erfahrungen sammeln. Bei der Revolution haben wir zuerst auch keine Erfahrungen gehabt, nach einigen Salto mortale haben wir Erfahrungen erworben und dann auch den Sieg im ganzen Land errungen. Wir müssen jetzt erreichen, daß Erfahrungen beim wirtschaftlichen Aufbau in einem etwas kürzeren Zeitraum gesammelt werden, als das bei der Sammlung von Revolutionserfahrungen der Fall war, auch sollten wir nicht einen so hohen Preis dafür zahlen. Einen Preis müssen wir zahlen, aber wünschenswert wäre doch, daß der Preis nicht so hoch sein wird wie der, den wir in der revolutionären Periode gezahlt haben. Man muß begreifen, daß hier ein Widerspruch besteht, und zwar der zwischen den objektiven Entwicklungsgesetzen der Wirtschaft in einer sozialistischen Gesellschaft und unseren subjektiven Kenntnissen, und daß dieser Widerspruch in der Praxis gelöst werden muß. Er tritt auch als Widerspruch zwischen Menschen in Erscheinung, d. h. als Widerspruch zwischen denen, die die objektiven Gesetze verhältnismäßig richtig, und denen, die sie verhältnismäßig unrichtig widerspiegeln, deswegen ist das auch ein Widerspruch im Volk. Jeder Widerspruch existiert objektiv, und es ist unsere Aufgabe, ihn so genau wie möglich widerzuspiegeln und zu lösen.

Um China zu einer Industriemacht zu machen, müssen wir ernsthaft die fortschrittlichen Erfahrungen der Sowjetunion studieren. Die Sowjetunion baut den Sozialismus schon seit vierzig Jahren auf, und ihre Erfahrungen sind für uns sehr wertvoll. Man sehe doch nur hin, wer hat so viele bedeutende Betriebe für uns entworfen und ausgerüstet? Waren es die Vereinigten Staaten? Oder Großbritannien? Keiner von ihnen hat das getan. Nur die Sowjetunion war dazu bereit, weil sie ein sozialistisches Land und unser Verbündeter ist. Neben der Sowjetunion haben uns auch einige Bruderländer Osteuropas eine gewisse Hilfe gewährt. Es ist vollkommen richtig, wir müssen aus den guten Erfahrungen aller Länder, ob sozialistisch oder kapitalistisch, lernen, das steht fest. Aber das Wichtigste ist doch, von der Sowjetunion zu lernen. Beim Lernen gibt es nun zwei verschiedene Einstellungen. Die eine ist dogmatisch, sie will alles übernehmen, ob es nun für die Verhältnisse unseres Landes geeignet ist oder nicht. Diese Einstellung ist falsch. Die andere besteht darin, beim Studium den Geist anzustrengen und das zu erlernen, was den Verhältnissen unseres Landes entspricht, das heißt, alle Erfahrungen auszuwerten, die für uns nützlich sind. Eine solche Einstellung ist es, die wir nötig haben.

Festigung unserer Verbundenheit mit der Sowjetunion, Festigung unserer Verbundenheit mit allen sozialistischen Ländern, das ist unsere grundlegende politische Richtung, hier liegen unsere grundlegenden Interessen. Außerdem müssen wir unsere Solidarität mit den asiatischen und afrikanischen Ländern und allen friedliebenden Ländern und Völkern festigen und entwickeln. Im Verein mit diesen beiden Kräften stehen wir nicht mehr allein da. Was die imperialistischen Länder anbetrifft, so müssen wir uns auch mit ihren Völkern zusammenschließen und danach streben, mit diesen Ländern in friedlicher Koexistenz zu leben und Handel zu treiben, und wir müssen einen Krieg, der ausbrechen könnte, verhindern, aber wir dürfen uns von diesen Ländern unter keinen Umständen irgendwelche unrealistischen Vorstellungen machen.

5. An die Kulturfunktionäre*

Rede auf der Landeskonferenz der Kommunistischen Partei Chinas zur Propagandaarbeit

12. März 1957

Genossen! Die Konferenz ist gut verlaufen[1]. Viele Fragen wurden hier aufgeworfen, wodurch wir viele Dinge erfahren haben. Jetzt möchte ich noch einige Ansichten zu den von euch diskutierten Fragen vortragen.

Wir befinden uns im Augenblick in der Phase großer gesellschaftlicher Veränderungen. Die chinesische Gesellschaft macht seit langem große Veränderungen durch. Die Zeit des Widerstandskrieges gegen Japan brachte eine große Veränderung, und auch die Zeit des Befreiungskrieges[2] brachte eine große Veränderung. Ihrem Wesen nach geht aber die augenblickliche Veränderung viel tiefer als die vorangegangenen. Wir sind dabei, den Sozialismus aufzubauen. Millionen von Menschen haben sich der Bewegung zur sozialistischen Umgestaltung angeschlossen. Die Wechselbeziehungen zwischen den Klassen befinden sich im ganzen Land in der Veränderung. Es hat beim Kleinbürgertum in der Bauernschaft und im Handwerk und auch bei der Industrie- und Handelsbourgeoisie Umwandlungen gegeben. Das sozialökonomische System hat sich geändert: die Einzelwirtschaft ist zur Kollektivwirtschaft geworden und

* Titelformulierung des Herausgebers.

[1] Die Landeskonferenz der Kommunistischen Partei Chinas zur Propagandaarbeit wurde vom Zentralkomitee der Partei für die Zeit vom 6. bis 31. März 1957 nach Peking einberufen. Mehr als 380 Verantwortliche für Propaganda-, Kultur- und Erziehungsabteilungen des Zentralkomitees, der Provinzkomitees und aus Komitees der regierungsunmittelbaren Städte nahmen teil. Mehr als hundert nicht der Partei angehörende Fachleute aus den Bereichen Wissenschaft, Erziehung, Literatur, Kunst, Presse, Verlagswesen usw. besuchten die Konferenz ebenfalls (i. Orig.). – Die Rede findet sich u. a. in einer 1964 in Peking herausgekommenen neuen Auswahl Maoscher Schriften »Ausgewählte Lektüre der Werke Mao Tsetungs« oder »Mao Tsetung-Chrestomathie«, Band A, S. 365 ff., eine deutsche Übersetzung in Broschürform, Peking 1967, hat vorgelegen.

[2] Bezeichnung des großen chinesischen Bürgerkrieges 1946–49, vgl. Dok. I dieses Abschnittes.

das kapitalistische Privateigentum wird gerade zum sozialistischen Gemeineigentum. Solche großen Veränderungen müssen sich natürlich im Denken der Menschen widerspiegeln. Das Sein bestimmt das Bewußtsein. Die Menschen in den verschiedenen Klassen, Schichten und sozialen Gruppen reagieren unterschiedlich auf diese großen Veränderungen des Gesellschaftssystems. Die breiten Volksmassen unterstützen sie begeistert, weil das praktische Leben beweist, daß der Sozialismus Chinas einziger Ausweg ist. Das alte Gesellschaftssystem umstürzen und eine neue Gesellschaftsordnung, nämlich die sozialistische Ordnung aufbauen, das ist ein gewaltiger Kampf, das bedeutet eine große Veränderung der Gesellschaftsordnung und der zwischenmenschlichen Beziehungen. Man muß sagen, daß die Lage im Grunde gesund ist. Aber die neue Gesellschaftsordnung ist gerade erst errichtet worden, und sie bedarf noch einer gewissen Zeit, um sich zu festigen. Man darf nicht glauben, die neue Ordnung sei sofort nach ihrer Errichtung völlig in sich gefestigt – das ist unmöglich. Sie muß sich schrittweise festigen. Wenn man ihre endgültige Festigung erreichen will, dann muß man unbedingt die sozialistische Industrialisierung des Landes verwirklichen und die sozialistische Revolution an der wirtschaftlichen Front beharrlich weiterführen, und man muß auch noch an der politischen und ideologischen Front den beständigen und mühevollen Kampf der sozialistischen Revolution und die sozialistische Erziehung durchführen. Außerdem müssen eine Reihe von internationalen Voraussetzungen zusammenstimmen. In unserem Land muß der Kampf für die Festigung des sozialistischen Systems, der Kampf zwischen Sozialismus und Kapitalismus um den endgültigen Sieg noch eine lange historische Periode durchlaufen. Aber wir müssen alle einsehen, daß dieses neue sozialistische System auf jeden Fall gefestigt werden wird. Wir werden auf jeden Fall einen sozialistischen Staat mit moderner Industrie, moderner Landwirtschaft und moderner Wissenschaft und Kultur errichten. Das war der erste Punkt dessen, was ich erörtern wollte.

Der zweite betrifft die Situation der Intelligenz in unserem Lande. Es gibt keine exakten Statistiken darüber, wie viele Intellektuelle es in China eigentlich gibt. Einige Leute schätzen, daß es von Intellektuellen aller Art, einschließlich der hochqualifizierten und der durchschnittlichen, ungefähr fünf Millionen gibt. Die meisten dieser ungefähr fünf Millionen Intellektuellen sind patriotisch gesinnt, sie lieben die Volksrepublik China und wollen dem Volk und dem sozialistischen Land dienen. Es gibt aber auch eine Minderheit von Intellektuellen, die das sozialistische System nicht so besonders willkommen heißen und die gar keine so große

Freude an ihm haben. Sie haben noch Zweifel am Sozialismus, aber angesichts des Imperialismus sind sie doch patriotisch. Nur verschwindend wenig Intellektuelle hegen eine feindliche Stimmung gegen unseren Staat. Diese Leute mögen unseren Staat der Diktatur des Proletariats nicht, sondern sie hängen an der alten Gesellschaft. Bei erster Gelegenheit stiften sie Unruhe und sinnen darauf, die Kommunistische Partei zu stürzen und das alte China wiederherzustellen. Das sind Menschen, die, vor die Wahl gestellt, ob sie die proletarische oder die bourgeoise, ob sie die sozialistische oder die kapitalistische Linie verfolgen sollen, immer stur auf der zweiten Linie laufen wollen. Diese zweite Linie kann unmöglich verwirklicht werden, und deswegen sind sie auch in der Praxis bereit, vor dem Imperialismus, dem Feudalismus und dem bürokratischen Kapitalismus klein beizugeben. Diese Sorte von Leuten gibt es überall in der Politik, in der Industrie und im Handel, auf dem Gebiet der Kultur und der Erziehung, in Wissenschaft und Technik und in der Religion; sie sind ultrareaktionär eingestellt. Diese Sorte von Leuten macht ungefähr ein bis drei Prozent von den fünf Millionen Intellektuellen aus. Die überwiegende Mehrheit der Intellektuellen, mehr als neunzig Prozent der Gesamtzahl, unterstützt das sozialistische System in unterschiedlichem Maße. Unter ihnen gibt es viele, die sich noch nicht klar darüber sind, wie sie unter dem sozialistischen System arbeiten sollen und wie sie die vielen neuen Fragen auffassen, sich ihnen gegenüber verhalten und wie sie sie beantworten sollen.
Mir scheint, man kann über die Haltung der fünf Millionen Intellektuellen zum Marxismus folgendes sagen: über zehn Prozent, inklusive die Kommunisten und die mit der Kommunistischen Partei Sympathisierenden, sind mit dem Marxismus ziemlich gut vertraut, sie stehen mit beiden Beinen fest auf der Erde und unerschütterlich auf dem proletarischen Standpunkt. Sie stellen zwar nur eine Minderheit der Gesamtzahl von fünf Millionen, aber sie sind ihr Kern, und sie haben Energie. Viele denken daran, den Marxismus zu studieren und lernen sogar ein wenig, aber sie sind noch nicht mit ihm vertraut; unter ihnen gibt es solche, die noch Zweifel hegen und keinen festen Boden unter den Füßen haben, sie geraten ins Schwanken, wenn der Wind einmal bläst und die Wellen höher schlagen. Diese Gruppe – die Mehrheit der fünf Millionen Intellektuellen – steht noch in einer Mittelstellung. Diejenigen, die entschlossene Gegner des Marxismus und von Haß gegen ihn erfüllt sind, machen nur eine verschwindend geringe Zahl aus. Dann gibt es einige, die den Marxismus zwar nicht offen mißbilligen, ihn aber in der Praxis dann doch nicht gutheißen. Solche Leute wird es noch sehr lange geben, und wir werden

ihre Ablehnung tolerieren müssen. Eine Gruppe von Idealisten billigt zum Beispiel das politische und wirtschaftliche System des Sozialismus, lehnt aber die marxistische Weltanschauung ab. Genauso ist es mit den religiös eingestellten Patrioten. Sie glauben an Gott, aber wir sind Atheisten. Wir können diese Leute nicht zwingen, die marxistische Weltanschauung anzunehmen. Kurz zusammengefaßt kann man zur Haltung der ungefähr fünf Millionen Intellektuellen gegenüber dem Marxismus folgendes sagen: die, die ihm zustimmen und die einigermaßen gut mit ihm vertraut sind, bilden eine Minderheit, genau wie die, die gegen ihn eingestellt sind; die Mehrzahl der Intellektuellen stimmt zwar dem Marxismus zu, hat sich aber mit ihm noch nicht vertraut gemacht; die Zustimmung ist außerdem verschieden stark. Es gibt also drei Standpunkte: entschlossene Anhänger, Schwankende und Gegner. Wir müssen uns daran gewöhnen, daß diese Lage noch lange so fortbestehen wird. Wenn wir diese Lage nicht anerkennen, dann werden unsere Anforderungen an die anderen zu hoch sein, unsere eigenen Aufgaben aber werden wir unterschätzen. Unsere Genossen, deren Aufgabe die Propagandaarbeit ist, haben die Pflicht, für den Marxismus zu werben. Diese Werbung muß schrittweise betrieben werden, und wir müssen sehr gut arbeiten, damit die Menschen den Marxismus willig annehmen. Wir dürfen die Menschen nicht zwingen, den Marxismus anzunehmen, wir können die Menschen nur überzeugen. Wenn wir es schaffen, daß in der Zeit der nächsten Fünfjahrpläne verhältnismäßig viele unter unseren Intellektuellen den Marxismus annehmen, wenn außerdem ziemlich viele Leute durch die Praxis in der Arbeit und im Leben, durch die Praxis des Klassenkampfes, der Produktion und der Wissenschaft vergleichsweise mehr vom Marxismus verstehen lernen, dann ist das schon sehr gut. Das ist unsere Hoffnung.

Punkt drei: Das Problem der Umerziehung der Intelligenz. Unser Land ist kulturell nicht entwickelt. Fünf Millionen Intellektuelle in einem so großen Land wie China ist entschieden zu wenig. Ohne Intellektuelle können wir die Lage nicht meistern, deshalb müssen wir uns eng mit ihnen zusammenschließen. Die sozialistische Gesellschaft besteht in ihrer sozialen Zusammensetzung hauptsächlich aus drei Gruppen: aus den Arbeitern, den Bauern und den Intellektuellen. Die Intellektuellen sind die Arbeiter des Geistes. Ihre Arbeit dient dem Volk, also den Arbeitern und Bauern. Die Intellektuellen können, wenn man die Mehrheit nimmt, dem alten China genauso dienen wie dem neuen, der Bourgeoisie ebenso wie dem Proletariat. Als sie dem alten China dienten, stand der linke Flügel in Opposition, die Mitte schwankte, und nur der rechte Flügel

stand fest entschlossen zum Regime. Jetzt stehen sie dagegen im Dienst der neuen Gesellschaft, und die Verhältnisse haben sich umgekehrt: der linke Flügel steht entschlossen zur herrschenden Ordnung, der mittlere Flügel schwankt (dieses Schwanken und das vorige sind nicht gleich, es ist jetzt das Schwanken in der neuen Gesellschaft), und der rechte Flügel steht in Opposition. Die Intellektuellen sind außerdem auch noch Erzieher. Unsere Zeitungen wirken täglich erzieherisch auf das Volk ein. Unsere Literaten und Künstler, unsere Wissenschaftler und Techniker, unsere Professoren und Lehrer: sie alle erziehen das Volk, erziehen all jene, die lernen. Weil sie Erzieher und Lehrer sind, haben sie die Pflicht, zuerst selbst eine Erziehung anzunehmen. Ganz besonders in dieser Zeit der großen Veränderungen der Gesellschaftsordnung müssen sie sich zuerst selbst erziehen lassen. In den vergangenen Jahren erhielten sie ein wenig marxistische Erziehung, einige von ihnen waren sogar sehr fleißig und machten sehr viel größere Fortschritte als vorher. Was jedoch die Mehrzahl der Intellektuellen angeht, so ist es noch lange hin, bis ihre bürgerliche Weltanschauung ganz und gar durch die proletarische ersetzt ist. Einige Leute haben ein paar marxistische Bücher gelesen und halten sich deswegen für gebildet, aber sie haben in Wirklichkeit keine Fortschritte beim Studium gemacht, das Erlernte hat gar keine Wurzeln in ihren Köpfen geschlagen, und sie können es nicht anwenden; ihr Klassengefühl ist noch das alte geblieben. Andere gibt es wieder, die sehr anmaßend sind, sie haben gerade ein paar Sätze gelesen und halten das schon für hervorragend, aus Stolz tragen sie die Nase hoch; wenn es aber einmal zu Unruhen kommt, dann wird deutlich, daß sich ihr Standpunkt von dem der Arbeiter und der großen Masse der werktätigen Bauern erheblich unterscheidet: sie sind schwankend und unentschlossen, die letzteren aber entschlossen und standhaft, sie sind undurchsichtig, die anderen kristallklar. Deswegen ist es falsch zu glauben, die Erzieher müßten nicht selbst erzogen werden und weiter an sich arbeiten, und die sozialistischen Umformungen müßten nur andere Leute, Gutsbesitzer, Kapitalisten und Einzelproduzenten reformieren, die Intellektuellen aber hätten diese Umformung nicht nötig.
Auch die Intellektuellen brauchen die Umerziehung, und nicht nur jene, die ihren Standpunkt noch nicht grundlegend geändert haben, alle müssen studieren und sich umerziehen. Wenn ich sage »alle«, dann heißt das, daß auch wir hier dazugehören. Die Situation befindet sich in einer ununterbrochenen Veränderung – wenn wir erreichen wollen, daß sich unsere Gedanken der neuen Situation anpassen, dann müssen wir lernen. Auch die Leute, die vom Marxismus schon relativ viel verstehen, die

verhältnismäßig entschlossen den Standpunkt des Proletariats vertreten, auch sie müssen weiter lernen, Neues aufnehmen und die neu auftauchenden Probleme studieren. Wenn die Intellektuellen nicht darangehen, alles Falsche, das in ihren Köpfen sitzt, abzulegen, dann sind sie nicht mehr in der Lage, die Aufgabe, andere zu erziehen, zu bewältigen. Wir können natürlich nur erziehen, wenn wir auf der anderen Seite auch lernen, hier Lehrer sein und dort Schüler. Wenn man ein guter Lehrer werden will, dann muß man zuerst ein guter Schüler sein. Vieles läßt sich nicht einfach aus Büchern erlernen, sondern man muß es von den Produzenten, von den Arbeitern, von den armen Bauern und der Unterschicht der Mittelbauern lernen; in den Schulen muß man von den Schülern, den Objekten unserer eigenen Erziehung, lernen. Meiner Ansicht nach ist es die Mehrzahl der Intellektuellen, die gern lernen will. Unsere Pflicht ist es, ihnen wohlwollend und in der geeigneten Art und Weise beim Studium zu helfen, unter der Voraussetzung, daß sie freiwillig studieren wollen, aber nicht, sie mit administrativen Maßnahmen zum Lernen zu zwingen.

Punkt vier: Das Problem des Zusammenschlusses der Intelligenz mit den Arbeiter- und Bauernmassen. Weil die Intelligenz den Arbeiter- und Bauernmassen dienen soll, muß sie vor allem die Arbeiter und Bauern verstehen und mit ihrem Leben, ihrer Arbeit und ihrer Denkweise vertraut werden. Wir treten dafür ein, daß die Intellektuellen unter die Massen gehen, daß sie in die Betriebe gehen, daß sie aufs Land gehen. Wenn man sein ganzes Leben lang keine Arbeiter und Bauern zu Gesicht bekommt, dann ist das sehr schlecht. Unsere Staatsfunktionäre, Literaten, Künstler, Lehrer und Wissenschaftler – sie alle müssen nach bestem Vermögen jede Gelegenheit nützen, um direkt mit Arbeitern und Bauern in Kontakt zu kommen. Einige gehen auch einmal in die Betriebe und aufs Land und schauen und laufen überall ein wenig herum, das nennt man »Hoch zu Roß die Blumen betrachten«, das ist jedenfalls schon besser als nichts. Andere werden einige Monate in Betrieben und Dörfern leben, dort Untersuchungen anstellen und Freundschaft schließen, das nennt man: »Vom Pferd herabsteigen und die Blumen betrachten.« Wieder andere gehen hin, um über eine längere Zeit, z. B. zwei, drei Jahre oder noch länger dort zu leben; das nennt man »sich häuslich niederlassen«. Es gibt Intellektuelle, die in Wirklichkeit schon unter den Arbeitern und Bauern leben, z. B. ist das technische Personal der Industrie voll in den Fabriken tätig, und die Agrartechniker und die Dorfschullehrer arbeiten ganz auf dem Land. Sie müssen gute Arbeit leisten und mit den Arbeitern und Bauern in engem Kontakt stehen. Wir wollen das »Unterdie-Massen-Gehen« zu so etwas wie einer festen Einrichtung machen, d. h. wir wollen, daß sehr viele Intellektuelle so handeln. Natürlich können es nicht hundert Prozent der Intellektuellen sein, viele werden die verschiedensten Gründe haben, warum sie nicht hingehen können, aber wir hoffen, daß sich möglichst viele Intellektuelle beteiligen. Es ist auch nicht möglich, daß alle auf einmal gehen, sondern sie sollten nach und nach und Gruppe um Gruppe gehen. Laßt die Intelligenz direkt mit den Arbeitern und Bauern in Kontakt treten, wir haben das früher – in der Yen-an-Zeit – auch schon einmal so gemacht. Damals herrschte unter vielen Intellektuellen in Yen-an eine große ideologische Verwirrung, sie hatten die wunderlichsten Theorien. Wir hielten eine Konferenz ab und regten sie alle an, unter die Massen zu gehen. Viele Leute befolgten unsere Anregung und errangen die besten Erfolge. Solange das Wissen, das sich die Intellektuellen aus den Büchern erworben haben, keine Vereinigung mit der Praxis erfährt, ist dieses Wissen lückenhaft oder sogar ganz unvollständig. Die Intellektuellen eignen sich die Erfahrungen der früheren Generationen hauptsächlich durch Lektüre von Büchern an. Man kommt selbstverständlich nicht umhin, Bücher zu lesen, aber bloßes Bücherlesen kann noch keine Probleme lösen. Man muß unbedingt die aktuelle Situation untersuchen, man muß die praktischen Erfahrungen und Arbeitsmaterialien studieren, man muß sich mit den Arbeitern und Bauern anfreunden. Es ist gar keine so einfache Sache, sich mit den Arbeitern und Bauern anzufreunden. Manche von denen, die jetzt in die Betriebe und aufs Land gehen, haben schließlich Erfolge, andere nicht. Hierbei ergibt sich eine Frage des Standpunktes und des Verhaltens, und das wiederum ist eine Frage der Weltanschauung. Wir unterstützen den Wettstreit der hundert Schulen, unter den Wissenschaftlern aller Fachrichtungen kann es eine Vielzahl von Gruppen und Schulen geben; was aber die Weltanschauung betrifft, so kann es heute im Grunde nur zwei Schulen geben: die proletarische oder die bürgerliche. Entweder man vertritt die proletarische Weltanschauung oder die bürgerliche. Die kommunistische Weltanschauung ist nur die Weltanschauung des Proletariats, nicht aber die irgendeiner beliebigen anderen Klasse. Ein Großteil unserer heutigen Intelligenz kommt aus der alten Gesellschaft und aus nicht werktätigen Familien. Einige stammen zwar aus Arbeiter- und Bauernfamilien, aber vor der Befreiung erhielten sie eine bürgerliche Erziehung, und so ist ihre Weltanschauung im Grunde doch eine bürgerliche, sie gehören eigentlich noch zur bürgerlichen Intelligenz. Wenn diese Leute nicht alles Vergangene ablegen und eine proletarische Weltanschauung annehmen, dann müssen ihre Ansichten, ihr Standpunkt und ihre Gefühle weiterhin von denen der Arbeiter und Bauern verschieden bleiben, sie können mit den Arbeitern und Bauern dann in keinem Fall irgend etwas gemeinsam haben, und die Arbeiter und Bauern werden ihnen nicht sagen, wie es ihnen ums Herz ist. Wenn die Intellektuellen sich mit den Arbeitern und Bauern zusammenschließen, sich mit ihnen befreunden, dann können sie den Marxismus, den sie aus Büchern gelernt haben, zu ihrer eigenen Sache machen. Man kann den Marxismus nicht nur aus Büchern, sondern man muß ihn vor allem im Klassenkampf, in der Arbeitspraxis und in der Verbundenheit mit den Arbeiter- und Bauernmassen richtig erlernen. Wenn unsere Intellektuellen einige marxistische Bücher gelesen und darüber hinaus im direkten Kontakt mit den Arbeiter- und Bauernmassen und in der eigenen Arbeitspraxis ein größeres Verständnis erlangt haben, nun, dann haben wir alle eine gemeinsame Sprache, nicht nur hinsichtlich des Patriotismus und des sozialistischen Systems, sondern auch hinsichtlich der kommunistischen Weltanschauung. Wenn dies der Fall ist, dann werden wir alle viel bessere Arbeit leisten.

Punkt fünf: Über die Verbesserung des Arbeitsstils (Dscheng-feng). Dscheng-feng, heißt Verbesserung des ideologischen Stils und des Arbeitsstils. Die Verbesserung des Arbeitsstils innerhalb der Kommunistischen Partei gab es schon einmal während des Widerstandskrieges gegen Japan, später noch einmal in der Zeit des Befreiungskrieges und dann nochmals bald nach der Errichtung der Volksrepublik China[3]. Jetzt hat das Zentralkomitee der Kommunistischen Partei den Beschluß gefaßt, eine »Verbesserung des Arbeitsstils« innerhalb der Partei in diesem Jahr in Gang zu setzen. Diejenigen, die nicht der Partei angehören, können sich freiwillig beteiligen; aber wer nicht will, braucht nicht daran teilzunehmen. Die Verbesserung des Arbeitsstils wird diesmal hauptsächlich folgende

[3] Die hier erwähnte »Verbesserung des Arbeitsstils« während des Widerstandskrieges gegen Japan ist die großangelegte Bewegung zur Verbesserung des Arbeitsstils, die 1942 in allen Parteiorganisationen Yen-ans und in den antijapanischen Stützpunkten ins Leben gerufen wurde und sich gegen Subjektivismus, Sektierertum und Parteischematismus richtete. Mit der »Verbesserung des Arbeitsstils« aus der Zeit des Befreiungskrieges ist die Bewegung des Jahres 1948 gemeint, die in den Parteiorganisationen der befreiten Gebiete im Zusammenhang mit der Bodenreformbewegung in breitangelegtem Umfang als Parteisäuberungsbewegung stattfand.
Die Verbesserung des Arbeitsstils in der Anfangsperiode der Volksrepublik ist die Bewegung, die nach dem Sieg im ganzen Lande 1950 in der gesamten Partei durchgeführt wurde. Ziel dieser Bewegung war es, die Erziehung der vielen neuen Parteimitglieder zu vertiefen, ihre ideologischen Unklarheiten zu beseitigen, andererseits aber auch die Anmaßung und die Selbstgefälligkeit, die durch den Sieg im ganzen Land bei den Parteimitgliedern aufgekommen waren, sowie den Kommandostil, den sie zu entwickeln begonnen hatten, zu überwinden (i. Orig.).

falsche Denk- und Arbeitsweisen kritisieren: einmal den Subjektivismus, dann den Bürokratismus, und auch noch das Sektierertum. Die Methode dieser Verbesserung des Arbeitsstils ist die gleiche wie während des Widerstandskrieges gegen Japan, d. h. zuerst muß man einige Dokumente studieren, jeder einzelne wird aufgrund des Studiums der Dokumente dann seine Gedanken und seine Arbeit überprüfen, Kritik und Selbstkritik entfalten, bestimmte Fehler und Mängel aufdecken, sowie gute Punkte und richtige Seiten hervorkehren. Bei der Verbesserung des Arbeitsstils muß man einerseits ernst und gewissenhaft sein und gegenüber seinen Fehlern und Mängeln gewissenhaft und nicht oberflächlich Kritik und Selbstkritik üben, und man soll sie darüber hinaus unbedingt berichtigen; auf der anderen Seite muß man aber auch mit einer milderen Methode vorgehen, »begangene Fehler korrigieren, um eine Wiederholung zu vermeiden«, »die Krankheit behandeln, um den Patienten zu retten« und die Anwendung der Methode, »mit dem Knüppel jemanden totzuschlagen«, ablehnen[4].

Unsere Partei ist eine großartige Partei, eine ruhmreich glänzende Partei, eine Partei, die das Richtige tut und sagt. Dem muß man in jedem Fall zustimmen. Man muß aber ebenso die Tatsache anerkennen, daß es bei uns noch Mängel gibt. Man soll aber auch nicht alles an uns ablehnen, sondern nur das Falsche. In unserer Arbeit sind Erfolge das Wichtigste; es gibt dabei aber auch nicht wenig Mängel und Fehler. Deswegen müssen wir eine Verbesserung des Arbeitsstils durchführen. Wenn wir selbst darangehen, unseren eigenen Subjektivismus, Bürokratismus und das Sektierertum zu kritisieren – muß die Partei dann nicht einen Verlust ihrer Autorität hinnehmen? Ich meine: nein. Im Gegenteil, ihre Autorität wird sich verstärken. Die »Verbesserung des Arbeitsstils« während des Widerstandskrieges gegen Japan ist der Beweis. Sie vermehrte das Ansehen der Partei und das Ansehen der Genossen, sie hob das Ansehen der alten Funktionäre, und auch die neuen Funktionäre machten dadurch große Fortschritte. Wenn man die Kommunistische Partei hier und die Kuomintang dort miteinander vergleicht – wer von beiden hat Kritik zu fürchten? Die Kuomintang fürchtet Kritik. Sie verbot jegliche Kritik, trotzdem aber hatte sie schließlich keine Kraft mehr, sich vor der Niederlage zu bewahren. Die Kommunistische Partei fürchtet keinerlei Kritik, denn wir sind Marxisten, die Wahrheit ist auf unserer Seite, und die Hauptmassen der Arbeiter und Bauern sind auf unserer Seite. Früher

[4] Die drei Sätze, die die mildere Methode kennzeichnen, sind Zitate aus früheren Schriften, besonders im Schlußabschnitt des Aufsatzes »Für einen richtigen Arbeitsstil in der Partei«, s. u. Kap. III, S. 340ff.

haben wir einmal gesagt, die Bewegung zur Verbesserung des Arbeitsstils ist eine »allgemeine marxistische Erziehungsbewegung«[5]. Die Verbesserung des Arbeitsstils bedeutet, daß die gesamte Partei in Kritik und Selbstkritik den Marxismus studiert. Im Verlaufe dieser Verbesserung des Arbeitsstils können wir auf jeden Fall noch etwas mehr vom Marxismus lernen.

Die Erneuerung und der Aufbau Chinas hängen von unserer Führung ab. Wenn wir den Arbeitsstil erfolgreich verbessert haben, dann können wir bei der Arbeit noch mehr Initiative zeigen, unsere Fähigkeiten werden sich steigern, und die Arbeit wird noch besser von der Hand gehen. Unser Land braucht viele Menschen, die dem Volk und der Sache des Sozialismus aufrichtig dienen und zur Erneuerungsarbeit entschlossen sind. Wir Kommunisten sollten alle Leute dieses Schlages sein. Wer früher, im alten China, von Reformen sprach, der machte sich eines Verbrechens schuldig und wurde geköpft oder ins Gefängnis geworfen. Die, die sich in diesen Zeiten zu Reformen entschlossen haben, kannten nichts, was sie gefürchtet hätten; sie gaben unter den schwierigsten Bedingungen Bücher und Zeitschriften heraus, erzogen und organisierten das Volk und führten einen unbeugsamen Kampf. Die Staatsmacht der demokratischen Diktatur des Volkes öffnet unserer Wirtschaft und Kultur einen Weg zur raschen Entwicklung. Erst vor wenigen Jahren wurde unsere Staatsmacht errichtet, und schon können die Menschen überall in der Wirtschaft, in der Kultur, im Erziehungswesen und in der Wissenschaft einen noch nie dagewesenen Aufschwung erkennen. Wir Kommunisten fürchten keine Schwierigkeiten, wenn es darum geht, unser Ziel, den Aufbau eines neuen China, zu erreichen. Aber allein auf unsere Kraft zu bauen reicht noch nicht aus. Wir brauchen eine Gruppe willensstarker und gutwilliger Menschen, die zwar nicht der Partei angehören, die aber auf der Grundlage der Richtung des Sozialismus und Kommunismus gemeinsam mit uns furchtlos für Reformen und für den Aufbau unserer Gesellschaft kämpfen können. Es ist eine äußerst schwierige Aufgabe, wenn man das Hunderte von Millionen Köpfe zählende chinesische Volk einem glücklichen Leben zuführen und dieses unser wirtschaftlich und kulturell rückständiges Land zu einem wohlhabenden, mächtigen und kulturell hochstehenden Land machen will. Dazu brauchen wir die Verbesserung des Arbeitsstils, und zwar jetzt und auch in Zukunft, und wir müssen immerfort all unsere persönlichen Fehler abstellen, um dann diese Aufgabe noch besser wahrnehmen und mit allen willensstarken

[5] Vgl. AW III, S. 329 in: »Über die Produktionstätigkeit der Armee« v. 27.4.1945.

und wohlgesinnten Menschen, die zur Mitarbeit an den Reformen entschlossen sind, zusammenarbeiten zu können. Radikale Materialisten kennen keine Furcht, und wir hoffen, daß alle unsere Mitstreiter mutig Verantwortung tragen, mit Schwierigkeiten fertig werden, Fehlschläge oder Gerede und Spott nicht fürchten, und daß sie sich auch nicht scheuen, uns Kommunisten zu kritisieren oder Vorschläge zu machen. »Wer keine Angst vor der Folter hat, der wagt es, den Kaiser vom Pferd zu zerren«, im Kampf für Sozialismus und Kommunismus müssen wir einen so furchtlosen Geist besitzen. An uns Kommunisten liegt es, für diese Mitarbeiter günstige Bedingungen zu schaffen, gute und kameradschaftliche Beziehungen der Zusammenarbeit mit ihnen zu pflegen und uns mit ihnen zum gemeinsamen Kampf zusammenzuschließen.

Punkt sechs: Das Problem der Einseitigkeit. Einseitigkeit – das ist die Verabsolutierung der Gedanken, das heißt, sich einem Problem metaphysisch nähern. Einseitigkeit ist, bei der Beurteilung unserer Arbeit alles zu bejahen oder zu verneinen. In der Kommunistischen Partei gibt es nicht wenige solcher Leute, die ein Problem noch auf diese Weise betrachten, außerhalb der Partei gibt es auch recht viele. Alles bejahen heißt nur das Gute sehen, über das Schlechte aber hinwegschauen, nur Lob spenden, aber keine Kritik üben können. Wer sagt, an unserer Arbeit sei beinahe alles gut, der wird der Sache nicht gerecht. Es ist nicht alles gut, es gibt noch Mängel und Fehler. Es ist aber auch nicht alles schlecht, das entspricht genausowenig den Tatsachen. Wir müssen die Dinge differenzieren. Alles verneinen bedeutet, undifferenziert alle Errungenschaften für mißlungen zu halten, als sei an dieser großartigen Sache des Aufbaus des Sozialismus und an dem von Millionen von Menschen geführten gewaltigen Kampf nichts nennenswert Gutes, sondern alles Mist. Viele Leute mit dieser Ansicht stehen zwar nicht auf einer Stufe mit jenen, die Zweifel und feindliche Gefühle gegenüber dem sozialistischen System hegen, aber diese Ansicht ist doch sehr falsch und äußerst schädlich, nur geeignet, die Menschen ihr Vertrauen verlieren zu lassen. Beide Standpunkte, gleich ob man unsere Arbeit von einem alles bejahenden oder von einem alles verneinenden aus betrachtet, sind falsch. Wir müssen alle, die die Probleme einseitig betrachten, kritisieren, natürlich nur in einer Haltung, die »begangene Fehler kritisiert, um eine Wiederholung zu vermeiden« und »die Krankheit bekämpft, um den Patienten zu heilen«, und wir müssen ihnen helfen.

Einige meinen, weil wir den Arbeitsstil verbessern und alle auffordern wollen, ihre Ansichten vorzutragen, müsse eine gewisse Einseitigkeit in Kauf genommen werden; und die Überwindung der Einseitigkeit zu propagieren, erwecke den Anschein, als wollten wir die Leute gar nicht zu Wort kommen lassen. Ist diese Ansicht richtig? Es ist naturgemäß schwierig, von allen zu verlangen, nicht die geringste Einseitigkeit aufzuweisen. Die Menschen greifen immer auf eigene Erfahrungen zurück, wenn sie Probleme betrachten, Probleme lösen oder ihre Meinung äußern; eine gewisse Einseitigkeit ist da manchmal nicht zu vermeiden. Aber können wir die Menschen dann nicht auffordern, diese Einseitigkeit wenigstens nach und nach zu überwinden und Probleme ein wenig umfassender zu sehen? Ich meine, wir sollten sie dazu auffordern. Falls wir nicht so handeln und uns nicht zum Ziel setzen, daß von Tag zu Tag, von Jahr zu Jahr immer mehr Menschen die Probleme möglichst umfassend betrachten, nun, dann treten wir auf der Stelle, bejahen die Einseitigkeit und handeln genau entgegen unserer Forderung nach Verbesserung des Arbeitsstils. Die sogenannte Einseitigkeit verstößt gegen die Dialektik. Wir fordern eine schrittweise Verbreitung der Dialektik, und daß alle Menschen es nach und nach lernen, diese wissenschaftliche Methode, die Dialektik, anzuwenden. Manche Schriften von heute scheinen sehr geistvoll zu sein, aber sie sind inhaltslos, sie enthalten keine Analysen und keine Argumente, sie haben nicht die geringste Überzeugungskraft. Solche Schriften sollte es immer weniger geben. Wenn man selbst einen Aufsatz schreibt, darf man nicht immer denken, »wie hochbegabt bin ich doch«, sondern man muß eine Einstellung gewinnen, die sich mit dem Leser auf eine vollkommen gleiche Stufe stellt. Auch wenn du an der Revolution schon lange Zeit teilnimmst, die anderen werden dich immer widerlegen, wenn du etwas Falsches sagst. Je größer deine Wichtigtuerei, desto weniger wird man dein Gehabe beachten und desto weniger wird man deine Aufsätze lesen mögen. Wir müssen rechtschaffen unsere Arbeit verrichten, die Dinge analysieren und überzeugende Artikel schreiben, aber wir dürfen nicht versuchen, die anderen mit Wichtigtuerei einzuschüchtern.

Einige meinen, man könne Einseitigkeit vermeiden, wenn man umfangreiche Schriften und langwierige Darlegungen abfasse, man könne sie aber nicht vermeiden, wenn man nur kurze Essays schreibe. Ist ein Essay unbedingt einseitig? Wie ich oben sagte, ist eine Einseitigkeit oft schwer zu vermeiden, und in manchen Fällen ist sie auch nicht sonderlich von Bedeutung. Wenn man von allen verlangen wollte, die Probleme umfassend zu betrachten, dann würde das die Entfaltung der Kritik hemmen. Aber wir müssen immerhin verlangen, daß man sich um eine möglichst umfassende Betrachtungsweise von Problemen bemüht, und, ganz gleich, ob es ein längerer oder ein kürzerer Aufsatz ist, unter Ein-

schluß der Essays, die Bemühung muß darauf gerichtet sein, nicht einseitig zu sein. Es gibt Leute, die fragen, wie man in einem Essay von einigen hundert oder ein- bis zweitausend Worten eine Analyse unterbringen soll. Ich antworte darauf: warum denn nicht? Hat denn nicht Lu Hsün[6] eben dies getan? Die Methode der Analyse ist die dialektische Methode. Eine Analyse durchführen bedeutet, die Widersprüche in den Dingen zu analysieren. Ohne Lebenserfahrung begreift man die behandelten Widersprüche nicht wirklich, und man ist außerstande, eine zutreffende Analyse zu geben. Daß die Essays des späten Lu Hsün so eindringend und kraftvoll und frei von jeder Einseitigkeit sind, rührt daher, daß er zu dieser Zeit die Dialektik beherrschen gelernt hatte. Von manchen Artikeln Lenins kann man sagen, sie seien Essays, sie sind voller Ironie und mit spitzer Feder geschrieben und doch ohne jede Einseitigkeit. Die meisten der Essays von Lu Hsün sind gegen den (intellektuellen) Feind gerichtet, während die Lenins zum Teil gegen den Feind, zum Teil aber auch gegen die eigenen Genossen gehen. Kann man Essays im Stile Lu Hsüns dazu verwenden, um mit Mängeln und Fehlern im Volk fertig zu werden? Ich glaube schon, daß man es kann. Man muß natürlich bei der Auseinandersetzung mit Genossen zwischen dem Feind und uns klar unterscheiden, man darf nicht den feindlichen Oppositionsstandpunkt oder eine feindselige Haltung einnehmen. Man muß aus ganzer Seele und mit heißem Herzen die Sache des Volkes verfechten und so sprechen, daß man das Bewußtsein des Volkes hebt, und man soll dabei nicht in der Haltung eines Spötters oder böswilligen Angreifers reden.
Was tun mit jemandem, der es nicht wagt, einen Artikel zu verfassen? Es gibt Leute, die sagen, sie hätten nicht gewagt, einen Artikel zu schreiben, weil sie fürchteten, nachher als Verbrecher zu gelten oder kritisiert zu werden. Ich glaube, diese Sorge kann man getrost außer acht lassen. Unsere Staatsmacht ist die demokratische Diktatur des Volkes, das ist eine günstige Umgebung für eine dem Volk dienende schriftstellerische Tätigkeit. Die Losung, daß man hundert Blumen blühen und hundert Schulen miteinander streiten lassen soll, gibt der Entwicklung von Wissenschaft und Kunst neue Sicherheit. Wenn du Richtiges schreibst, dann brauchst du keinerlei Kritik zu fürchten, und du kannst deine eigene richtige Ansicht im Verlauf einer Diskussion noch einen Schritt weiter deutlich machen. Schreibst du aber Falsches, dann kann die Kritik dir helfen, dich zu korrigieren, und daran ist nichts Schlechtes. In unserer Gesellschaft sind Kritik und Gegenkritik des revolutionären Kampfes eine gute

[6] Lu Hsün (1881–1936), Chinas bedeutendster Schriftsteller und Zeitkritiker in der Übergangsphase.

Methode, die Widersprüche zu enthüllen und zu lösen, Wissenschaft und Kunst zu entwickeln und überall gute Arbeit zu vollbringen.
Punkt sieben: Soll man der Meinungsäußerung »freien Lauf lassen« oder sie »fesseln«? Das ist eine Frage der politischen Richtung. Laßt hundert Blumen blühen, laßt hundert Schulen miteinander streiten, das ist ein Kurs von grundlegender Bedeutung, der langfristig und nicht etwa nur vorübergehend gilt. In den Diskussionen haben die Genossen einer Fesselung (der Meinungsäußerung) nicht zugestimmt, ich glaube, ihr Standpunkt ist völlig richtig. Das Zentralkomitee der Kommunistischen Partei vertritt die Auffassung, daß man die Meinungsäußerung nicht fesseln darf, sondern ihr freien Lauf lassen soll.
Bei der Staatsführung in unserem Land kann man zwei verschiedene Methoden anwenden oder, mit anderen Worten, zwei Richtungen verfolgen, nämlich freien Lauf lassen oder fesseln. Freien Lauf lassen heißt, alle Leute ihre Meinung frei heraus sagen zu lassen, so daß die Menschen Mut fassen zum Sprechen, zu Kritik und Diskussion; man soll falsche Einlassungen oder giftiges Unkraut[7] nicht fürchten; der Wettstreit der Meinungen und gegenseitige Kritik sollen gefördert werden, und da die Freiheit der Kritik zugelassen ist, muß auch freie Gegenkritik möglich sein; und gegenüber falschen Ansichten gilt es, sie nicht mit Gewalt zu unterdrücken, sondern diejenigen, die sie vertreten, mit Argumenten zu überzeugen. Fesseln bedeutet, den Menschen zu verbieten, abweichende Meinungen zu äußern, ihnen das Aussprechen fehlerhafter Meinungen nicht zu gestatten, und jene, die sie äußern, praktisch »mit dem Knüppel totzuschlagen«. Das ist nicht die Methode zur Lösung von Widersprüchen, sondern eine Methode zur Erweiterung der Widersprüche. Freien Lauf lassen oder fesseln? Für eine von beiden Richtungen muß man sich entscheiden. Wir nehmen die Richtung ein, freien Lauf zu lassen, und zwar weil sie von Nutzen für die Festigung unseres Staates und für die Entwicklung der Kultur ist.
Wir bereiten uns darauf vor, uns mit Hilfe dieser Richtlinie mit einigen Millionen Intellektueller zusammenzuschließen und ihre augenblickliche Physiognomie zu verändern. Wie ich oben schon gesagt habe, wollen die allermeisten Intellektuellen wirkliche Fortschritte machen, sie wünschen die Umerziehung und sie bieten auch die Möglichkeit dazu. Hier hat die von uns eingeschlagene Richtung, freien Lauf zu lassen, eine entscheidende Funktion. Das Intellektuellenproblem ist zuallererst ein Problem der Ideologie, es ist schädlich und ganz nutzlos, bei ideologi-

[7] Eine Metapher für ideologiekritische Äußerungen, die gegen das System selbst gerichtet sind oder eine grundlegend andere Richtung vertreten.

schen Fragen Methoden des Zwangs und der Unterdrückung anzuwenden. Die Umerziehung der Intellektuellen, vor allem die Veränderung ihres Weltbildes bedarf eines langwierigen Prozesses. Unsere Genossen müssen unbedingt begreifen, daß die ideologische Umerziehung eine langwierige, geduldig und besonders sorgsam auszuführende Arbeit ist, sie können sich unmöglich vornehmen, mit einigen wenigen Unterrichtsstunden oder in ein paar Sitzungen Menschen umzuformen, deren Denken und Bewußtsein in einem jahrzehntelangen Leben vorgeformt worden sind. Man kann die Menschen nur durch Argumente, aber nicht durch Zwang fügsam machen. Zwang bewirkt nur, daß der Betroffene der Gewalt weicht, aber nicht sich fügt. Mit Gewalt die Menschen für sich zu gewinnen ist unmöglich. Gegen den Feind kann man so vorgehen, aber gegenüber Genossen und Freunden darf man so nicht verfahren. Was aber tun, wenn man andere nicht überzeugen kann? Das müssen wir lernen. Wir müssen die Kunst erlernen, mit Hilfe von Debatte und rationaler Argumentation mit jeder falschen Ansicht fertig zu werden.

Laßt hundert Blumen blühen, das ist eine Methode zur Entwicklung der Künste[8], laßt hundert Schulen miteinander streiten, das ist eine Methode zur Entwicklung der Wissenschaften. Die Richtlinien, hundert Blumen blühen und hundert Schulen miteinander streiten zu lassen, sind nicht nur gut für die Förderung von Wissenschaften und Künsten, sondern sie sind auch eine gute Methode für unsere gesamte Arbeit. Diese Methoden können uns helfen, weniger Fehler zu machen. Es gibt viele Dinge, über die wir noch nicht genügend wissen, deswegen können wir sie auch nicht klären; in Diskussionen und im Kampf werden wir diese Dinge klarer erkennen, und wir werden die Methode finden, die betreffenden Probleme zu lösen. Die Ergebnisse von Diskussionen, in denen abweichende Ansichten geäußert wurden, können die Wahrheit weiterentwickeln. Wir können diese Methode auch gegen das Gift des Antimarxismus anwenden, denn erst durch den Kampf gegen den Antimarxismus kann sich der Marxismus entwickeln. Das ist eine Entwicklung im Kampf der Gegensätze, eine Entwicklung, die der Dialektik entspricht.

Sprechen die Menschen nicht seit jeher vom Wahren, Guten und Schönen? Der Gegensatz zum Wahren, Guten und Schönen ist das Falsche, das Böse und das Häßliche. Wahrheit und Irrtum stehen sich als Gegensätze gegenüber. In der menschlichen Gesellschaft wie in der Natur löst sich das Ganze immer in einzelne verschiedene Teile auf, die lediglich

[8] Chin. *i-schu* meint nicht nur bildende Kunst, sondern schließt literarische, dramatische und andere Künste ein.

unter verschiedenen konkreten Voraussetzungen nach Inhalt und Form verschieden sind. Zu allen Zeiten war es möglich, daß Falsches und daß Häßliches existierte. Zu allen Zeiten gab und gibt es den Gegensatz zwischen gut und schlecht, zwischen dem Guten und dem Bösen und zwischen Schönem und Häßlichem. Genauso verhält es sich auch mit der duftenden Blume im Verhältnis zum giftigen Unkraut. Ihre Beziehungen sind die der Einheit und des Kampfes der Gegensätze. Nur wenn man eine Vergleichsmöglichkeit hat, kann man prüfen und unterscheiden. Und nur Unterscheidung und Kampf ermöglichen eine Entwicklung. Die Wahrheit kommt aus dem Kampf gegen den Irrtum. Auch der Marxismus entwickelt sich so. Der Marxismus entwickelt sich im Kampf gegen bürgerliche und kleinbürgerliche Ideologien, und nur im Kampf kann er sich entwickeln.

Wir sind für den Kurs, freien Lauf zu lassen, bis jetzt gab es nur zu wenig und nicht zu viel Freilauf. Man braucht weder freie Meinungsäußerung noch Kritik noch das giftige Unkraut zu fürchten. Der Marxismus ist eine wissenschaftliche Wahrheit, er fürchtet keine Kritik und kann auch von keiner Kritik zu Fall gebracht werden. Auch bei der Kommunistischen Partei und der Volksregierung verhält es sich so, sie fürchten keine Kritik und können durch Kritik auch nicht gestürzt werden. Falsche Dinge können zu jeder Zeit auftauchen, sie sind nichts, was man fürchten müßte. In jüngster Zeit hat man einige schlimme Geister und Kobolde auf die Bühne gestellt[9]. Einige Genossen wurden angesichts dieser Situation ganz ungeduldig. Ich denke, es kann jetzt ruhig etwas davon geben, in einigen Jahrzehnten nämlich werden diese Geister und Kobolde allesamt von der Bühne verschwunden sein, und man wird keine Gelegenheit mehr haben, sie sich anzuschauen, auch wenn man es möchte. Wir müssen für das Richtige eintreten und gegen das Falsche kämpfen, aber wir brauchen uns nicht davor zu fürchten, daß Leute mit falschen Dingen in Berührung kommen. Nur mit Hilfe von administrativen Maßnahmen den Leuten zu verbieten, mit unnormalen oder häßlichen Erscheinungen in Berührung zu kommen oder eine falsche Ideologie anzurühren oder sich die schlimmen Geister und Kobolde anzusehen, das löst kein wirkliches Problem. Natürlich befürworte ich keineswegs die Ausbreitung solcher schlimmen Geister und Kobolde, ich habe nur gesagt, »ein wenig davon kann es schon geben«. Die Existenz gewisser falscher Dinge

[9] Von Mao seit 1955 verwendete Metapher (»rinderköpfiger Dämon und schlangengestaltiger Geist«) für ernste Hemmnisse in der Revolution, besonders der geistigen, der Kulturrevolution – dort vielfach verwendet zur Bezeichnung der Revisionisten. An dieser Stelle sind bestimmte als schädlich angesehene Theaterstücke und Filme gemeint.

ist nichts Außergewöhnliches, und man braucht keine Angst vor ihnen zu haben, dies ermöglicht es dem Menschen sogar noch besser zu lernen, wie man die falschen Dinge bekämpft. Auch Sturm und hohen Wellengang braucht man nicht zu fürchten. Gerade im Sturm und im hohen Wellengang entwickelt sich die menschliche Gesellschaft vorwärts.

Bürgerliche und kleinbürgerliche, sowie antimarxistische Theorien können in unserem Land noch lange Zeit fortbestehen. In seinen Grundlagen ist das sozialistische System in unserem Land bereits errichtet. Bei der Umgestaltung des Systems des Eigentums an den Produktionsmitteln haben wir einen grundlegenden Sieg schon errungen, aber an der politischen und ideologischen Front ist der endgültige Sieg noch nicht unser. Die Frage, wer, ob Proletariat oder Bourgeoisie, den anderen auf dem Felde der Ideologie niederringt, ist noch nicht wirklich gelöst. Wir müssen noch einen langwierigen Kampf gegen die bürgerlichen und kleinbürgerlichen Ideologien führen. Es ist falsch, das nicht zu sehen und auf den ideologischen Kampf zu verzichten. Alle irrigen Gedanken, alles giftige Unkraut und alle schlimmen Geister und Kobolde müssen kritisiert werden, wir dürfen auf keinen Fall zulassen, daß sie sich frei und ungehindert ausbreiten. Aber diese Kritik muß vollkommen rational sein, differenziert und voller Überzeugungskraft, sie darf auf keinen Fall grobschlächtig und bürokratisch oder gar metaphysisch und dogmatisch sein.

Seit langer Zeit haben die Menschen am Dogmatismus vielfache Kritik geübt. Das soll auch so sein. Aber man hat die Kritik am Revisionismus oft zu sehr außer acht gelassen. Dogmatismus und Revisionismus laufen beide dem Marxismus zuwider. Der Marxismus muß sich unbedingt vorwärtsentwickeln, er muß sich entwickeln aus der Entwicklung der Praxis, er darf nicht stillstehen. Tritt er auf der Stelle, das ist schon immer so gewesen, dann verliert er seine Lebenskraft. Aber man darf auch wieder nicht den Grundgesetzen des Marxismus zuwiderhandeln, denn sonst begeht man Fehler. Dogmatismus ist, wenn man den Marxismus von einem metaphysischen Standpunkt aus behandelt und ihn als ein totes Objekt betrachtet. Revisionismus heißt, die Grundprinzipien und die allgemeinen Wahrheiten des Marxismus verleugnen. Der Revisionismus ist eine Spielart der bürgerlichen Ideologie. Die Revisionisten heben den Unterschied zwischen Sozialismus und Kapitalismus, den Unterschied zwischen proletarischer und bürgerlicher Diktatur auf. Was sie behaupten, ist in Wirklichkeit gerade nicht die sozialistische, sondern die kapitalistische Linie. Unter den gegenwärtigen Umständen ist der Revisionismus noch schädlicher als der Dogmatismus. Unsere

augenblickliche Hauptaufgabe an der ideologischen Front muß es deswegen sein, in die Kritik am Revisionismus einzutreten.
Der achte und letzte Punkt: Die Parteikomitees in allen Provinzen, Städten und autonomen Gebieten müssen sich der ideologischen Probleme annehmen. Manche der hier anwesenden Genossen haben gehofft, daß ich diesen Punkt anspreche. Zur Zeit befassen sich viele örtliche Parteikomitees noch nicht oder nur sehr wenig mit ideologischen Problemen. Das ist hauptsächlich darauf zurückzuführen, daß sie (stark mit anderen Dingen) beschäftigt sind. Aber sie müssen sich jetzt unbedingt damit befassen. »Sich damit befassen« heißt, diese Probleme auf die Tagesordnung zu setzen und sie zu studieren. Die großen stürmischen Klassenkämpfe der breiten Massen während der revolutionären Epoche in unserem Lande sind im wesentlichen schon zu Ende geführt; aber da ist noch der Klassenkampf, der hauptsächlich an der politischen und ideologischen Front ausgefochten wird, und er dauert an und hat noch nichts von seiner Schärfe verloren. Die ideologischen Probleme gewinnen jetzt zunehmend an Bedeutung. Der erste Sekretär jedes Parteikomitees muß persönlich hervortreten und sich mit den ideologischen Problemen beschäftigen; nur wenn man diese Probleme besonders beachtet und sie studiert hat, kann man sie richtig lösen. Überall im ganzen Land soll man Konferenzen zur Propagandaarbeit wie dieser hier einberufen, damit man überall die ideologische Arbeit des betreffenden Gebietes und alle damit zusammenhängenden Fragen diskutiert. Nicht nur Parteimitglieder sollen sich an diesen Konferenzen beteiligen, sondern auch Leute, die nicht der Partei angehören oder die abweichende Meinungen vertreten. Die Erfahrung unserer gegenwärtigen Konferenz beweist, daß das nur mit Vorteilen für den Verlauf der Konferenz und nicht mit irgendwelchen Nachteilen verbunden ist.

6. Vorstellung einer Kollektivfarm[1]

15. April 1958

Der Aufsatz: »Eine Kollektivfarm, die in einem zweijährigen Kampf ihr Gesicht gewandelt hat«[2], verdient gelesen zu werden. Der Geist des Kommunismus bricht überall im Land hervor. Das politische Bewußtsein der breiten Massen steigert sich rasch. Die zurückgebliebenen Schichten in den Massen geben sich die größte Mühe, die vorangeschrittenen Schichten einzuholen. Diese Tatsache bringt zum Ausdruck, daß die sozialistische Revolution der chinesischen Wirtschaft (des im Bereich der Produktionsverhältnisse noch nicht ganz umgewandelten Teils), sowie die Revolution in der Politik, Ideologie, Technik und Kultur gerade dabei sind, rasch voranzuschreiten. Von hier aus gesehen scheint es möglich zu sein, daß unser Land bis zum Gleichziehen mit den großen kapitalistischen Staaten auf den Gebieten der industriellen und landwirtschaftlichen Produktion nicht mehr so lange Zeit benötigen wird wie wir früher dachten. Außer der Führung durch die Partei sind die 600 Millionen Menschen selbst eine entscheidende Voraussetzung. Wo viele Menschen sind, dort herrscht lebhafte Diskussion, die Begeisterung steigt, die Initiative ist groß. Früher haben wir noch niemals eine so hochgespannte Entschlossenheit, einen solchen Kampfgeist, ein solches Aktionsfieber bei den Volksmassen gesehen wie heute. Die früheren

[1] Nach der Mao Tsetung-Chrestomathie A (1964), S. 381, bzw. B (1965), S. 190. Dies ist ein Text, der vorher noch nicht bekannt geworden war. Er gehört in die Phase unmittelbar vor der Einführung der Volkskommunen. Ein kulturrevolutionärer Klang ist auch hier nicht zu überhören, doch herrscht der ›strategische Optimismus‹ vor.
[2] Die Anmerkung im Original macht nicht klar, wo dieser Aufsatz veröffentlicht worden ist. Sie klärt nur den Vorgang, die erfolgreiche Abwehr von Überflutungsgefahr bzw. Wasserarmut in einer typisch nordchinesischen Umwelt durch kollektiven Einsatz aller. Die verhältnismäßig starke Hervorhebung dieses Vorganges ist wohl im Kontrast zu den Auseinandersetzungen des Vorjahrs (1957) zu sehen; der Begriff »Kollektivfarm« entspricht dem, was oben mit »Genossenschaft« übersetzt worden ist; s. o. S. 161ff.

Ausbeuterklassen sind im weiten Ozean der arbeitenden Massen ganz und gar versunken, das ist eine Veränderung, die sie nicht erwartet hätten. Leute, die bis zum Tod unverändert bleiben und mit einem Kopf aus Granit ihren Gott sehen wollen, gibt es gewiß, aber sie spielen im Gesamtzusammenhang keine Rolle. All die verrottenden ideologischen Positionen und die übrigen unbrauchbaren Bestandteile des Überbaus bröckeln täglich mehr und mehr ab. Die Müllhaufen restlos fortzuräumen, braucht es noch Zeit, doch da der Zusammenbruch dieser Dinge bereits feststeht, kann es gar keinen Zweifel mehr daran geben. Außer anderen Besonderheiten ist die offenkundigste Besonderheit der 600-Millionen-Bevölkerung Chinas ihr Arbeitsrhythmus: ein Teil Arbeit, zwei Teile Freizeit. Das wurde bisher für schlecht gehalten, ist aber in Wirklichkeit sehr gut. Sich abmühen heißt, auf Änderung sinnen, sich einsetzen und Revolution machen. Und auf ein weißes Blatt Papier ohne Vordruck lassen sich die neuesten und schönsten Schriftzeichen schreiben und die neuesten und schönsten Bilder malen. Die Wandzeitung ist eine äußerst nützliche moderne Waffe, die überall angewendet werden kann, in Städten, in Dörfern, in Fabriken und Kollektivfarmen, in Läden, Organisationen, Schulen, in Armee-Einheiten und auf den Straßen, mit einem Wort, wo immer sich Massen befinden. Sie werden bereits allgemein verwendet, man muß sie immerfort einsetzen. In einem Gedicht Kung Dsidschens[3] aus der Tjing-Zeit heißt es: »Der Lebensatem im ganzen Reich harrt des Sturms und des Donners, zehntausend Pferde sind stumm – wie traurig ist das! Wir flehen zum Himmelsherrn, noch einmal die Geister aufzurütteln, all die Tüchtigen ohne Rücksicht auf ihren hohen oder niederen Rang.« Die Wandzeitung hat die trübe Atmosphäre der »zehntausend stummen Pferde« durchstoßen. Ich hebe jetzt vor Euch Genossen der über 700000 Kollektivfarmen im ganzen Land und vor Euch Genossen in den Städten diese eine Kollektivfarm besonders hervor, sie liegt in Honan, im Kreis Feng-tjiu, und sie heißt Ying-djü (dem Fortschritt verschworen), und sie hat vieles, was zum tiefen Nachdenken anregt. Trägt Chinas arbeitendes Volk noch jene Züge der Sklaven einer vergangenen Epoche? Nichts mehr davon, sie sind zu Herren geworden. Die arbeitenden Menschen in der 9,6 Millionen Quadratkilometer großen Volksrepublik China, sie haben nun wirklich damit begonnen, dieses Stück Erde zu beherrschen.

[3] Kung-Dsidschen (1792–1841) ist ein bedeutender Literat und Reformdenker des frühen 19. Jh., dessen Werk bisher noch wenig erforscht worden ist. Die zitierten Verse spielen im Ton der Regenbitte an den Himmelsherrn auf die Stagnation in der gesellschaftlichen Atmosphäre Chinas an mit dem Wunsch, sie durch einen »gewaltigen Regenguß« zu verändern.

7. Völker der Welt, vereinigt Euch

Erklärung Mao Tsetungs zur Stützung des Kampfes der Völker in aller Welt gegen den amerikanischen Imperialismus[1]

20. Mai 1970

Augenblicklich bricht in der ganzen Welt eine neue Welle des Kampfes gegen den amerikanischen Imperialismus hervor. Seit dem Zweiten Weltkrieg haben der amerikanische Imperialismus und seine Gefolgsleute ununterbrochen Aggressionskriege angezettelt, und ununterbrochen haben die Völker aller Länder die Aggressoren mit dem revolutionären Krieg geschlagen. Die Gefahr eines neuen Weltkrieges besteht nach wie vor, alle Völker müssen sich darauf vorbereiten. Aber die vorherrschende Richtung in der Welt heute ist die Revolution.

Weil die amerikanischen Aggressoren in Vietnam und in Laos nicht siegen können, haben sie den Plan ausgeheckt, einen reaktionären Staatsstreich durch die Clique Lon Nol und Siri Matak in Gang zu setzen, frech Truppen in Kambodscha einmarschieren zu lassen und die Bombardierung Nord-Vietnams wiederaufzunehmen. Das hat den zornigen Widerstand der Völker in den drei Ländern Indochinas herausgefordert. Ich unterstütze den Kampfgeist des Staatsoberhauptes von Kambodscha, Prinz Norodom Sihanuk, gegen den amerikanischen Imperialismus und seine Helfershelfer auf das wärmste, desgleichen die gemeinsame Erklärung der höchsten Versammlungen der Völker Indochinas, sowie die Errichtung einer nationalen Einheitsregierung des Königreiches unter der Führung der nationalen Einheitsfront von Kambodscha. Die Völker der drei Länder Indochinas verstärken ihren Zusammenschluß, sie unterstützen sich gegenseitig, sie greifen entschlossen zum langwierigen Volkskrieg, sie werden bestimmt alle Schwierigkeiten überwinden und einen vollständigen Sieg erringen können.

Der amerikanische Imperialismus mordet Ausländer, aber auch Weiße und Schwarze im eigenen Land. Die faschistische Gewalttätigkeit Nixons

[1] Veröffentlicht in allen Zeitungen des Landes und über alle Sender aus Anlaß des Einmarsches amerikanischer Truppen in Kambodscha.

hat ein hell aufloderndes Feuer der revolutionären Massenbewegung in Amerika entfacht. Das chinesische Volk unterstützt den revolutionären Kampf des amerikanischen Volkes mit Entschiedenheit. Ich glaube daran, daß das tapfer kämpfende amerikanische Volk schließlich einen Sieg erringen wird, und daß die faschistische Herrschaft über Amerika unterliegen muß.

Die inneren und äußeren Schwierigkeiten sowie das durchgängige Chaos im eigenen Land haben die Nixon-Regierung in der Welt weitgehend isoliert. Die Massenbewegung gegen die amerikanische Aggression gegen Kambodscha greift um den ganzen Erdball. Kaum zehn Tage nach ihrer Errichtung wurde die Regierung der nationalen Einheit des Königreiches Kambodscha von nahezu zwanzig Staaten anerkannt. Die Lage des Krieges der Völker in den drei Ländern Vietnam, Laos und Kambodscha gegen Amerika und zur Rettung des Vaterlandes wird immer besser. Der revolutionäre bewaffnete Kampf aller Völker Südostasiens, der Kampf der Völker Koreas, Japans und aller asiatischen Länder gegen eine Wiederbelebung des japanischen Militarismus durch die Reaktion in Amerika und Japan, der Kampf des palästinensischen Volkes und aller arabischen Völker gegen die amerikanisch-israelischen Aggressoren, der nationale Befreiungskampf aller Völker Asiens, Afrikas und Lateinamerikas, sowie der revolutionäre Kampf der Völker Nordamerikas, Europas und Ozeaniens entwickeln sich auf das lebhafteste. Das chinesische Volk unterstützt entschieden den revolutionären Kampf der Völker in den drei Ländern Indochinas und in aller Welt gegen den amerikanischen Imperialismus und seine Helfershelfer.

Der amerikanische Imperialismus galt bisher als ein großmächtiges Ding, in Wirklichkeit ist er ein Papiertiger, der sich vor seinem Tode noch einmal aufrafft. Wer ist es denn eigentlich in der heutigen Welt, der den anderen fürchtet? Nicht die Völker in Vietnam, in Laos, in Kambodscha, in Palästina, nicht die arabischen Völker oder die Völker in aller Welt sind es, die den amerikanischen Imperialismus fürchten, sondern es ist der amerikanische Imperialismus, der Furcht hat vor den Völkern in aller Welt; kaum kommt ein Sturmwind auf und die Gräser rühren sich, so greift er verzweifelt nach einem Halt. Zahllose Fakten beweisen es, daß derjenige, der auf dem rechten Wege ist, auch viel Unterstützung erfährt, wer aber den Weg verloren hat, bleibt allein[2]. Ein schwaches Land kann daher ein starkes Land besiegen, ein kleines Land ein großes. Das Volk in einem kleinen Land braucht nur den Mut zu haben, den Kampf zu beginnen, die Waffen zu ergreifen und das Schicksal des eige-

[2] Das ist ein Zitat nach Menzius (4. Jh. v. Chr.) Kap. 4.

nen Landes in die Hand zu nehmen, und es wird bestimmt in der Lage sein, über die Aggression eines großen Landes den Sieg zu erringen. Dies ist ein historisches Gesetz.

Völker in aller Welt, vereinigt Euch, schlagt die amerikanischen Aggressoren und ihre Helfershelfer!

8. Drei Gedichte

I. Oktober 1950

Lang war die Nacht und langsam nur kam Dämmerung übers rote Land.
Hundert Jahre haben Dämonen ihren Wirbeltanz aufgeführt,
und fünfhundert Millionen unseres Volkes waren uneins.

Doch jetzt, ein Hahnenschrei, und hell die ganze Welt.
Von tausend Orten tönt Musik – auch Melodien aus Khotan.
Die Dichter schwingen mit, so war's noch nie.

II. Juni 1959

Traumhaft verflüchtigt Erinnerung, beschworen im Fluß der Zeit,
der alte Hof zweiunddreißig Jahre zuvor.
Rote Fahnen entrollt an Speeren von Bauern und Sklaven,
schwarze Hände, die oben halten der Zwingherren Peitsche.

Weil sie sich opfern, erstarkt in Vielen der Wille,
wagt man Befehle an Sonne und Mond: schafft einen neuen Himmel.
Freudenblick: Reis und Bohnen, tausendfaches Gewoge,
rings im Lande die Helden, heimkehrend im Abenddunst.

III. 9. Januar 1963

Klein, klein der Erdball,
gibt ein paar Fliegen, stoßen an Wände an.
Summen, summen:
einige laut erbittert,
einige lauthin klagend.
Ameisen auf der Akazie, dem Stolz ihres Großreichs,
Ameisen schütteln den Baum – gesagt wie leicht.
Jetzt, bei Westwind, fallen die Blätter hinab auf Tschang-an,
im Flug surren Pfeile.

Wieviel Aufgaben,
von Anfang an drängend;
Himmel- und Erddrehung,
die Zeit nötigt.
Zehntausend Jahre – allzu lange,
wetteifert früh bis spät.
Vier Meere aufgebäumt, Wolken und Wasser zornig,
fünf Erdteile bebend, Wind und Donner entfacht.
Müßt sie auskehren, allesamt, die üblen Insekten:
nirgend sonst Feinde.

II. Beiträge zur revolutionären Theorie

Die Schriften Mao Tsetungs zur Revolution lassen sich nicht leicht in Kategorien fassen, zu geschlossen ist sein Einsatz, seine Bemühung, sein Eifer, den Menschen seiner Zeit beizubringen, was Revolution heißt. Am leichtesten lassen sich jene Beiträge erkennen, die mit dem Land und der Landreform zu tun haben. Es wird in der Überschau seiner gesamten Lebensbemühung doch recht deutlich, wie sehr dieser Mann dem Lande entstammt, ihm verhaftet blieb und seine Vision der Umwälzung Chinas immer wieder in Bildern und Beispielen vom Lande sieht. Das Symbol des ›Närrischen Greises‹ Yü-gung, dessen Geschichte an vorletzter Stelle dieses Abschnitts steht, ist ein Symbol vom Land; Vorstellungen und Anregungen, die er zu Beginn der Kulturrevolution zur Reform des Studiums mitteilt[1], zeigen seine Vertrautheit und stete Rückkehr zum »Lande drunten« *(hsiang-hsia)*. Und damit ist die Begrenzung auch dieses Themenbereiches gegeben: aus dem Land wächst ihm die Revolution zu, die abends heimkehrenden Bauern seines Heimatdorfes 32 Jahre nach dem letzten Besuch sind ihm Erfüllung[2].
Es gibt rein theoretische Beiträge, aber sie sind verhältnismäßig spärlich. Die Autorschaft Maos ist wohl nicht strittig. Aber für den Aufsatz »Über den Widerspruch« ist schon eingewandt worden, er sei 1937 wohl in einem Vortragsmanuskript vorhanden gewesen, jedoch erst 1951 zu der heutigen Form umgearbeitet worden[3]. Das Beispiel eines nicht zu Ende geführten Aufsatzes über den »Dialektischen Materialismus« aus dem Jahr 1940 scheint einem solchen Einwand entgegenzukommen: dies ist nicht der ›typische‹ Mao, sondern anscheinend der selber noch Lernende[4]. Dem widerspricht, daß Mao für Philosophie immer schon Neigungen gehabt hatte und während seiner Studienjahre hier lebhaft engagiert gewesen war. Daß er die kniffligen Fragen der Dialektik und der Erkenntnistheorie erst erlernen mußte, besagt nichts. Der dialektische Materialismus ist nicht im Schoße der chinesischen Tradition geboren worden. Und außerdem ist

[1] Vgl. unten III. 9: »Dreimal praktische Philosophie«.
[2] Vgl. oben I C. 8: Gedicht Nr. II.
[3] Vgl. D. J. Doolin and P. J. Golas: »On Contradiction« in the Light of Mao Tsetung's Essay on »Dialectical Materialism«, in: ›*China Quarterly*‹ No. 19 (1964), S. 38 ff.
[4] Karl A. Wittfogel hat gezeigt, daß Partien aus diesem Aufsatz sowjetrussischen Quellen der dreißiger Jahre (in chinesischer Übersetzung) entnommen sind, vgl. »Some Remarks on Mao's Handling of Concepts and Problems of Dialectics«, in: ›*Studies in Soviet Thought*‹. III, 4 (1963), pp. 251–277.

Maos zentrales Anliegen nicht die reine Theorie, sondern die angewandte Theorie, somit sein Werk eine über die Jahre hingezogene und stets an der Praxis in China orientierte Reflexion über Anwendung, darin aufgreifend, was Jahrtausende zuvor chinesische Denker wollten: Verwirklichung des Gedachten und Geschauten. So will Mao Verwirklichung des Konzepts, das er aus vielfältigen Erfahrungen gewonnen hat.

Bezeichnend dafür sind besonders die militärtheoretischen Schriften, von denen zwei in Auszügen wiedergegeben werden (Text 1 und 4). Sie rahmen, der Chronologie zufolge, die beiden Hauptschriften der reinen Theorie (»Praxis« und Widerspruch«) ein. Dann folgen vier kürzere Stücke, die jedes für sich sprechen. Erstmalig wird der theoretische Versuch über den »Dialektischen Materialismus« aufgenommen. Und der Legende über den »Närrischen Greis«, die zu den drei für die politisch-ideologische Arbeit während der Zeit der Kulturrevolution grundlegenden Texten gehörte (dazu kamen: »Dem Volke dienen« und »Dem Andenken Dr. Bethunes«), folgt eine kurze zusammenfassende Exegese seiner ›Theorie‹ aus dem Jahr 1963, die bezeichnenderweise Bestandteil einer Entschließung zu einigen Fragen der Arbeit auf den Dörfern war.

Und so sehr es fragwürdig sein mag, einen Abschnitt theoretischer Beiträge zusammenzustellen, so problematisch ist wieder ihre jeweilige geschichtliche Zuordnung. Wie weit gehören sie nicht zum Komplex der Kulturrevolution der sechziger Jahre, oder umgekehrt, muß man nicht manches dort Zusammengestellte hier einordnen, oder noch besser im vorangehenden Abschnitt ›Fortsetzung und Aufbau‹? Der Leser wird die Zusammenhänge selber finden. Die Einteilung hat immer etwas Künstliches, sie dient einer allgemeinen Ordnung und fordert im übrigen zum Blättern und zum selbständigen Vergleichen auf.

1. Strategische Fragen des revolutionären Krieges in China[1]

Dezember 1936

a) Das Ziel des Krieges

Der Krieg – jenes Ungeheuer, mit dem sich die Menschheit gegenseitig vernichtet – wird im Verlauf der Entwicklung der menschlichen Gesellschaft schließlich, und das in nicht allzu ferner Zukunft, aus der Welt geschafft werden. Aber es gibt nur ein Mittel, ihn abzuschaffen, und das besteht darin, den Krieg gegen den Krieg einzusetzen, den revolutionären Krieg gegen den konterrevolutionären Krieg, den revolutionären nationalen Krieg gegen den konterrevolutionären nationalen Krieg und den revolutionären Klassenkrieg gegen den konterrevolutionären Klassenkrieg. Es hat nur zwei Arten von Kriegen in der Geschichte gegeben: gerechte und ungerechte. Wir sind für den gerechten und gegen den ungerechten Krieg. Alle konterrevolutionären Kriege sind ungerecht, alle revolutionären Kriege gerecht. Die Ära der Kriege im Leben der Menschheit wird durch unsere Hände beendet werden; der Krieg, den wir führen, ist ohne den geringsten Zweifel ein Bestandteil des letzten Krieges, aber der vor uns liegende Krieg ist, gleichzeitig ohne den geringsten Zweifel, ein Teil des größten und grausamsten aller Kriege. Der größte und grausamste, ungerechte konterrevolutionäre Krieg zieht drohend über uns herauf, und wenn wir nicht das Banner des gerechten Krieges entfalten, wird der größere Teil der Menschheit vernichtet werden. Das Banner des gerechten Krieges der Menschheit ist das Banner zur Rettung der Menschheit; das Banner des gerechten Krieges in China ist das Banner zur Rettung Chinas. Der Krieg, den der größte Teil der Menschheit und der größte Teil der Chinesen führen werden, wird ohne den geringsten Zweifel ein gerechter Krieg sein, er wird ein Unternehmen unvergleich-

[1] Verfaßt im Zusammenhang mit einer Vorlesungsreihe an der Akademie der Roten Armee in Nord-Shensi.

lichen Ruhmes sein, das die Menschheit und China errettet, er wird die Brücke zu einer neuen Ära der Weltgeschichte sein. Ist die Entwicklung der menschlichen Gesellschaft erst einmal bis zur Auflösung der Klassen und Staaten gelangt, dann wird es keinerlei Kriege mehr geben, weder konterrevolutionäre noch revolutionäre, weder ungerechte noch gerechte, und das wird das Zeitalter des ewigen Friedens der Menschheit sein. Wenn wir die Gesetze des revolutionären Krieges studieren, so gehen wir von dem Bestreben aus, den Krieg überhaupt abzuschaffen; hierin liegt die Trennungslinie, die uns Kommunisten von allen Ausbeutern scheidet.

b) Die Kunst der Kriegführung

Die Gesetze der militärischen Vorgänge sind ebenso wie die Gesetze aller anderen Erscheinungen eine Widerspiegelung der objektiven Wirklichkeit in unserem Bewußtsein; mit Ausnahme unseres Bewußtseins gehört alles zu dem Phänomen der objektiven Wirklichkeit. Deshalb gehören zum Objekt unseres Studiums und unserer Erkenntnisse zwei Aspekte, nämlich unsere Gegner und wir selbst; beide Aspekte müssen Objekt unserer Betrachtung und unseres Studiums sein; lediglich unser Bewußtsein (Denken) ist Subjekt des Studiums. Es gibt Leute, die sich selber klar erkennen, andere aber verschwommen sehen, und es gibt Leute, die andere klar erkennen, sich selbst aber verschwommen sehen; beide sind unfähig, die Probleme zu lösen, die sich aus dem Studium und der Anwendung der Gesetze des Krieges ergeben. In dem Werk des großen Kriegstheoretikers des alten China, Sun-tzu, steht der Satz: »Kenne den anderen, kenne dich selbst, und du wirst in hundert Schlachten nicht unterliegen.«[2] Dieser Satz bezieht sich auf die beiden Phasen Studium und Anwendung, er bringt die Entwicklungsgesetze, die sich aus der Erkenntnis der objektiven Wirklichkeit ergeben, zum Ausdruck, wie auch die auf Grund dieser Gesetze erfolgende Festlegung der eigenen Aktionen zur Überwindung des gegebenen Feindes. Wir dürfen diesen Anspruch nicht gering achten.
Der Krieg ist die höchste Form des Kampfes zwischen Nationen, Staaten, Klassen und politischen Gruppen; alle Gesetze des Krieges werden von den kriegführenden Nationen, Staaten, Klassen und politischen Gruppen angewandt, um den Sieg der eigenen Sache zu erringen. Zwei-

[2] *Sundse bingfa* (Sundses Methode der Kriegführung III, 31; vgl. S. B. Griffith, Sun-tze: The Art of War, Oxford 1963, S. 84.

fellos werden Sieg und Niederlage im Krieg im wesentlichen durch die bei den kriegführenden Parteien bestehenden militärischen, politischen, wirtschaftlichen und geographischen[3] Bedingungen bestimmt. Allerdings ist es nicht nur so; sie werden auch durch das subjektive Können der Truppenführer auf beiden Seiten bestimmt. Der Truppenführer kann den Sieg im Krieg nicht planen, indem er sich über den Rahmen hinwegsetzt, den die materiellen Bedingungen zulassen; er kann jedoch, ja er muß sogar innerhalb des Rahmens, den die materiellen Bedingungen zulassen, den Sieg erringen. Der Schauplatz für die Tätigkeit des Truppenführers gründet sich auf die objektiven materiellen Bedingungen; dennoch kann er auf diesem Schauplatz viele klangvolle, farbige, eindrucksvolle und lebendige Stücke inszenieren. Deshalb müssen die Führer unserer Roten Armee auf der gegebenen objektiven materiellen Basis, das heißt unter den gegebenen militärischen, politischen, wirtschaftlichen und geographischen Bedingungen, all unsere Kräfte aufbieten und die gesamte Armee mitreißen, um die Feinde des Volkes und der Klasse zu schlagen und diese schlechte Welt zu verändern. Dabei brauchen wir unbedingt das subjektive Können unserer Truppenführer. Wir werden keinem einzigen Truppenführer der Roten Armee erlauben, ein Wirrkopf zu werden, der wüst um sich schlägt; wir müssen jeden Truppenführer der Roten Armee dazu anhalten, daß er ein tapferer, einsichtiger Held wird, der nicht nur mit seiner Tapferkeit alles überwindet, sondern auch die Fähigkeit besitzt, in den Wandlungen und Entwicklungen des ganzen Krieges Herr der Situation zu bleiben. Truppenführer, die im Ozean des Krieges schwimmen, müssen darauf achten, daß sie nicht ertrinken, sondern sicher und mit ruhigen Stößen das andere Ufer erreichen. Die Gesetze der Kriegführung vermitteln die Kunst, im Krieg schwimmen zu können. Soviel über unsere Methode.

c) Der strategische Rückzug

Der strategische Rückzug ist eine planmäßige strategische Maßnahme, der sich eine schwächere Armee angesichts des Angriffes einer stärkeren Armee in der Erkenntnis, daß sie den Angriff nicht schnell zerschlagen kann, bedient, um die Streitkräfte zu erhalten und eine günstige Gelegenheit für die Zerschlagung des Gegners abzuwarten. Die Anhänger eines militärischen Abenteurertums allerdings sind entschieden gegen eine

[3] Wörtlich: natürlichen.

derartige Maßnahme; ihre Auffassung lautet: »Den Feind vor den Toren des eigenen Machtbereichs abwehren.«
Wer wüßte nicht, daß von zwei Faustkämpfern, die sich gegenüberstehen, der Klügere oft einen Schritt zurückweicht, während der Dümmere wild drauflos schlägt und schon zu Beginn all seine Künste zeigt, um schließlich doch immer wieder von dem Zurückweichenden besiegt zu werden. Als in dem Roman Schui-hu-dschuan der Trainer Hung im Hause von Tschai Djin mit wiederholtem Geschrei »Komm nur, komm heran!« Lin Dschung niederschlagen wollte, ging es so aus, daß Lin Dschung zurückwich und dann einen Fehlgriff Hungs bemerkte, worauf er ihn mit einem Tritt zu Boden schleuderte.
[...]

Der Zweck des strategischen Rückzugs besteht darin, die Streitkräfte zu erhalten und den Gegenangriff vorzubereiten. Der Rückzug ist notwendig, weil man angesichts des angreifenden stärkeren Feindes unweigerlich die Existenz der Armee gefährdet, wenn man nicht zurückweicht. In der Vergangenheit jedoch waren zahlreiche Leute entschieden gegen den Rückzug und hielten ihn für eine »opportunistische, rein defensive Linie«. Unsere Geschichte hat bereits bewiesen, daß diese Opposition völlig falsch war. Bei der Vorbereitung des Gegenangriffs muß eine Reihe von Bedingungen ausgewählt und geschaffen werden, die für uns günstig und für den Gegner ungünstig sind, damit sich das Kräfteverhältnis zwischen uns und dem Gegner verändert, bevor wir zum Gegenangriff übergehen.
Wie unsere Vergangenheit lehrt, müssen sich im Verlauf des Rückzuges im allgemeinen mindestens zwei oder mehr der unten aufgeführten Bedingungen ergeben, bevor wir damit rechnen können, daß wir im Vorteil und der Gegner im Nachteil ist, ehe wir zum Gegenangriff übergehen. Diese Bedingungen sind:
1. Eine Bevölkerung, die die Rote Armee aktiv unterstützt;
2. Ein Schlachtfeld, das für die Schlacht günstig ist;
3. Volle Konzentration der Hauptkräfte der Roten Armee;
4. Die Ermittlung der schwachen Stellen des Gegners;
5. Die physische und moralische Zermürbung des Gegners;
6. Die Provozierung des Gegners zu Fehlern.
Die Bedingung »Bevölkerung« ist die wichtigste Voraussetzung für die Rote Armee. Diese Bedingung ist in den Stützpunkten gegeben. Von dieser Bedingung ausgehend, kann man leicht die 4., 5. und 6. Bedingung schaffen bzw. ermitteln. Wenn daher der Gegner einen Großangriff gegen

die Rote Armee entfaltet, zieht sie sich stets aus den weißen Gebieten in die Stützpunkte zurück, da die Bevölkerung in den Stützpunkten der Roten Armee die aktivste Unterstützung gegen die weißen Truppen zukommen läßt. Die Grenz- und Zentralgebiete innerhalb der Stützpunkte weisen gleichfalls Unterschiede auf: für Geheimhaltung und Aufklärung, für Transport und Teilnahme am Kampf ist die Bevölkerung in den zentralen Gebieten besser geeignet als diejenige der Grenzgebiete. Deshalb fiel bei der Bestimmung des »Endpunktes für den Rückzug«, als wir in der Vergangenheit in Kiangsi gegen die erste, zweite und dritte »Einkesselung«[4] kämpften, die Wahl stets auf Gebiete, in denen es um die Bedingung »Bevölkerung« gut oder relativ gut stand. Die Besonderheit der Stützpunkte führte dazu, daß die Rote Armee ihre Kampfweise wesentlich änderte, was auch die Hauptursache dafür war, daß in der Folge der Feind gezwungen wurde, sich mit dem Gedanken des Stellungskrieges abzufinden.

Dadurch, daß eine sich zurückziehende Armee das Schlachtfeld auswählen kann, das sie sich selbst wünscht und das günstig ist, zwingt sie die angreifende Armee in den eigenen Bereich; das ist ein Vorteil des Kampfes auf der inneren Linie. Eine schwächere Armee, die eine stärkere besiegen will, muß unbedingt die Bedingung »Schlachtfeld« zu ihrem Vorteil wenden. Aber diese Bedingung allein reicht noch nicht aus, es muß noch nach einer anderen gesucht werden, die sich mit dieser verbindet. An erster Stelle rangiert die Bedingung »Bevölkerung«. Weiterhin muß ausgemacht werden, wo der Gegner leicht zu schlagen ist. Der Gegner ist zum Beispiel erschöpft oder hat einen Fehler gemacht, oder die Kampfkraft des in einem bestimmten Abschnitt vorrückenden Gegners ist verhältnismäßig schwach. Sind diese Bedingungen nicht gegeben, zieht man sich weiter zurück; selbst wenn man ein günstiges Schlachtfeld hat, bleibt dies unberücksichtigt, um so die Bedingungen zu erlangen, die man sich wünscht. In den weißen Gebieten gibt es ohne Zweifel günstige Schlachtfelder, aber keine günstigen Voraussetzungen bei der Bevölkerung. Wenn auch die anderen Bedingungen noch nicht geschaffen bzw. ermittelt worden sind, muß sich die Rote Armee in die Stützpunkte zurückziehen. Das gleiche gilt im allgemeinen auch für die innerhalb der Stützpunkte bestehenden Unterschiede zwischen den Grenz- und Zentralgebieten.

Außer den örtlichen Abteilungen und den Truppen, die andere binden sollen, gilt für alle Stoßkräfte das Prinzip der Konzentration. Greifen wir

[4] Wörtlich: »Umzingeln und Ausrotten« (von Banditen) – damals für die antikommunistischen Kriegszüge verwendeter Ausdruck.

jedoch einen Gegner an, dessen Strategie es ist, eine Stellung zu halten, so wird die Rote Armee gewöhnlich auseinandergezogen. Entfaltet der Gegner plötzlich einen Großangriff gegen uns, dann führt die Rote Armee dasjenige durch, was man »zentripetalen Rückzug« nennt. Der Endpunkt des Rückzuges wird gewöhnlich im Zentrum des Stützpunktes gewählt, je nach den Umständen aber auch bald an der vorderen, bald an der hinteren Linie festgelegt. Ein derartiger zentripetaler Rückzug ermöglicht es den Hauptkräften der Roten Armee, sich völlig zu konzentrieren.

Eine weitere unerläßliche Bedingung im Kampf einer schwächeren Armee gegen eine stärkere besteht darin, daß man die schwachen Punkte auswählt und dort zuschlägt. Wenn aber der Gegner seinen Angriff eröffnet, ist uns oft unbekannt, welche Teile seiner in verschiedene Richtungen vorrückenden Truppen die stärksten, die weniger starken, die schwächsten und die weniger schwachen sind; dazu bedarf es der Aufklärung. Oft ist viel Zeit nötig, um dieses Ziel zu erreichen. Das ist ein weiteres Argument für die Notwendigkeit des strategischen Rückzugs. Wenn der angreifende Gegner unsere Armee nach Zahl und Stärke bei weitem übertrifft und wir das Kräfteverhältnis ändern wollen, so können wir das Ziel nur erreichen, wenn wir warten, bis der Feind tief in die Stützpunkte eindringt und vom Unheil, das er dort antrifft, hinreichend gekostet hat, so wie bei der dritten »Einkesselung« der Stabschef einer der Brigaden Tschiang Kaischeks erklärte: »Die Dicken wurden geschliffen, bis sie mager wurden; die Mageren, bis sie starben«, oder wie der Befehlshaber der West-Armee, Tschen Mingschu, sich ausdrückte: »Für die nationale Armee war es überall dunkel, für die Rote Armee überall hell.« Unter solchen Umständen wird die feindliche Armee, selbst wenn sie stark ist, erheblich geschwächt; die Kraft der Truppen läßt nach, die Moral der Offiziere sinkt, zahlreiche schwache Stellen werden offenkundig. Die Rote Armee dagegen, obwohl sie schwach ist, stärkt ihren Kampfgeist und erhöht ihre Kampftüchtigkeit, um so ausgeruht auf die Erschöpften zu warten. Dann kann der Unterschied zwischen den beiden Seiten oft in ein gewisses Gleichgewicht übergehen, oder aber die absolute Überlegenheit der feindlichen Armee wird zu einer relativen Überlegenheit und die absolute Unterlegenheit unserer Armee zur relativen Unterlegenheit; es kommt sogar vor, daß die feindliche Armee schwächer wird als die unsrige und diese das Übergewicht über die feindliche erlangt. Während des Kampfes gegen die dritte »Einkesselung« in Kiangsi führte die Rote Armee einen derartigen Rückzug bis zum Letzten durch (sie konzentrierte sich an der hinteren Grenze des Stützpunktes), denn wäre sie nicht so verfahren, hätte sie den Feind nicht besiegen können, da die »einkesselnde« Armee zu diesem Zeitpunkt die Rote Armee um das Zehnfache übertraf. Sundse sagte: »Weiche dem Feind, wenn er kühn vorrückt, schlage ihn, wenn er geschwächt zurückgeht«, das bedeutet, den Feind physisch und moralisch zu zermürben, um seine Überlegenheit zunichte zu machen.

Das letzte Erfordernis des Rückzuges ist, daß wir den Gegner zu Fehlern verleiten und seine Fehler entdecken. Man muß wissen, daß kein noch so kluger feindlicher Truppenführer innerhalb eines entsprechend langen Zeitraumes nicht einen einzigen Fehler begeht. Deshalb bleibt uns stets die Möglichkeit, eine durch einen Fehler des Feindes entstandene Chance zu nutzen. Der Feind kann genauso einen Fehler machen, wie wir selbst zuweilen Fehler machen und so dem Gegner eine Chance bieten, die er nutzen kann. Aber wir können auch Fehler in der feindlichen Armee künstlich auslösen, durch das, was Sundse »Erweckung des Scheins« nannte (den Schein erwecken im Osten, den Stoß aber im Westen führen, das heißt, die Aufmerksamkeit ablenken und dann zuschlagen). Wenn man so verfahren will, darf man den Endpunkt des Rückzuges nicht auf irgendein bestimmtes Gebiet festlegen. Es kommt vor, daß man sich in ein gewisses Gebiet zurückgezogen hat, ohne daß sich eine Chance ergeben hätte, die genutzt werden konnte; dann bleibt nichts anderes übrig, als noch einige Schritte weiter zurückzugehen und zu warten, bis der Feind eine »Chance« bietet, die man nutzen kann [. . .]

Die Leute, die behaupten, »es gelte den Feind vor den Toren des eigenen Machtbereiches abzuwehren«, waren gegen den strategischen Rückzug, und sie argumentierten, daß durch den Rückzug Territorium verlorengehe, die Bevölkerung zu Schaden komme (man sagte: »Geschirr und Töpfe zerschlagen«) und im Ausland ein ungünstiges Echo ausgelöst werde. Während des fünften Kampfes gegen die »Einkesselung« sagten sie, daß mit jedem Schritt, den wir uns zurückzögen, der Feind seine Stellungen einen Schritt vorschiebe, daß der Stützpunkt täglich kleiner werde und es keine Möglichkeit mehr gebe, ihn zurückzuerobern. Wenn es auch zunächst von Nutzen gewesen sei, den Feind tief ins Innere zu locken, so sei dies bei der fünften »Einkesselung«, bei welcher der Stellungsgedanke vorherrschte, nicht der Fall gewesen. Um die fünfte »Einkesselung« abzuwehren, hätte man nur folgende Methode anwenden können: die Truppen an verschiedenen Punkten einsetzen und Widerstand leisten sowie kurze Überraschungsschläge versetzen.

Es ist leicht, auf diese Behauptungen zu antworten: unsere Geschichte hat bereits die Antwort gegeben. Was den Verlust von Territorium angeht, so ist es stets so, daß man es nur behalten kann, wenn man es zuvor verliert; das ist das Prinzip: »Wenn du etwas haben willst, mußt du zuerst etwas geben.« Wenn das, was wir aufgeben, Terrain ist, was wir aber dafür erlangen, der Sieg über den Feind, und wenn wir dann das Territorium wiederherstellen und sogar vergrößern, so ist das ein günstiger Handel. Wenn bei Handelsgeschäften auf dem Markt der Käufer kein Geld abgibt, so wird er keine Ware erhalten; und wenn der Verkäufer keine Ware abgibt, so wird er auch kein Geld erhalten.

Die Abgaben der revolutionären Bewegung sind die Zerstörungen, die Einnahmen aber ihr fortschrittlicher Aufbau. Bei Schlaf und Erholung geht Zeit verloren, aber man gewinnt Energie für die Arbeit des nächsten Tages. Wenn irgendein Dummkopf dieses Prinzip nicht erkennt und auf den Schlaf verzichtet, so wird er am nächsten Tag ohne Energie sein, und das ist ein Verlustgeschäft. Genau darin bestand der Verlust zur Zeit der fünften »Einkesselung« durch den Gegner. Wir waren nicht bereit, einen Teil des Territoriums abzugeben, so verloren wir schließlich das ganze Territorium. Die unelastische Verteidigung von Abessinien führte schließlich auch dazu, daß das ganze Land verlorenging, wenn auch der Grund für die Niederlage Abessiniens nicht nur hierin lag.

Dieser Grundsatz gilt auch für den Einwand, die Bevölkerung erleide Schaden. Wenn bei einem Teil der Bevölkerung eine kurze Zeitlang Geschirr und Töpfe nicht zerschlagen werden, dann bewirkt man nur damit, daß solches dem ganzen Volk lange Zeit hindurch geschieht. Wenn man ein ungünstiges politisches Echo auf kurze Zeit fürchtet, so ist der Preis, den man dafür zahlt, ein ungünstiges Echo auf lange Zeit [...]

Der Gesamtzweck des strategischen Rückzuges ist der Übergang zum Gegenangriff. Der strategische Rückzug ist lediglich die erste Phase der strategischen Verteidigung. Das entscheidende Moment der gesamten Strategie ist, ob in der nachfolgenden Phase des Gegenangriffs der Sieg errungen werden kann oder nicht.

d) Die strategische Gegenoffensive

Den Angriff eines absolut überlegenen Gegners kann man nur dann zerschlagen, wenn man sich auf eine im Verlauf des strategischen Rückzuges geschaffene Situation stützen kann, die sich gegenüber der Zeit zu

Beginn des gegnerischen Angriffs dahingehend verändert hat, daß sie für uns vorteilhaft und für den Gegner unvorteilhaft geworden ist, eine Situation, die sich aus verschiedenen Bedingungen ergibt. Das wurde oben bereits dargelegt.

Allerdings bewirkt das Vorhandensein solcher für uns vorteilhaften und für den Gegner unvorteilhaften Bedingungen und Umstände noch keine Niederlage des Gegners. In diesen Bedingungen und Umständen liegt die Möglichkeit, Sieg und Niederlage zu entscheiden, aber sie sind noch nicht die Realität eines Sieges oder einer Niederlage, noch ist für keine der beiden Armeen über Sieg oder Niederlage entschieden. Zur Verwirklichung von Sieg oder Niederlage bedarf es der Entscheidungsschlacht zwischen beiden Armeen. Nur durch eine Entscheidungsschlacht läßt sich die Frage beantworten, welche von den beiden Armeen gesiegt hat und welche unterlegen ist. Das ist der ganze Sinn des strategischen Gegenangriffs. Der Gegenangriff ist ein langwieriger Prozeß; er ist die farbigste und lebendigste Phase des Verteidigungskampfes und auch seine abschließende. Unter positiver Verteidigung versteht man im wesentlichen einen derartigen, die Schlacht entscheidenden strategischen Gegenangriff.

e) Beginn der Gegenoffensive

Die Frage des Beginns der Gegenoffensive ist die Frage des »Anfangsgefechts« oder des »einleitenden Gefechts«.

Viele bürgerliche Militärfachleute empfehlen Vorsicht bei den Anfangsgefechten, sei es bei der strategischen Verteidigung, sei es beim strategischen Angriff, besonders aber bei der Verteidigung. In der Vergangenheit haben auch wir diese Frage ernsthaft aufgeworfen. Die Operationen gegen die fünf »Einkreisungs- und Ausrottungsfeldzüge« in Kiangsi haben uns reiche Erfahrungen eingebracht, und es ist nicht nutzlos, diese zu studieren [...]

Die von unserer Armee in der Periode der fünf Gegenoperationen gesammelten Erfahrungen in der Kriegführung beweisen, daß für die in der Defensive befindliche Rote Armee das erste Gefecht ihrer Gegenoffensive von sehr großer Bedeutung ist, wenn sie eine starke »Ausrottungs«-Armee schlagen will. Sieg oder Niederlage im ersten Gefecht hat einen gewaltigen Einfluß auf die Gesamtlage und wirkt sich sogar bis zum letzten Gefecht aus. Daraus sind folgende Schlußfolgerungen zu ziehen:

Erstens, das erste Gefecht muß gewonnen werden. Wir dürfen nur losschlagen, wenn die gegebenen Bedingungen – wie die Situation des Gegners, die Geländeverhältnisse, die Unterstützung durch die Bevölkerung usw. – für uns günstig und für den Gegner ungünstig sind, so daß wir des Erfolgs wirklich sicher sind. Andernfalls ist es besser, sich zurückzuziehen, Vorsicht zu üben und eine Gelegenheit abzuwarten. Gelegenheiten finden sich immer, und man soll sich nicht übereilt auf einen Kampf einlassen [. . .]

Zweitens, der Plan des Anfangsgefechts muß der Auftakt und ein organischer Bestandteil des Plans der ganzen Operation sein. Ohne einen guten Plan für die ganze Operation ist ein wirklich erfolgreiches erstes Gefecht absolut unmöglich. Das heißt, selbst wenn das erste Gefecht siegreich verlaufen ist, aber der ganzen Operation keinen Nutzen, sondern Schaden bringt, so ist es trotz des errungenen Sieges als eine Niederlage anzusehen (wie zum Beispiel das Gefecht bei Hsünkou während des fünften »Feldzugs«)[5]. Deshalb muß man sich noch vor Beginn des ersten Gefechts in großen Zügen überlegen, wie das zweite, das dritte, das vierte, ja sogar das letzte Gefecht auszutragen sei und welche Veränderungen sich in der Gesamtlage des Gegners im Falle unseres Sieges oder unserer Niederlage in den einzelnen Gefechten jeweils ergeben müßten. Obgleich das Resultat mit unseren Erwartungen nicht ganz übereinstimmen dürfte – ja sogar keineswegs ganz übereinstimmen kann –, müssen wir alles sorgfältig und realistisch im Lichte der Gesamtlage auf beiden Seiten durchdenken. Ohne einen Begriff von der Gesamtsituation zu haben, kann man keinen wirklich guten Zug auf dem Schachbrett machen.
Drittens, man muß auch in Betracht ziehen, was in der nächsten strategischen Etappe geschehen würde. Ein strategischer Führer erfüllt seine Pflicht nicht, wenn er sich lediglich um die Gegenoffensive, nicht aber auch um das kümmert, was auf einen Sieg oder aber auch auf eine eventuelle Niederlage folgen wird. Noch während des Ablaufs einer gegebenen strategischen Etappe muß der strategische Führer mit den nachfolgenden Etappen, zumindest aber mit der nächsten Etappe rechnen. Wenn auch künftige Veränderungen schwer vorauszusehen sind – je weiter man blickt, desto verschwommener wird das Bild –, so ist dennoch eine allgemeine Berechnung möglich und eine Abschätzung der Perspektive unerläßlich. Eine Führungsmethode, bei der man nur das sehen

[5] Der fünfte Feldzug war der entscheidende, er führte zur strategischen Flucht nach Nordwesten und zur Preisgabe des Stützpunktgebietes von Süd-Kiangsi im Herbst 1934.

will, was vor der Nase liegt, ist im Krieg ebenso schädlich wie in der Politik. Nach jedem getanen Schritt muß man zwar die sich aus ihm ergebenden konkreten Veränderungen prüfen und diesen gemäß seine strategischen und operativen Pläne modifizieren oder weiterentwickeln, da man andernfalls in den Fehler eines abenteuerlichen Draufgängertums verfallen könnte. Jedoch braucht man unbedingt einen langfristigen Plan, der eine ganze strategische Etappe, ja sogar mehrere, umfaßt und in großen Zügen wohldurchdacht ist. Hat man keinen solchen Plan, dann kann man den Fehler begehen, unschlüssig zu sein und auf der Stelle zu treten, und damit faktisch den strategischen Zielen des Feindes entgegenkommen, sich selbst aber zur Passivität verurteilen. Man muß sich stets vor Augen halten, daß auch das gegnerische Oberkommando über ein gewisses Maß an strategischer Weitsicht verfügt. Nur wenn wir uns darin geübt haben werden, dem Gegner stets um eine Pferdelänge voraus zu sein, werden wir strategische Siege erringen können. Das erste Gefecht muß gewonnen werden; der Plan der ganzen Operation muß berücksichtigt werden; die nächstfolgende strategische Etappe muß berücksichtigt werden. Das sind die drei Prinzipien, die man beim Beginn der Gegenoffensive, das heißt, wenn das erste Gefecht ausgetragen wird, nicht vergessen darf.

f) Die Konzentration der Kräfte

Bei der Verteidigung gerät man natürlich leicht in eine passive Position; bei der Verteidigung kann man nicht wie beim Angriff seine Initiative voll entfalten. Dennoch kann bei der Verteidigung die passive Form mit aktivem Inhalt gefüllt sein, man kann von einer passiven Phase in der Form in eine aktive Phase sowohl der Form als auch dem Inhalt nach übergehen. Der völlig planmäßige, strategische Rückzug ist der Form nach erzwungen, dem Inhalt nach aber darauf abgestellt, die Streitkräfte zu erhalten, eine günstige Gelegenheit für die Zerschlagung des Gegners abzuwarten, ihn in die Tiefe des Territoriums zu locken und den Gegenangriff vorzubereiten. Nur wenn man zum Rückzug nicht bereit ist und augenblicklich auf den Kampf eingeht [...], verliert man tatsächlich die Initiative, auch wenn es an der Oberfläche so aussieht, als kämpfe man um die Initiative. Beim strategischen Gegenangriff ist nicht nur der Inhalt aktiv, auch die Form verliert ihre Passivität aus der Zeit des Rückzuges. Für den Gegner bedeutet das: im Gegenangriff zwingen unsere Truppen ihn, die Initiative aus der Hand zu geben, während sie sich gleichzeitig bemühen, ihn in eine passive Position zu drängen.

Unerläßliche Bedingungen, um dieses Ziel voll zu erreichen, sind: Konzentration der Kräfte, Bewegungskrieg, schneller Entscheidungskampf und Vernichtungskrieg. Dabei hat die Konzentration der Kräfte den Vorrang, sie ist die wichtigste Bedingung.

Die Konzentration der Kräfte ist notwendig, um die Lage zwischen uns und dem Gegner zu ändern. Zum ersten soll sie zu einer Umkehrung von Vormarsch und Rückzug führen. Bisher rückte der Gegner vor, und wir zogen uns zurück; jetzt streben wir das Ziel an, daß wir vorrücken und der Gegner sich zurückzieht. Wenn wir mit konzentrierten Kräften ein Gefecht gewinnen, wird dieses Ziel in eben diesem Augenblick erreicht und Rückwirkungen auf den gesamten Feldzugsverlauf haben.

Zum zweiten soll die Konzentration der Kräfte zu einer Umkehrung von Angriff und Verteidigung führen. Der Rückzug bis zum Endpunkt gehört innerhalb der Abwehrkämpfe im wesentlichen zur passiven Phase, also zur Phase der »Verteidigung«. Der Gegenangriff gehört zur aktiven Phase, also zur Phase des »Angriffs«. Wenn dieser auch in der gesamten strategischen Verteidigung seinen Defensivcharakter keineswegs verliert, so ist doch der Gegenangriff gegenüber dem Rückzug nicht nur der Form, sondern auch dem Inhalt nach bereits ein Moment der Wende. Der Gegenangriff ist der Übergang von der strategischen Verteidigung zum strategischen Angriff, er trägt den Charakter des Vorabends eines strategischen Angriffs, und die Konzentration der Kräfte dient diesem Ziel.

Zum dritten soll die Konzentration der Kräfte dazu führen, daß die Lage an der inneren und äußeren Linie sich ändert. Eine Armee, die strategisch auf der inneren Linie kämpft, besonders die Rote Armee, die sich in einer »eingekesselten« Lage befindet, ist zahlreichen unvorteilhaften Faktoren ausgesetzt. Jedoch können und müssen wir in den Feldzügen und Gefechten diese Lage unbedingt ändern. Eine große, gegen unsere Armee von der feindlichen Armee durchgeführte »Einkesselung« wird von unserer Armee in zahlreiche kleine Einkesselungen der feindlichen Armee verwandelt. Der strategisch aus verschiedenen Richtungen geführte konzentrische Angriff der feindlichen Armee gegen unsere Armee wird im Rahmen des Feldzugs und der einzelnen Gefechte in konzentrische Stöße aus verschiedenen Richtungen umgewandelt, die wir gegen den Feind führen. Die strategische Überlegenheit der feindlichen Armee wird zur operativen und taktischen Überlegenheit unserer Armee. Die feindliche Armee, die sich in einer strategisch starken Position befindet, wird in eine operativ und taktisch schwache Position gebracht. Gleichzeitig wird unsere strategisch schwache Position in eine operativ und taktisch starke Position verwandelt. Das heißt auf der äußeren Linie kämpfen, während man auf der inneren Linie Krieg führt, das sind Einkesselungen innerhalb einer »Einkesselung«, das ist eine Blockade innerhalb einer Blockade, Angriff in der Verteidigung, Überlegenheit, wenn man unterlegen ist, Stärke inmitten von Schwäche, im Vorteil sein, wenn man den Vorteil nicht hat, und Initiative in einer passiven Lage. Es hängt im wesentlichen von diesem Mittel der Konzentration der Streitkräfte ab, ob man aus der strategischen Verteidigung heraus den Sieg erringen kann.

g) Der Bewegungskrieg

Bewegungskrieg oder Stellungskrieg? Unsere Antwort ist: Bewegungskrieg. Unter den augenblicklichen Verhältnissen, da wir weder über eine große Streitmacht noch über Munitionsnachschub verfügen und in jedem Stützpunkt nur eine Abteilung der Roten Armee haben, die bald hier, bald dort kämpft, ist der Stellungskrieg für uns im wesentlichen nutzlos. Den Stellungskrieg können wir in der Regel weder bei der Verteidigung noch beim Angriff sinnvoll anwenden.
Ein wichtiges Moment, das bei den Kampfhandlungen der Roten Armee zutage tritt und das sich aus der Stärke des Gegners und der technischen Schwäche der Roten Armee ergibt, ist das Fehlen einer festen Frontlinie. Die Frontlinien der Roten Armee werden durch die Operationsrichtung bestimmt. Die fehlende Stabilität der Operationsrichtung bewirkt, daß die Frontlinie nicht festliegt. Obwohl die allgemeine Richtung innerhalb eines gewissen Zeitraumes unverändert bleibt, sind doch die in der allgemeinen Richtung enthaltenen Teilrichtungen jederzeit Änderungen unterworfen; wird man in einer Richtung behindert, so muß man in eine andere umschwenken. Wird nach einer gewissen Zeit auch die allgemeine Richtung beschränkt, so muß selbst diese geändert werden.
In der Periode des revolutionären Bürgerkrieges kann die Frontlinie nicht festliegen; eine solche Situation hat es auch in der Sowjetunion gegeben. Der Unterschied zwischen der Sowjetarmee und der unsrigen ist lediglich, daß das Maß an Labilität dort nicht so groß war wie bei uns. In keinem Krieg kann es absolut feste Frontlinien geben; die Veränderungen, die durch Sieg und Niederlage, Vormarsch und Rückzug entstehen, lassen das nicht zu. Jedoch kann man in gewöhnlichen Kriegen verhältnismäßig stabile Frontlinien feststellen. Nur Armeen, die dem

Feind kräftemäßig weit unterlegen sind, wie die Rote Armee in der gegenwärtigen Phase, stehen außerhalb dieser Regel.
Die fehlende Stabilität der Frontlinie wirkt sich dahin aus, daß die Territorien der Stützpunkte nicht festliegen. Bald groß, bald klein, bald eng, bald weit, so geht es ununterbrochen; hier entsteht ein neuer Stützpunkt, dort verschwindet einer, auch das kommt oft vor. Diese Beweglichkeit der Territorien ist voll und ganz durch die Beweglichkeit des Krieges bedingt.
Die Beweglichkeit des Krieges und der Territorien bewirkt, daß auch alle Aufbauarbeiten in den Stützpunkten durch Beweglichkeit gekennzeichnet sind. Aufbaupläne für einige Jahre oder Monate sind ganz undenkbar. Das unentwegte Ändern von Plänen ist für uns eine alltägliche Kost. Es ist für uns von Vorteil, diese Besonderheiten anzuerkennen. Wenn wir von diesen Besonderheiten ausgehen, dürfen wir uns bei der Festlegung unserer Tagesordnung keine Illusionen machen über einen Krieg nur mit Vormärschen und ohne Rückzug, wir dürfen nicht erschrecken, wenn sich unser Territorium und das militärische Hinterland zeitweilig verändert, und wir dürfen nicht versuchen, konkrete Pläne für einen längeren Zeitraum aufzustellen. Unsere Gedanken und unsere Arbeit müssen der Lage entsprechen, wir müssen bereit sein, uns niederzulassen oder loszumarschieren, wir dürfen unseren Proviant und unser Gepäck nicht aus der Hand lassen. Nur wenn wir uns in unserem unsteten Leben jetzt anstrengen, werden wir größere Stetigkeit in der Zukunft erreichen können und zuletzt völlige Stabilität erzielen [...]

»Wenn ein Sieg möglich ist, schlagen; wenn nicht, marschieren«, das ist die populäre Darstellung unseres gegenwärtigen Bewegungskrieges. Es gibt in der ganzen Welt keine Militärfachleute, die lediglich das Schlagen, nicht aber das Marschieren anerkennen; allerdings nicht so sehr, wie wir es tun. Bei uns übertrifft die Marschzeit in der Regel bei weitem die Kampfzeit; ein großes Gefecht im Monatsdurchschnitt gilt schon als gut. Alle unsere »Märsche« geschehen um des »Schlagens« willen; alle unsere strategischen und operativen Richtlinien gründen sich auf den einen Punkt: »Schlagen«. Allerdings gibt es für uns gewisse Umstände, da es nicht gut ist zu schlagen: 1. ist der Feind, dem man gegenübersteht, in der Überzahl, so ist es nicht gut zu schlagen; 2. ist der Feind zwar nicht zahlreich, aber in engem Kontakt mit seinen Nachbareinheiten, so ist es manchmal unzweckmäßig zu schlagen; 3. ganz allgemein ist es unzweckmäßig zu schlagen, solange der Feind nicht isoliert ist, sondern stark befestigte Stellungen in der Hand hält; 4. es ist nicht gut, weiter zu kämpfen, wenn man bei einem Gefecht den Kampf nicht entscheiden kann. In allen diesen Fällen müssen wir bereit sein, weiter zu marschieren. Ein derartiger Marsch ist zulässig und notwendig. Wenn wir die Notwendigkeit des Marschmanövers anerkennen, so deshalb, weil wir als erstes die Notwendigkeit des Schlagens anerkennen. Die wesentliche Besonderheit des Bewegungskrieges, den die Rote Armee führt, liegt hierin...

h) Schneller Entscheidungskampf

Ein strategisch lang andauernder Krieg[6] und operativ und taktisch schnelle Entscheidungskämpfe sind zwei Seiten ein und derselben Sache, das sind zwei gleichzeitig anzuwendende und gleichbedeutende Prinzipien des Bürgerkrieges, die auch im Krieg gegen den Imperialismus angewendet werden können.
Bedingt durch die Stärke der reaktionären Kräfte und dadurch, daß die revolutionären Kräfte nur allmählich anwachsen, bekommt der Krieg seinen langandauernden Charakter. Hier würde Übereilung Schaden bringen, und es wäre falsch, eine »schnelle Entscheidung« anzuregen. Daß wir bereits einen zehnjährigen revolutionären Krieg führen, mag für andere Staaten vielleicht erstaunlich sein, für uns sind das jedoch wie beim achtteiligen Aufsatz lediglich Einleitung des Themas, Exposition des Themas und Hauptthese der Abhandlung[7], und viele interessante Abschnitte kommen noch. Unter dem Einfluß aller inneren und äußeren Bedingungen kann die künftige Entwicklung zweifellos wesentlich schneller voranschreiten als in der Vergangenheit. Da sich die internationale und interne Lage bereits gewandelt haben und überdies noch erheblich mehr wandeln werden, kann man sagen, daß wir den früheren Zustand bereits hinter uns haben, da die Entwicklung sehr langsam vor sich ging und unsere Armee isoliert kämpfte. Man darf jedoch nicht damit rechnen, bereits morgen Erfolg zu haben. [...] Da die konterrevolutionären Kräfte in China von vielen Imperialisten unterstützt wer-

[6] Gleichlautender Begriff wie in dem Titel der Vorlesung Maos vom Mai 1938, der auch mit »lang*wieriger* Krieg« wiedergegeben ist: zu Titel und Inhalt vgl. Joachim Schickel (Hbg.), Guerrilleros, Partisanen. Theorie und Praxis, München 1970. S. 140 ff. (»Über den lange *auszuhaltenden* Krieg«).

[7] Im traditionellen China mußten die Kandidaten für die höchste Staatsprüfung ihre Examensarbeit im Stil des sog. achtteiligen Aufsatzes verfassen. Neben den drei erwähnten Abschnitten gehörten ferner dazu: Übergang zur Darlegung, Anfang der Darlegung, Mitte der Darlegung, Ende der Darlegung, Schluß. Mao greift den Ausdruck »achtteiligen Aufsatz« gewöhnlich als ironische Metapher auf.

den, wird unser revolutionärer Kampf auch weiterhin lang andauern, solange die Kräfte der Revolution im Inneren des Landes nicht genügend angewachsen sind, um Stellungen der inneren und äußeren Feinde zu brechen, und solange die Kräfte der internationalen Revolution nicht einen großen Teil der internationalen konterrevolutionären Kräfte zerschlagen und gefesselt haben. Hiervon ausgehend ist eine der wichtigsten Richtlinien der strategischen Führung die strategische Ausrichtung auf eine lang andauernde Auseinandersetzung.

Das Prinzip bei Schlachten und Gefechten ist dem entgegengesetzt: kein Hinziehen, sondern schnelle Entscheidung. In Schlachten und Gefechten eine schnelle Entscheidung suchen, war in früherer Zeit, genauso wie heute, in China wie im Ausland immer gleich. Im Hinblick auf den Krieg galt es zu allen Zeiten und überall als unvorteilhaft, eine schnelle Entscheidung nicht anzustreben und zuviel Zeit zu vergeuden. Allein, wenn man in China Krieg führt, kann man nicht umhin, größte Geduld zu zeigen und sich auf eine lang dauernde Auseinandersetzung einzustellen. Zur Zeit der Li-san-Linie[8] gab es Leute, die sich über unsere »Faustkampftechnik« lustig machten (d. h., eine große Stadt wurde erst dann eingenommen, nachdem bald hier, bald dort angegriffen worden war), sie spotteten über uns, daß wir erst mit weißen Haaren den Sieg der Revolution würden erleben können. Es hat sich schon lange herausgestellt, daß diese Einstellung fiebernder Ungeduld falsch war. Ihre kritische Einstellung war jedoch völlig richtig, wenn man sie nicht auf Fragen der Strategie, sondern auf operative und taktische Fragen anwendet. Die Gründe liegen im folgenden: 1. die Rote Armee hat keine Hilfsquellen für Waffen und noch weniger für Munition; 2. die weiße Armee hat viele Truppenverbände, die Rote Armee stellt nur einen einzigen dar, der zur Zerschlagung einer »Einkesselung« bereit sein muß, mehrere Schlachten rasch hintereinander zu schlagen; 3. auch wenn die weißen Heeresgruppen einzeln und getrennt vorrücken, so sind sie doch meist mit den anderen relativ eng verbunden, und wenn wir eine von ihnen schlagen und das Gefecht nicht schnell abschließen, kommen alle übrigen herbei. Aus diesen Gründen müssen wir eine Schlacht schnell zur Entscheidung bringen. Für uns ist es normal, ein Gefecht in wenigen Stunden, in einem oder in zwei Tagen zu beenden [. . .]

[8] Li Li-san suchte i. J. 1930 vom Schanghaier Zentralkomitee aus die kommunistischen Kampfverbände in der Provinz zu raschen Eroberungen von Städten anzuhalten, ohne Erfolg.

Um eine Schlacht schnell zur Entscheidung zu bringen, genügt es nicht, sie einfach nur so durchführen zu wollen, um bereits Erfolg zu haben; es müssen noch zahlreiche konkrete Bedingungen hinzukommen. Die wichtigsten Bedingungen sind: eine gute Vorbereitung, Wahrnehmung des günstigen Augenblicks, Konzentration von überlegenen Streitkräften, ein Schlachtplan, der Einkreisung und Umgehung vorsieht, eine gute Stellung, sowie die Möglichkeit, den Feind in der Bewegung zu schlagen bzw. dann, wenn er sich niederläßt, aber seine Stellung noch nicht befestigt hat. Ohne diese Bedingungen ist es nicht möglich, in einer Schlacht bzw. einem Gefecht schnell zu einer Entscheidung zu kommen.

i) Vernichtungskrieg

Die Ansicht, wir sollten einen »Ermattungskrieg« führen, ist für die Rote Armee Chinas nicht zeitgemäß. [. . .] Für die Rote Armee, die fast alles vom Gegner erbeutet, ist der grundlegende Punkt die auf Vernichtung gerichtete Operation. Nur wenn die aktiven Kräfte des Gegners vernichtet werden, können die »Einkesselungen« zerschlagen und die revolutionären Stützpunkte erweitert werden. Wenn wir dem Gegner Verluste durch Tote und Verwundete beibringen, so geschieht das lediglich als Mittel zu seiner Vernichtung; andernfalls ist es sinnlos. Indem wir dem Gegner nämlich Verluste durch Tote und Verwundete beibringen, fügen wir uns selbst Verluste zu; indem wir den Gegner aber vernichten, können wir unsere Bestände auffüllen; auf diese Weise kompensieren wir nicht nur den Verschleiß unserer Armee, sondern stärken auch ihre Kräfte. Ein Störgefecht kann einem mächtigen Gegner gegenüber keine grundsätzliche Entscheidung über Sieg oder Niederlage herbeiführen. Eine Vernichtungsschlacht hat dagegen auf jeden Gegner sofort schwerste Auswirkungen. Für einen Menschen ist die Verletzung von zehn Fingern nicht so schlimm wie der Verlust eines einzigen; für einen Gegner ist die Vernichtung einer einzigen Division schlimmer, als wenn zehn seiner Divisionen in die Flucht geschlagen werden.
Der Vernichtungskrieg, die Konzentration von überlegenen Streitkräften und ein Schlachtplan, der Einkreisung und Umgehung vorsieht, haben gleichrangige Bedeutung. Fehlt das eine, kommt auch das andere nicht zustande. Unterstützung durch die Bevölkerung, eine gute Stellung, ein Gegner, den man leicht schlagen kann, unerwartetes Herausbrechen usw., das sind im ganzen Bedingungen, die nicht fehlen dürfen, um das Ziel der Vernichtung zu erreichen.

In die Flucht schlagen hat seinen Sinn, es ist sogar sinnvoll, den Gegner entkommen zu lassen, aber nur wenn die Hauptkräfte unserer Armee innerhalb des gesamten Gefechts bzw. der gesamten Schlacht einem bestimmten feindlichen Truppenteil eine Vernichtungsschlacht liefern; andernfalls ist es völlig sinnlos. Auch das ist eine Situation, deren Sinn im Ausgleich von Verlust und Gewinn liegt.

Wenn wir eine Rüstungsindustrie aufbauen, darf unsere Abhängigkeit von ihr nicht zu groß werden. Die Hauptrichtung unseres Handelns besteht darin, daß wir uns auf die Rüstungsindustrie der Imperialisten und der Feinde im Inneren des Landes stützen. Wir haben ein Verfügungsrecht über die Arsenale von London und Han-yang[9], und wir werden auch noch durch die Transportbrigaden des Feindes beliefert. Das ist die Wahrheit und keineswegs ein Witz.

[9] In Han-yang befand sich eines der größten Arsenale der chinesischen Republik; der »Witz« liegt hier in der Wahrheit der totalen Umkehrung herkömmlicher Kriegführung durch eine aus dem Nullpunkt heraus operierende revolutionäre Kriegführung, die den Feind zur Transportbrigade für den eigenen Nachschub degradiert. Der scheinbar hochmütige Autor ist über zehn Jahre nach dieser Niederschrift (nämlich während des entscheidenden Bürgerkrieges 1946—49) wortwörtlich bestätigt worden: die amerikanischen Lieferungen an die damalige nationale Armee trugen wesentlich dazu bei, daß sich die kommunistische Armee aus einer Partisanen-Armee in eine reguläre verwandeln konnte.

2. Über die Praxis[1]

Juli 1937

a) Die gesellschaftliche Praxis des Menschen

Der vormarxsche Materialismus betrachtete das Problem der Erkenntnis losgelöst vom gesellschaftlichen Charakter des Menschen und von seiner geschichtlichen Entwicklung, darum konnte er die Abhängigkeit der Erkenntnis von der gesellschaftlichen Praxis, das heißt, die Abhängigkeit der Erkenntnis von der Produktion und vom Klassenkampf, nicht verstehen.

Vor allen Dingen sind die Marxisten der Meinung, daß die Produktionstätigkeit der Menschen die allerwesentlichste praktische Tätigkeit darstellt, die jede andere Tätigkeit bestimmt. Die Erkenntnis der Menschen hängt hauptsächlich von ihrer Tätigkeit in der materiellen Produktion ab, in deren Verlauf die Menschen allmählich die Erscheinungen, Eigenschaften und Gesetzmäßigkeiten der Natur und die Beziehungen zwischen dem Menschen und der Natur begreifen; zugleich erkennen sie durch ihre Produktionstätigkeit auch allmählich in unterschiedlichem Maß bestimmte Beziehungen zwischen den Menschen. Alle diese Kenntnisse können nicht losgelöst von der Produktionstätigkeit erworben werden. In der klassenlosen Gesellschaft wirkt jeder einzelne Mensch als Mitglied dieser Gesellschaft mit den übrigen Gesellschaftsmitgliedern zusammen, geht mit ihnen bestimmte Produktionsverhältnisse ein und übt eine Produktionstätigkeit aus, trägt somit zur Lösung der Fragen der materiellen Existenz der Menschheit bei. In den Klassengesellschaften gehen die zu den verschiedenen Klassen gehörenden Mitglieder der

[1] Der Untertitel lautet: Über den Zusammenhang von Erkenntnis und Praxis, von Wissen und Handeln. Die beiden letzten Begriffe stammen aus dem Zusammenhang der neokonfuzianischen Philosophie des Wang Yang-ming (1472—1528), dessen Einfluß auf die moderne chinesische Intelligenz bedeutungsvoll war.

Gesellschaft ebenfalls, und zwar in verschiedenen Formen, bestimmte Produktionsverhältnisse ein, sie üben eine Produktionstätigkeit aus und lösen so die Fragen der materiellen Existenz der Menschheit. Das ist die Hauptquelle für die Entwicklung der menschlichen Erkenntnis.

Die gesellschaftliche Praxis der Menschen beschränkt sich nicht auf die Produktionstätigkeit, sondern hat noch viele andere Formen: den Klassenkampf, das politische Leben, die wissenschaftliche und künstlerische Tätigkeit; kurz gesagt, der gesellschaftliche Mensch nimmt an allen Bereichen des praktischen Lebens der Gesellschaft teil. Darum erfaßt der Mensch in seiner Erkenntnis in unterschiedlichem Maße die verschiedenartigen Beziehungen zwischen den Menschen nicht nur im materiellen, sondern auch im politischen und kulturellen Leben (das eng mit dem materiellen Leben verbunden ist). Unter diesen Formen der gesellschaftlichen Praxis übt vor allem der Klassenkampf in seinen verschiedensten Formen einen tiefwirkenden Einfluß auf die Entwicklung der menschlichen Erkenntnis aus. In der Klassengesellschaft lebt jeder Mensch in einer bestimmten Klassenlage, und es gibt keine Ideen, die nicht den Stempel einer Klasse trügen.

Die Marxisten sind der Ansicht, daß sich die Produktionstätigkeit der menschlichen Gesellschaft Schritt für Schritt von niederen zu höheren Stufen entwickelt und sich deshalb auch die Erkenntnis sowohl der Natur als auch der Gesellschaft durch die Menschen Schritt für Schritt von niederen zu höheren Stufen, das heißt von der Oberfläche in die Tiefe, vom Einseitigen zum Vielseitigen entwickelt. Im Verlauf einer sehr langen historischen Periode konnten die Menschen die Geschichte der Gesellschaft notwendigerweise nur einseitig verstehen, weil einerseits die Voreingenommenheit der Ausbeuterklassen die Geschichte der Gesellschaft ständig verzerrte und andererseits der enge Umfang der Produktion den Gesichtskreis der Menschen beschränkte. Erst als zusammen mit den riesigen Produktivkräften – der Großindustrie – das moderne Proletariat auf den Plan trat, konnten die Menschen zum allseitigen geschichtlichen Verständnis der historischen Entwicklung der Gesellschaft gelangen und ihre Erkenntnis der Gesellschaft in eine Wissenschaft verwandeln. Diese Wissenschaft ist der Marxismus.

Die Marxisten sind der Ansicht, daß nur die gesellschaftliche Praxis der Menschen das Kriterium für den Wahrheitsgehalt ihrer Erkenntnis der Außenwelt ist. In der Tat wird ihre Erkenntnis erst dann als richtig bestätigt, wenn die Menschen im Prozeß der gesellschaftlichen Praxis (im Prozeß der materiellen Produktion, des Klassenkampfes und der wissenschaftlichen Experimente) die von ihnen erwarteten Ergebnisse erzielt

haben. Wenn die Menschen Erfolge in der Arbeit erzielen, das heißt die erwarteten Ergebnisse erhalten wollen, müssen sie unbedingt ihre Ideen in Übereinstimmung mit den Gesetzmäßigkeiten der objektiven Außenwelt bringen, andernfalls erleiden sie in der Praxis Niederlagen. Wenn sie Niederlagen erleiden, ziehen sie daraus Lehren, berichtigen ihre Ideen, um sie in Übereinstimmung mit den Gesetzmäßigkeiten der Außenwelt zu bringen und können dann die Niederlagen in Siege verwandeln; diese Wahrheit findet ihren Ausdruck in den Sprichwörtern »Die Niederlage ist die Mutter des Erfolgs« und »Durch Schaden wird man klug«. Die Erkenntnistheorie des dialektischen Materialismus stellt die Praxis an die erste Stelle; sie ist der Meinung, daß die menschliche Erkenntnis keineswegs von der Praxis losgelöst werden kann, und lehnt alle Theorien, die die Bedeutung der Praxis verneinen und die Erkenntnis von der Praxis lösen, als falsch ab. Lenin sagte: »Die Praxis ist höher als die (theoretische) Erkenntnis, denn sie hat nicht nur die Würde des Allgemeinen, sondern auch der unmittelbaren Wirklichkeit.«
[...]

b) Die Entstehung menschlicher Erkenntnis

Aber auf welche Weise entsteht nun aus der Praxis die menschliche Erkenntnis, und wie dient sie ihrerseits der Praxis? Um das zu verstehen, braucht man sich nur mit dem Entwicklungsprozeß der Erkenntnis zu befassen.

Die Menschen sehen nämlich im Prozeß ihrer praktischen Tätigkeit zuerst lediglich die Erscheinung der Dinge, ihre einzelnen Seiten und den äußerlichen Zusammenhang zwischen den Dingen. Hier ein Beispiel: Leute, die zu einer Studienreise von auswärts nach Yenan kommen, sehen hier in den ersten Tagen das Gelände, die Straßen und Häuser, kommen mit vielen Menschen in Berührung, nehmen an Empfängen, Abendveranstaltungen und Massenkundgebungen teil, hören allerlei Reden und lesen verschiedene Dokumente; alles das ist die Erscheinung der Dinge, es sind ihre einzelnen Seiten und ihr äußerlicher Zusammenhang. Das nennt man die Stufe der sinnlichen Erkenntnis, die Stufe der Empfindungen und Eindrücke. Das heißt, diese verschiedenen Dinge in Yenan wirken auf die Sinnesorgane der Mitglieder der Studiengruppe ein, rufen in ihnen Empfindungen hervor, und so entstehen in ihrem Gehirn zahlreiche Eindrücke und eine grobe äußerliche Verbindung zwischen diesen Eindrücken; das ist die erste Stufe der Erkenntnis. Auf die-

ser Stufe kann man noch keine tiefgehenden Begriffe bilden und keine folgerichtigen (d. h. der Logik entsprechenden) Schlüsse ziehen.
Indem sich die gesellschaftliche Praxis fortsetzt, wiederholen sich mehrmals die Dinge, die bei den Menschen in ihrer praktischen Tätigkeit Empfindungen und Eindrücke hervorrufen; dann tritt im menschlichen Gehirn ein Umschlag (d. h. Sprung) im Erkenntnisprozeß ein, und es entstehen Begriffe. Der Begriff spiegelt schon nicht mehr die Erscheinung der Dinge, ihre einzelnen Seiten und den äußeren Zusammenhang zwischen ihnen wider; er erfaßt das Wesen der Dinge, ihre Totalität und ihren inneren Zusammenhang. Zwischen Begriff und Empfindung besteht nicht nur ein quantitativer, sondern auch ein qualitativer Unterschied. Wenn man in dieser Richtung weiterschreitet, die Methode des Urteilens und Ableitens anwendet, dann können folgerichtige Schlüsse gezogen werden. Wenn es in dem Roman »Die Drei Reiche« heißt: »Man zieht die Brauen zusammen und kommt auf eine Idee«, oder wenn wir im Alltagsleben sagen: »Laß mich einmal nachdenken«, so bedeutet dies, daß der Mensch in seinem Gehirn mit Begriffen operiert, um Urteile zu fällen und Schlußfolgerungen zu ziehen. Das ist die zweite Stufe der Erkenntnis. Nachdem die Mitglieder der Studiengruppe allerhand Material gesammelt und obendrein darüber »nachgedacht« haben, können sie folgendes Urteil fällen: »Die von der Kommunistischen Partei betriebene Politik der antijapanischen nationalen Einheitsfront ist konsequent, aufrichtig und ehrlich.« Nachdem sie dieses Urteil abgegeben haben, können sie, wenn sie ebenfalls ehrlich für die Einheit zur Rettung des Vaterlands eintreten, einen Schritt weitergehen und folgenden Schluß ziehen: »Die antijapanische nationale Einheitsfront kann zustande kommen.« Im Gesamtprozeß der Erkenntnis eines Dinges durch die Menschen ist diese Stufe der Begriffe, Urteile und Schlußfolgerungen eine noch wichtigere Stufe, nämlich die Stufe der rationalen Erkenntnis. Die eigentliche Aufgabe der Erkenntnis besteht darin, vom Empfinden zum Denken und somit dahin zu gelangen, sich Schritt für Schritt über die inneren Widersprüche der objektiv existierenden Dinge, über ihre Gesetzmäßigkeiten, über den inneren Zusammenhang zwischen dem einen und dem anderen Prozeß klarzuwerden, das heißt, zur logischen Erkenntnis zu kommen. Wiederholen wir: Die logische Erkenntnis unterscheidet sich von der sinnlichen Erkenntnis dadurch, daß die sinnliche Erkenntnis die einzelnen Seiten der Dinge, ihre Erscheinung und den äußeren Zusammenhang zwischen ihnen betrifft, während die logische Erkenntnis einen gewaltigen Schritt vorwärts macht, zur Totalität der Dinge, zu ihrem Wesen und ihrem inneren Zusammenhang vorstößt, zur Aufdeckung der inne-

ren Widersprüche der Umwelt gelangt. Dadurch ist die logische Erkenntnis imstande, die Entwicklung der Umwelt in ihrer Gesamtheit und im inneren Zusammenhang aller ihrer Seiten zu erfassen. [. . .]

c) Ohne Praxis keine wirkliche Erkenntnis

Kein Mensch kann ein Ding erkennen, wenn er nicht mit ihm in Berührung kommt, das heißt, wenn sein eigenes Leben (seine Praxis) nicht in dem Milieu dieses Dinges verläuft. Es war in der Feudalgesellschaft unmöglich, schon im voraus die Gesetzmäßigkeiten der kapitalistischen Gesellschaft zu erkennen; denn damals war der Kapitalismus noch nicht aufgekommen, und es fehlte die entsprechende Praxis. Der Marxismus konnte erst als Produkt der kapitalistischen Gesellschaft entstehen. Marx konnte nicht in der Epoche des liberalen Kapitalismus im voraus gewisse besondere Gesetzmäßigkeiten der Epoche des Imperialismus konkret erkennen, da der Imperialismus als letztes Stadium des Kapitalismus noch nicht in Erscheinung getreten war und es noch keine entsprechende Praxis gab; erst Lenin und Stalin konnten diese Aufgabe auf sich nehmen. Abgesehen von ihrer Genialität konnten Marx, Engels, Lenin und Stalin ihre Theorie hauptsächlich deswegen aufstellen, weil sie zu ihrer Zeit persönlich an der Praxis des Klassenkampfes und der wissenschaftlichen Experimente teilnahmen; ohne letztere Voraussetzung hätte keinerlei Genialität zum Erfolg führen können. Der Satz, daß »der Gelehrte, ohne seine Stube zu verlassen, alle Vorgänge in der Welt kennt«, war in alten Zeiten, als sich die Technik noch nicht entwickelt hatte, nur leeres Gerede. In der modernen Zeit der entwickelten Technik kann dieser Satz zwar einen realen Sinn haben, doch sind es stets die praktisch tätigen Menschen in aller Welt, die wirklich über ein persönlich erworbenes Wissen verfügen; diese Menschen erlangen im Verlauf ihrer praktischen Tätigkeit jene »Kenntnisse«, die durch Vermittlung des geschriebenen Wortes und der Technik in die Hände des »Gelehrten« geraten, der so in die Lage kommt, indirekt die »Vorgänge in der Welt zu kennen«. Wer ein bestimmtes Ding oder einen Komplex von Dingen *direkt* kennenlernen will, muß persönlich an dem praktischen Kampf zur Veränderung der Wirklichkeit, zur Veränderung des Dinges oder des Komplexes von Dingen teilnehmen; denn nur so kommt er mit den Erscheinungen der betreffenden Dinge in Berührung, und erst durch die persönliche Teilnahme am praktischen Kampf zur

Veränderung der Wirklichkeit ist er imstande, das Wesen jenes Dinges bzw. jenes Komplexes von Dingen zu enthüllen und sie zu verstehen.
Das ist der Weg der Erkenntnis, den in Wirklichkeit jeder Mensch geht, obwohl es Menschen gibt, die vorsätzlich die Wahrheit verdrehen und das Gegenteil behaupten. Die lächerlichsten Menschen in der Welt sind die »Alleswisser«, die, nachdem sie irgendwo fragmentarische Kenntnisse aufgeschnappt haben, sich selbst zu einer »ersten Autorität in der Welt« ernennen, was lediglich von ihrer maßlosen Einbildung zeugt. Kenntnisse gehören zur Wissenschaft, und auf diesem Gebiet ist nicht die geringste Unehrlichkeit oder Überheblichkeit statthaft, da bedarf es entschieden gerade des Gegenteils – der Ehrlichkeit und Bescheidenheit. Willst du Kenntnisse erwerben, mußt du an der wirklichkeitsverändernden Praxis teilnehmen. Willst du den Geschmack einer Birne kennenlernen, mußt du sie verändern, das heißt sie in deinem Mund zerkauen. Willst du Struktur und Eigenschaften des Atoms kennenlernen, mußt du physikalische und chemische Versuche durchführen, um den Zustand des Atoms zu verändern. Willst du die Theorie und die Methoden der Revolution kennenlernen, mußt du an der Revolution teilnehmen. Alle echten Kenntnisse stammen aus der unmittelbaren Erfahrung. Nun kann der Mensch jedoch nicht alles unmittelbar erfahren, und tatsächlich ist der größere Teil unserer Kenntnisse das Produkt mittelbarer Erfahrung, nämlich die in der Vergangenheit oder in fremden Ländern erworbenen Kenntnisse [. . .]. Darum setzen sich die Kenntnisse eines Menschen aus zwei Bestandteilen zusammen: aus direkter Erfahrung und aus mittelbarer Erfahrung. Außerdem bleibt das, was für mich mittelbare Erfahrung ist, für andere unmittelbare Erfahrung. Nimmt man also die Kenntnisse in ihrer Gesamtheit, gibt es keine, die von der unmittelbaren Erfahrung losgelöst sein könnten. Der Ursprung aller Kenntnisse sind die Empfindungen, die die physischen Sinnesorgane des Menschen von der objektiven Außenwelt empfangen; wer die Empfindungen verneint, die unmittelbare Erfahrung leugnet und die persönliche Teilnahme an der die Wirklichkeit verändernden Praxis ablehnt, ist kein Materialist. Darum eben sind die »Alleswisser« so lächerlich. Es gibt ein altes chinesisches Sprichwort: »Wie kann man ein Tigerjunges fangen, wenn man nicht in die Höhle des Tigers geht?« Dieses Sprichwort drückt eine Wahrheit aus, die gleichermaßen für die menschliche Praxis wie für die Erkenntnistheorie gilt. Eine von der Praxis losgelöste Erkenntnis kann es nicht geben [. . .].

d) Erkenntnis muß zur Praxis zurückkehren

Die marxistische Philosophie ist der Ansicht, daß die wichtigste Frage nicht darin besteht, die Gesetzmäßigkeiten der objektiven Welt zu verstehen, um die Welt interpretieren zu können, sondern darin, die Erkenntnis dieser objektiven Gesetzmäßigkeiten auszunutzen, um die Welt aktiv umzugestalten. Der Marxismus erkennt die große Bedeutung der Theorie an, und diese Bedeutung fand ihren vollkommenen Ausdruck in der Leninschen These: »Ohne revolutionäre Theorie kann es auch keine revolutionäre Bewegung geben.« Aber der Marxismus legt der Theorie darum und nur darum ernste Bedeutung bei, weil sie die Anleitung zum Handeln sein kann. Wenn man über eine richtige Theorie verfügt, sie aber nur als etwas behandelt, worüber man einmal schwatzt, um es dann in die Schublade zu legen, was man jedoch keineswegs in die Praxis umsetzt, dann wird diese Theorie, so gut sie auch sein mag, bedeutungslos. Die Erkenntnis beginnt mit der Praxis, und die theoretischen Erkenntnisse, die man durch die Praxis erworben hat, müssen wiederum zur Praxis zurückkehren. Die aktive Rolle der Erkenntnis findet ihren Ausdruck nicht nur in dem aktiven Sprung von der sinnlichen Erkenntnis zur rationalen Erkenntnis, sondern, was noch wichtiger ist, sie muß auch in dem Sprung von der rationalen Erkenntnis zur revolutionären Praxis zum Ausdruck kommen. Nachdem man die Gesetzmäßigkeiten der Welt erkannt hat, muß diese Erkenntnis wiederum zur Praxis der Umgestaltung der Welt zurückkehren, wiederum auf die Praxis der Produktion, die Praxis des revolutionären Klassenkampfes und des revolutionären nationalen Kampfes sowie auf die Praxis wissenschaftlicher Experimente angewandt werden. Das ist ein Prozeß der Überprüfung und der Entwicklung der Theorie, eine Fortsetzung des gesamten Erkenntnisprozesses. Die Frage, ob ein theoretischer Leitsatz der objektiven Wahrheit entspricht, wird durch die Bewegung von der sinnlichen zur rationalen Erkenntnis – von der wir weiter oben gesprochen haben – nicht völlig entschieden und kann auch dadurch nicht völlig entschieden werden. Der einzige Weg zur gründlichen Lösung dieser Frage besteht darin, die rationale Erkenntnis wieder in die gesellschaftliche Praxis zurückzuführen, die Theorie auf die Praxis anzuwenden und zu prüfen, ob sie zu dem gesteckten Ziel zu führen vermag. Viele naturwissenschaftliche Theorien werden deshalb für wahr befunden, weil dies nicht nur zu der Zeit geschah, als die Naturforscher die betreffenden Lehren aufstellten, sondern auch später, als diese durch die wissenschaftliche Praxis bestätigt wurden. Genauso wird der Marxismus-Leninismus nicht nur deshalb als wahr anerkannt, weil er dafür galt, als ihn Marx, Engels, Lenin und Stalin wissenschaftlich ausgearbeitet hatten, sondern auch deshalb, weil er durch die spätere Praxis des revolutionären Klassenkampfes und des revolutionären nationalen Kampfes seine Bestätigung fand. Der dialektische Materialismus ist nur deswegen eine allgemeingültige Wahrheit, weil sich seinem Bereich die Praxis keines einzigen Menschen entziehen kann. Die Geschichte der menschlichen Erkenntnis sagt uns, daß der Wahrheitsgehalt vieler Theorien zunächst unvollkommen war, diese Unvollkommenheit aber durch ihre Erprobung in der Praxis beseitigt wurde. Viele Theorien sind irrig, aber durch die Erprobung in der Praxis werden ihre Fehler korrigiert. Darum eben ist die Praxis das Kriterium der Wahrheit, und darum »muß der Gesichtspunkt des Lebens und der Praxis der erste und grundlegende Gesichtspunkt der Erkenntnistheorie sein«. Stalin sagte sehr richtig: »[...] die Theorie wird gegenstandslos, wenn sie nicht mit der revolutionären Praxis verknüpft wird, genauso wie die Praxis blind wird, wenn sie ihren Weg nicht durch die revolutionäre Theorie beleuchtet.«

e) Unendlichkeit des Umgestaltungsprozesses von Mensch und Umwelt

Die Marxisten erkennen an, daß im absoluten und gesamten Entwicklungsprozeß des Universums die Entwicklung der einzelnen konkreten Prozesse relativ ist und daß daher im unendlichen Strom der absoluten Wahrheit die menschliche Erkenntnis eines einzelnen konkreten Prozesses auf jeder gegebenen Stufe seiner Entwicklung nur den Charakter einer relativen Wahrheit besitzt. Aus der Summe der unzähligen relativen Wahrheiten ergibt sich die absolute Wahrheit. Die Entwicklung eines objektiven Prozesses ist voller Widersprüche und Kämpfe; und ebenso voller Widersprüche und Kämpfe ist die Entwicklung der menschlichen Erkenntnisbewegung. Jede dialektische Bewegung in der objektiven Welt kann früher oder später ihre Widerspiegelung in der menschlichen Erkenntnis finden, Der Prozeß des Entstehens, der Entwicklung und des Untergangs in der gesellschaftlichen Praxis ist ohne Ende, und ebenso unendlich ist der Prozeß des Entstehens, der Entwicklung und des Untergangs in der menschlichen Erkenntnis. Da die Praxis, die sich auf Grund bestimmter Ideen, Theorien, Pläne oder Projekte mit der Veränderung der objektiven Wirklichkeit befaßt, immer wieder vorwärtsschreitet, vertieft sich auch die Erkenntnis der objektiven Wirklichkeit durch den Menschen immer mehr. Der Prozeß der Veränderung der objektiven realen Welt hat nie ein Ende, und ebenso unendlich ist die Erkenntnis der Wahrheit durch die Menschen im Verlauf ihrer Praxis. Der Marxismus-Leninismus hat die Wahrheit keineswegs ausgeschöpft, sondern bahnt der Erkenntnis der Wahrheit in der Praxis ununterbrochen neue Wege [...].

In der gegenwärtigen Epoche der gesellschaftlichen Entwicklung hat die Geschichte die Verantwortung für die richtige Erkenntnis der Welt und deren Umgestaltung dem Proletariat und seiner Partei auferlegt. Dieser Prozeß, die Praxis der Umgestaltung der Welt – ein Prozeß, der durch die wissenschaftliche Erkenntnis determiniert ist –, hat bereits in der Welt und in China einen historischen Augenblick erreicht, einen Augenblick von großer Bedeutung, wie ihn die Geschichte noch nicht gekannt hat: die vollständige Beseitigung der Finsternis in der Welt und in China und die Umwandlung in eine noch nie dagewesene lichtvolle Welt. Der Kampf des Proletariats und der revolutionären Völker für die Umgestaltung der Welt schließt die Verwirklichung folgender Aufgaben ein: die Umgestaltung der objektiven Welt sowie die Umgestaltung der eigenen subjektiven Welt – des eigenen Erkenntnisvermögens und der Beziehungen zwischen subjektiver und objektiver Welt. Auf einem Teil des Erdballs – in der Sowjetunion – ist diese Umgestaltung schon im Gange. Dort ist man dabei, den Umgestaltungsprozeß zu beschleunigen. Das chinesische Volk und die Völker der ganzen Welt durchlaufen gegenwärtig ebenfalls diesen Prozeß oder werden ihn durchlaufen. Die umzugestaltende objektive Welt, von der hier die Rede ist, schließt auch alle Gegner der Umgestaltung ein; sie müssen zunächst die Etappe einer zwangsweisen Umformung durchlaufen, bevor sie in die Etappe der bewußten Umerziehung eintreten können. Wenn es so weit ist, daß die ganze Menschheit sich selbst und die Welt bewußt umgestaltet, dann wird die Epoche des Kommunismus in der ganzen Welt erreicht sein.

Durch die Praxis die Wahrheit entdecken und in der Praxis die Wahrheit bestätigen und weiterentwickeln; von der sinnlichen Erkenntnis ausgehen und diese aktiv zur rationalen Erkenntnis fortentwickeln, sodann wieder, ausgehend von der rationalen Erkenntnis, aktiv die revolutionäre Praxis anleiten, die subjektive und objektive Welt umzugestalten; Praxis, Erkenntnis, wieder Praxis und wieder Erkenntnis – diese zyklische Form wiederholt sich endlos, und der Inhalt von Praxis und Erkenntnis wird bei jedem einzelnen Zyklus auf eine höhere Stufe gehoben. Das ist die ganze Erkenntnistheorie des dialektischen Materialismus, das ist die dialektisch-materialistische Theorie der Einheit von Wissen und Handeln.

3. Über den Widerspruch

August 1937

Das Gesetz des Widerspruchs, der den Dingen innewohnt, oder das Gesetz der Einheit der Gegensätze, ist das fundamentalste Gesetz der materialistischen Dialektik. Lenin sagt: »Im eigentlichen Sinne ist die Dialektik die Erforschung des Widerspruchs im Wesen der Gegenstände selbst.« Dieses Gesetz nennt Lenin häufig das Wesen der Dialektik, auch den Kern der Dialektik. Deshalb können wir beim Studium dieses Gesetzes nicht umhin, einen weiten Kreis von Problemen und zahlreiche philosophische Fragen zu berühren. Wenn wir in diesen Fragen Klarheit gewinnen, werden wir die materialistische Dialektik von Grund auf verstehen. Es sind dies folgende Fragen: die zwei Arten der Weltanschauung, die Allgemeinheit des Widerspruchs, die Besonderheit des Widerspruchs, der Hauptwiderspruch und die hauptsächliche Seite des Widerspruchs, Identität und Kampf der gegensätzlichen Seiten des Widerspruchs, der Platz des Antagonismus in den Widersprüchen [. . .][1].

[1] Es folgen nun Ausführungen zu den genannten Problemen, zunächst, im ersten Abschnitt, über die zwei Arten der Weltanschauung, nämlich die dialektische und die metaphysische. Die letztere trat als sog. mechanistischer Materialismus bzw. als vulgärer Evolutionismus auf, sie vertritt die isolierte Stabilität der Dinge und leugnet die innere, auf den Widersprüchen beruhende Selbstbewegung in den Dingen. In China entspricht die Auffassung, wie sie Dung Dschungschu zur Zeit der Han-Dynastie vertreten hat, diesem Grundgedanken: »Der Himmel ändert sich nicht, und auch das Tao ändert sich nicht.« Demgegenüber vertritt die dialektisch-materialistische Weltanschauung die Widersprüchlichkeit in den Dingen, durch die sie zu ihrer weiteren Entwicklung vorangetrieben werden. Äußere Zusammenhänge und Einwirkungen sind Entwicklungsursachen zweiter Ordnung. Das gilt ebenso für die Natur wie für die Gesellschaft.

a) Innere und äußere Ursachen der Entwicklung

Im Gegensatz zur metaphysischen Weltanschauung vertritt die dialektisch-materialistische Weltanschauung die Meinung, daß wir beim Studium der Entwicklung der Dinge von ihrem inneren Gehalt, von dem Zusammenhang des einen Dinges mit anderen ausgehen sollen, das heißt, daß wir die Entwicklung der Dinge als ihre innere, notwendige Selbstbewegung betrachten, wobei sich jedes Ding in seiner Bewegung mit den anderen Dingen der Umgebung in Zusammenhang und Wechselwirkung befindet. Die Grundursache der Entwicklung eines Dinges liegt nicht außerhalb, sondern innerhalb desselben; sie liegt in seiner inneren Widersprüchlichkeit. Allen Dingen wohnt diese Widersprüchlichkeit inne, und sie ist es, die die Bewegung und Entwicklung dieser Dinge verursacht. Diese innere Widersprüchlichkeit der Dinge ist die Grundursache ihrer Entwicklung, während der Zusammenhang und die Wechselwirkung eines Dinges mit anderen Dingen sekundäre Ursachen darstellen. Somit tritt die materialistische Dialektik der Theorie von der äußeren Ursache, vom äußeren Anstoß, die dem metaphysischen mechanischen Materialismus und dem metaphysischen vulgären Evolutionismus eigen ist, entschieden entgegen. Es ist klar, daß rein äußere Ursachen nur eine mechanische Bewegung der Dinge hervorzurufen vermögen, das heißt eine Vergrößerung oder Verkleinerung des Umfangs, Vermehrung oder Verminderung der Menge; es läßt sich aber aus ihnen nicht erklären, warum den Dingen eine unendliche qualitative Mannigfaltigkeit und ihre wechselseitige Verwandlung ineinander eigentümlich sind. In Wirklichkeit wird selbst die durch einen äußeren Anstoß ausgelöste mechanische Bewegung ebenfalls mittels der inneren Widersprüchlichkeit der Dinge bewerkstelligt. Auch das einfache Wachstum, die quantitative Entwicklung in der Pflanzen- und Tierwelt wird hauptsächlich durch innere Widersprüche bewirkt. Ebenso ist die Entwicklung der Gesellschaft in der Hauptsache nicht durch äußere, sondern durch innere Ursachen bedingt. Viele Länder mit fast den gleichen geographischen und klimatischen Bedingungen unterscheiden sich dem Stand ihrer Entwicklung nach sehr stark voneinander und entwickeln sich äußerst ungleichmäßig. Sogar in ein und demselben Land gehen gewaltige soziale Wandlungen vor sich, ohne daß sich das geographische Milieu und das Klima geändert hätten. Das imperialistische Rußland verwandelte sich in die sozialistische Sowjetunion, und das abgekapselte feudale Japan wurde zum imperialistischen Japan, obwohl diese Länder keine geographischen und klimatischen Veränderungen erfahren haben. China, wo lange Zeit der Feudalismus herrschte, hat in den letzten hundert Jahren große Wandlungen durchgemacht und verändert sich jetzt in der Richtung eines emanzipierten, neuen China; doch die geographischen und klimatischen Verhältnisse in China sind gleichgeblieben. Zwar ändern sich auch die geographischen Bedingungen und das Klima der Erde als Ganzes wie ihrer einzelnen Teile, aber im Vergleich zu den gesellschaftlichen Wandlungen sind diese Veränderungen völlig belanglos: während die einen Zehntausende, Hunderttausende und Millionen von Jahren brauchen, um sich bemerkbar zu machen, genügen für die anderen Jahrtausende, Jahrhunderte, Jahrzehnte, ja sogar bloß einige Jahre oder Monate (in Zeiten der Revolution). Vom Gesichtspunkt der materialistischen Dialektik sind die Veränderungen in der Natur hauptsächlich durch die Entwicklung der Widersprüche innerhalb dieser selbst bedingt. Die gesellschaftlichen Veränderungen hängen in der Hauptsache von der Entwicklung der Widersprüche innerhalb der Gesellschaft ab, also der Widersprüche zwischen Produktivkräften und Produktionsverhältnissen, zwischen den Klassen, zwischen dem Neuen und dem Alten; die Entwicklung dieser Widersprüche treibt die Gesellschaft vorwärts und gibt den Impuls für die Ablösung der alten Gesellschaft durch eine neue. Schließt die materialistische Dialektik äußere Ursachen aus? Keineswegs. Sie betrachtet die äußeren Ursachen als Bedingungen der Veränderung und die inneren Ursachen als deren Grundlage, wobei die äußeren Ursachen vermittels der inneren wirken. Bei einer entsprechenden Temperatur wird ein Ei zu einem Küken, aber keine Wärme kann einen Stein in ein Küken verwandeln; denn die Grundlage der Veränderung ist bei den beiden verschieden. Die verschiedenen Völker wirken beständig aufeinander ein. In der Epoche des Kapitalismus, besonders in der Epoche des Imperialismus und der proletarischen Revolution, sind der wechselseitige Einfluß und Anstoß der verschiedenen Länder auf politischem, wirtschaftlichem und kulturellem Gebiet beträchtlich. Die Sozialistische Oktoberrevolution leitete eine neue Ära nicht nur in der Geschichte Rußlands, sondern auch in der Weltgeschichte ein. Sie beeinflußte die inneren Veränderungen in anderen Ländern der Welt, so auch – und zwar mit besonderer Tiefenwirkung – die inneren Veränderungen in China. Diese Veränderungen erfolgten jedoch vermittels der inneren Gesetzmäßigkeiten dieser Länder beziehungsweise Chinas selbst. Wenn in einer Schlacht das eine Heer siegt und das andere unterliegt, so werden Sieg und Niederlage durch innere Ursachen bestimmt. Der Sieg ist das Ergebnis der Stärke des Heeres oder seiner richtigen Führung, die Niederlage ist durch die Schwäche des Heeres oder durch

Fehler der Führung bedingt; die äußeren Ursachen wirken vermittels der inneren. Die Niederlage, die in China im Jahre 1927 die Großbourgeoisie dem Proletariat zufügte, war durch den Opportunismus bewirkt worden, der in den Reihen des chinesischen Proletariats selbst (innerhalb der Kommunistischen Partei Chinas) geherrscht hatte. Nachdem wir mit dem Opportunismus Schluß gemacht hatten, nahm die chinesische Revolution erneut einen Aufschwung. Später litt die chinesische Revolution wiederum ernstlich unter den Schlägen des Feindes: diesmal infolge des Abenteurertums, das innerhalb unserer Partei aufgetreten war. Und als wir dann mit dem Abenteurertum aufgeräumt hatten, erfuhr unsere Sache abermals einen Aufschwung. Folglich muß sich eine Partei, um die Revolution zum Sieg zu führen, auf die Richtigkeit ihrer politischen Linie und auf die Festigkeit ihrer Organisation stützen [...][2].

b) Der Widerspruch ist allgemein

Der Widerspruch ist allgemein, absolut; er existiert in allen Entwicklungsprozessen der Dinge und durchdringt alle Prozesse von Anfang bis Ende.

Was bedeutet die Entstehung eines neuen Prozesses? Es bedeutet, daß sich eine alte Einheit und die sie bildenden Gegensätze einer neuen Einheit und den sie bildenden Gegensätzen Platz machen, dann entsteht ein neuer Prozeß, der den alten ablöst. Der alte Prozeß ist zu Ende, ein neuer entsteht. Der neue Prozeß enthält wiederum neue Widersprüche und beginnt nunmehr seine eigene Entwicklungsgeschichte der Widersprüche [...][3].

[2] Zum Schluß des ersten Abschnittes wird kurz auf die spontane, primitive Dialektik des Altertums verwiesen, die Hegel zwar fortentwickelt habe, die aber erst von Marx und Engels zur revolutionären Theorie umgeformt worden sei. Entscheidend sei, das Gesetz der Widersprüche in den Dingen konkret zu begreifen. – Der zweite Abschnitt behandelt den allgemeinen Charakter des Widerspruchs. Es gibt, sagt Mao, keine Dinge, die nicht Widersprüche in sich hätten. »Wenn es keine Widersprüche gäbe, gäbe es keine Welt.« Mit Zitaten aus Engels' »Anti-Dühring« und Lenins »Zur Frage der Dialektik« wird diese These unterbaut. Mao übernimmt dann die Kritik an der Schule Deborins und behauptet, daß schon ein bloßer Unterschied eben ein Widerspruch ist, daß also Widersprüche ausnahmslos und überall gegeben sind, auch in den sozialen Bedingungen der Sowjetunion (damals war das als eine Unterstützung von Stalins Kollektivierung zu verstehen).

[3] Der dritte Abschnitt ist der Besonderheit der Widersprüche gewidmet, von der Mao vorher schon gesagt hatte, daß gerade die Dogmatiker sie nicht begreifen können, da ihnen noch nicht aufgegangen sei, daß das Allgemeine im Besonderen existiere und welche Bedeutung der Besonderheit der Widersprüche in den konkreten Erscheinungen der Zeit für die revolutionäre Praxis zukomme. Mao weist hier

c) Jeder Widerspruch hat seine Besonderheit

Über die Kriegskunst sagte Sun Dsi: »Kennst du den Feind und kennst du dich selbst – hundert Schlachten ohne Schlappe.« Er sprach von zwei kriegführenden Seiten. We Dscheng, der zur Zeit der Tang-Dynastie lebte, tat den Ausspruch: »Hörst du alle an, dann bist du dir im klaren, schenkst du nur einem Glauben, wirst du im Dunkeln tappen.« Auch er verstand, daß Einseitigkeit falsch ist. Unsere Genossen gehen jedoch oft einseitig an die Fragen heran und holen sich dabei immer wieder Beulen. Im Roman ›Die Helden vom Liangschan-Moor‹ griff Sun Djiang dreimal das Dorf Dschu an, erlitt jedoch die beiden ersten Male eine Niederlage, weil er die lokalen Verhältnisse nicht kannte und nach einer falschen Methode vorging. Danach änderte er seine Methode; als erstes erkundete er die Lage, so fand er sich in dem Labyrinth von Wegen zurecht, sprengte das Bündnis zwischen den Dörfern Li, Hu und Dschu, legte einen Hinterhalt in das Lager des Feindes, indem er eine ähnliche Methode anwendete, wie sie in der ausländischen Sage vom Trojanischen Pferd berichtet wird, und sein dritter Angriff war von Erfolg gekrönt. In diesem Roman gibt es eine ganze Reihe von Beispielen für die Anwendung der materialistischen Dialektik, unter denen der dreimalige Angriff auf das Dorf Dschu wohl das beste ist. Lenin sagt: Um einen Gegenstand wirklich zu kennen, muß man alle seine Seiten, alle Zusammenhänge und »Vermittelungen« erfassen und erforschen. Wir werden das niemals vollständig erreichen, die Forderung der Allseitigkeit wird uns aber vor Fehlern und vor Erstarrung bewahren. Wir müssen uns diese Worte Lenins merken. Die Oberflächlichkeit besteht darin, daß man weder die Besonderheiten des Widerspruchs als Ganzes noch die Besonderheiten seiner Seiten in Betracht zieht, daß man die Notwendigkeit leug-

auf die Vielheit der Erscheinungen und ihre Besonderheit hin. »Jede Gesellschaftsform, jede Form des Bewußtseins enthält ihre besonderen Widersprüche und besitzt ihr besonderes Wesen.« Auch der Fortgang der menschlichen Erkenntnis kann nur vom Einzelnen und Besonderen zum Allgemeinen fortschreiten, um danach wieder die noch nicht genau genug erforschten oder die neu auftretenden konkreten Dinge zu untersuchen. »Unsere Herren Dogmatiker« (Maos spezielle Feinde jener Zeit) »sind faule Kerle *(lao han)*, sie lehnen jede mühevolle Forschungsarbeit an konkreten Dingen rundweg ab, sie halten alle Wahrheiten für etwas, was man aus der hohlen Hand husten kann, und verwandeln sie in rein abstrakte Formeln, die die Leute nicht fassen können...« Nicht nur die besonderen Widersprüche jeder Bewegungsform im großen, sondern auch die besonderen Widersprüche jedes ihrer Einzelprozesse sind zu erforschen. Qualitativ verschiedene Widersprüche können nur mit qualitativ verschiedenen Methoden gelöst werden, ein Grundsatz, der von den Dogmatikern ebenfalls ständig mißachtet wird. Man muß die Besonderheit aller Seiten der Widersprüche aufdecken.

net, tief in das Wesen der Dinge einzudringen und die Besonderheiten des Widerspruchs sorgfältig zu studieren, daß man sich mit einer Beobachtung aus der Ferne begnügt, den Widerspruch in groben Umrissen nach der Methode des Über-den-Daumen-Peilens bestimmt und ihn hierauf sofort zu lösen versucht (Fragen zu beantworten, Meinungsstreitigkeiten zu entscheiden, Arbeiten zu verrichten, militärische Operationen zu leiten). Ein solches Vorgehen kann nur üble Folgen nach sich ziehen. Jene chinesischen Genossen, die an Dogmatismus und Empirismus kranken, begehen deshalb Fehler, weil sie subjektiv, einseitig und oberflächlich die Dinge betrachten. Einseitigkeit ist ebenso wie Oberflächlichkeit zugleich auch Subjektivismus. Da alle objektiv existierenden Dinge miteinander zusammenhängen und ihre inneren Gesetzmäßigkeiten haben, so ist die Methode derjenigen, die diese Tatsache nicht wahrheitsgetreu widerspiegeln, sondern die Dinge nur einseitig oder oberflächlich betrachten und deren wechselseitigen Zusammenhang und innere Gesetzmäßigkeiten nicht kennen, notwendigerweise subjektivistisch.

Nicht nur die Besonderheiten der Bewegung der Widersprüche im gesamten Entwicklungsprozeß der Dinge – sowohl hinsichtlich ihrer wechselseitigen Verbundenheit als auch des Zustands jeder ihrer Seiten – müssen wir beachten; auch die einzelnen Etappen dieses Prozesses haben ihre eigenen Besonderheiten, die wir ebenfalls im Auge behalten müssen.

Der Grundwiderspruch im Entwicklungsprozeß eines Dinges und das durch diesen Grundwiderspruch bedingte Wesen des Prozesses verschwinden nicht, solange der Prozeß nicht abgeschlossen ist; doch weisen die Umstände in den einzelnen Etappen dieses langen Entwicklungsprozesses oft Unterschiede auf. Das ergibt sich daraus, daß der Grundwiderspruch im Entwicklungsprozeß des betreffenden Dinges, obgleich sich sein Charakter und das Wesen dieses Prozesses nicht ändern, in den einzelnen Entwicklungsetappen des langen Prozesses immer schärfere Formen annimmt. Mehr noch, unter den größeren und kleineren Widersprüchen, die durch den Grundwiderspruch bedingt sind oder sich unter seinem Einfluß befinden, verschärfen sich die einen, während andere zeitweilig oder teilweise gelöst oder gemildert werden und wieder andere, neue Widersprüche entstehen. Daher tritt ja der Prozeß etappenweise in Erscheinung. Wer auf die Etappen des Entwicklungsprozesses eines Dinges nicht achtet, ist nicht imstande, die dem Ding innewohnenden Widersprüche in angemessener Weise zu behandeln.

Als beispielsweise der Kapitalismus der Epoche der freien Konkurrenz in den Imperialismus überging, erfuhren weder der Charakter der beiden

Klassen, die im antagonistischen Widerspruch zueinander stehen – Proletariat und Bourgeoisie –, noch das kapitalistische Wesen der bestehenden Gesellschaft irgendeine Änderung; es verschärften sich aber die Widersprüche zwischen diesen beiden Klassen, es entstanden Widersprüche zwischen dem monopolistischen und dem nichtmonopolistischen Kapital, die Widersprüche zwischen den Metropolen und den Kolonien verschärften sich, und besonders scharf kamen die Widersprüche unter den kapitalistischen Ländern zum Ausdruck, Widersprüche, die durch die ungleichmäßige Entwicklung der verschiedenen Länder hervorgerufen wurden. So entstand ein besonderes Stadium des Kapitalismus: das Stadium des Imperialismus. Der Leninismus wurde gerade deshalb der Marxismus der Epoche des Imperialismus und der proletarischen Revolution, weil Lenin und Stalin diese Widersprüche richtig erklärt und die richtige Theorie und Taktik der zur Lösung dieser Widersprüche berufenen proletarischen Revolution ausgearbeitet haben.

Nimmt man den Prozeß der bürgerlich-demokratischen Revolution in China, der mit der Revolution von 1911 begann, so findet man hier gleichfalls mehrere spezifische Etappen. Insbesondere stellen die Periode, da die Bourgeoisie die Revolution führte, und die Periode der Führung der Revolution durch das Proletariat zwei historische Etappen dar, die sich voneinander in sehr hohem Maße unterscheiden. Mit anderen Worten, die Führung durch das Proletariat änderte das Antlitz der Revolution von Grund auf, führte zu einer Umgruppierung der Klassenkräfte, zur breiten Entfaltung der bäuerlichen Revolution, verlieh der antiimperialistischen und antifeudalistischen Revolution einen konsequenten Charakter, schuf die Möglichkeit des Hinüberwachsens der demokratischen Revolution in die sozialistische Revolution usw. Das alles war in der Periode, da die Bourgeoisie die Revolution führte, unmöglich. Obwohl sich der Charakter des Grundwiderspruchs im Gesamtprozeß – das heißt der Charakter dieses Prozesses als der einer antiimperialistischen und antifeudalistischen demokratischen Revolution (die andere Seite dieses Widerspruchs ist der halbkoloniale und halbfeudale Charakter) – in keiner Weise änderte, durchlief der Prozeß dennoch im Verlauf dieser langen Periode von mehr als 20 Jahren mehrere Entwicklungsetappen, wo so bedeutsame Ereignisse vor sich gingen wie die Niederlage der Revolution von 1911, die Errichtung der Herrschaft der Militärmachthaber des Nordens, die Herstellung der ersten nationalen Einheitsfront und die Revolution von 1924 bis 1927, der Bruch der Einheitsfront und der Übergang der Bourgeoisie ins Lager der Konterrevolution, die Kriege der neuen Militärmachthaber untereinander, der Agrarrevolutionäre Krieg, die Bildung der zweiten nationalen Einheitsfront und der Widerstandskrieg gegen die japanische Aggression. Diese Entwicklungsetappen waren durch besondere Umstände gekennzeichnet, wie dadurch, daß sich gewisse Widersprüche verschärften (z. B. der Agrarrevolutionäre Krieg und der Einfall Japans in die vier nordöstlichen Provinzen), andere teilweise oder zeitweilig gelöst wurden (z. B. die Liquidierung der Militärmachthaber des Nordens und die von uns durchgeführte Beschlagnahme des Bodens der Grundherren), wieder andere neu entstanden (z. B. der Kampf zwischen den neuen Militärmachthabern, die Rücknahme des enteigneten Bodens durch die Grundherren, nachdem wir die revolutionären Stützpunktgebiete in Südchina verloren hatten), usw. [...].

d) Das Gemeinsame und das Einzelne

Infolge der außerordentlichen Vielfalt der Dinge und der Unbegrenztheit ihrer Entwicklung verwandelt sich das, was in einem bestimmten Fall das Allgemeine ist, in einem anderen bestimmten Fall in das Besondere. Umgekehrt: was in einem bestimmten Fall das Besondere ist, wird in einem anderen bestimmten Fall zum Allgemeinen. Der dem kapitalistischen System innewohnende Widerspruch zwischen der Vergesellschaftung der Produktion und dem Privateigentum an den Produktionsmitteln ist allen Ländern gemeinsam, in denen der Kapitalismus existiert und sich entwickelt; für den Kapitalismus ist das der allgemeine Charakter des Widerspruchs. Doch stellt der erwähnte Widerspruch des Kapitalismus eine Erscheinung dar, die nur einer bestimmten historischen Periode der Entwicklung der Klassengesellschaft überhaupt eigen ist, und vom Gesichtspunkt des Widerspruchs zwischen Produktivkräften und Produktionsverhältnissen in der Klassengesellschaft überhaupt offenbart sich hierin die Besonderheit des Widerspruchs. Aber dadurch, daß Marx die Besonderheit aller Widersprüche der kapitalistischen Gesellschaft herausarbeitete, hat er noch weitgehender, noch umfassender, noch vollständiger den allgemeinen Charakter des Widerspruchs zwischen Produktivkräften und Produktionsverhältnissen in der Klassengesellschaft überhaupt klargestellt [...].

Die Beziehung zwischen der Allgemeinheit und der Besonderheit des Widerspruchs ist die Beziehung zwischen dem Gemeinsamen und dem

Einzelnen im Widerspruch. Das Gemeinsame besteht darin, daß Widersprüche in allen Prozessen existieren, daß sie alle Prozesse von Anfang bis Ende durchdringen: Widerspruch – das ist die Bewegung, das Ding, der Prozeß und auch das Denken. Den Widerspruch in den Dingen verneinen hieße alles verneinen. Das ist eine allgemeine Wahrheit, gültig für alle Zeiten und alle Länder ohne Ausnahme. Hieraus entsteht der Charakter des Gemeinsamen, des Absoluten. Dieses Gemeinsame ist aber in allem Einzelnen enthalten, ohne das Einzelne kann es kein Gemeinsames geben. Kann das Gemeinsame bestehen, wenn alles Einzelne ausgeschlossen wird? Das Einzelne entsteht dadurch, daß jeder Widerspruch seine Besonderheit hat. Alles Einzelne ist bedingt, zeitweilig und daher relativ.

Diese Wahrheit vom Gemeinsamen und Einzelnen, Absoluten und Relativen ist die Quintessenz des Problems der den Dingen innewohnenden Widersprüche; diese Wahrheit nicht verstehen heißt die Dialektik ablehnen [. . .]

e) Der Hauptwiderspruch und die Hauptseite eines Widerspruchs[4]

Jedenfalls steht es ganz außer Zweifel, daß es in jeder Etappe eines Entwicklungsprozesses nur einen einzigen Hauptwiderspruch gibt, der die führende Rolle spielt.

Hieraus folgt: Wenn ein Prozeß mehrere Widersprüche enthält, muß einer von ihnen der Hauptwiderspruch sein, der die führende und entscheidende Rolle spielt, während die übrigen nur eine sekundäre, untergeordnete Stellung einnehmen. Infolgedessen muß man sich beim Studium eines komplizierten Prozesses, der zwei oder noch mehr Widersprüche enthält, die größte Mühe geben, den Hauptwiderspruch heraus-

[4] Im vierten Abschnitt ist vom Hauptwiderspruch und der hauptsächlichen Seite des Widerspruchs die Rede, die nicht mit dem Grundwiderspruch (s. o.) gleichzusetzen sind. Der Grundwiderspruch *(gen-ben mao-dun)* liegt einem Entwicklungsprozeß zugrunde, er bleibt sich im Kern immer gleich, bis der Prozeß abgeschlossen ist. Der Hauptwiderspruch aber *(dschu-yao di mao-dun)* ist gewissermaßen sein den Umständen nach wechselndes äußeres Merkmal. Mao spricht hier von allen komplizierten *(fu-dsa)* Prozessen, die von zahlreichen Widersprüchen bestimmt werden, von denen immer nur einer als der Hauptwiderspruch bestimmt werden kann und muß. Jedoch können Haupt- und Nebenwiderspruch in einer anderen Situation ihre Plätze vertauschen, nur daß jeweils einer der Widersprüche die führende Rolle spielt. »Wenn der Hauptwiderspruch bestimmt ist«, sagt Mao, »sind alle Probleme mit Leichtigkeit zu lösen.« Dazu kommt nun, daß alle Widersprüche je ihre zwei Seiten haben, die auch nicht gleichmäßig und unveränderlich sind, sondern in ihrer Bedeutung wechseln.

zufinden. Sobald dieser festgestellt ist, kann man alle Probleme leicht lösen. Das ist die Methode, die uns Marx in seiner Untersuchung der kapitalistischen Gesellschaft vordemonstriert hat. Lenin und Stalin zeigten uns die Anwendung eben dieser Methode, als sie den Imperialismus und die allgemeine Krise des Kapitalismus sowie die Wirtschaft der Sowjetunion untersuchten. Tausende und aber Tausende Gelehrte und Praktiker verstehen diese Methode nicht; das Ergebnis ist, daß sie in einem dichten Nebel umherirren, vergeblich nach dem Hauptkettenglied suchen und daher auch die Methode zur Lösung der Widersprüche nicht finden können.

Es wurde schon oben gesagt, daß man nicht auf die gleiche Weise an alle in einem Prozeß vorhandenen Widersprüche herangehen darf, daß man den Hauptwiderspruch von den Nebenwidersprüchen unterscheiden muß, wobei das wichtigste ist, den Hauptwiderspruch zu erfassen. Kann man aber in gleicher Weise an die beiden gegensätzlichen Seiten eines Widerspruchs, sei es nun der Hauptwiderspruch, sei es ein Nebenwiderspruch, herangehen? Nein, das kann man auch nicht. Die Seiten eines jeden Widerspruchs entwickeln sich ungleichmäßig. Zuweilen scheint es, daß zwischen ihnen ein Gleichgewicht besteht; doch dieses ist nur vorübergehend und relativ, während die ungleichmäßige Entwicklung das Grundlegende bleibt. Von den beiden Seiten des Widerspruchs ist die eine unweigerlich die hauptsächliche, die andere die sekundäre Seite. Die hauptsächliche Seite ist jene, die im Widerspruch die führende Rolle spielt. Der Charakter eines Dinges wird im wesentlichen durch die Hauptseite des Widerspruchs bestimmt, die eine dominierende Stellung einnimmt.

Diese Lage ist aber nicht unveränderlich: die hauptsächliche Seite und die sekundäre Seite des Widerspruchs gehen ineinander über, worauf sich auch der Charakter des Dinges entsprechend ändert. Wenn in einem bestimmten Entwicklungsprozeß oder in einer bestimmten Entwicklungsetappe eines Widerspruchs dessen hauptsächliche Seite A ist und seine sekundäre B, so vertauschen die beiden Seiten in einer anderen Entwicklungsetappe oder in einem anderen Entwicklungsprozeß ihre Stellung zueinander, was durch den Grad der Vermehrung bzw. Verminderung der Kräfte der beiden widerstreitenden Seiten des Widerspruchs im Verlauf der Entwicklung des Dinges bestimmt ist.

Wir sagen oft: »Das Neue löst das Alte ab.« Das ist ein allgemeines und ewig unumstößliches Gesetz des Weltalls[5]. Der Prozeß der Ablösung des

[5] Der chinesische Ausdruck *hsin-tschen dai-hsiä* läßt sich nicht wörtlich übertragen: »Das Neue und das Alte wechseln voreinander die Plätze«, das Alte weicht aus, dankt ab, tritt in den Hintergrund. Ein idiomatischer Ausdruck, der an die Philosophie des »Buches der Wandlungen« (I-djing) erinnert.

Alten durch das Neue vollzieht sich so, daß ein Ding in ein anderes durch einen Sprung übergeht, der je nach dem Charakter des Dinges selbst und den Bedingungen, unter denen es sich befindet, verschiedene Formen hat. Jedes Ding birgt in sich den Widerspruch zwischen seinen zwei Seiten – dem Neuen und dem Alten –, der eine Reihe von Kämpfen mit vielen Windungen und Wendungen hervorbringt. Im Verlauf dieser Kämpfe wächst das Neue vom Kleinen zum Großen und gewinnt schließlich die beherrschende Position, während das Alte vom Großen zum Kleinen schrumpft und seinem Untergang entgegengeht. Sobald das Neue die Oberhand über das Alte erhält, wandelt sich das alte Ding qualitativ in das neue Ding um. Daraus folgt, daß der Charakter eines Dinges im wesentlichen durch die hauptsächliche Seite des Widerspruchs bestimmt wird, die die dominierende Stellung einnimmt. Tritt in der die beherrschende Position einnehmenden hauptsächlichen Seite des Widerspruchs ein Wechsel ein, so ändert sich dementsprechend der Charakter des Dinges [. . .][6]

f) Identität und Kampf der Gegensätze

Nachdem wir die Fragen der Allgemeinheit und der Besonderheit des Widerspruchs geklärt haben, müssen wir dazu übergehen, das Problem der Identität und des Kampfes der gegensätzlichen Seiten im Widerspruch zu untersuchen.

Identität, Einheit, Übereinstimmung, gegenseitige Infiltration, gegenseitige Durchdringung, wechselseitige Abhängigkeit (oder wechselseitige Bedingtheit), wechselseitige Verbundenheit oder wechselseitiges Zusammenwirken – all das sind verschiedene Ausdrücke für ein und denselben Begriff, der sich auf folgende zwei Umstände bezieht: 1. Im Entwicklungsprozeß der Dinge setzt jede der beiden Seiten des jeweiligen Widerspruchs die Existenz der anderen, ihr entgegengesetzten Seite als Bedingung ihrer eigenen Existenz voraus, wobei beide Seiten in einer Einheit koexistieren. 2. Jede der beiden entgegengesetzten Seiten verwandelt sich unter bestimmten Bedingungen in ihr Gegenteil. Eben das heißt Identität. Lenin sagt: »Dialektik ist die Lehre, wie die Gegensätze identisch sein können und es sind (wie sie es werden) – unter welchen Bedingungen sie

[6] Der Leser konsultiere die Einleitung zum »I Ging. Das Buch der Wandlungen«. Düsseldorf, Köln 1960, von Richard Wilhelm, um Ähnliches und Gegensätzliches zu erkennen. Autoren wie V. Holubnychy und Stuart Schram weisen gleichfalls auf chinesische Voraussetzungen in Maos Dialektik hin, vgl. u. a. in ›*China Quarterly*‹ No. 29 (1967), S. 155 ff.

identisch sind, indem sie sich ineinander verwandeln –, warum der menschliche Verstand diese Gegensätze nicht als tote, erstarrte, sondern als lebendige, bedingte, bewegliche, sich ineinander verwandelnde auffassen soll.« Was ist der Sinn dieser Worte Lenins?

In allen Prozessen schließen die gegensätzlichen Seiten an und für sich einander aus, liegen im Kampf miteinander, stehen einander entgegen. Sowohl in den Entwicklungsprozessen aller Dinge als auch im menschlichen Denken sind solche gegensätzlichen Seiten vorhanden; hiervon gibt es keine Ausnahmen. In einem einfachen Prozeß gibt es nur ein Gegensatzpaar, in einem komplizierten Prozeß gibt es mehrere. Diese Gegensatzpaare geraten ihrerseits in Widerspruch zueinander. So sind alle Dinge in der objektiven Welt und das Denken des Menschen beschaffen, und so wird ihre Bewegung bewirkt.

Wenn dem so ist, dann sind die gegensätzlichen Seiten in höchstem Maße unidentisch und weit davon entfernt, eine Einheit zu bilden. Warum sprechen wir dann von ihrer Identität oder Einheit?

Die Sache ist die, daß die gegensätzlichen Seiten isoliert und ohne einander nicht existieren können. Wenn eine der beiden entgegengesetzten Seiten fehlt, verschwinden zugleich die Existenzbedingungen der anderen Seite. Man überlegt: Kann denn eine der gegensätzlichen Seiten eines Widerspruchs in den Dingen beziehungsweise in den Begriffen des menschlichen Bewußtseins für sich allein existieren?

Ohne Leben kein Tod; ohne Tod kein Leben. Ohne Oben kein Unten; ohne Unten kein Oben. Ohne Unglück kein Glück; ohne Glück kein Unglück. Ohne Leichtes nichts Schwieriges; ohne Schwieriges nichts Leichtes. Ohne Grundherrn kein Pächter; ohne Pächter kein Grundherr. Ohne Bourgeoisie kein Proletariat; ohne Proletariat keine Bourgeoisie. Ohne nationale Unterdrückung durch die Imperialisten keine Kolonien und Halbkolonien; ohne Kolonien und Halbkolonien keine nationale Unterdrückung durch die Imperialisten. Und so verhält es sich mit allen Gegensätzen. Unter bestimmten Bedingungen sind sie einerseits einander entgegengesetzt; andererseits sind sie wiederum miteinander verbunden, voneinander durchdrungen, ineinander infiltriert, wechselseitig abhängig, und diesen Charakter nennt man Identität. Allen gegensätzlichen Seiten ist unter bestimmten Bedingungen eine Nicht-Identität eigentümlich, und darum nennt man sie Gegensätze[7]. Gleichzeitig aber besteht

[7] Der (Pekinger) Übersetzer gebraucht für das chinesische *mao-dun:* »Widerspruch« hier den Begriff »Gegensatz« wie weiter unten noch zweimal. Eigentlich gehörte das nur zu *dui-li* wie im folgenden Lenin-Zitat – ein Hinweis, daß für den chinesischen Autor *mao-dun* und *dui-li* nicht so deutlich geschieden sind wie »Widerspruch« und »Gegensatz«.

zwischen ihnen eine Identität, und darum sind sie miteinander verbunden. Gerade darauf beziehen sich die Worte Lenins, daß die Dialektik erforscht, »wie die *Gegensätze* identisch sein können«. Wie können sie identisch sein? Eben durch die Tatsache, daß ihre Existenz wechselseitig bedingt ist. Das ist die erste Bedeutung von Identität.

Genügt es aber bloß zu sagen, daß die Existenz der beiden Seiten des Widerspruchs wechselseitig bedingt ist, daß zwischen ihnen eine Identität besteht und daß sie deshalb in einer Einheit koexistieren können? Nein, das genügt nicht. Damit, daß die beiden Seiten des Widerspruchs wechselseitig bedingt sind, hat es nicht sein Bewenden; noch wichtiger ist die Verwandlung der Gegensätze ineinander. Das bedeutet, daß sich jede der beiden einem Ding innewohnenden gegensätzlichen Seiten unter bestimmten Bedingungen in ihr Gegenteil verwandelt, daß sie die Position der ihr entgegengesetzten Seite einnimmt. Das ist die zweite Bedeutung des Begriffs Identität der Gegensätze.

Warum besteht denn hier auch eine Identität? Man beachte: Durch die Revolution wird das Proletariat von einer unterjochten Klasse zur herrschenden Klasse, während sich die Bourgeoisie, die bis dahin geherrscht hat, in eine Klasse verwandelt, die beherrscht wird und den Platz einnimmt, den ursprünglich ihr Widerpart innehatte. Solches hat sich bereits in der Sowjetunion vollzogen, und das gleiche wird in der ganzen Welt der Fall sein. Es fragt sich nun: Wie könnte denn ein solcher Wechsel vor sich gehen, wenn nicht zwischen diesen Gegensätzen unter bestimmten Bedingungen ein Zusammenhang und eine Identität bestünde?

Die Kuomintang, die in einem bestimmten Abschnitt der modernen Geschichte Chinas eine gewisse positive Rolle gespielt hatte, verwandelte sich dann infolge des ihr eigenen Klassencharakters und der Verlockungen des Imperialismus (das sind die Bedingungen) nach 1927 in eine konterrevolutionäre Partei, wurde aber durch die Verschärfung des chinesisch-japanischen Widerspruchs und durch die Einheitsfrontpolitik der Kommunistischen Partei (das sind die Bedingungen) gezwungen, sich für den Widerstand gegen Japan auszusprechen. Zwischen Gegensätzen, die sich ineinander verwandeln, besteht eine bestimmte Identität.

Unsere Agrarrevolution hatte folgenden Verlauf und wird ihn auch in Zukunft haben: die Grundherrenklasse, die den Boden besitzt, wird zu einer Klasse, die den Boden verloren hat, und die Bauern, die ihren Boden verloren hatten, werden zu Kleineigentümern, nachdem sie Grund und Boden erhalten haben. Haben und Nicht-Haben, Erwerb und Verlust sind unter bestimmten Bedingungen miteinander verbunden, zwischen ihnen besteht eine Identität. Unter den Bedingungen des Sozialismus wird sich wiederum das Privateigentum der Bauern in gesellschaftliches Eigentum der sozialistischen Landwirtschaft verwandeln; das ist in der Sowjetunion bereits geschehen und wird in der ganzen Welt geschehen. Vom Privateigentum führt eine Brücke zum gesellschaftlichen Eigentum; diese Brücke heißt in der Philosophie Identität oder Verwandlung des einen in das andere, gegenseitige Durchdringung [...]

Warum kann das Ei sich in ein Küken verwandeln, nicht aber ein Stein? Warum besteht zwischen Krieg und Frieden eine Identität, nicht aber zwischen Krieg und Stein? Warum kann ein Mensch nur Menschen zur Welt bringen und nichts anderes? Der Grund liegt einzig und allein darin, daß die Identität der Gegensätze nur unter bestimmten, unerläßlichen Bedingungen existiert. Ohne diese bestimmten, unerläßlichen Bedingungen kann es keine Identität geben.

Warum war die bürgerlich-demokratische Februarrevolution von 1917 in Rußland mit der proletarisch-sozialistischen Oktoberrevolution in demselben Jahr direkt verbunden, während die Französische bürgerliche Revolution nicht direkt mit einer sozialistischen Revolution verbunden war und die Pariser Kommune von 1871 mit einer Niederlage endete? Warum ist ihrerseits die Nomadenordnung in der Mongolei und in Mittelasien direkt mit dem Sozialismus verbunden? Warum kann die chinesische Revolution eine kapitalistische Perspektive vermeiden und direkt zum Sozialismus führen, ohne den alten historischen Weg der westlichen Länder zurückzulegen, ohne die Etappe der bürgerlichen Diktatur durchzumachen? Das alles erklärt sich einzig und allein aus den konkreten Bedingungen der jeweiligen Zeitperiode. Wenn die bestimmten notwendigen Bedingungen schon vorhanden sind, dann treten im Entwicklungsprozeß eines Dinges bestimmte Widersprüche auf, wobei die in diesen Widersprüchen enthaltenen Gegensätze (ein Paar oder mehrere) einander bedingen und sich ineinander verwandeln. Andernfalls wäre all das unmöglich.

So steht es mit der Frage der Identität. Was ist nun Kampf? In welcher Beziehung stehen Identität und Kampf?

Lenin sagt: Die Einheit (Kongruenz, Identität, Wirkungsgleichheit) der Gegensätze ist bedingt, zeitweilig, vergänglich, relativ. Der Kampf der einander ausschließenden Gegensätze ist absolut, wie die Entwicklung, die Bewegung absolut ist[8].

Was meint Lenin damit?

[8] Lenin, Zur Frage der Dialektik.

Daß alle Prozesse einen Anfang und ein Ende haben, daß sie sich alle in ihr Gegenteil verwandeln. Die Beständigkeit aller Prozesse ist relativ, während ihre Veränderlichkeit, die sich in der Verwandlung eines Prozesses in einen anderen kundtut, absolut ist.
Die Bewegung eines jeden Dinges äußert sich in zwei Zuständen: im Zustand relativer Ruhe und im Zustand offensichtlicher Veränderung. Diese sich in den beiden Zuständen äußernde Bewegung wird durch den Kampf verursacht, den die beiden im Ding enthaltenen gegensätzlichen Faktoren miteinander führen. Wenn die Bewegung des Dinges den ersten Zustand zeigt, dann macht das Ding nur quantitative Veränderungen durch und keine qualitativen; deshalb äußert sie sich in scheinbarer Ruhe. Nimmt aber die Bewegung den zweiten Zustand an, so haben die im ersten Zustand vor sich gegangenen quantitativen Veränderungen bereits einen bestimmten Kulminationspunkt erreicht, das Einheitliche hat sich daher aufgelöst, und es erfolgt eine qualitative Veränderung, deshalb äußert sich die Bewegung des Dinges in einer offensichtlichen Veränderung. Solche im Alltagsleben zu beobachtenden Erscheinungen wie Einheit, Geschlossenheit, Verbundenheit, Harmonie, Gleichgewicht, Stabilität, Stagnation, Stillstand, Beständigkeit, Gleichmäßigkeit, Kondensation, Anziehung usw. sind Erscheinungen von Dingen, die sich im Zustand quantitativer Veränderungen befinden. Auflösung des Einheitlichen, das heißt, die Störung des Zustands der Geschlossenheit, der Verbundenheit, der Harmonie, des Gleichgewichts, der Stabilität, der Stagnation, des Stillstands, der Beständigkeit, der Gleichmäßigkeit, der Kondensation, der Anziehung usw. und seine Verwandlung in den entgegengesetzten Zustand stellen dagegen Erscheinungen von Dingen dar, die sich im Zustand qualitativer Veränderungen befinden, Veränderungen, die beim Übergang eines Prozesses in einen anderen vor sich gehen. Die Dinge gehen unausgesetzt vom ersten in den zweiten Zustand über, wobei der Kampf der Gegensätze, der in beiden Zuständen vor sich geht, durch den zweiten Zustand zur Lösung des Widerspruchs führt. Deshalb sagt man, daß die Einheit der Gegensätze bedingt, zeitweilig, relativ ist, der Kampf der einander ausschließenden Gegensätze hingegen absolut.
Oben haben wir gesagt, daß zwischen zwei gegensätzlichen Dingen eine Identität besteht und sie deshalb in einer Einheit miteinander koexistieren und sich auch ineinander verwandeln können; damit war die Bedingtheit gemeint, das heißt, unter bestimmten Bedingungen können die einen Widerspruch bildenden Dinge zu einer Einheit gelangen und sich ineinander verwandeln; ohne diese bestimmten Bedingungen können sie keinen Widerspruch bilden, ist ihre Koexistenz und auch ihre Verwandlung

ineinander unmöglich. Die Identität der Gegensätze bildet sich nur unter bestimmten Bedingungen, deswegen haben wir gesagt, daß die Identität bedingt, relativ ist. Hier möchten wir hinzufügen, daß der Kampf der Gegensätze den ganzen Prozeß von Anfang bis Ende durchdringt und zur Verwandlung des einen Prozesses in den anderen führt; der Kampf der Gegensätze ist ausnahmslos überall im Gange, und darum ist er unbedingt, absolut.

Die Verbindung von bedingter, relativer Identität mit unbedingtem, absolutem Kampf ergibt die Bewegung der Widersprüche in allen Dingen. Wir Chinesen sagen häufig: »Einander entgegengesetzt, einander ergänzend.«[9] Das bedeutet, daß zwischen den Gegensätzen eine Identität besteht. Diese Worte sind dialektisch und antimetaphysisch. »Einander entgegengesetzt« bedeutet, daß die beiden entgegengesetzten Seiten einander ausschließen oder bekämpfen; »einander ergänzend« bedeutet, daß sie unter bestimmten Bedingungen miteinander verbunden sind und zur Identität gelangen. Doch gerade der Identität wohnt der Kampf inne, ohne Kampf gibt es keine Identität.

In der Identität ist Kampf, im Besonderen ist das Allgemeine, im Einzelnen ist das Gemeinsame; um mit Lenin zu sprechen: »*im* Relativen ist Absolutes *enthalten*«[10].

g) Der Antagonismus in den Widersprüchen

Das Problem des Kampfes der Gegensätze schließt die Frage ein: Was ist Antagonismus? Auf diese Frage antworten wir: Der Antagonismus ist eine der Formen des Kampfes der Gegensätze, aber nicht die einzige Form.

In der Menschheitsgeschichte existiert der Antagonismus zwischen den Klassen als ein spezifischer Ausdruck des Kampfes der Gegensätze. Betrachten wir den Widerspruch zwischen der Klasse der Ausbeuter und der Klasse der Ausgebeuteten, so bestehen sowohl in der Sklavenhaltergesellschaft als auch in der feudalen und der kapitalistischen Gesellschaft diese beiden im Widerspruch stehenden Klassen lange Zeit hindurch in ein und derselben Gesellschaft nebeneinander. Sie kämpfen gegeneinander, doch erst nachdem sich der Widerspruch der beiden Klassen bis zu

[9] Aus dem Geschichtswerk der früheren Han-Dynastie: »Menschenliebe und Pflichtgefühl, Ehrerbietung und Freundschaft sind gegensätzlich, aber sie ergänzen einander« (Kap. 30).

[10] Lenin, Zur Frage der Dialektik.

einem bestimmten Stadium entwickelt hat, nimmt der Kampf der beiden Seiten die Form eines offenen Antagonismus an, der sich zur Revolution entwickelt. Auf ähnliche Weise verwandelt sich in der Klassengesellschaft der Frieden in den Krieg.

Bevor eine Bombe explodiert, stellt sie eine Einheit dar, worin die Gegensätze infolge bestimmter Bedingungen nebeneinander existieren. Erst nach dem Eintreten einer neuen Bedingung (der Zündung) erfolgt die Explosion. Analog verhält es sich mit allen Naturerscheinungen, bei denen die Lösung des alten Widerspruchs und die Entstehung des neuen Dinges schließlich in der Form eines offenen Zusammenpralls erfolgt.

Es ist ungemein wichtig, diese Tatsache zu erkennen. Das hilft uns verstehen, daß in der Klassengesellschaft Revolutionen und revolutionäre Kriege unvermeidlich sind, daß es sonst unmöglich ist, in der Entwicklung der Gesellschaft einen Sprung zu vollziehen und die reaktionäre herrschende Klasse zu stürzen, damit das Volk die Macht ergreifen kann. Die Kommunisten müssen die betrügerische Propaganda der Reaktionäre entlarven, die zum Beispiel behaupten, daß die soziale Revolution unnötig und unmöglich wäre; sie müssen unerschütterlich an der marxistisch-leninistischen Lehre von der sozialen Revolution festhalten und dem Volk zum Verständnis dessen verhelfen, daß die soziale Revolution nicht nur unbedingt notwendig, sondern auch durchaus möglich ist und daß diese wissenschaftliche Wahrheit durch die ganze Menschheitsgeschichte und durch den Sieg der Sowjetunion bestätigt worden ist.

Wir müssen jedoch den Kampf der verschiedenen Gegensätze konkret untersuchen und dürfen keine unangebrachte Anwendung der oben erwähnten Formel auf alle Dinge zulassen. Die Widersprüche und der Kampf sind allgemein, absolut, doch die Methoden zur Lösung der Widersprüche, das heißt die Formen des Kampfes, sind je nach dem Charakter der Widersprüche verschieden. Manche Widersprüche weisen einen offen antagonistischen Charakter auf, andere nicht. Je nach der konkreten Entwicklung der Dinge werden manche ursprünglich nichtantagonistische Widersprüche zu antagonistischen, dagegen andere, ursprünglich antagonistische, zu nichtantagonistischen Widersprüchen.

Solange Klassen bestehen, sind die Widersprüche zwischen richtigen und falschen Ansichten in den Reihen der Kommunistischen Partei, wie oben festgestellt wurde, eine Widerspiegelung der Klassenwidersprüche innerhalb der Partei. In der Anfangsperiode oder in einzelnen Fragen treten diese Widersprüche nicht unbedingt sofort als antagonistisch zutage. Doch mit der Entwicklung des Klassenkampfes können auch sie sich zu antagonistischen Widersprüchen entwickeln. Die Geschichte der KPdSU zeigt uns, daß sich die Widersprüche zwischen den richtigen Ansichten Lenins und Stalins und den falschen Ansichten Trotzkis, Bucharins und anderer anfangs nicht in antagonistischer Form kundtaten, in der Folge aber zu einem Antagonismus entwickelten. Auch in der Geschichte der Kommunistischen Partei Chinas gab es solche Fälle. Die Widersprüche zwischen den richtigen Ansichten vieler Genossen in unserer Partei und den falschen Ansichten von Tschen Duhsiu, Dschang Guotao und anderen traten anfangs auch nicht in antagonistischer Form zutage, entwickelten sich aber in der Folge zu antagonistischen. Derzeit weisen die Widersprüche zwischen richtigen und falschen Ansichten innerhalb unserer Partei keine antagonistische Form auf, und wenn die Genossen, die Fehler begangen haben, diese zu korrigieren verstehen, werden sich diese Widersprüche nicht zu antagonistischen entwickeln. Darum muß die Partei einerseits einen ernsten Kampf gegen falsche Ansichten führen, andererseits aber jenen Genossen, die Fehler gemacht haben, die volle Möglichkeit geben, diese einzusehen. Unter diesen Umständen ist eine Überspitzung des Kampfes offensichtlich unzweckmäßig. Wenn jedoch jene, die Fehler begangen haben, auf diesen beharren und sie vertiefen, dann besteht die Möglichkeit, daß sich diese Widersprüche zu antagonistischen entwickeln.

Die ökonomischen Widersprüche zwischen Stadt und Land in der kapitalistischen Gesellschaft (wo die von der Bourgeoisie kontrollierte Stadt das Dorf schonungslos ausplündert) und in den von der Kuomintang beherrschten Gebieten Chinas (wo die vom ausländischen Imperialismus und von der Kompradoren-Großbourgeoisie Chinas kontrollierte Stadt das Dorf aufs brutalste ausplündert) sind extrem antagonistisch. Doch im Lande des Sozialismus und in unseren revolutionären Stützpunktgebieten sind diese antagonistischen Widersprüche zu nicht-antagonistischen geworden, und in der kommunistischen Gesellschaft werden sie verschwinden.

Lenin sagt: »Antagonismus und Widerspruch sind durchaus nicht dasselbe. Das erstere verschwindet, das zweite bleibt im Sozialismus.«[11] Das bedeutet, daß der Antagonismus nur eine der Formen des Kampfes der Gegensätze ist, nicht aber die einzige Form; deshalb kann man diese Formel nicht überall wahllos anwenden.

[11] Lenin, Bemerkungen zu N. Bucharins Buch: Die Ökonomik der Transformationsperiode.

h) Schlußfolgerung

Wir können jetzt kurz zusammenfassen. Das Gesetz des den Dingen innewohnenden Widerspruchs oder das Gesetz der Einheit der Gegensätze ist das Grundgesetz der Natur und der Gesellschaft und folglich auch des Denkens. Es ist der metaphysischen Weltanschauung direkt entgegengesetzt. Seine Entdeckung bedeutete eine große Revolution in der Geschichte der menschlichen Erkenntnis. Vom Gesichtspunkt des dialektischen Materialismus existiert der Widerspruch in allen Prozessen, die sich an objektiv existierenden Dingen sowie im subjektiven Denken abspielen, und durchläuft alle Prozesse von Anfang bis Ende. Darin besteht die Allgemeinheit und Absolutheit des Widerspruchs. Die widersprüchlichen Dinge und jede Seite des Widerspruchs haben ihre Besonderheiten. Darin besteht die Besonderheit und Relativität des Widerspruchs. Die Gegensätze in den widersprüchlichen Dingen sind unter bestimmten Bedingungen identisch, können daher in einer Einheit nebeneinander existieren und sich ineinander verwandeln. Auch darin liegt die Besonderheit und Relativität des Widerspruchs. Doch der Kampf der Gegensätze geht ununterbrochen vor sich, sowohl während ihrer Koexistenz als auch während ihrer wechselseitigen Verwandlung, wobei in letzterem Fall der Kampf besonders deutlich zutage tritt. Darin liegt wiederum die Allgemeinheit und Absolutheit des Widerspruchs. [. . .]

4. Strategische Fragen des Partisanenkrieges gegen Japan[1]

Mai 1938

a) Das Grundprinzip

Alle leitenden Prinzipien militärischer Operationen gehen auf ein Grundprinzip zurück, und zwar: mit allen Mitteln die eigenen Kräfte erhalten und die gegnerischen Kräfte vernichten. Dieses Prinzip ist im revolutionären Krieg direkt mit den politischen Grundprinzipien verknüpft. So ist das politische Grundprinzip Chinas im Krieg gegen Japan, d. h. sein politisches Ziel, die Vertreibung des japanischen Imperialismus und die Errichtung eines unabhängigen, freien und glücklichen neuen China. Wenn man das militärisch verwirklichen will, so heißt das, mit der Waffe in der Hand das Vaterland schützen und die japanischen Räuber vertreiben. Um dieses Ziel zu erreichen, ergibt sich für die Operationen der Truppen selbst: einerseits mit allen Mitteln die eigenen Kräfte erhalten und andererseits mit allen Mitteln die feindlichen Kräfte vernichten. Wie erklärt man aber dann die Forderung nach heroischen Opfern im Krieg? In jedem Krieg muß ein Preis gezahlt werden, manchmal ist es ein ungeheurer Preis. Wieso steht das nun nicht im Widerspruch zu dem Satz »Erhalte dich selbst«? Das widerspricht sich tatsächlich überhaupt nicht, korrekter ausgedrückt, es sind einander bedingende Gegensätze[2]. Weil nämlich diese Opfer nicht nur notwendig sind, um den Feind zu vernichten, sondern auch, um sich selbst zu erhalten – ist es um der vollständigen und dauerhaften Erhaltung willen erforderlich, teilweise und

[1] Die Anmerkung des chinesischen Redaktionskomitees stellt fest, es sei die ursprüngliche Absicht des Autors gewesen, in diesem Aufsatz die Bedeutung des Partisanenkrieges gegen die Befürworter des alleinigen regulären Krieges hervorzuheben. Das Wort für »Partisanenkrieg« bedeutet im Chinesischen einen Krieg, der durch »Streifzug und Zuschlagen« geführt wird *(yu-dji)*. Der Begriff ist als militärischer Titel mindestens Han-zeitlich (1. Jh. v. Ch.).

[2] Vgl. hierzu die Begriffsentwicklung in dem Aufsatz »Über den Widerspruch«, s. o.

vorübergehend »sich nicht zu erhalten« (Opfer zu bringen oder einen Preis zu zahlen).

b) Sechs Fragen der Strategie des Partisanenkrieges

Wir wollen nun einmal betrachten, welche Methoden und Prinzipien für die militärischen Operationen im Partisanenkrieg gegen Japan angewandt werden müssen, um das Ziel der eigenen Erhaltung und der Vernichtung des Feindes zu erreichen. Weil im Krieg gegen Japan (wie übrigens in jedem revolutionären Krieg) die Partisanengruppen durchweg aus dem Nichts und aus kleinen Anfängen hervorgehen, müssen wir dem Prinzip der eigenen Erhaltung das der eigenen Ausweitung hinzugesellen. Darum lautet das Problem: welche Methoden und Prinzipien müssen für die militärischen Operationen im Partisanenkrieg angewandt werden, um das Ziel der eigenen Erhaltung bzw. Ausweitung und der Vernichtung des Feindes zu erreichen? Insgesamt sind die wichtigsten Methoden die folgenden: 1. mit Initiative, elastisch und planvoll im Verteidigungskrieg den Angriff, im lang andauernden Krieg den schnellen Entscheidungskampf, im Krieg der inneren Linien den Kampf auf der äußeren Linie führen; 2. mit den regulären Kriegsoperationen zusammenwirken; 3. Stützpunkte aufbauen; 4. die strategische Verteidigung und der strategische Angriff; 5. sich zum offenen Bewegungskrieg fortentwickeln; und 6. korrekte Beziehungen bei der Truppenführung.

c) Zur ersten Methode

Im strategischen Verteidigungskrieg kann man und soll man operativ und taktisch die Offensive anwenden, im strategisch lang andauernden Krieg operativ und taktisch den schnellen Entscheidungskampf suchen und in einem Krieg, der strategisch auf den inneren Linien geführt wird, operativ und taktisch auf der äußeren Linie kämpfen. Das ist die Strategie, die im gesamten Krieg gegen Japan angewendet werden muß. Das gilt für den regulären Krieg ebenso wie für den Partisanenkrieg. Was im Partisanenkrieg anders ist, das sind nur Fragen des Umfangs und der äußeren Form. Im Partisanenkrieg besteht die Form des Angriffs darin, daß man allgemein den überraschenden Überfall anwendet. Obwohl man im regulären Krieg den überraschenden Überfall gleichfalls durchführen kann und soll, ist doch im Vergleich dazu das Überraschungsmoment beim Feind ein wenig geringer. Im Partisanenkrieg ist das Bedürfnis nach Blitzesschnelle außerordentlich groß, und der Kessel, in welchem man den Feind von der äußeren Linie her einkreist, sehr klein. Das sind Unterschiede zum regulären Krieg. Hieraus läßt sich erkennen, was man im Kampf der Partisanenverbände anstreben muß: möglichst viele Kräfte konzentrieren, wohl getarnte und geisterschnelle Bewegungen ausführen, vollkommen unerwartet den Feind überfallen und den Kampf sehr rasch zu Ende bringen; man muß sich unter allen Umständen hüten vor passiver Verteidigung, vor Verzögerungen und vor Zersplitterung der Kräfte vor dem Kampf. Selbstverständlich gibt es im Partisanenkrieg nicht nur strategisch die Verteidigung, sondern auch taktisch, Fesselung und Absicherung im Gefecht, Abwehrmaßnahmen, um den Feind in Engpässen, unzugänglichem Gelände, an Flußläufen und in Dörfern aufzureiben und zu ermatten, Abteilungen, die den Rückzug decken usw., das alles gehört zur taktischen Verteidigung im Partisanenkrieg. Aber die Grundlage allen Partisanenkrieges muß der Angriff sein, dabei muß der Angriffswille im Vergleich zum regulären Krieg noch stärker sein, und noch viel weniger als dort ist es zulässig, daß man sich durch großes Getue, durch Trompetensignal und Trommelschlag verrate, zumal ein solcher Angriff ein Überfall aus dem Hinterhalt sein muß. Der Partisanenkrieg kann zwar auch zu Gefechtssituationen führen, die sich über mehrere Tage hinziehen, wenn man zum Beispiel einen vereinzelten, schwachen Gegner angreift, der ohne Unterstützung ist, aber im allgemeinen ist es beim Kampf im Vergleich zum regulären Krieg noch viel notwendiger, Gefechte rasch zu Ende zu bringen, das wird uns von der Voraussetzung, daß der Feind stark und wir schwach sind, vorgeschrieben. Der Partisanenkrieg ist eigentlich ein auseinandergezogener Krieg, der sich somit überallhin ausbreitet, außerdem machen verschiedene Aufgaben wie Desorganisierung und Fesselung des Gegners, Sabotage und Massenagitation das Auseinanderziehen der Kräfte zum Grundsatz; wenn aber eine Partisanengruppe oder ein Partisanenverband die Aufgabe übernehmen, einen Gegner zu vernichten, oder wenn sie gar einen feindlichen Angriff zerschlagen wollen, dann müssen sie ihre Hauptkräfte wieder zusammenfassen. »Große Kräfte zusammenfassen, um kleine Feindkontingente zu schlagen«[3], das ist immer noch einer der Grundsätze für den Kampf auf dem Gefechtsfeld des Partisanenkrieges.

[3] Diese thesenartigen Zusammenfassungen taktischer Grundsätze erinnern an die taktischen Regeln des Sundse, sie scheinen aber neue Prägungen aus der Situation heraus zu sein.

d) Über die Initiative

Die Frage der Initiative im Partisanenkrieg ist von ganz besonderer Dringlichkeit, weil die Partisanengruppen sich meist in einer schwierigen Lage befinden, sie müssen ohne Hinterland kämpfen und unter der Voraussetzung, daß der Feind stark und wir schwach sind, daß sie keine Erfahrung haben (das bezieht sich auf die frisch aufgestellten Gruppen) und daß kein Zusammenhang besteht. Trotzdem kann man sich im Partisanenkrieg die Initiative sichern [. . .]. Indem sie den (auf das Ganze des Krieges gesehen) unzureichenden Ersatz von Kräften beim Gegner geschickt ausnützen, können die Partisanengruppen weite Aktionsgebiete frei erobern; indem sie den Umstand geschickt benützen, daß der Feind landfremd ist und zudem eine außerordentlich barbarische Politik betreibt, können sich die Partisanen ungezwungen die Unterstützung von vielen Millionen Menschen sichern; indem sie die ungeschickte gegnerische Truppenführung ausnützen, können die Partisanen ungehemmt ihre eigene Geschicklichkeit spielen lassen. In all diese schwachen Stellen des Gegners müssen die regulären Verbände sich natürlich auch hineinschieben, um daraus Kapital zu schlagen für den eigenen Sieg über den Gegner, aber die Partisanen müssen das in besonderem Maße tun. Die Partisanen können ihre eigenen Schwächen allmählich im Kampf vermindern. Und manche ihrer Schwächen können zuzeiten dazu dienen, die Initiative an sich zu reißen, so können sie, gerade weil sie selbst schwach sind, im Hinterland des Feindes wie Geister auftauchen und wie Erscheinungen verschwinden, ohne daß der Feind irgend etwas gegen sie tun kann; eine so große Freiheit kann von den großen, regulären Verbänden niemals erreicht werden.

e) Über Elastizität

Die Elastizität ist die konkrete Erscheinungsform der Initiative. Im Partisanenkrieg ist der elastische Einsatz der Kräfte noch notwendiger als im regulären Krieg. Man muß den Führern im Partisanenkrieg klarmachen, daß der elastische Einsatz der Kräfte das wichtigste Mittel ist, um das Kräfteverhältnis zwischen den Gegnern und uns umzuwandeln und die Initiative zu erringen. Auf Grund der Besonderheit des Partisanenkrieges müssen die Kräfte je nach den eigenen Aufgaben, der Feindlage, dem Gelände und der örtlichen Bevölkerung elastisch eingesetzt werden, die wichtigsten Formen sind der auseinandergezogene

Einsatz, der geschlossene Einsatz und die Verschiebung der Kräfte. Die Führer im Partisanenkrieg gleichen beim Einsatz ihrer Partisanengruppen dem Fischer, der sein Netz auswirft, er muß es weit auseinanderlegen, und er muß es wieder fest zusammenziehen. Wenn der Fischer sein Netz weit auseinanderlegt, muß er auf die Tiefen des klaren Wassers achten, auf die Geschwindigkeit der Strömung und wo etwa Hindernisse sind; wenn die Partisanengruppen weit auseinandergezogen werden, muß man darauf achtgeben, daß sie nicht durch die Unklarheit der Lage oder durch falsches Handeln Verluste erleiden. Damit er das Netz zusammenziehen kann, muß der Fischer die Enden der Netzschnüre fest im Griff halten; beim Einsatz der Partisanenabteilungen muß man die Verbindungen sicherstellen und außerdem eine ziemlich starke Kampfgruppe in der eigenen Hand behalten. Beim Fischfang muß man oft die Stelle wechseln; die Partisanengruppen müssen ebenfalls oft die Stellung wechseln. Auseinandergezogener und geschlossener Einsatz sowie der Ortswechsel sind die drei Methoden der elastischen Kampfführung im Partisanenkrieg [...]. Die Kräfte je nach der Lage elastisch auseinanderzuziehen oder zusammenzufassen ist die wichtigste Methode, aber man muß sich auch auf die elastische Verschiebung der Kräfte (Ortswechsel) verstehen. Wenn der Gegner merkt, daß die Partisanen für ihn zu einer erheblichen Gefahr werden, dann wird er Truppen zu ihrer Unterdrückung abstellen oder einen Offensivstoß durchführen. In einem solchen Fall müssen die Partisanen die Lage sorgfältig überdenken und, wenn sie schlagen können, an eben dem Ort schlagen, oder, wenn sie es nicht können, ohne Zeit zu verlieren geschwinde an einen anderen Ort hinüberwechseln. Es gibt Fälle, in denen man, um den Feind Punkt für Punkt zu schlagen, eben erst hier einen Gegner vernichtet hat und schon woanders hinüberwechselt, um dort einen Gegner zu treffen, und andere Fälle, in denen der Kampf hier ungünstig ist, so daß man sich dem Feind hier unverzüglich entzieht und woanders hinüberwechselt, um den Kampf dort durchzuführen. Wenn die Feindlage besonders bedrohlich ist, sollen die Partisanen nicht lange an einem Ort bleiben, sie sollen schnell ihren Standort wechseln wie das fließende Wasser oder ein aufkommender Wind. Die Verschiebung der Kräfte muß immer wohl getarnt und geschwinde vor sich gehen. Dabei sollen beständig Kniffe angewandt werden, man soll den Feind täuschen, in die Falle locken und verwirren, zum Beispiel im Osten Lärm machen und im Westen schlagen, plötzlich im Norden und plötzlich im Süden auftauchen, zugleich schlagen und sich zurückziehen, in der Nacht operieren usw.

f) Über Planmäßigkeit

Wenn man im Partisanenkrieg Siege erringen will, kommt man ohne die ihm eigene Planmäßigkeit nicht aus. Wenn man glaubt, man brauchte nur darauflos zu handeln, dann spielt man nur Partisanenkrieg oder dilettiert darin. Ganz gleich, ob es sich um Aktionen im gesamten Partisanengebiet handelt oder nur um solche einzelner Partisanenabteilungen oder -verbände, man muß immer im voraus schon einen Plan haben, der so sorgfältig wie nur möglich ist, das ist die allen Aktionen vorausgehende Vorbereitungsarbeit. Die Aufklärung der Lage, die Stellung der Aufgaben, die Verteilung der Kräfte, die militärische Ausbildung und die politische Erziehung, die Sicherstellung der Versorgung, unter welchen Bedingungen man mit der Bevölkerung zusammenarbeiten kann usw., das alles gehört zu der Arbeit der Führer, die sorgfältig überlegen, richtig handeln und jede einzelne Handlung überwachen müssen. Ohne diese Voraussetzungen kommen keine Initiative, keine Elastizität und kein Angriff richtig zum Zuge. Gewiß hat der reguläre Krieg eine größere Planmäßigkeit, die Bedingungen des Partisanenkrieges lassen eine allzu große Planmäßigkeit nicht zu, ja, es wäre sogar ein Fehler, wenn man im Partisanenkrieg eine hochgradige und strikte Planung durchführen wollte, aber in dem Maße, wie es die objektiven Bedingungen zulassen, einen möglichst genauen Plan zu fassen ist durchaus notwendig, man muß wissen, daß der Kampf mit einem Feind eine Sache ist, über die sich nicht spaßen läßt.

g) Zusammenwirken mit den regulären Kriegsoperationen

Es gibt drei Arten des Zusammenwirkens zwischen dem Partisanenkrieg und den regulären Kriegsoperationen: das strategische, das operative und das taktische Zusammenwirken. Die Rolle, die der gesamte Partisanenkrieg im Hinterland des Feindes übernimmt, den Feind zu schwächen, zu fesseln und seinen Nachschub zu behindern sowie die moralische Begeisterung, die dieser Krieg der regulären Armee und dem Volk im ganzen Land einflößt und anderes mehr, das gehört schon zum strategischen Zusammenwirken mit den regulären Kriegsoperationen [...] Die Partisanenaktionen beschränken sich nicht allein auf die Rolle, die sie im Zusammenwirken mit den regulären Truppen schon jetzt, da der Feind seinen strategischen Angriff durchführt, übernommen haben, auch nicht nur darauf, daß sie im Zusammenwirken mit den regulären Truppen dann, wenn der Feind seinen strategischen Angriff einstellen und zur Befestigung seines besetzten Gebietes übergehen wird, diese Befestigung behindern werden, sondern sie werden auch, sobald die eigene reguläre Armee zum Gegenangriff antritt, zusammen mit ihren Verbänden den fliehenden Feind schlagen und das gesamte verlorene Gebiet zurückgewinnen. Die überragende Rolle, die dem Partisanenkrieg im Zusammenwirken strategisch zukommt, darf nicht gering geachtet werden [...]. Im Rahmen dieser Aufgaben müssen alle Führer, die sich in Partisanenstützpunkten hinter den Linien des Feindes befinden, sowie die Führer der demnächst in Marsch zu setzenden Partisanenverbände ihre eigenen Kräfte sehr sorgfältig aufstellen, je nach Zeit und Ort verschiedene Methoden anwenden und entschlossen gegen die verwundbarsten und schwächsten Punkte des Feindes vorgehen, um zu erreichen, daß sie den Feind schwächen, fesseln, seinen Nachschub behindern und jeden unserer Kämpfer, der auf den inneren Linien kämpft, moralisch aufrütteln, auf diese Weise werden sie ihrer Aufgabe des operativen Zusammenwirkens vollständig gerecht. Wenn die Partisanengebiete und -verbände je für sich handeln und keine Rücksicht auf das operative Zusammenwirken nehmen, so verlieren sie zwar in der gesamtstrategischen Kriegführung noch nicht ihre Hilfsrolle, aber ohne operatives Zusammenwirken vermindert sich doch die Bedeutung ihres strategischen Zusammenwirkens. Diesem Umstand müssen alle Führer im Partisanenkrieg ihre größte Aufmerksamkeit schenken. Um das zu erreichen, ist die allseitige Herstellung von Funkverbindungen mit jeder Partisanenabteilung und jedem Verband von einiger Größe wirklich sehr notwendig. – Schließlich gehört das taktische Zusammenwirken, das heißt das Zusammenwirken auf dem Schlachtfeld, zu den Aufgaben aller Partisanenabteilungen, die sich unweit des Gefechtsfeldes der inneren Linien befinden, das beschränkt sich natürlich auf die Partisanenabteilungen in der Nähe der regulären Truppen und auf solche, die vorübergehend aus diesen gebildet worden sind. In einer solchen Lage müssen die Partisanenabteilungen nach den Weisungen des regulären Truppenführers von ihm gestellte Aufgaben übernehmen, die gewöhnlich darin bestehen, einen Teil des Gegners zu fesseln, seinen Nachschub zu behindern, seine Lage auszukundschaften, Führungsdienste zu versehen usw. Auch ohne Weisungen eines regulären Truppenkommandeurs sollen die Partisanen solche Aufgaben ausführen. Sitzend zusehen und nichts tun, nicht streifen und nicht schlagen oder herumstreifen, ohne zu schlagen, das ist ein durchaus unerwünschtes Verhalten.

h) Aufbau von Stützpunkten

Was sind Stützpunkte des Partisanenkrieges? Sie sind die strategischen Basen, auf die gestützt die strategischen Aufgaben im Partisanenkrieg erfüllt werden, um das Ziel der Erhaltung und des Ausbaus der eigenen Kräfte sowie der Vernichtung und Vertreibung des Gegners zu erreichen. Ohne solche strategischen Basen würden die Erfüllung aller strategischen Aufgaben und die Verwirklichung der Kriegsziele ihre Stütze verlieren. Der Kampf ohne Hinterland ist das eigentliche Charakteristikum des Partisanenkrieges im Hinterland des Gegners, weil er abgetrennt vom Haupthinterland des eigenen Staates vor sich geht. Ohne Stützpunkte jedoch könnte ein Partisanenkrieg auf lange Zeit nicht aufrechterhalten oder entwickelt werden, diese Stützpunkte sind eben das Hinterland für den Partisanenkrieg. Die Geschichte kennt zahlreiche freibeuterische Bauernkriege, die alle ohne Erfolg geblieben sind. In der heutigen Zeit mit ihren Verkehrsverbindungen und ihrem technischen Fortschritt zu hoffen, man könne mit Freibeutertum den Sieg erringen, ist eine vollkommen unbegründete Illusion. Aber das Freibeutertum lebt heute noch unter den von Haus und Hof vertriebenen Bauern, und da ihr Denken sich im Bewußtsein der Partisanenführer widerspiegelt, führt das zu der Vorstellung, man brauche die Stützpunkte gar nicht oder könne sie gering achten. Darum muß das Freibeutertum aus den Köpfen der Partisanenführer ausgemerzt werden, das ist der erste Schritt auf dem Wege zur Schaffung von Stützpunkten. Die Frage, ob man Stützpunkte braucht oder nicht, ob man sie wichtig nehmen soll oder nicht, anders ausgedrückt, das Problem des Kampfes zwischen Stützpunktdenken und Freibeuterstimmung kann in jedem Partisanenkrieg aufkommen, auch der Partisanenkrieg gegen Japan macht bis zu einem gewissen Grad keine Ausnahme. Darum wird der Kampf gegen das Freibeutertum ein nicht zu unterschätzender Prozeß werden. Nur wenn man das Freibeutertum von Grund auf überwunden und den Weg zum Aufbau von Stützpunkten eingeschlagen hat und ihn auch weitergeht, nur dann trägt man bei zu einem langfristig durchzuhaltenden Partisanenkrieg.

i) Die Arten von Stützpunkten

Von Stützpunkten im Partisanenkrieg gegen Japan gibt es im großen und ganzen nicht mehr als drei Arten: solche in Gebirgsgegenden, im Flachland und in einem Fluß- und Seenetz. Der Vorteil von Stützpunkten in

Gebirgen leuchtet jedermann ein, das sind die Stützpunkte (folgen sechs Gebirge in Nordchina)[4], die schon aufgebaut sind oder gerade aufgebaut werden oder deren Aufbau vorbereitet wird. Diese Stützpunkte sind diejenigen festen Plätze, die am ehesten dem Partisanenkrieg gegen Japan einen Halt für lange Zeit geben, sie sind wichtige Bastionen für den Krieg gegen Japan überhaupt. Wir müssen den Partisanenkrieg in alle Gebirgsgegenden des feindlichen Hinterlandes tragen und dort Stützpunkte aufbauen. – Das Flachland ist im Vergleich zu Gebirgen natürlich anders, aber es ist durchaus möglich, auch dort den Partisanenkrieg zu entfalten und Stützpunkte aufzubauen. In den Ebenen der Provinz Hopei und des Nord- und Nordwestteils der Provinz Shantung hat sich bereits ein weiträumiger Partisanenkrieg entwickelt, ein Beweis für die Möglichkeit des Partisanenkrieges im Flachland. Ob man dahin gelangen kann oder nicht, im Flachland auch Stützpunkte aufzubauen, die sich lange Zeit halten, dafür haben wir jetzt noch keinen Beweis, aber vorübergehende Stützpunkte und solche für kleinere Abteilungen oder nur für bestimmte Jahreszeiten aufzubauen, das ist für die ersteren schon erwiesen und für die letzteren, das kann man schon sagen, erscheint es durchaus möglich. Einerseits nämlich hat der Gegner nicht genügend Kräfte, um sie überall zu verteilen, und er führt eine grausame Politik durch, die ohne Beispiel ist, andererseits verfügt China über ein ausgedehntes Territorium und auch über eine zahlreiche Bevölkerung, die antijapanisch eingestellt ist. Das alles schafft objektive Bedingungen dafür, daß man im Flachland den Partisanenkrieg entfalten und vorübergehende Stützpunkte aufbauen kann; und wenn man noch eine geschickte Kampfführung hinzunimmt, dann kann man die Errichtung auch von langfristigen Stützpunkten für kleine Abteilungen und von nicht stabiler Natur durchaus für möglich ansehen[5]. Die Möglichkeiten, in einem Gebiet mit einem Fluß- und Seenetz den Partisanenkrieg zu entfalten und dort Stützpunkte zu errichten, sind objektiv gesehen noch größer als im Flachland, sie stehen nur den Möglichkeiten in Gebirgsgegenden nach. Die aus der Geschichte bekannten »Seeräuber« und »Flußpiraten« haben ungezählte Kämpfe ausgeführt, der Partisanenkampf auf dem Hung-See zur Zeit, als wir noch die Rote Armee waren,

[4] Zusatz des Übersetzers.

[5] Die Anmerkung im Original weist darauf hin, daß der tatsächliche Verlauf des Krieges diese These bestätigt habe, man habe im Flachland sogar stabile Stützpunkte errichten können, eben weil der Raum weit und die Bevölkerung zahlreich genug waren, während die feindlichen Reserven nicht ausreichten. Die nachfolgenden Ausführungen im Text des Maoschen Aufsatzes warnen vor den Gefahren, die die Konzentration von Partisanenstreitkräften gerade im Flachland notwendig mit sich bringt, Rückschläge müssen immer ins Auge gefaßt werden.

hat viele Jahre angedauert, das sind Beweise dafür, daß man in einem Gebiet mit einem Fluß- und Seenetz den Partisanenkrieg sehr wohl entfalten und dort Stützpunkte errichten kann. Die einzelnen antijapanischen Partei- und Volksgruppen haben diesem Problem bisher nur noch nicht die rechte Aufmerksamkeit geschenkt [. . .]. Diesen Aspekt außer acht zu lassen, das würde nichts anderes bedeuten, als dem Gegner den Vorteil der Wassertransportwege zuzuspielen, eine Lücke in den strategischen Plänen des Krieges gegen Japan, die beizeiten geschlossen werden sollte.

k) Partisanengebiete und Stützpunkte

Im Rahmen des Partisanenkrieges, der im Hinterland des Feindes geführt wird, lassen sich Partisanengebiete und Stützpunkte unterscheiden. In solchen Gebieten, die ringsum vom Gegner eingeschlossen, selbst aber noch nicht besetzt bzw. vorher besetzt waren und dann zurückerobert worden sind, wie zum Beispiel in einigen Kreisen des Wutaischan-Gebietes (Grenzgebiet von Shansi-Chahar-Hopei), auch im Taihangshan- und im Taischan-Gebiet[6] gelten solche Voraussetzungen. Das sind fertig ausgebaute Stützpunkte, von denen aus es ganz einfach ist, den Partisanenkrieg zu entfalten. Aber in einigen anderen Gegenden als in diesen Stützpunkten verhält es sich nicht so, wie zum Beispiel: (folgen genauere geographische Angaben), dort konnte im Partisanenkrieg der ersten Zeit das betreffende Territorium noch nicht voll in Besitz genommen, es konnten nur fortwährend Streifzüge durchgeführt werden; solange die Partisanengruppe dort war, gehörte ihnen das Gebiet, wenn sie abzogen, gehörte es wieder der Macht der Marionettenregierung[7], solche Gebiete sind noch nicht Stützpunkte für den Partisanenkrieg, sondern sog. Partisanengebiete. Wenn solche Gebiete die notwendigen Etappen des Partisanenkrieges durchlaufen haben, wenn zahlreiche Feinde vernichtet oder zerschlagen, die Macht der Marionettenregierung zerstört, die Aktivität der Bevölkerung angespornt, antijapanische Vereinigungen gebildet, die Bewaffnung des Volkes vorangetrieben und eine antijapa-

[6] Diese drei Gebirgszüge befinden sich in Nordchina, die Aufzählung folgt ihrer Lage von Nord nach Süd. Der Taischan ist der bekannte Gebirgsstock in der Provinz Shantung.

[7] Verwaltungsorgane, die die japanische Besatzungsmacht einrichtete. Die leitenden Beamten der hier wörtlich »angemaßten politischen Macht« (Ausdruck i. Text) gehen auf frühere Japan-Studenten zurück, die in den zwanziger Jahren besonders in Nordchina vielfach mit der japanischen Politik zusammengearbeitet hatten.

nische politische Autorität aufgebaut sein werden, dann werden sich die Partisanengebiete in Stützpunkte verwandelt haben. Diese Stützpunkte den bereits bestehenden einzugliedern, das nennen wir Stützpunkterweiterung.

l) Die Voraussetzungen für den Aufbau von Stützpunkten

Als Hauptvoraussetzung für den Aufbau von Stützpunkten braucht man eine gegen die Japaner kämpfende bewaffnete Einheit, die man einsetzen kann, um den Feind zu schlagen und das Volk zu mobilisieren. Das Problem, wie man Stützpunkte aufbauen kann, ist also zunächst ein Problem bewaffneter Kräfte. Die Führer im Partisaneneinsatz müssen alle Anstrengungen machen, um eine bis zu mehreren Partisanenabteilungen aufzubauen, die sie aus den Kämpfen heraus allmählich zu Partisanenverbänden erweitern und schließlich zu regulären Abteilungen und Verbänden anwachsen lassen. Bewaffnete Einheiten aufzustellen ist das wichtigste Bindeglied für den Aufbau von Stützpunkten, hat man keine oder nur solche, die schwach sind, braucht man gar nicht erst darüber zu reden. Das ist die erste Voraussetzung. – Die zweite Voraussetzung, die mit dem Aufbau von Stützpunkten untrennbar verbunden ist, ist der gemeinsame Einsatz bewaffneter Einheiten mit der Bevölkerung zum siegreichen Kampf gegen die Feinde. Alle Gebiete, die vom Gegner kontrolliert werden, sind seine Stützpunkte und nicht die des Partisanenkrieges; und nur durch einen Sieg über den Feind läßt sich die Umwandlung von Feindstützpunkten in eigene Partisanenstützpunkte verwirklichen, das versteht sich von selbst. In gleicher Weise werden von den eigenen Partisanen kontrollierte Gebiete sich wieder in vom Feind kontrollierte zurückverwandeln, wenn man seine Angriffe nicht zerschlägt und ihn nicht besiegt, und Stützpunkte wird man dann auch nicht aufbauen können. – Die dritte untrennbare Voraussetzung für den Aufbau von Stützpunkten besteht darin, daß man alle Kräfte einschließlich der der bewaffneten Einheiten einsetzt, um den Kampf der Bevölkerung gegen die Japaner zu mobilisieren. Aus solchen Kämpfen heraus muß man das Volk selbst bewaffnen sowie Selbstschutz- und Partisanenabteilungen bilden. Man muß im Verlauf solcher Kämpfe Massenorganisationen schaffen, man wird gleichermaßen Arbeiter, Bauern, Jugendliche, Frauen, Kinder, Kaufleute oder Freischaffende, je nachdem wie ihr politisches Bewußtsein und ihr Kampfgeist wachsen, in allen für den Widerstand gegen Japan notwendigen Organisationen zusammenfassen und diese allmählich ausbauen. Ohne solche Organisationen wird die Bevölkerung ihre Kraft im Widerstand gegen Japan nicht zeigen können. Im Verlauf solcher Kämpfe muß man die offenen und geheimen Kräfte der Landesverräter ausräumen, auch diesen Schritt kann man nur gestützt auf die Kraft des Volkes ausführen. Noch wichtiger ist es, im Verlauf solcher Kämpfe das Volk dazu anzuspornen, in dem betreffenden Gebiet eine antijapanische politische Macht aufzubauen oder zu befestigen. Frühere chinesische Machtorgane, die der Feind nicht zerstört hat, soll man unter der Voraussetzung, daß das Volk sie weithin unterstützt, umbilden und festigen, und diejenigen, die vom Feind zerstört sind, soll man mit Hilfe der Anstrengungen der breiten Volksmassen wiederherstellen. Diese Machtorgane sind es, die die Politik der antijapanischen nationalen Einheitsfront durchführen [...] Außer diesen drei Grundvoraussetzungen ist noch über die geographischen und wirtschaftlichen Gegebenheiten zu sprechen [...]. Wenn man in einem Gebiet, das auf allen vier oder auf drei Seiten vom Feind eingeschlossen ist, beständige Stützpunkte aufbauen will, ist eine Gebirgsgegend natürlich die beste Voraussetzung, aber Hauptsache ist es, daß die Partisanenabteilungen Raum zum Manövrieren, also ein ausgedehntes Territorium haben müssen. Wenn diese Bedingung eines weit ausgedehnten Gebietes erfüllt ist, kann man auch im Flachland den Partisanenkrieg entfalten und aufrechterhalten, ganz zu schweigen von einem Gebiet mit Flüssen und Seen. Weil der Raum Chinas weit ist und die Streitkräfte des Gegners unzureichend sind, hat diese Voraussetzung den Partisanenkrieg in China bereits ermöglicht. Von der Möglichkeit für einen Partisanenkrieg her gesehen, ist dieses eine wichtige und sogar die allerwichtigste Voraussetzung; in einem kleinen Land wie Belgien ist die Möglichkeit für einen Partisanenkrieg, weil diese Voraussetzung nicht gegeben ist, nur gering oder gar nicht vorhanden. In China aber braucht man diese Voraussetzung nicht erst zu erringen, sie ist kein Problem, das man lösen müßte, sie ist von Natur gegeben, man braucht nur hinzugehen und sie zu nützen. – Die wirtschaftlichen Voraussetzungen sind den geographischen im Wesen gleich, wenn man von der Naturgegebenheit spricht [...] Vom politischen Gesichtspunkt her gesehen verhält es sich aber nicht so, hier besteht noch ein Problem, nämlich das der Wirtschaftspolitik, ein Punkt, der für den Aufbau von Stützpunkten von außerordentlicher Bedeutung ist. Die Wirtschaftspolitik in den Partisanenstützpunkten muß die Grundsätze der antijapanischen nationalen Einheitsfront durchführen, d. h. die Lasten vernünftig verteilen und den Handel schützen, die örtlichen Organe und die Partisanenabteilungen dürfen diese Grundsätze unter keinen Umständen verletzen, sonst wirkt sich das auf den Aufbau von Stützpunkten und die Aufrechterhaltung des Partisanenkrieges aus. Lasten vernünftig verteilen, das bedeutet: »Wer Geld hat, soll Geld geben«, aber auch die Bauern müssen die Partisanenabteilungen in bestimmten Grenzen mit Lebensmitteln versorgen. Der Schutz des Handels zeigt sich in der strikten Disziplin der Partisanen, sie dürfen die Geschäfte nicht so ohne weiteres beschlagnahmen, es sei denn, sie gehörten eindeutig überführten Landesverrätern.

m) Festigung und Erweiterung von Stützpunkten

Um den in China eingefallenen Feind in seinen wenigen Stützpunkten, in den Großstädten und an den Hauptverbindungslinien einzuschnüren, muß sich der Partisanenkrieg von jedem Stützpunkt aus mit allen Kräften und nach allen Richtungen entfalten, er muß alle Stützpunkte des Feindes bedrohen, seine Existenz gefährden, die Moral seiner Truppen erschüttern und gleichzeitig die Partisanenstützpunkte ausweiten, das ist absolut notwendig. Hier muß man konservativen Vorstellungen im Partisanenkrieg entgegentreten. Ob diese Vorstellungen nun von einer Sehnsucht nach ruhigem Leben oder von einer Überschätzung der feindlichen Kräfte herrühren, sie werden in jedem Fall dem Krieg gegen Japan schaden und sich unvorteilhaft für den Partisanenkrieg und die Stützpunkte selbst auswirken. Andererseits darf man die Festigung der Stützpunkte nicht vergessen, die wichtigste Aufgabe ist dabei, die Organisation der Volksmassen voranzutreiben und die Partisanenabteilungen wie auch die lokalen bewaffneten Kräfte auszubilden. Diese Festigung ist für die Führung eines langfristigen Krieges ebenso notwendig wie für ihre Erweiterung, ohne Festigung kann man sie nicht energisch erweitern. Wenn man im Partisanenkrieg nur daran denkt, zu erweitern, und vergißt, zu festigen, wird man einen feindlichen Angriff nicht überstehen können und nicht nur das Erweiterte verlieren, sondern auch noch die Stützpunkte selbst in Gefahr bringen. Die beste Einstellung ist die auf absichernde Erweiterung, sie ist ein gutes Verfahren, um beim Vorrücken angreifen und beim Rückzug sich verteidigen zu können.

n) Verschiedene Arten der Einkesselung

Vom gesamten Krieg gegen Japan aus betrachtet befinden wir uns ohne Zweifel in der strategischen Umzingelung durch den Feind, da er den strategischen Angriff führt und auf den äußeren Linien operiert, während wir in der strategischen Verteidigung auf den inneren Linien kämpfen. Das ist die erste Art der Umzingelung von uns durch den Gegner. Wenn wir aber davon ausgehen, daß wir auf Grund unserer zahlenmäßigen Überlegenheit den Feind, der auf getrennten Wegen von den äußeren Linien her gegen uns vorrückt, operativ und taktisch angreifen und den Kampf auf den äußeren Linien führen, dann zwingen wir jeden einzelnen getrennt gegen uns vorrückenden Gegner in unsere Umzingelung. Das ist die erste Art der Umzingelung des Gegners durch uns. Und wenn man es wieder von den Partisanenstützpunkten im Hinterland des Feindes aus betrachtet, dann befindet sich jeder einzelne Stützpunkt in einer vier- oder dreiseitigen Umzingelung durch den Gegner (es folgt je ein Beispiel). Das ist die zweite Art unserer Umzingelung durch den Gegner. Wenn man es aber so sieht, daß alle Stützpunkte miteinander und alle Partisanenstützpunkte mit der Front der regulären Armee im Zusammenhang stehen, dann halten wir wiederum zahlreiche Feinde in der Umzingelung (es folgen wieder zwei Beispiele) [. . .]. Das ist die zweite Art der Umzingelung des Gegners durch uns. So gleichen diese beiden Arten der gegenseitigen Umzingelung mehr oder weniger dem We-tji (Go-Spiel)[8], das operative und taktische Gefecht, das der Gegner uns oder wir dem Gegner liefern, gleicht dem Wegnehmen der Steine, und die gegnerischen sowie unsere Partisanenstützpunkte gleichen den Augen[9]. Und was diese »Augen« anbetrifft, so zeigt sich darin die Bedeutung der strategischen Rolle unserer Partisanenstützpunkte hinter den feindlichen Linien.

o) Die strategische Verteidigung und der strategische Angriff im Partisanenkrieg sind in dem vorhergehenden Aufsatz über die strategischen Fragen des revolutionären Krieges abgehandelt.

[8] Zusatz des Übersetzers.

[9] Wer im Go-Spiel eingekesselt ist, verliert die im Kessel befindlichen Steine. Wenn er jedoch noch ein Feld in der Mitte freihalten kann, bleibt die ganze Gruppe erhalten und kann unter Umständen dazu beitragen, einen Gegenring zu bilden. Das Go-Spiel (chin. *We-tji)* erfreut sich in Ostasien seit alters großer Beliebtheit, es wird als militärisches Brettspiel angesehen.

p) Die Entwicklung zum offenen Bewegungskrieg

Die fünfte[10] strategische Frage des Partisanenkrieges gegen Japan ist die nach der Entwicklung zum offenen Bewegungskrieg; ihre Notwendigkeit und Möglichkeit ergeben sich aus dem langwierigen und erbitterten Charakter des Krieges. Wenn China die japanischen Räuber rasch besiegen und das verlorene Gebiet rasch zurückgewinnen könnte, wenn es sich nicht um einen lang andauernden oder erbitterten Krieg handelte, dann bestünde keine Notwendigkeit, den Partisanenkrieg zu einem offenen Bewegungskrieg zu entwickeln. Die Sache verhält sich aber gerade umgekehrt, der Krieg ist langwierig und erbittert, der Partisanenkrieg kann nur dann diesem Krieg gemäß geführt werden, wenn er sich zum offenen Bewegungskrieg entwickelt [...] In vielen Gebieten wie im Wutaischan u. a. entwickelt sich der Partisanenkrieg, indem die regulären Truppen starke Abteilungen abstellen. Der Krieg ist dann zwar allgemein ein Partisanenkrieg, aber von Anfang an enthält er Elemente des offenen Bewegungskrieges. Auf Grund der langen Dauer des Krieges werden diese Elemente allmählich zunehmen. Das ist der Vorzug des jetzigen Partisanenkrieges gegen Japan, er weitet sich nicht nur rasch aus, sondern er gewinnt auch eine höhere Stufe, das sind viel günstigere Voraussetzungen als im Partisanenkrieg in der Mandschurei. Damit Partisanenabteilungen zu regulären Einheiten werden können, die nicht mehr den Partisanenkrieg, sondern den offenen Bewegungskrieg durchführen, müssen zwei Bedingungen gegeben sein, zahlenmäßiges Wachstum und Erhöhung der Kampfkraft. Für das erstere kann man außer der unmittelbaren Einbeziehung der Bevölkerung in die einzelnen Abteilungen auch noch die Methode der Zusammenfassung kleiner Abteilungen anwenden, für das zweite braucht man die Stählung im Kampf und die Qualitätsverbesserung der Waffen.

q) Beziehungen in der Truppenführung

Die letzte strategische Frage des Partisanenkrieges gegen Japan erstreckt sich auf die Beziehungen in der Führung der Truppen. Die richtige Lösung dieser Frage ist eine der Voraussetzungen für die erfolgreiche Entfaltung des Partisanenkrieges. Die Führungsmethoden im Partisanenkrieg lassen eine hochgradige Zentralisierung wie im regulären Krieg nicht zu, weil Partisanenabteilungen die niedrigste Organisationsform

[10] Vgl. oben Abschnitt b) »Sechs Fragen...«.

bewaffneter Kräfte darstellen und auseinandergezogene Operationen ihr besonderes Merkmal sind. Wollte man Führungsmethoden des regulären Krieges auch im Partisanenkrieg anwenden, dann würde man der hohen Beweglichkeit des Partisanenkrieges Fesseln anlegen und ihm seinen lebendigen Atem nehmen. Hohe Zentralisierung des Kommandos und hohe Beweglichkeit des Partisanenkrieges sind einander gerade entgegengesetzt, im äußerst lebendigen Partisanenkrieg ein äußerst zentralisiertes Führungssystem anzuwenden ist nicht nur unangebracht, sondern auch unmöglich. Es ist aber keineswegs so, daß der Partisanenkrieg einer zentralen Führung etwa nicht bedürfte, um sich erfolgreich entfalten zu können. In einer Lage, wo ausgedehnte reguläre Operationen mit ausgedehnten Partisanenaktionen einhergehen, ist ein angemessenes Zusammenwirken der beiden durchaus notwendig, hier bedarf es einer Führung, die beide Kriegsformen koordiniert, das ist die einheitliche strategische Kriegführung des nationalen Generalstabes und der Kampfzonenbefehlshaber. In einem Partisanengebiet oder Stützpunkt sind zahlreiche Partisanenabteilungen, unter denen sich immer einer oder mehrere Hauptverbände (zuweilen ein regulärer Verband) sowie zahlreiche größere und kleinere Gruppen befinden, die Hilfskräfte darstellen, ferner sind da große bewaffnete Kräfte des Volkes, die noch in der Produktion tätig sind, eben dort wird auch der Gegner immer wieder seine Kampfzone einrichten und den Partisanenkrieg im geschlossenen Einsatz bekämpfen. Darum entsteht hier in den Partisanengebieten und Stützpunkten das Problem der einheitlichen und zentralisierten Führung. Deshalb ist der Führungsgrundsatz im Partisanenkrieg darin zu sehen, daß man einerseits eine absolute Zentralisierung und andererseits eine absolute Dezentralisierung ablehnt, man muß vielmehr strategisch zentral, operativ und taktisch aber dezentralisiert führen.

5. Das Studium[1]

Oktober 1938

Allgemein gesagt müssen alle Mitglieder der Kommunistischen Partei, die eine entsprechende Fähigkeit zum Studium besitzen, die Theorien von Marx, Engels, Lenin und Stalin und ferner die Geschichte unseres Volkes sowie die Situation und Tendenz der gegenwärtigen Bewegung studieren; gleichzeitig sind durch sie diejenigen Parteimitglieder zu erziehen, deren Bildungsniveau noch verhältnismäßig niedrig ist. Im besonderen und mit Nachdruck haben sich die Kader diesem Studium zu widmen, wobei vor allem die Mitglieder des Zentralkomitees sowie die höheren Funktionäre ihr Studium intensivieren sollen. Eine Partei, die eine große revolutionäre Bewegung führt, wird den Sieg nicht erringen können, wenn sie keine revolutionäre Theorie, kein historisches Wissen und kein gründliches Verständnis für die konkrete Bewegung besitzt. Die Theorien von Marx, Engels, Lenin und Stalin sind Theorien, die »in der ganzen Welt gleichermaßen zutreffen«[2]. Man darf ihre Theorien jedoch nicht wie Dogmen behandeln, sondern muß sie als Anleitung zum Handeln betrachten. Man darf die Sätze des Marxismus-Leninismus nicht bloß schematisch lernen, sondern man muß ihn selbst als die Wissenschaft von der Revolution studieren. Man soll nicht nur die Schlußfolgerungen verstehen, zu denen Marx, Engels, Lenin und Stalin durch das umfassende Studium des wirklichen Lebens und die revolutionäre Erfahrung hinsichtlich allgemeiner Gesetzmäßigkeiten gelangt sind, man soll darüber hinaus ihren Standpunkt und ihre Methode bei der Untersuchung und Lösung von Problemen studieren. Die marxistisch-leninistische Schulung in unserer Partei hat jetzt, verglichen mit der

[1] Hier handelt es sich um einen Abschnitt aus dem Referat Maos vor dem 6. Plenum des 6. ZK im Oktober 1938: »Der Platz der KPCh im nationalen Krieg«.
[2] Chinesisches Zitat aus der nicht näher bestimmbaren konfuzianischen Überlieferung.

Vergangenheit, schon einige Fortschritte gemacht, aber sie ist immer noch nicht allgemein und tief genug eingedrungen. Unsere Aufgabe ist es, ein großes Volk, das viele Millionen Menschen zählt, in einem großen, beispiellosen Kampf zu führen. Deshalb ist die Aufgabe, die Theorien des Marxismus-Leninismus umfassend und tiefgehend zu studieren, für uns alle ein großes Problem, das wir nur dann lösen können, wenn wir unverzüglich darangehen und mit großer Energie daran arbeiten. Ich hoffe, daß nach diesem Plenum des ZK in der ganzen Partei ein Lernwettbewerb entfaltet wird, und wir werden sehen, wer wirklich etwas gelernt hat, wer mehr und wer besser gelernt hat. Hinsichtlich der Übernahme der Hauptverantwortung in der Führung läßt sich sagen: Hätten wir in unserer Partei 100 bis 200 Genossen, die systematisch und nicht lückenhaft, konkret und nicht beziehungslos den Marxismus-Leninismus beherrschen, die Kampfkraft unserer Partei würde erheblich gesteigert und die Arbeit für unseren Sieg über den japanischen Imperialismus gleichzeitig beschleunigt werden.
Das Studium unseres historischen Erbes und seine kritische Zusammenfassung unter Anwendung der marxistischen Methode ist eine weitere Aufgabe unseres Studiums. Dieses unser Volk hat eine vieltausendjährige Geschichte, es hat seine Besonderheiten und seine zahlreichen kostbaren Werte. Allem diesem gegenüber sind wir noch wie Volksschüler. Das China von heute ist hervorgegangen aus dem historischen China; wir sind marxistische Historiker, wir dürfen die Geschichte nicht einfach abtrennen. Von Konfuzius bis Sun Yatsen müssen wir sie zusammenfassen und von diesem kostbaren Erbe Besitz ergreifen. Das wird uns eine wichtige Hilfe für die Führung der gegenwärtigen großen Bewegung sein. Die Kommunisten sind internationale Marxisten, aber der Marxismus muß mit den konkreten Besonderheiten unseres Landes verflochten sein und eine bestimmte nationale Form finden, bevor er verwirklicht werden kann. Die große Stärke des Marxismus-Leninismus besteht darin, daß er mit der konkreten revolutionären Praxis eines jeden Landes verbunden ist. Die Chinesische Kommunistische Partei muß daher die Anwendung der Theorie des Marxismus-Leninismus auf die konkrete Umwelt Chinas erlernen. Wenn die Kommunisten, die als ein Teil der großen chinesischen Nation mit dem Fleisch und Blut dieses Volkes verbunden sind, losgelöst von den Besonderheiten Chinas von Marxismus reden, so handelt es sich lediglich um einen abstrakten und leeren Marxismus. Deshalb wird die Konkretisierung des Marxismus in China in der Weise, daß er in allen seinen Erscheinungen die erforderlichen chinesischen Merkmale aufweist, mithin seine Anwendung auf

der Grundlage der Besonderheiten Chinas, zu einem Problem, das die ganze Partei dringend begreifen und unbedingt lösen muß. Wir müssen die westlichen Schablonen[3] abtun, das leere und abstrakte Geschwätz abklingen lassen und den Dogmatismus zum Schweigen bringen; sie sind durch ein frisches, lebendiges, echt chinesisches Wesen und Gebaren zu ersetzen, dem die einfachen Leute in China mit Freude lauschen und mit Vergnügen zusehen. Den internationalistischen Inhalt von der nationalen Form loszulösen, das ist die Handlungsweise von Leuten, die nicht das geringste vom Internationalismus verstehen; wir jedenfalls wollen beides eng miteinander verbinden. Die ernsten Fehler, die hinsichtlich dieser Frage in unseren Reihen bestehen, müssen gewissenhaft überwunden werden.

Welches sind die Besonderheiten unserer gegenwärtigen Bewegung? Welche Gesetzmäßigkeiten weist sie auf? Wie ist diese Bewegung zu führen? Das alles sind praktische Fragen. Bis auf den heutigen Tag haben wir weder den ganzen japanischen Imperialismus noch auch China in seiner Ganzheit begriffen. Unsere Bewegung findet sich noch in der Entwicklung, vor uns liegt Neues, und unaufhörlich entsteht Neues. Diese Bewegung allseitig und in ihrer Entwicklung zu studieren, ist die große Aufgabe, der wir ständig unsere Aufmerksamkeit widmen müssen. Wenn jemand es ablehnt, das alles ernst und sorgfältig zu studieren, dann ist er eben kein Marxist. Der Feind des Studiums ist die Selbstzufriedenheit; wenn man etwas ernst studieren will, so muß man aus einer Unzufriedenheit mit sich selbst heraus beginnen. Selber »unersättlich lernen« und andere Menschen »unermüdlich lehren« – diese Haltung müssen wir einnehmen[4].

[3] Gemeint sind die Prinzipien westlicher Wissenschaft und Literatur, die vor allem durch die »4.-Mai-Bewegung« in der chinesischen Intelligenz Geltung gewannen; hier sind die marxistisch-leninistischen »Schablonen« gemeint, die den Blick auf die chinesische Wirklichkeit verstellten.

[4] Die beiden Maximen sind im Original hervorgehoben und sind ein etwas abgewandeltes Zitat aus Konfuzius' Gesprächen *Lun-yü* VII, 33.

6. Über den dialektischen Materialismus *

März 1940

1. Kapitel Idealismus und Materialismus

(1) Der Kampf zwischen zwei Armeen in der Philosophie. Die gesamte Philosophiegeschichte ist die Geschichte des Kampfes und der Entwicklung zweier einander entgegengesetzter philosophischer Richtungen, des Idealismus und des Materialismus. Alle philosophischen Strömungen und Richtungen sind Abwandlungen dieser beiden Hauptrichtungen. Die verschiedenen philosophischen Theorien sind von Menschen geschaffen worden, die einer bestimmten sozialen Klasse angehören. Ferner ist das Bewußtsein dieser Menschen historisch determiniert durch ein bestimmtes gesellschaftliches Sein. Alle philosophischen Theorien drücken die Bedürfnisse einer bestimmten sozialen Klasse aus und spiegeln das Entwicklungsniveau der gesellschaftlichen Produktivkräfte sowie die historische Entwicklungsstufe der menschlichen Natur-Erkenntnis wider. Das Schicksal der Philosophie wird dadurch bestimmt, in welchem Maße diese die Bedürfnisse einer sozialen Klasse befriedigt. Die sozialen Wurzeln des Idealismus und des Materialismus liegen in der von Klassenwidersprüchen [geprägten] Gesellschaftsstruktur. Zuallererst, als der Idealismus entstand, war er das Produkt der Unwissenheit und des Aberglaubens der primitiven, unzivilisierten Menschheit. Später, mit der Entwicklung der Produktivkräfte und der darauf folgenden, die wissenschaftlichen Erkenntnisse fördernden Entwicklung, müßte der Idealismus folgerichtig in Verfall geraten und der aufkommende Materialismus an seine Stelle getreten sein. Aber von alters her bis heute

* Dieser Beitrag wurde im März 1940 in der Zeitschrift ›*Demokratie*‹ (Mindschu) in den beiden ersten Nummern des ersten Bandes veröffentlicht. Er ist unvollständig geblieben, dem ersten Kapitel ist kein weiteres gefolgt, s. den Schluß. Eine englische Fassung findet sich in ›*China Quarterly*‹, No. 19, London 1964, S. 41–46.

ist der Idealismus nicht nur nicht in Verfall geraten, sondern hat sich im Gegenteil entwickelt und mit dem Materialismus um die Vorherrschaft gekämpft, ohne daß einer von beiden gesiegt hätte. Die Ursache dafür liegt in der Spaltung der Gesellschaft in Klassen. Einerseits muß die unterdrückende Klasse im eigenen Interesse ihre idealistischen Theorien entwickeln und festigen – wie andererseits die unterdrückte Klasse, gleichermaßen im eigenen Interesse, ihre materialistischen Theorien entwickeln und festigen muß. Idealismus und Materialismus existieren als Werkzeuge des Klassenkampfes, und der Kampf zwischen Idealismus und Materialismus kann nicht erlöschen, solange noch Klassen bestehen.

Im Prozeß seiner historischen Entwicklung repräsentiert der Idealismus die Ideologie der Ausbeuterklassen und spielt eine reaktionäre Rolle. Der Materialismus dagegen ist die Weltanschauung der revolutionären Klassen; er wächst und entwickelt sich in der Klassengesellschaft in einem ununterbrochen Kampf gegen die reaktionäre idealistische Philosophie. Daher spiegelt der Kampf zwischen Idealismus und Materialismus in der Philosophie zu allen Zeiten den Kampf der Interessen zwischen reaktionären und revolutionären Klassen wider. Irgendeine Tendenz in der Philosophie – ob sich die Philosophen selbst ihrer bewußt sind oder nicht – wird letzten Endes immer bestimmt durch die politische Orientierung der von ihnen untersuchten Klasse. Jede beliebige philosophische Tendenz fördert direkt oder indirekt die grundlegenden politischen Interessen der Klasse, der die Philosophen angehören. In diesem Sinne ist die Durchsetzung einer bestimmten Tendenz in der Philosophie eine besondere Form der Politik der Klasse, der die Philosophen angehören.

Die Besonderheit der marxistischen Philosophie – des dialektischen Materialismus – besteht darin, daß sie den Klassencharakter alles gesellschaftlichen Bewußtseins (einschließlich der Philosophie) klar verständlich machen will. Öffentlich erklärt sie den entschiedenen Kampf zwischen ihrer eigenen proletarischen Natur und der idealistischen Philosophie der besitzenden Klasse. Außerdem ordnet sie ihre besonderen, unabhängigen Aufgaben allgemeinen Aufgaben, wie Sturz des Kapitalismus, Organisation und Errichtung der Diktatur des Proletariats sowie Aufbau der sozialistischen Gesellschaft, unter. Im gegenwärtigen Entwicklungsstadium Chinas ist die Aufgabe der Philosophie der allgemeinen Aufgabe des Sturzes des Imperialismus und der halbfeudalen Ordnung, der endgültigen Verwirklichung der bürgerlichen Demokratie sowie der Vorbereitung des Übergangs zur sozialistischen und kommunistischen Gesellschaft untergeordnet. Die philosophische Theorie und die politische Praxis müssen eng miteinander verbunden sein.

(2) Der Unterschied zwischen Idealismus und Materialismus. Worin besteht der grundlegende Unterschied zwischen Idealismus und Materialismus? Er besteht in der entgegengesetzten Beantwortung der Grundfrage der Philosophie, der Frage des Verhältnisses von Geist und Materie (der des Verhältnisses von Bewußtsein und Sein). Der Idealismus betrachtet Geist (Bewußtsein, Ideen, das Subjekt) als den Ursprung alles [Seins] in der Welt, die Materie (Natur, Gesellschaft, das Objekt) aber als sekundär und untergeordnet. Der Materialismus erkennt an, daß die Materie vom Geist losgelöst unabhängig existiert, betrachtet jedoch den Geist als sekundär und untergeordnet. Aus der entgegengesetzten Beantwortung dieser Grundfrage ergeben sich abweichende Meinungen in allen Fragen.
Nach idealistischer Auffassung ist die Welt entweder eine Synthese unserer verschiedenartigen Wahrnehmungen oder ein geistiger Prozeß, den unsere oder die Welt-Vernunft hervorgebracht hat. Die materielle, äußere Welt betrachtet [der Idealismus] entweder als reines Scheingebilde oder als äußere, materielle Hülle einer geistigen Substanz. Die menschliche Erkenntnis ist die spontane Regung des Subjekts, ist das Produkt des Geistes selbst.

(3) Ursprünge der Entstehung und Entwicklung des Idealismus. Der Idealismus betrachtet die Materie als Produkt des Geistes, wodurch die wirkliche Welt auf den Kopf gestellt wird.
Wo liegen die Ursprünge der Entstehung und Entwicklung einer solchen Philosophie? Wie früher erwähnt, war der Idealismus zuallererst, als er entstand, das Produkt der Unwissenheit und des Aberglaubens der primitiven, unzivilisierten Menschheit. Aber nach der Entwicklung der Produktion war die Trennung von körperlicher und geistiger Arbeit die Grundvoraussetzung dafür, daß der Idealismus zu einer philosophischen Strömung wurde. Als Ergebnis der Entwicklung der gesellschaftlichen Produktivkräfte entstand die gesellschaftliche Arbeitsteilung. Die weitere Entwicklung der Arbeitsteilung brachte Menschen hervor, die sich ausschließlich mit geistiger Arbeit beschäftigten. Aber solange die Produktivkräfte schwach waren, erreichte die Teilung zwischen beiden noch nicht die Stufe der völligen Trennung. Erst als Klassen aufkamen, Privateigentum entstand und die Ausbeutung zur Grundlage der Existenz der herrschenden Klasse wurde, vollzogen sich große Veränderungen. Die

geistige Arbeit wurde zum Privileg der herrschenden, die körperliche Arbeit zum Schicksal der unterdrückten Klassen. Die herrschende Klasse beginnt, die zwischen ihr und der unterdrückten Klasse bestehenden Beziehungen in einer die Tatsachen verdrehenden Weise zu betrachten: Nicht die Arbeitenden sind es, die sie (die Herrschenden) mit den Mitteln für den Lebensunterhalt versehen, vielmehr sind sie es, die die Arbeitenden mit diesen Mitteln versehen. Deshalb verachten sie die körperliche Arbeit und entwickeln idealistische Konzeptionen. Die Beseitigung des Unterschieds zwischen körperlicher und geistiger Arbeit ist eine der Voraussetzungen für die Beseitigung der idealistischen Philosophie. Die gesellschaftliche Ursache für die Fähigkeit der idealistischen Philosophie, sich zu entwickeln, liegt hauptsächlich darin, daß ein philosophisches Bewußtsein dieser Art die Interessen der Ausbeuterklasse zum Ausdruck bringt. Damit ist die Überlegenheit der idealistischen Philosophie in allen Bereichen zu erklären. Wenn es die Ausbeuterklasse nicht gäbe, würde der Idealismus seine soziale Grundlage verlieren. Das endgültige Verschwinden der idealistischen Philosophie muß notwendigerweise nach Verschwinden der Klassen und nach Errichtung der kommunistischen Gesellschaft eintreten.
Die Quelle, die den Idealismus befähigt, sich zu entwickeln und zu vertiefen, und außerdem in den Stand versetzt, mit dem Materialismus zu kämpfen, muß im menschlichen Erkenntnisprozeß gesucht werden. Wenn die Menschen, um zu denken, Begriffe gebrauchen, so besteht die Möglichkeit, daß sie in den Idealismus abgleiten. Beim Denken können die Menschen nicht ohne Begriffe auskommen – das führt leicht zur Spaltung unserer Erkenntnis in Dinge besonderen und spezifischen Charakters einerseits und in Begriffe allgemeinen Charakters andererseits (vgl. z. B. das Urteil: »Yen-an ist eine Stadt«). Besonderes und Allgemeines sind ursprünglich untrennbar miteinander verbunden; trennt man sie, entfernt man sich von der objektiven Wahrheit. Die objektive Wahrheit kommt in der Einheit von Allgemeinem und Besonderem zum Ausdruck. Ohne das Besondere existiert das Allgemeine nicht, ohne das Allgemeine kann es auch das Besondere nicht geben. Trennt man das Allgemeine vom Besonderen, so betrachtet man das Allgemeine als die objektive Realität und läßt das Besondere nur als Existenzform des Allgemeinen gelten; dies ist die Methode, die alle Idealisten anwenden. Alle Idealisten setzen Bewußtsein, Geist oder Idee an die Stelle der vom menschlichen Bewußtsein getrennten und unabhängig existierenden objektiven Realität. Davon ausgehend betont der Idealismus die Aktivität des menschlichen Bewußtseins in der gesellschaftlichen Praxis; sie (die Idealisten)

können nicht auf die materialistische Wahrheit verweisen, daß das Bewußtsein von der Materie begrenzt wird, sondern sie behaupten, daß nur das Bewußtsein aktiv, die Materie jedoch eine bewegungslose Masse sei. Dazu kommt, daß die Idealisten, durch ihren Klassencharakter angetrieben, mit allen Mitteln die Aktivität des Bewußtseins übertreiben und es einseitig entwickeln, was bewirkt, daß sich diese eine Seite im Intellekt unbegrenzt ausdehnt, zum beherrschenden Ding wird, das die andere Seite überdeckt und sie sich unterwirft, und dieses künstliche, überaus große Ding bestimmen sie zu einer allgemeinen Weltanschauung und verwandeln es schließlich in einen Fetisch oder Götzen. Indem der Idealismus in der Volkswirtschaft eine nicht-wesentliche Seite innerhalb des Austauschs maßlos übertreibt, erhebt er das Gesetz von Angebot und Nachfrage zum grundlegenden Gesetz des Kapitalismus. Viele Menschen nehmen die von der Wissenschaft im sozialen Leben ausgeübte aktive Funktion wahr, ohne zu wissen, daß diese Funktion durch die gegebenen gesellschaftlichen Produktionsverhältnisse bestimmt und begrenzt wird, und gelangen zu der Schlußfolgerung, daß die Wissenschaft die Triebkraft der Gesellschaft ist. Die idealistischen Historiker sehen im Helden den Gestalter der Geschichte. Die idealistischen Politiker sehen die Politik als allmächtig an, idealistische Militärs praktizieren die Kriegführung des rückhaltlosen Risikos, idealistische Revolutionäre treten ein für den Blanquinismus, und die konservativen Elemente sagen, daß zur Neubelebung der Nation nur die alte Moral wiederhergestellt werden müsse – dies alles ist das Ergebnis maßloser Übertreibung subjektiver Aktivität. Unser Denken kann nicht mit einem Mal das als Ganzheit betrachtete Objekt widerspiegeln, sondern es bildet einen sich der Wirklichkeit annähernden, vielschichtigen, außerordentlich nuancierten und lebhaften dialektischen Erkenntnisprozeß. Der Idealismus gründet sich auf diese Eigenart des Denkens, übertreibt diese besondere Seite und vermag nicht, den Prozeß richtig widerzuspiegeln, sondern verzerrt ihn.

[Hier folgen zwei Lenin-Zitate.][1]

Der Materialismus vor Marx (mechanischer Materialismus) hat nicht die Aktivität des Denkens bei der Erkenntnis hervorgehoben, er weist ihm nur eine passive Rolle zu und betrachtet es als einen Spiegel, der die Natur reflektiert. Der mechanische Materialismus nimmt in bezug auf den Idealismus eine willkürliche Haltung ein, er schenkt dessen erkennt-

[1] Es handelt sich um ungenaue Wiedergaben aus Lenins »Zur Frage der Dialektik«, s. Werke, Bd. 36, S. 348/49. [Dietz Verlag] Berlin 1964.

nistheoretischen Wurzeln keine Beachtung und kann deshalb den Idealismus nicht überwinden. Nur der dialektische Materialismus weist richtig auf die Aktivität des Denkens hin und zugleich auch darauf, daß das Denken von der Materie begrenzt wird. Er zeigt, daß sich das Denken aus der gesellschaftlichen Praxis herleitet und zugleich auch die Praxis aktiv gestaltet. Nur eine solche dialektische Theorie der »Einheit von Wissen und Handeln« kann den Idealismus völlig überwinden.

(4) Ursprünge der Entstehung und Entwicklung des Materialismus. Die Anerkennung der vom Bewußtsein getrennten und von der Außenwelt unabhängig existierenden Materie ist die Grundlage des Materialismus. Diese Grundlage haben die Menschen aus der Praxis erworben. Die Praxis der Produktionstätigkeit, die Praxis des Klassenkampfs, die Praxis des wissenschaftlichen Experiments läßt die Menschen sich allmählich vom Aberglauben und von törichten Ideen (vom Idealismus) befreien, läßt sie allmählich das Wesen der Welt erkennen und zum Materialismus gelangen. Die primitiven Menschen, die sich vor den Naturkräften beugen müssen und nur einfache Werkzeuge benutzen können, vermögen nicht, die sich um sie herum vollziehenden Ereignisse zu erklären, und suchen daher Hilfe bei den Göttern – dies ist der Ursprung der Religion und des Idealismus.

Aber im Verlauf eines langen Produktionsprozesses kommen die Menschen mit der sie umgebenden Natur in Berührung, wirken ein auf die Natur, verändern die Natur, erzeugen die zum Leben notwendigen Dinge und passen sie den menschlichen Interessen an; dies läßt die Menschen fest an die objektive Existenz der Materie glauben.

Die Menschen treten im gesellschaftlichen Leben in Beziehung zueinander und beeinflussen sich gegenseitig; in der Klassengesellschaft tragen sie außerdem Klassenkämpfe aus. Wenn die unterdrückte Klasse durch Prüfung der Lage, Abschätzung der Kräfte und Aufstellung von Plänen in ihrem Kampf erfolgreich ist, läßt sie das zu der Überzeugung gelangen, daß ihre eigene Auffassung keineswegs ein Phantasieprodukt, sondern die Widerspiegelung der objektiv existierenden materiellen Welt ist. Erleidet die unterdrückte Klasse, weil sie fehlerhafte Pläne anwendet, Mißerfolge und erzielt sie, weil sie ihre Pläne berichtigt, Erfolge, so läßt sie das begreifen, daß sie nur dann zum Ziel gelangen kann, wenn sich die subjektiven Pläne auf die richtige Erkenntnis von der Materialität und Gesetzmäßigkeit der objektiven Welt stützen.

Die Geschichte der Wissenschaft liefert den Menschen den Beweis für die Materialität und Gesetzmäßigkeit der Welt, sie läßt die Menschen sich der Nutzlosigkeit der religiösen und idealistischen Phantasmen bewußt werden und sie zu materialistischen Schlußfolgerungen gelangen. Kurz gesagt: Die Geschichte der menschlichen Praxis – die Geschichte des Kampfes gegen die Natur, die Geschichte der Klassenkämpfe, die Geschichte der Wissenschaft – vollzieht sich innerhalb einer langen Zeit. Wenn die Menschen, auf Grund der Notwendigkeit zu leben und zu kämpfen, über die Realität der Materie und deren Gesetze nachdenken und die Richtigkeit der materialistischen Philosophie bewiesen und das ideologische Werkzeug für ihren Kampf – die materialistische Philosophie – gefunden haben, wenn die Entwicklung der gesellschaftlichen Produktion zu immer größerer Höhe fortschreitet, der Klassenkampf sich mehr und mehr intensiviert, die wissenschaftliche Erkenntnis noch mehr »Geheimnisse« der Natur enthüllt hat und die materialistische Philosophie sich zunehmend entwickelt und festigt, dann können sie sich allmählich von der doppelten Unterdrückung – durch die Natur und durch die Gesellschaft – befreien. Als die Bourgeoisie gegen den Feudalismus kämpfen mußte und das Proletariat sie noch nicht bedrohte, hatte auch sie einst zum Materialismus gefunden und ihn als Werkzeug für ihren Kampf benutzt, und sie war auch überzeugt davon, daß die sie umgebenden Dinge materielle, nicht spirituelle Produkte darstellen. Dies dauerte, bis sie selbst zur Herrschaft gelangt war und der Kampf des Proletariats auch sie bedrohte. Da erst verwarf sie dieses »unnütze« Werkzeug und bediente sich wieder eines anderen Werkzeugs, des philosophischen Idealismus. Der Gesinnungswandel der Sprecher der chinesischen Bourgeoisie, Dai Djitao und Wu Dschihui[2], vom Materialismus zum Idealismus, der sich nach 1927 vollzog, ist ein lebendiger Beweis dafür aus der unmittelbaren Gegenwart.

Der Totengräber des Kapitalismus – das Proletariat – ist seiner Natur nach materialistisch. Aber weil das Proletariat die fortschrittlichste Klasse in der Geschichte ist, ist der dem Proletariat gemäße, für die Bourgeoisie unbrauchbare Materialismus grundlegender und tiefergehend; er trägt ausschließlich dialektischen, keinen mechanistischen Charakter. Das Proletariat hat sich alle Ergebnisse der Praxis der gesamten Menschheitsgeschichte angeeignet und zugleich auf Grund der eigenen Praxis, durch die Hand seiner Sprecher und Führer – Marx und Engels – den dialektischen Materialismus geschaffen, der nicht nur die Überzeugung vertritt, daß die Materie vom menschlichen Bewußtsein losgelöst und

[2] Zwei bekannte Ideologen der Kuomintang, deren Kurzbiographien sich finden in Jürgen Domes: Vertagte Revolution, Berlin 1969, S. 776 (Tai Chi-t'ao) und S. 781 (Wu Chih-hui).

unabhängig existiert, sondern auch, daß die Materie veränderlich ist. Er wurde zu einer vollkommen systematischen, neuen Weltanschauung und Methodologie – zur marxistischen Philosophie. (Das erste Kapitel ist abgeschlossen, der ganze Aufsatz noch nicht.)[3]

[3] Diese Angabe in Klammern findet sich im Original.

7. Yü Gung versetzt Berge[1]

11. Juni 1945

Unser Parteitag ist sehr erfolgreich verlaufen. Wir haben drei Dinge erledigt. Erstens haben wir die Linie der Partei festgelegt; das heißt die Mobilisierung der Massen in Gang setzen, die Kräfte des Volkes verstärken, unter der Führung unserer Partei die japanischen Eindringlinge besiegen, das ganze Volk befreien und ein neudemokratisches China aufbauen. Zweitens haben wir das neue Parteistatut angenommen. Drittens haben wir das leitende Organ der Partei, das Zentralkomitee, gewählt. Von jetzt an ist es unsere Aufgabe, die ganze Partei zur Verwirklichung der Parteilinie zu führen [. . .] Wenn die Genossen zu ihren Plätzen zurückkehren, dann müssen sie die Linie des Parteitages propagieren und mit Hilfe aller Parteigenossen eine breite Aufklärungsarbeit unter den Volksmassen durchführen.

Bei der Propagierung dieser Linie müssen wir erreichen, daß die gesamte Partei und das ganze Volk von der Zuversicht des Sieges der Revolution durchdrungen werden. Vor allem ist es notwendig, daß die Avantgarde sich aufrafft, einen festen Entschluß faßt, keine Opfer scheut und alle Schwierigkeiten überwindet, um den Sieg zu erringen. Aber das genügt noch nicht, man muß noch erreichen, daß die Volksmassen bewußter werden und freudig und bereitwillig mit uns zusammen kämpfen, um den Sieg zu erringen. Man muß das ganze Volk davon überzeugen, daß China dem chinesischen Volk gehört und nicht der Reaktion. Es gibt ein altes chinesisches Gleichnis, die Parabel »Yü Gung versetzt Berge«. Darin wird erzählt, daß in alten Zeiten im Norden Chinas ein Greis aus den Nördlichen Bergen namens Yü Gung (»Närrischer Greis«) lebte. Den Weg, der vor seiner Haustür nach Süden führte, versperrten zwei große Berge, der Taihang und der Wangwu. Yü Gung faßte den Ent-

[1] Dies war das Schlußreferat Maos zum Siebenten Parteikongreß 1945, hier folgt nur der mittlere Teil, der den Titel hergab.

schluß, gemeinsam mit seinen Söhnen diese Berge mit Hacken abzutragen. Ein anderer Greis namens Dschi Sou (»Weiser Alter«) lachte, als er sie sah, und meinte: »Wenn ihr so weitermacht, seid ihr aber wirklich von Sinnen; ihr paar Leute könnt doch unmöglich zwei solche riesigen Berge abtragen!« Yü Gung antwortete ihm: »Sterbe ich, so bleiben meine Kinder, sterben die Kinder, so sind da noch Enkelkinder, und so wird die Kette der Söhne und Enkel ohne Ende fortgehen. Diese Berge sind zwar hoch, aber sie können nicht mehr höher werden; um das, was wir abtragen, werden sie niedriger, warum sollten wir sie nicht einebnen können?« Nachdem Yü Gung die falsche Auffassung Dschi Sous widerlegt hatte, trug er, ohne auch nur im geringsten zu schwanken, Tag für Tag und ohne aufzuhören den Berg ab. Diese Sache rührte den Gott, und er schickte zwei Geisterwesen hinab auf die Erde, die beide Berge auf dem Rücken davontrugen[2]. Gegenwärtig lasten auch zwei große Berge schwer auf dem chinesischen Volk. Der eine davon heißt Imperialismus, der andere Feudalismus. Die Kommunistische Partei ist schon seit langem entschlossen, diese beiden Berge abzutragen. Wir müssen unseren Entschluß beharrlich in die Tat umsetzen und unentwegt dafür arbeiten, dann werden wir den Gott ebenfalls rühren. Dieser Gott ist niemand anderes als die Masse des Volkes in ganz China. Wenn sich das ganze Volk erhebt, mit uns gemeinsam diese Berge abzutragen, was gibt es, das wir nicht einebnen könnten[?[3]]

[2] Die Legende ist aufgezeichnet im Text Liädse, einem dauistischen Text vermutlich der frühen Kaiserzeit. Die Gleichsetzung des Gottes mit dem chinesischen Volk und der Hinweis auf die unendliche Kette der Nachfahren sind die beiden signifikanten Gedanken des Stückes.

[3] Es folgen noch weitere Bemerkungen zur aktuellen politischen Lage. Den Schluß des Referats bildet eine Gegenüberstellung der beiden Linien der Kuomintang und der Kommunistischen Partei, die mit einer Versicherung der Siegeszuversicht endet.

8. Woher kommt das richtige Bewußtsein des Menschen?[1]

Mai 1963

Woher kommt das richtige Bewußtsein des Menschen? Fällt es vom Himmel? Nein. Sitzt es von Natur aus im eigenen Gehirn? Nein. Das richtige Bewußtsein des Menschen kann nur von der gesellschaftlichen Praxis herkommen, es kann nur aus der dreifachen gesellschaftlichen Praxis des Produktionskampfes, des Klassenkampfes und der wissenschaftlichen Experimente kommen. Das gesellschaftliche Sein des Menschen bestimmt sein Bewußtsein. Und erst wenn das richtige Bewußtsein, wie es die fortschrittlichen Klassen repräsentiert, eines Tages von den Massen ergriffen wird, kann es zur materiellen Kraft werden, die die Gesellschaft und die Welt umgestaltet. Weil die Menschen in ihrer gesellschaftlichen Praxis vielerlei Kämpfe durchstehen, sammeln sie reiche Erfahrungen, Erfahrungen aus Erfolgen und Mißerfolgen. Die zahllosen Erscheinungen der objektiven Außenwelt finden über die fünf Sinne des Menschen, Auge, Ohr, Nase, Zunge, Tastsinn, ihre Widerspiegelung in seinem Gehirn, und damit beginnen sie Sinneswahrnehmungen zu sein. Hat sich das Material dieser Sinneswahrnehmungen gehäuft, dann kann sich ein Sprung ergeben, und hat sich daraus eine rationale Erkenntnis geformt, dann ist dies ein Gedanke (Bewußtsein). Dieses ist ein Erkenntnisvorgang. Und zwar handelt es sich um die erste Stufe im gesamten Erkenntnisprozeß, nämlich die Stufe des Übergangs von der objektiven Materie zum subjektiven Geist, vom Sein zum Bewußtsein. Dabei ist aber noch nicht klar geworden, ob der Geist, das Bewußtsein (welches Theorien, politische Vorhaben, Planungen und Methoden einschließt) in diesem Stadium die Gesetze der Außenwelt richtig widergespiegelt hat oder nicht, und man kann noch nicht fest-

[1] Ein Abschnitt aus der »Entschließung des ZK der KPCh zu einigen Fragen der gegenwärtigen Arbeit in den Dörfern«, von Mao selbst verfaßt, abgedruckt in Band A der »Mao Tsetung-Chrestomathie«, Peking 1964, S. 383.

stellen, ob es richtig oder falsch ist; so folgt danach eine zweite Stufe des Erkenntnisprozesses, nämlich die Stufe des Übergangs vom Geist zur Materie, vom Bewußtsein zum Sein, das heißt, man wendet die auf der ersten Stufe gewonnenen Erkenntnisse auf die gesellschaftliche Praxis an, um zu sehen, ob diese Theorien, politischen Vorhaben, Planungen, Methoden usw. zu den vorgesehenen Resultaten führen oder nicht. Allgemein gesprochen ist alles richtig, was Erfolg hat, und falsch, was zum Mißerfolg führt, das trifft besonders auf den Kampf des Menschen gegen die Natur zu. Im gesellschaftlichen Kampf hingegen müssen die Kräfte, die die fortschrittlichen Klassen repräsentieren, manchmal einige Niederlagen hinnehmen, das geschieht keinesfalls, weil ihr Bewußtsein unrichtig wäre, sondern es geschieht, weil im Gegeneinander der kämpfenden Kräfte die Macht des Fortschritts auf der einen Seite der Macht der Reaktion auf der anderen zeitweilig noch nicht gewachsen ist, so muß sie einige Niederlagen hinnehmen, später aber kommt immer der Tag, an dem sie siegreich bleiben wird. Nachdem die Erkenntnis der Menschen die Prüfungen der Praxis durchgemacht hat, kann es von neuem zu einem (gedanklichen) Sprung kommen. Die Bedeutung dieses Sprunges ist im Verhältnis zum vorherigen ungleich größer. Erst aufgrund dieses Sprunges kann man nachweisen, ob der erste Erkenntnissprung, also die von der objektiven Außenwelt im Widerspiegelungsprozeß erreichte Bewußtseinsform, die Theorien, politischen Vorhaben, Planungen, Methoden usw. am Ende richtig oder falsch gewesen sind, darüber hinaus gibt es keine andere Methode zur Nachprüfung der Wahrheit. Das Ziel der Welterkenntnis des Proletariats besteht nur darin, die Welt zu verändern, darüber hinaus gibt es kein anderes Ziel. Eine richtige Erkenntnis muß immer wieder das vielfache Hin und Her von der Materie zum Geist und vom Geist zur Materie, also von der Praxis zur Erkenntnis und von der Erkenntnis zur Praxis durchlaufen, erst dann kann sie vollkommen sein. Das ist die marxistische Erkenntnistheorie, die Erkenntnistheorie des dialektischen Materialismus. Es gibt zur Zeit unter unseren Genossen viele, die die Grundsätze dieser Erkenntnistheorie noch nicht verstanden haben. Wenn man sie fragt, woher ihr Bewußtsein, ihre Ansichten, ihre Politik, ihre Methoden, ihre Pläne, ihre Schlußfolgerungen, ihre weitschweifigen Reden und ihre umfangreichen Aufsätze alle kommen, dann empfinden sie das als eine merkwürdige Frage und bringen keine Antwort heraus. Von diesem im täglichen Leben so oft anzutreffenden Phänomen des (gedanklichen) Sprungs, daß Materie sich in Geist und Geist sich in Materie verwandeln kann, glauben sie, man könne das nicht rational verstehen. Deswegen müssen wir unsere Genossen im Sinne der Erkenntnistheorie des dialektischen Materialismus erziehen, damit sie ein rechtes Bewußtsein gewinnen, ihre Untersuchungen besser durchführen, aus ihren Erfahrungen richtige Schlußfolgerungen ziehen, ihrer Schwierigkeiten Herr werden, weniger Fehler begehen, ihre Arbeit gut zu Ende bringen, nach Kräften kämpfen, um eine sozialistische Großmacht errichten zu helfen, und damit sie außerdem allen unterdrückten und ausgebeuteten breiten Volksmassen in der Welt beistehen und die große Aufgabe des Internationalismus, die wir auf uns genommen haben, erfüllen.

III. Beiträge zur Kulturrevolution

Der unter dem Begriff ›Kulturrevolution‹ bezeichnete Vorgang spielte sich zwar erst in den sechziger Jahren ab, die darin zum Ausdruck gebrachte Intention jedoch ist einerseits in den einschlägigen Abschnitten der »Neuen Demokratie« (siehe dort) bereits auf den Begriff gebracht worden, andrerseits läßt sie sich bis in die frühen kritischen Äußerungen zur »Korrektur falscher Ansichten« (siehe dort) zurückverfolgen.
Um was geht es in diesem Fall? Die Revolution spielt sich, vereinfachend gesagt, auf zwei Ebenen ab, auf der Ebene der Produktionsverhältnisse und auf der Ebene der Ideologie. Auf der ersten Ebene geht es um die Veränderung der Besitz- und der Machtverhältnisse, auf der zweiten um den Versuch, das Denken und Verhalten der Menschen mit den neu geschaffenen Verhältnissen in einen gewissen Einklang zu bringen. Auf den ersten Blick ist nicht recht einzusehen, warum das sein muß, warum es nicht möglich sein soll, auch bei veränderten Produktionsverhältnissen den Pluralismus des Denkens zu erhalten. Die Anregung zu einer Politik der »Hundert Blumen« und »Hundert Schulen« im Jahr 1956 würde diesem Bedenken scheinbar entgegenkommen. Die dahinterstehende Absicht ist aber – ganz abgesehen von der Frage, wie weit auch damals schon die Partei das eigentliche Ziel der Kritikbewegung gewesen sei –, die verschiedenartigen Meinungen zum Marxismus gleichsam aufzurufen, um sowohl den Marxismus auf seine Standfestigkeit zu prüfen, als auch die kritisierenden Meinungen einer kritischen Selbst-Überprüfung zuzuführen. Im Ergebnis soll jedenfalls nur noch die eine Meinung, die des Marxismus-Leninismus, vorherrschen, wenn auch dies »soll« einer Idealforderung gleichkommt, deren Verwirklichung auf lange Zeit ausstehen wird, da die Widersprüche im Volk immer wieder auftreten und eine permanente Revolution im Wege einer permanenten gesellschaftlichen Praxis unter den besonderen Bedingungen der chinesischen Gesellschaft eine ununterbrochene Selbstüberprüfung auch des Marxismus einschließen wird. Andrerseits ist es die Meinung des Autors dieser Schriften, daß die Praxis nicht *irgend*wohin führen wird, sondern stets in den umhegten Garten des Marxismus einmünden muß (vgl. »Über die Praxis«). Mit anderen Worten, welche Wahrheit ich in all meiner praktischen Erfahrung und Erprobung meiner Theorien auch finden mag, sie wird immer zur allgemeinen Wahrheit des Marxismus-Leninismus gehören. Von dieser sicheren Warte aus, die vor der Gegenwart und noch mehr vor der Zukunft Gelassenheit erlaubt, steuert er die Stürme der Zeit, die Meinungskämpfe, die

auseinanderstrebenden Prognosen, die Ängste und Hoffnungen in einer sich rasch wandelnden Welt.
Kulturrevolution ist also ein notwendiger Bestandteil der Revolution im ganzen, ja, ihr wesentlicher Bestandteil, sie ist Praxis der revolutionären Bewußtseinsformung überhaupt. Erst die Veränderungen im Bewußtsein der Menschen haben die Welt wirklich verändert, und es können die veränderten Besitzverhältnisse nur dann den neuen Status des Menschen begründet haben, wenn er sie bewußt annimmt und schöpferisch weitergestaltet. Nun umgreift das Bewußtsein mehr als nur seine Einstimmung auf veränderte Besitzverhältnisse. Es ist das aufnehmende und das schaffende Organ für alle geistige Tätigkeit des Menschen, die wir eine kulturelle nennen. Von Revolution im Bewußtsein ist nur dort zu reden, wo seine Denk- und Sprechweise, seine Behauptung des Rechten und seine Anschauung des Schönen eine neue Wendung nehmen, nicht orthodox und parteiamtlich dekretiert, sondern spontan hervorgegangen aus dem Leben selbst und der stets und stetig durchgehaltenen Auseinandersetzung mit seinen Hemmnissen und Sackgassen.
Kulturrevolution in diesem erweiterten Sinn herrscht in der gesamten Menschheit von Anbeginn an, verschärft seit dem Einsetzen der industriellen Revolution. In China wird dies in einer noch einmal verschärften und zugespitzten Form seit dem Abbruch des alten kulturellen Zusammenhangs erfahren, ein Zusammenhang, der immer zugleich ökonomisch und sozial, politisch und philosophisch zu verstehen ist. Die Erregungen, der vielstimmige Schrei nach dem ›neuen China‹ seit der Jahrhundertwende, die Gewalt der Umwälzung – das alles gewinnt seine Dramatik nicht nur wegen der größeren Dimensionen in Raum, Bevölkerung und Geschichte, eine andere Qualität ist auch im Spiel, die Frage nach dem ganz Anderen ist gestellt, nach einer anderen Möglichkeit des Menschseins überhaupt. Natürlich spielt sich dies in China ab mit seinen Vorurteilen und Grundeinstellungen, die aus der langen Kontinuität seines gesellschaftlichen Daseins vorgeprägt erscheinen. Eine in Familien und Landsmannschaften gefestigte Bindung soll sich lösen und neu befestigen lassen im Rahmen einer Nation, mehr noch, einer sozialistischen Massengesellschaft, die sich von ihrem Wortführer bereits auf die Menschheit gewiesen sieht.
Diese Umstellung vollzieht sich naturgemäß auch in der Form von Machtkämpfen, von Kritik und Veränderung politischer Institutionen, die selber erst das Ergebnis revolutionärer Wandlungen gewesen waren. Es ist darum kein Zufall, daß die neue Partei, die Menschen, die ihr angehören und dienen und durch sie die breiten Massen zu dirigieren haben, immer wieder im Mittelpunkt der Kritik stehen. Das deutsche Wort ›Arbeitsstil‹ gibt nur annähernd wieder, was eine solche Kritik im Auge hat: Denken und Verhalten, Einsatzbereitschaft und Durchhaltevermögen, die ganze Person, das ganze Leben jedes einzelnen Parteimitglieds und besonders jedes ›Kaders‹ ist gemeint. Er vor allem ist es, der »dem Volke dienen« soll, der ein »richtiges Bewußtsein« haben muß und nicht furchtsam sein darf vor den Umwälzungen, die ihm und den Massen bevorstehen. Dieses Herausgehobensein verführt dazu, sich als Herr der Lage zu fühlen und zu kommandieren, wo man überzeugen soll, und den Überlegenen zu spielen, wo Bescheidenheit gefordert ist. Unser Autor will nicht nur Volkstümlichkeit, sondern Identifizierung mit »den Massen«, nicht nur Kontrolle des Geschehens, sondern die volle Einbeziehung seiner selbst in das Produktionsgeschehen. Der Kader soll nicht nur lernen, zu haben als habe man nicht, sondern auch zu führen als führe

man nicht. Wo er abweicht, wo er um seiner selbst willen zu handeln beginnt, wo er Fraktionen bildet, die es besser wissen als es die Praxiserfahrung nahelegt, dort muß er Farbe bekennen und sich zurechtweisen lassen.
Zugleich steht dieser ganze Umgestaltungsprozeß in einem weltweiten Zusammenhang. Als Gegenkräfte werden Kapitalismus und Bourgeoisie nie aus dem Auge verloren, deren Gefährlichkeit in der Gestalt des Imperialismus noch zugenommen hat, seitdem der Revisionismus im eigenen Lager sich ihnen zuzugesellen scheint. Auch hier die Form eines Machtkampfes, aber mit tieferen Wurzeln, aus denen auch der Neuwerdungsprozeß im ganzen genährt wird. Der Revisionismus erscheint als die gravierende Krankheit, wo in den dreißiger Jahren und auch zu Beginn der vierziger noch der Dogmatismus als Grundübel gesehen worden war. Und diese Krankheit macht nicht halt vor Staatsgrenzen, sie ist zu bekämpfen hier im eigenen Land wie drüben in Moskau, die Argumente reichen sich hüben und drüben die Hand, die Not des Arztes wird durch die seiner Meinung nach irrigen Ansichten der Kollegen erhöht. Die Zurückweisung dieser falschen Ansichten nimmt schärfere Formen an: für den »sowjetischen Revisionismus« *(Su-hsiu)* steht seit 1970 der »Sozialimperialismus« *(Schö-di),* sicher in bewußter Anknüpfung an Lenins Polemiken gegenüber den westeuropäischen Abweichlern zu Beginn unseres Jahrhunderts, und doch den neuen Aufbruch markierend, als den wir den Vollzug der chinesischen Revolution verstehen müssen.
Die Kulturrevolution in China ist nicht abzulösen von dem Gegensatz zu Rußland in den sechziger Jahren. Sie ist damit ein wichtiges Element der Synthese von Revolution und Tradition, von Modernisierung durch Impulse von außen und Veränderung im vorgegebenen Rahmen der Kräfte im Inneren geworden – der Neuwerdung im vollen Sinne des Wortes.
Die vorstehenden Anmerkungen seien ein Begleittext zu den nachfolgend abgedruckten Dokumenten. Den Anfang machen jene beinahe schon ›klassisch‹ anmutenden Reden vor Partei- und Armeeführern und vor den Intellektuellen, die sich der neuen Sache stellen wollten, 1942 in Yen-an, Kriegshauptstadt und Nervenzentrum der Revolution. Die Parteireformbewegung ist später oft als Vorbild für die mannigfaltigen ›kulturrevolutionären‹ Bewegungen in der Aufbauzeit der Volksrepublik gesehen worden. Sie steht gewiß in einem Zusammenhang mit der gesamten revolutionären Bewegung, die nun einmal den Namen Maos trägt. Gerade die aus chronologischen Gründen am Anfang stehenden Dokumente können als Beweisstücke dienen, sie sind während der Kulturrevolution mit Nachdruck wieder hervorgehoben worden[1]. Die anschließend abgedruckte Polemik Maos gegen den amerikanischen Außenminister Acheson (1949), eigentlich gegen eine in der damaligen chinesischen Intelligenz weit verbreitete Geschichtsauffassung, für die sich auch heute noch manches sagen ließe, fügt sich in den Zusammenhang der kulturellen Kritik, für die dann drei Beiträge aus den fünfziger Jahren bezeichnend sind: (1) gegen eine Tendenz in der allmählich aufkommenden Filmindustrie und (2), positiv, für lebensnahe und revolutionäre Kunst der Schilderung von Veränderungen auf dem Land in der Folge der Kollektivierungsbewegung d. J. 1955; hinzu kommt (3) noch der Brief zur eigenen Dichtung aus dem Jahr 1957. Die beiden Weisungen von 1963 und 1964 bereiten schon das Kommende vor. Die Anregung zu ihrer Aufnahme in diese Auswahl gibt Joachim Schickel in seiner

[1] Vgl. die Auszüge im »Roten Buch« (Worte des Vorsitzenden Mao) sowie die »Mao Tsetung-Chrestomathien A« und »B«.

Dokumentation »Der große strategische Plan«[2]. Die darauf folgenden Dokumente zeigen das Ineinander von Außen und Innen, von Auseinandersetzung mit Chruschtschow und seinen Nachfolgern einerseits und mit den Feinden und Irrenden im eigenen Einflußbereich andrerseits.
Insgesamt läßt sich zu Maos Äußerungen aus dieser Zeit sagen, daß wir heute, durch die Kulturrevolution, sehr viel mehr von ihnen haben kennenlernen können als vorher. Wo der Herausgeber einer Mao-Auswahl 1963 noch den Eindruck haben konnte, Mao sei nach den fünfziger Jahren nicht mehr selber redend und schreibend hervorgetreten, wirken insbesondere die frühen sechziger Jahre, die als Vorstufe zur Kulturrevolution verstanden werden müssen, wie ein neuer Höhepunkt im Schaffen Maos, das sich zumeist in der Form von Reden, Ansprachen und Resolutionen bekundet wie all die Jahre und Jahrzehnte zuvor, seit er nach dem Hunan-Bericht innerhalb der Kommunistischen Partei Einfluß zu nehmen suchte und Einfluß gewann. Man kann daher wirklich von einem in sich zusammenhängenden Lebenswerk sprechen, für welches der Hunan-Bericht in den zwanziger Jahren und die Bemerkungen zur Kulturrevolution und zum Streit mit der Moskauer Führung am Ende der sechziger Jahre beredte Zeugnisse sind.

[2] Ed. Voltaire 1969.

1. Laßt uns das Studium reorganisieren[1]

Mai 1941

Ich bin der Meinung, daß Methode und System des Studiums in unserer gesamten Partei reorganisiert werden sollten. Die Gründe dafür sind folgende:

I.

Die zwanzig Jahre des Bestehens der Kommunistischen Partei Chinas sind zwanzig Jahre einer immer enger werdenden Verbindung der allgemeinen Wahrheit des Marxismus-Leninismus mit der konkreten Praxis der chinesischen Revolution. Denken wir einmal zurück, wie oberflächlich und gering in den Anfangsjahren unserer Partei unsere Kenntnis des Marxismus-Leninismus und der chinesischen Revolution war und um wieviel tiefer und reicher diese jetzt ist. Während der letzten hundert Jahre haben die besten Söhne des leidgeprüften chinesischen Volkes, sich im Kampf opfernd und an die Stelle der Gefallenen tretend, tastend die Wahrheit zur Rettung des Landes und des Volkes gesucht – das bleibt unvergessen. Aber erst nach dem 1. Weltkrieg und der Russischen Oktoberrevolution fanden wir den Marxismus-Leninismus, diese höchste Wahrheit, die die beste Waffe zur Befreiung unseres Volkes wurde; und die Kommunistische Partei Chinas war Initiator, Propagandist und Organisator der Anwendung dieser Waffe. Die Verbindung der allgemeinen Wahrheit des Marxismus-Leninismus mit der konkreten Praxis der chinesischen Revolution hat das Antlitz der chinesischen Revolution mit einemmal verwandelt. Seit dem Beginn des antijapanischen Widerstandskampfes hat unsere Partei beim Studium der konkreten Praxis des antijapanischen Widerstandskampfes, des heutigen China und der Welt

[1] Referat Mao Tsetungs vor leitenden Funktionären in Yen-an im Mai 1941.

auf der Grundlage der allgemeinen Wahrheit des Marxismus-Leninismus einen Schritt vorwärts getan; auch hat das Studium der chinesischen Geschichte einen gewissen Anfang genommen. Dies alles sind außerordentlich positive Erscheinungen.

II.

Trotzdem gibt es bei uns noch Mängel, sogar noch sehr große Mängel. Nach meinem Dafürhalten können wir, wenn wir diese Mängel nicht beseitigen, in unserer Arbeit und bei dem großen Werk der Verbindung der allgemeinen Wahrheit des Marxismus-Leninismus mit der konkreten Praxis der chinesischen Revolution nicht weiter vorankommen.

Sprechen wir zunächst über die Frage des Studiums der gegenwärtigen Lage.

Wenn eine so große politische Partei wie die unsrige auch gewisse Erfolge beim Studium der gegenwärtigen inneren und internationalen Lage zu verzeichnen hat, so ist doch das von uns gesammelte Material, das alle inneren und internationalen Bereiche, die Gebiete der Politik, des Militärwesens, der Wirtschaft und Kultur im inneren wie im internationalen Maßstab betrifft, noch bruchstückhaft und unsere Forschungsarbeit noch unsystematisch. Allgemein gesprochen haben wir während der letzten zwanzig Jahre auf all den genannten Gebieten überhaupt keine systematische, gründliche Arbeit zur Sammlung von Material und dessen Erforschung geleistet, uns fehlt der allgemeine Drang zur Untersuchung und Erforschung der objektiven Wirklichkeit. Viele Genossen in unserer Partei haben noch immer die höchst fehlerhafte, den Grundgedanken des Marxismus-Leninismus völlig zuwiderlaufende Manier, »mit geschlossenen Augen Sperlinge zu fangen«, »wie ein Blinder nach Fischen zu greifen«, oberflächlich an die Dinge heranzugehen, große Worte zu machen und sich mit Halbwissen zufriedenzugeben. Marx, Engels, Lenin und Stalin lehren uns, die Lage gewissenhaft zu studieren und von den objektiven, wirklichen Verhältnissen auszugehen, nicht von subjektiven Wünschen. Jedoch handeln viele dieser Genossen dieser Wahrheit direkt zuwider.

Wenden wir uns sodann der Frage des Geschichtsstudiums zu. Wenn sich auch einige wenige Parteimitglieder und mit der Partei Sympathisierende mit dieser Arbeit befaßt haben, so geschah das doch unorganisiert. Jedenfalls ist in der Vorstellung vieler Parteimitglieder die Geschichte Chinas der letzten hundert Jahre wie auch seine alte Geschichte immer noch ein dunkler Punkt. Auch zahlreiche Gelehrte mit marxistisch-leninistischer Einstellung führen beständig Griechenland im Munde, aber ihre eigenen Vorfahren haben sie, so leid es mir tut, vergessen. Wir haben weder einen allgemeinen Drang zum ernsthaften Studium der gegenwärtigen Lage, noch haben wir einen allgemeinen Drang zum ernsthaften Studium der Geschichte.

Gehen wir schließlich über zur Frage des Studiums der internationalen revolutionären Erfahrungen und der allgemeinen Wahrheit des Marxismus-Leninismus.

Viele Genossen studieren den Marxismus-Leninismus, als geschähe das nicht um der Notwendigkeit der revolutionären Praxis, sondern um des einfachen Studiums willen. Deshalb lesen sie zwar, können aber das Gelesene nicht verdauen. Sie können nur einseitig einzelne Sätze von Marx, Engels, Lenin und Stalin anführen, verstehen es aber nicht, deren Auffassungen, Gesichtspunkte und Methoden beim konkreten Studium der gegenwärtigen Lage und der Geschichte Chinas sowie bei der konkreten Analyse der Probleme der chinesischen Revolution und ihrer Lösung anzuwenden. Eine solche Einstellung zum Marxismus-Leninismus ist außerordentlich schädlich, ganz besonders schädlich aber für Funktionäre von der mittleren Stufe an aufwärts. Ich habe oben über die Situation auf drei Gebieten gesprochen: die Vernachlässigung des Studiums der gegenwärtigen Lage, die Vernachlässigung des Studiums der Geschichte und die Vernachlässigung der Anwendung des Marxismus-Leninismus. Das ist ein völlig untauglicher Arbeitsstil. Die Verbreitung dieses Arbeitsstils hat vielen unserer Genossen geschadet.

Tatsächlich gibt es jetzt in unseren Reihen viele Genossen, die von diesem Arbeitsstil verdorben worden sind. Sie wollen die konkrete Lage innerhalb und außerhalb des Landes, innerhalb und außerhalb der Provinz, des Kreises sowie des Bezirks nicht systematisch und gründlich untersuchen und studieren, sondern kommandieren nur – lediglich auf Halbwissen und »Selbstverständlichkeiten« gestützt. Ist dieser subjektivistische Stil nicht noch bei vielen unserer Genossen zu finden?

Die eigene Geschichte überhaupt nicht oder nur sehr schlecht zu kennen, wird nicht für eine Schande, sondern im Gegenteil für eine Ehre gehalten. Besonders schwerwiegend ist, daß es nur sehr wenige Menschen gibt, die die Geschichte der Kommunistischen Partei Chinas und die chinesische Geschichte der letzten hundert Jahre seit dem Opiumkrieg wirklich kennen. Es gibt einfach noch niemanden, der das Studium der wirtschaftlichen, politischen, militärischen und kulturellen Geschichte der letzten hundert Jahre ernsthaft in Angriff genommen hätte. Und so bleiben denjenigen, die über die eigenen Dinge nichts wissen, nur noch die griechischen und anderen Sagen des Auslands – bedauerlicherweise handelt es sich noch dazu um bruchstückhaft Herausgeklaubtes aus einem Berg ausländischen Altpapiers.

In den letzten Jahrzehnten litten an dieser Krankheit sehr viele Leute, die im Ausland studiert hatten. Aus Europa, Amerika oder Japan zurückgekehrt, hatten sie nichts anderes im Sinn, als dem Ausland nach dem Munde zu reden. Sie spielten die Rolle von Grammophonen und vergaßen ihre Pflicht, Neues zu erkennen und Neues zu schaffen. Von dieser Krankheit ist auch die Kommunistische Partei infiziert worden.

Wir studieren den Marxismus, aber viele unter uns bedienen sich beim Studium des Marxismus einer Methode, die dem Marxismus direkt zuwiderläuft. Das heißt, sie verstoßen gegen das von Marx, Engels, Lenin und Stalin den Menschen immer wieder eingeschärfte Grundprinzip der Einheit von Theorie und Praxis. Unter Verletzung dieses Prinzips schufen sie sich selbst ein entgegengesetztes Prinzip – das der Trennung von Theorie und Praxis. Bei der Ausbildung in Lehranstalten und bei der Ausbildung von Kadern neben der Berufsarbeit verabsäumen es die Lehrer für Philosophie, die Studenten in das Studium der Logik der chinesischen Revolution einzuführen, verabsäumen es die Lehrer für Volkswirtschaft, die Studenten in das Studium der Besonderheiten der chinesischen Wirtschaft einzuführen, verabsäumen es die Lehrer für politische Wissenschaft, die Studenten in das Studium der Taktik der chinesischen Revolution einzuführen, verabsäumen es die Lehrer für Militärwissenschaft, die Studenten in das Studium einer den Besonderheiten Chinas entsprechenden militärischen Strategie und Taktik einzuführen usw. Infolgedessen bürgern sich Fehler ein, und der Schaden für die Menschen ist nicht gering. Was in Yen-an gelernt wurde, versteht man in Fuhsiän[2] nicht anzuwenden. Wenn ein Professor der Volkswirtschaft den Unterschied zwischen unserer »Grenzgebiet-Währung« und der »Kuomintang-Währung«[3] nicht erläutern kann, können es die Studenten natürlich auch nicht. Auf diese Weise hat sich bei vielen Studenten eine anomale Einstellung herausgebildet, daß sie nämlich für die Probleme Chinas kein Interesse zeigen, den Weisungen der Partei keine Bedeutung beimessen und ihr ganzes Herz an die von den Lehrern gelehrten, angeblich ewigen und unveränderlichen Dogmen hängen.

[2] Etwa 70 km südlich von Yen-an gelegen.

[3] »*Biän-bi*«*:* von der Bank der Regierung des Grenzgebietes Shensi-Kansu-Ninghsia herausgegebene Banknoten. »*Fa-bi*«*:* seit 1935 mit Unterstützung des anglo-amerikanischen Imperialismus von den vier Hauptbanken des bürokratischen Kapitals der Kuomintang herausgegebenes Papiergeld. (i. Orig.).

Natürlich sind die von mir genannten Beispiele die krassesten innerhalb unserer Partei, und man kann nicht sagen, daß es allgemein so wäre. Aber daß es solche Beispiele tatsächlich gibt, noch dazu in verhältnismäßig großer Zahl, und sie einen verhältnismäßig großen Schaden anrichten, das darf nicht gleichgültig mitangesehen werden.

III.

Um den Sinn des Gesagten noch einmal zu erläutern, will ich zwei diametral entgegengesetzte Einstellungen vergleichen.

Die erste ist die subjektivistische Einstellung.

Bei einer solchen Einstellung studiert man nicht systematisch und allseitig die Umwelt, sondern geht lediglich der subjektiven Begeisterung folgend ans Werk und hat vom heutigen Antlitz Chinas nur eine verschwommene Vorstellung. Bei einer solchen Einstellung wendet man sich von der eigenen Geschichte ab, kennt nur Griechenland, aber kennt China nicht, und das China von gestern und vorgestern ist ein dunkler Punkt. Bei einer solchen Einstellung studiert man die marxistisch-leninistische Theorie abstrakt und ziellos. Man studiert die Theorie nicht, um bei Marx, Engels, Lenin und Stalin Auffassungen, Gesichtspunkte und Methoden zur Lösung von Fragen der Theorie und Taktik der chinesischen Revolution zu finden, sondern lediglich um des Studiums und der Theorie selbst willen. Statt auf ein Ziel zu schießen, schießt man Pfeile ab, ohne ein Ziel zu haben. Marx, Engels, Lenin und Stalin lehren uns, daß es notwendig ist, von den objektiv existierenden, realen Dingen auszugehen, von ihnen Gesetze abzuleiten und diese als Richtschnur des eigenen Handelns dienen zu lassen. Dazu muß man, wie Marx sagt, sich den Stoff im Detail aneignen, ihn wissenschaftlich analysieren und synthetisch untersuchen[4]. Viele von uns handeln aber genau umgekehrt: Die einen, die sich mit Forschungsarbeiten befassen, zeigen weder für das Studium des heutigen China noch für das Studium des China von gestern das geringste Interesse – ihr Interesse ist lediglich auf wirklichkeitsfernes, inhaltloses, »theoretisches« Studium gerichtet; die anderen, die sich mit praktischen Arbeiten befassen, schenken ebenfalls dem Studium der objektiven Verhältnisse keine Beachtung – sie verlassen sich gewöhnlich nur auf ihre Begeisterung und lassen sich in der Politik von ihren Gefühlen leiten. Diese beiden Menschentypen gehen vom Subjektiven aus und ignorieren die Existenz objektiv realer

[4] Vgl. Karl Marx, »Das Kapital« (Nachwort zur zweiten Auflage, S. 17).

Dinge. Jeder ihrer Vorträge ist eine Aneinanderreihung von A, B, C, D und 1., 2., 3., 4., jeder Artikel ein großes prahlerisches Geschwätz. Sie sind nicht bestrebt, von den Tatsachen auszugehen, sondern die Massen durch lügenhafte Versprechungen zu gewinnen. Taube Blüten, nichts Solides. Sie halten sich für unfehlbar, für den großen Meister und für »Allerhöchstbevollmächtigte«, die für alles zuständig sind. Das ist der Arbeitsstil einiger unserer Genossen. Macht man sich selbst diesen Stil zur Regel, schadet man sich selbst, lehrt man ihn anderen, schadet man anderen, wendet man ihn bei der Führung der Revolution an, schadet man der Revolution. Diese unwissenschaftliche, dem Marxismus-Leninismus zuwiderlaufende subjektivistische Methode ist mithin ein gefährlicher Feind der Kommunistischen Partei, ein gefährlicher Feind der Arbeiterklasse, ein gefährlicher Feind des Volkes, ein gefährlicher Feind der Nation – eine Erscheinungsform unsauberen Parteigeistes. Den gefährlichen Feind vor uns müssen wir zerschlagen. Nur wenn der Subjektivismus zerschlagen ist, kann die Wahrheit des Marxismus-Leninismus ihr Haupt erheben, kann die Parteilichkeit erstarken, kann die Revolution siegen. Wir müssen sagen: Wenn die wissenschaftliche Einstellung fehlt, nämlich die Einstellung, daß die marxistisch-leninistische Theorie und Praxis eine Einheit bilden, dann heißt das, daß die Parteilichkeit fehlt oder unvollkommen ist. Es gibt ein Spruchpaar[5], das auf diese Menschen paßt. Es lautet:

> Am Ufer das Schilf hat einen schweren Kopf,
> Doch seine Beine sind schwach, seine Wurzeln nicht tief;
> In den Bergen der Bambus hat eine scharfe Spitze,
> Seine Rinde ist dick, doch sein Inneres hohl.

Sehen Sie, erinnert das nicht an die Menschen, denen die wissenschaftliche Einstellung fehlt, an solche, die nichts weiter können, als ein paar Sätze aus den Werken von Marx, Engels, Lenin und Stalin auswendig herzusagen, und an solche, denen lediglich der falsche Ruf voraufgeht, gebildet zu sein? Wenn jemand wirklich seine Krankheit heilen will, rate ich ihm, sich dieses Spruchpaar zu merken, oder wenn jemand noch etwas mutiger ist, es an die Wand seines Zimmers zu heften. Der Marxismus-Leninismus ist eine Wissenschaft, und Wissenschaft ist auf ehrliche Art und Weise erworbenes Wissen; irgendwelche Unlauterkeiten gibt es da nicht. Seien wir doch also etwas ehrlicher!

Die zweite Einstellung ist die marxistisch-leninistische.

[5] Gewöhnlich auf zwei Bildrollen geschrieben und als Zimmerschmuck benutzt.

Bei einer solchen Einstellung wendet man Theorie und Methode des Marxismus-Leninismus an, um systematisch und allseitig die Umwelt zu erforschen und zu studieren. Man geht nicht nur seiner Begeisterung folgend ans Werk, sondern vereinigt – wie Stalin gesagt hat – revolutionären Schwung mit Sachlichkeit[6]. Bei einer solchen Einstellung wendet man sich nicht von der eigenen Geschichte ab, begnügt sich nicht allein mit Kenntnissen über Griechenland, sondern kennt auch China; kennt nicht nur die Geschichte der revolutionären Bewegung des Auslands, sondern auch die Geschichte der chinesischen Revolution; kennt nicht nur das heutige China, sondern auch das China von gestern und vorgestern. Bei einer solchen Einstellung studiert man zielstrebig die Theorie des Marxismus-Leninismus und verbindet die Theorie des Marxismus-Leninismus mit der Praxis der chinesischen Revolution, um im Marxismus-Leninismus Auffassungen, Gesichtspunkte und Methoden zur Lösung von Fragen der Theorie und Taktik der chinesischen Revolution zu finden. Eine solche Einstellung ist die eines gezielten Pfeilschießens. Das »Ziel« ist die chinesische Revolution, der »Pfeil« ist der Marxismus-Leninismus. Deshalb trachten wir chinesischen Kommunisten nach diesem »Pfeil«, um damit in das »Ziel«, die Revolution in China und die Revolution im Osten, zu schießen. Eine solche Einstellung besteht darin, das wahre Wesen der Realität aufzudecken. Unter »Realität« versteht man alle objektiv existierenden Dinge, das »wahre Wesen« ist der innere Zusammenhang, d. h. die Gesetzmäßigkeit der objektiven Dinge, »aufdecken« heißt, das Studium in Angriff nehmen. Wir müssen von der tatsächlichen Lage innerhalb und außerhalb des Landes, innerhalb und außerhalb der Provinz, des Kreises, des Bezirks ausgehen, aus ihr die ihr eigenen, nicht ausgeklügelten Gesetzmäßigkeiten ableiten, d. h. den inneren Zusammenhang der uns umgebenden Vorgänge finden, und uns davon bei unseren Handlungen leiten lassen. Im Hinblick darauf dürfen wir uns nicht auf subjektive Phantasie, Augenblicksbegeisterung oder leblose Bücher, sondern müssen uns auf objektiv existierende Tatsachen verlassen, uns das Material genauestens aneignen und, geleitet von den allgemeinen Grundsätzen des Marxismus-Leninismus, aus diesem Material die richtigen Schlußfolgerungen ziehen. Diese Schlußfolgerungen sind keine aus A, B, C, D bestehende Aufzählung von Erscheinungen, ebensowenig prahlerisches, phrasenhaftes Geschreibsel, sondern wissen-

[6] Vgl. Stalin, Über die Grundlagen des Leninismus, in »Fragen des Leninismus«, Berlin, Dietz Verlag 1951, S. 99. Dort werden als die zwei Besonderheiten des Leninschen Arbeitsstils genannt: a) der russische revolutionäre Schwung und b) die amerikanische Sachlichkeit.

schaftliche Schlußfolgerungen. Eine solche Einstellung bedeutet, nach dem Aufdecken des wahren Wesens der Realität zu streben, und nicht gewillt zu sein, die Massen durch lügenhafte Versprechungen zu gewinnen. Eine solche Einstellung ist der Ausdruck der Parteilichkeit und entspricht dem marxistisch-leninistischen Arbeitsstil der Einheit von Theorie und Praxis. Das ist eine Einstellung, die zumindest für die Mitglieder der Kommunistischen Partei selbstverständlich sein müßte. Wenn einer diese Einstellung hat, so läßt sich nicht sagen, daß er »einen schweren Kopf, aber schwache Beine und kurze Wurzeln« hätte, und auch nicht, daß »seine Spitze scharf und die Rinde dick, sein Inneres aber hohl« sei.

IV.

Den obigen Ausführungen entsprechend, schlage ich folgendes vor:
1. Der ganzen Partei ist die Aufgabe zu stellen, systematisch und sorgfältig die Lage der Umwelt zu studieren. Gestützt auf die marxistisch-leninistische Theorie und Methode, ist die Situation auf den Gebieten der Wirtschaft, der Finanzen, der Politik, des Militärwesens, der Kultur und der Parteiarbeit bei unseren Feinden, unseren Freunden und bei uns eingehend zu untersuchen und zu studieren, sodann sind die notwendigen und unumgänglichen Schlußfolgerungen zu ziehen. Zu diesem Zweck muß das Augenmerk der Genossen auf die Untersuchung und das Studium solcher realer Erscheinungen gelenkt werden, müssen die Genossen begreifen, daß die Hauptaufgabe der Führungsorgane der Kommunistischen Partei darin besteht, die allgemeine Lage zu verstehen und die Politik zu beherrschen – das eine heißt die Welt erkennen, das andere die Welt verändern. Die Genossen müssen begreifen, daß sie nicht berechtigt sind, sich zu äußern, ohne Untersuchungen angestellt zu haben, und prahlerisches Geschwätz sowie das schematische, aus 1., 2., 3., 4. bestehende Aufzählen von Erscheinungen nutzlos sind. Nehmen wir z. B. die Propagandaarbeit: Wenn wir nicht erkennen, wie die Verhältnisse auf dem Gebiet der Propaganda bei unseren Feinden, unseren Freunden und bei uns beschaffen sind, haben wir keine Möglichkeit, unsere Propagandapolitik richtig festzulegen. Auf jedem beliebigen Arbeitsgebiet muß man zunächst die allgemeine Lage verstehen, dann erst kann man die richtigen Maßnahmen treffen. In der ganzen Partei den Untersuchungs- und Studienplan zu verwirklichen – das ist ein Hauptkettenglied bei der Umwandlung des Arbeitsstils der Partei.
2. Für das Studium der chinesischen Geschichte im letzten Jahrhundert

sind entsprechende Begabungen heranzuziehen, die die Arbeit aufteilen und zusammenarbeiten, um den Zustand der mangelnden Organisation zu überwinden. Es muß mit analytischen Studien der Wirtschaftsgeschichte, der Geschichte der Politik, des Militärwesens und der Kulturgeschichte begonnen werden, danach erst ist die Möglichkeit zur Synthese gegeben.

3. Bei der Ausbildung von Funktionären und beim Unterricht in Kaderschulen ist Nachdruck darauf zu legen, daß das Studium der praktischen Fragen der chinesischen Revolution im Mittelpunkt steht und die Grundprinzipien des Marxismus-Leninismus als Leitmotiv dienen, die statische Methode des isolierten Studiums des Marxismus-Leninismus aber abgeschafft wird. Eine Hauptquelle für das Studium des Marxismus-Leninismus bilde die »Geschichte der Kommunistischen Partei der Sowjetunion (Bolschewiki), Kurzer Lehrgang«. Die »Geschichte der Kommunistischen Partei der Sowjetunion (Bolschewiki), Kurzer Lehrgang« ist die beste zusammenfassende Darstellung der hundert Jahre währenden Bewegung des Weltkommunismus, ein Musterbeispiel der Vereinigung von Theorie und Praxis, das einzige vollkommene Beispiel auf der Welt. Wenn wir sehen, wie Lenin und Stalin die allgemeine Wahrheit des Marxismus mit der konkreten Praxis der russischen Revolution verbunden und auf dieser Grundlage den Marxismus weiterentwickelt haben, werden wir verstehen, wie sich unsere Arbeit in China gestalten muß.

Wir sind oft Umwege gegangen. Aber Fehler sind vielfach Wegweiser für den richtigen Weg. Ich glaube ganz gewiß, daß unter den gegenwärtigen lebhaften revolutionären Bedingungen in China und in der Welt diese unsere Reorganisation des Studiums gute Ergebnisse zeitigen wird.

2. Für einen richtigen Arbeitsstil in der Partei

1. Februar 1942

Die heutige Eröffnung der Parteischule ist ein Erfolg, zu dem ich gratuliere.

Ich möchte heute über die Frage des Arbeitsstils unserer Partei sprechen.

Warum muß es eine revolutionäre Partei geben? Es muß eine revolutionäre Partei geben, weil auf der Welt Feinde existieren, die das Volk unterdrücken, und weil das Volk sich von der Unterdrückung durch die Feinde befreien will. Im Zeitalter des Kapitalismus und des Imperialismus ist eine solche revolutionäre Partei wie die Kommunistische Partei eine Notwendigkeit. Ohne eine solche revolutionäre Partei wie die Kommunistische Partei könnte das Volk einfach nicht daran denken, sich von der Unterdrückung durch die Feinde zu befreien. Wir, die Kommunistische Partei, werden das Volk zum Sieg über die Feinde führen; dazu müssen unsere Reihen geschlossen, unser Schritt gleich, die Kämpfer ausgesucht und die Waffen tauglich sein. Ohne diese Voraussetzungen sind wir nicht in der Lage, die Feinde zu schlagen.

Welche Probleme gibt es gegenwärtig noch in unserer Partei? Die Generallinie der Partei ist richtig – das steht außer Frage. In der Parteiarbeit sind ebenfalls Erfolge zu verzeichnen, die Partei hat Hunderttausende von Mitgliedern, die an der Spitze des Volkes einen ungemein schweren Kampf gegen die Feinde führen. Das ist allgemein bekannt und nicht zu bezweifeln.

Bedeutet das nun, daß es in unserer Partei keinerlei Probleme mehr gibt? Ich sage, daß es noch Probleme gibt; in gewissem Sinne sind es sogar ziemlich ernste Probleme.

[1] Referat Mao Tsetungs zur Eröffnung der Parteischule des ZK der KPCh. Der Begriff *Dscheng-dun dso-feng* ist zur Bezeichnung der Parteireform dieser Jahre geworden: »Richtigstellung des Arbeitsstils«.

Worin bestehen diese? Sie bestehen darin, daß in den Hirnen mancher Genossen noch Verschiedenes spukt, das sich als nicht ganz richtig und nicht ganz wahrheitsgemäß erweist.

Das heißt, daß es in unserer Parteischulung, unserer Parteiarbeit und unserer Parteiliteratur noch gewisse Abweichungen vom richtigen Arbeitsstil gibt: in der Parteischulung den Fehler des Subjektivismus, in der Parteiarbeit den Fehler des Sektierertums und in der Parteiliteratur den Fehler des schablonenhaften Stils[2]. Diese Abweichungen vom richtigen Arbeitsstil füllen keineswegs den ganzen Himmelsraum wie der im Winter wehende Nordwind[3]. Subjektivismus, Sektierertum und schablonenhafter Parteistil stellen jetzt schon nicht mehr den beherrschenden Arbeitsstil dar, sie sind nur ein Zugwind, ein Luftzug aus Luftschutzkellern. (Heiterkeit.) Aber es ist schon schlecht, daß es in unserer Partei überhaupt noch einen solchen »Wind«[4] gibt. Wir müssen die Ritzen, die diesen Zugwind verursachen, zustopfen. Daran muß sich unsere ganze Partei beteiligen – auch unsere Parteischule. Subjektivismus, Sektierertum und schablonenhafter Parteistil, diese drei »Zugwinde«[4], haben ihren historischen Ursprung. Wenn sie in der Partei jetzt auch keinen beherrschenden Platz einnehmen, so machen sie sich doch noch immer unangenehm bemerkbar und treffen uns unerwartet, deshalb ist es notwendig, ihnen Widerstand entgegenzusetzen, sie zu studieren, zu analysieren und zu erklären.

Gegen den Subjektivismus, um den Arbeitsstil in der Parteischulung zu verbessern, gegen das Sektierertum, um den Stil der Parteiarbeit zu verbessern, und gegen den Formalismus aufzutreten, um den Stil in der Parteiliteratur zu verbessern – darin besteht unsere Aufgabe.

Wenn wir die Aufgabe lösen wollen, über unsere Feinde zu siegen, müssen wir diese Aufgabe, den Arbeitsstil unserer Partei zu verbessern, lösen. Der Arbeitsstil in der Schulung und der Stil in der Literatur gehören auch zum Arbeitsstil der Partei, zum Stil der Parteiarbeit. Nur wenn der Arbeitsstil unserer Partei völlig richtig ist, kann das ganze Volk von uns lernen. Außerhalb der Partei stehende Leute mit den genannten schlechten Angewohnheiten werden, wenn sie nur guten Willens sind, von uns lernen und ihre Fehler korrigieren; auf diese Weise können wir Einfluß

[2] *Ba-gu* – eigentlich Bezeichnung der ›achtteiligen‹ Form von Abhandlungen, die seit dem 14. Jh. bis zum Ende des Kaiserreiches 1911 zu den offiziellen Staatsprüfungen verfaßt werden mußten – bezeichnet hier Formalismus und schablonenhaften Stil speziell in der Parteiliteratur.

[3] Wortspiel: »Stil« als auch »Wind« werden im Chinesischen mit demselben Zeichen geschrieben.

[4] Hervorhebung d. Üb.

auf die ganze Nation ausüben. Nur wenn die Reihen unserer Kommunistischen Partei geschlossen, unsere Schritte gleich, die Kämpfer ausgesucht und die Waffen tauglich sind, können wir die Feinde, wie stark sie auch sein mögen, besiegen.

Ich werde jetzt auf den Subjektivismus eingehen.

Der Subjektivismus ist ein falscher Arbeitsstil bei der Schulung, er widerspricht dem Marxismus-Leninismus, und es kann in der Kommunistischen Partei keinen Platz für ihn geben. Was wir brauchen, ist der marxistisch-leninistische Schulungsstil. Unter Schulungsstil verstehe ich nicht nur den Schulungsstil in den Lehranstalten, sondern auch den Schulungsstil in der gesamten Partei. Das Problem des Schulungsstils ist das Problem der Denkweise der führenden Funktionäre, aller Kader und aller Parteimitglieder, ist das Problem unserer Einstellung gegenüber dem Marxismus-Leninismus, ist das Problem der Einstellung aller Parteigenossen zu ihrer Arbeit. Daher ist das Problem des Arbeitsstils bei der Schulung ein überaus wichtiges Problem, ein Problem von erstrangiger Bedeutung.

Gegenwärtig herrschen bei vielen Leuten verworrene Vorstellungen. Verworrene Vorstellungen beispielsweise bezüglich der Fragen, was ein Theoretiker ist, was ein Intellektueller, was die Verbindung zwischen Theorie und Praxis bedeutet usw.

Unsere erste Frage muß sein: ist das theoretische Niveau unserer Partei hoch oder niedrig? In letzter Zeit ist die Zahl der Übersetzungen von marxistisch-leninistischer Literatur angestiegen, ebenso auch die Zahl der Leser. Das ist ausgezeichnet. Aber kann man deshalb behaupten, daß unsere Partei bereits ein sehr hohes theoretisches Niveau erreicht hätte? In der Tat hat sich unser theoretisches Niveau im Vergleich zu früher etwas gehoben. Aber hinter den reichen Erfahrungen der chinesischen revolutionären Bewegung ist die theoretische Front weit zurückgeblieben; vergleicht man beides miteinander, erweist sich das theoretische Niveau als außerordentlich niedrig. Allgemein gesprochen kann unsere Theorie noch nicht mit der revolutionären Praxis Schritt halten – ganz zu schweigen davon, daß die Theorie eigentlich der Praxis vorauseilen müßte. Wir haben die reiche Praxis noch nicht auf die gebührende theoretische Stufe gehoben. Wir haben noch nicht alle, ja nicht einmal die wichtigsten Probleme der revolutionären Praxis untersucht und auf die Stufe der Theorie erhoben. Sehen Sie, wie viele Menschen haben wir denn, die auf den Gebieten der Wirtschaft, der Politik, des Militärwesens und der Kultur Chinas Theorien geschaffen haben, die es verdienen, Theorien genannt zu werden, die als streng wissenschaftliche, sorgfältig ausgearbeitete und nicht oberflächliche Theorien gelten können? Insbesondere trifft das auf die ökonomischen Theorien zu: Die Entwicklung des Kapitalismus in China, von den Opiumkriegen bis zur Gegenwart, vollzieht sich bereits seit hundert Jahren, aber es ist noch kein einziges wirklich wissenschaftliches, theoretisches Werk erschienen, das die Praxis der ökonomischen Entwicklung darstellt. Können wir also behaupten, daß das theoretische Niveau auf dem Gebiet der ökonomischen Probleme in China schon hoch ist? Können wir behaupten, daß es in unserer Partei bereits gute Wirtschaftstheoretiker gibt? Das können wir wahrhaftig nicht behaupten. Wir haben viel marxistisch-leninistische Literatur gelesen; berechtigt das aber zu der Annahme, daß wir bereits Theoretiker haben? Auch das nicht, weil der Marxismus-Leninismus eine Theorie ist, die von Marx, Engels, Lenin und Stalin auf der Grundlage der Praxis geschaffen wurde, und weil er die aus der historischen und der revolutionären Wirklichkeit abgeleitete Schlußfolgerung ist. Wenn wir lediglich deren Werke lesen, aber nicht den nächsten Schritt tun, an Hand ihrer Theorie die historische und die revolutionäre Wirklichkeit Chinas zu studieren, und nicht versuchen, die revolutionäre Praxis in China theoretisch zu durchdenken, dann wäre es unsinnig, wollten wir uns marxistische Theoretiker nennen. Wenn wir uns aber als Mitglieder der Kommunistischen Partei Chinas vor den chinesischen Problemen verschließen und lediglich einzelne Schlußfolgerungen und einzelne Grundsätze aus marxistischen Büchern auswendig lernen, dann werden unsere Leistungen an der theoretischen Front bestimmt überaus schlecht sein. Wenn sich einer die marxistische Ökonomie oder Philosophie einfach anlernt und alles, vom ersten bis zum letzten Kapitel, sicher hersagen, es aber überhaupt nicht anwenden kann, wäre ein solcher dann als marxistischer Theoretiker anzusehen? Das wäre er nicht. Was für Theoretiker brauchen wir denn? Wir brauchen solche Theoretiker, die unter Anwendung marxistisch-leninistischer Auffassungen, Gesichtspunkte und Methoden imstande sind, die sich aus der Geschichte und der Revolution ergebenden tatsächlichen Probleme richtig zu lösen, die imstande sind, wissenschaftliche Erklärungen und theoretische Erläuterungen der verschiedensten ökonomischen, politischen, militärischen und kulturellen Probleme in China zu geben. Solche Theoretiker brauchen wir. Um ein solcher Theoretiker zu werden, muß man imstande sein, das Wesen des Marxismus-Leninismus, die Auffassungen, Gesichtspunkte und Methoden des Marxismus-Leninismus sowie die Theorien Lenins und Stalins über die Revolution in den kolonialen Ländern und in China richtig zu begreifen, und sie außerdem anwenden, um die realen

Probleme in China eingehend und wissenschaftlich zu analysieren und ihre Entwicklungsgesetze abzuleiten – so sieht der Theoretiker aus, den wir tatsächlich brauchen.

Das Zentralkomitee unserer Partei hat soeben einen Beschluß gefaßt, worin unsere Genossen aufgerufen werden, die marxistisch-leninistischen Auffassungen, Gesichtspunkte und Methoden anwenden zu lernen, ernsthaft das Studium der chinesischen Geschichte, das Studium der Wirtschaft, der Politik, des Militärwesens und der Kultur Chinas zu betreiben, jedes Problem an Hand ausführlicher Unterlagen konkret zu analysieren und dann daraus die theoretischen Schlußfolgerungen zu ziehen. Diese Verantwortung ruht auf uns.

Die Genossen unserer Parteischule dürfen die marxistische Theorie nicht als ein totes Dogma ansehen. Sie müssen in der Lage sein, sich die marxistische Theorie anzueignen und sie anzuwenden, wobei der Zweck der Aneignung eben die Anwendung ist. Wenn Sie unter Anwendung der marxistisch-leninistischen Auffassung ein oder zwei praktische Fragen klären können, dann gebührt Ihnen Lob, und man wird annehmen dürfen, daß Sie gewisse Erfolge erzielt haben. Je mehr Fragen von Ihnen geklärt werden, je umfassender und je gründlicher es geschieht, desto größer werden Ihre Erfolge sein. Unsere Parteischule muß jetzt auch die Regelung treffen, daß bei der Beurteilung der Leistung eines Absolventen darauf zu achten ist, wie er nach dem Studium des Marxismus-Leninismus an die Probleme in China herangeht, ob er sie klar erkennt oder nicht und ob er sie beurteilen kann oder nicht. So müssen wir Tüchtige von Untüchtigen und Gute von Schlechten scheiden.

Wenden wir uns sodann der Frage der sog. »Intelligenz« zu. Weil unser China ein halb koloniales, halb feudales, kulturell zurückgebliebenes Land ist, schätzen wir die Intelligenz besonders hoch. Entsprechend einem vom Zentralkomitee vor mehr als zwei Jahren gefaßten Beschluß zur Frage der Intelligenz[5] sollen breite Schichten der Intelligenz für uns gewonnen werden und uns willkommen sein, wenn sie nur revolutionär eingestellt sind und am antijapanischen Widerstandskampf teilnehmen wollen. Es ist völlig richtig, daß wir die Intelligenz hochachten, denn ohne revolutionäre Intelligenz kann die Revolution nicht siegen. Aber wir wissen, daß es viele Intellektuelle gibt, die sich für sehr gebildet halten und sich mit ihren Kenntnissen brüsten, ohne zu wissen, daß das nicht gut, ja schädlich ist und sie an ihrem Vorankommen hindert. Sie müssen eine Wahrheit begreifen lernen, daß nämlich viele sogenannte Intellek-

[5] Vom Dezember 1939, s. o. S. 92ff.

tuelle in Wirklichkeit recht ungebildet sind und daß die Arbeiter und Bauern zuweilen mehr wissen als sie selbst. Hier könnte jemand einwenden: »Ach, du verdrehst ja alles und redest wirres Zeug.« (Heiterkeit.) Aber gemach, Genossen, in dem, was ich sage, liegt schon ein gut Teil Wahrheit.

Was ist denn Wissen? Seit dem Bestehen der Klassengesellschaft gibt es auf der Welt nur zwei Gebiete des Wissens: das Wissen auf dem Gebiet des Produktionskampfes und das Wissen auf dem Gebiet des Klassenkampfes. Die Naturwissenschaften und die Sozialwissenschaften sind die Quintessenz dieser beiden Gebiete des Wissens, die Philosophie ist die Verallgemeinerung und Zusammenfassung der Naturwissenschaften und der Sozialwissenschaften. Gibt es darüber hinaus noch Wissen? Nein, das gibt es nicht.

Wir wollen unseren Blick jetzt auf einige Studenten richten, jene Absolventen der Lehranstalten, die von der praktischen gesellschaftlichen Tätigkeit vollständig losgelöst sind: wie ist ihre Situation? Wenn ein Mensch sein Studium ohne Unterbrechung von der Grundschule bis zur Universität weiterführt, dann gilt er nach der Abschlußprüfung als gebildet. Jedoch besitzt er lediglich Buchwissen, er hat noch an keiner praktischen Tätigkeit teilgenommen und sein erworbenes Wissen noch auf keinem Gebiet des Lebens angewandt. Kann man einen solchen Menschen als Intellektuellen im vollen Sinne des Wortes bezeichnen? Ich glaube kaum, weil seine Kenntnisse noch unvollständig sind. Was ist unter einem relativ vollständigen Wissen zu verstehen? Jedes relativ vollständige Wissen wird auf zwei Stufen erworben: die erste Stufe ist die sinnliche, die zweite die rationale Erkenntnis – wobei die rationale Erkenntnis im Vergleich zur sinnlichen Erkenntnis die höhere Entwicklungsstufe darstellt. Welcher Art ist nun das Wissen, das die Studierenden aus Büchern erwerben? Angenommen, alle ihre Kenntnisse entsprächen der Wahrheit, so sind es doch von ihren Vorfahren auf Grund einer Verallgemeinerung der Erfahrungen aus dem Produktionskampf und dem Klassenkampf ausgearbeitete Theorien und keine von den Studierenden selbst erworbenen Kenntnisse. Daß sie sich solche Kenntnisse aneignen, ist durchaus notwendig, aber man muß sich darüber im klaren sein, daß solche Kenntnisse in gewissem Sinne für sie doch einseitig sind, daß solche Kenntnisse zwar von anderen, aber noch nicht von ihnen selbst überprüft worden sind. Das Wichtigste ist, daß man diese Kenntnisse im Leben und in der Wirklichkeit anzuwenden versteht. Deshalb rate ich all denen, die nur über Buchwissen verfügen, mit der Wirklichkeit jedoch noch nicht in Berührung gekommen sind oder noch unzureichen-

de praktische Erfahrungen besitzen, sich unbedingt über ihre eigenen Mängel klarzuwerden und etwas bescheidener aufzutreten.
Welche Methoden gibt es nun, um diese lediglich über Buchwissen verfügenden Menschen zu Intellektuellen im vollen Sinne des Wortes zu machen? Die einzige Methode besteht darin, sie zur praktischen Arbeit heranzuziehen, sie zu Praktikern zu machen, und diejenigen, die sich mit theoretischer Arbeit befassen, mit dem Studium wichtiger realer Probleme zu betrauen. Auf diese Weise kann das Ziel erreicht werden.
Ganz gewiß werden sich einige Leute finden, die sich über meine Worte empören und sagen: »Deinen Ausführungen nach würde ja selbst Marx nicht als Intellektueller gelten können.« Ich möchte darauf erwidern: Das trifft nicht zu. Marx hat nicht nur an der wirklichen revolutionären Bewegung teilgenommen, sondern er hat auch die Theorie der Revolution geschaffen. Er hat, angefangen mit dem einfachsten Element des Kapitalismus, der Ware, die ökonomische Struktur der kapitalistischen Gesellschaft genau erforscht. Millionen von Menschen haben täglich die Ware gesehen und gebraucht, ihr jedoch keine Aufmerksamkeit geschenkt. Erst Marx hat die Ware wissenschaftlich erforscht, ausgehend vom realen Entwicklungsprozeß der Ware bedeutende Forschungsarbeit geleistet und aus einer allgemeinen Erscheinung eine vollständige wissenschaftliche Theorie abgeleitet. Er hat die Natur, die Geschichte sowie die proletarische Revolution studiert und den dialektischen Materialismus, den historischen Materialismus sowie die Theorie der proletarischen Revolution geschaffen. Auf diese Weise wurde Marx zum vollkommensten, die höchste Weisheit der Menschheit verkörpernden Intellektuellen; er unterscheidet sich grundsätzlich von solchen Menschen, die nur Buchwissen besitzen. Marx betrieb während des praktischen Kampfes sorgfältige Untersuchungen und Studien, verallgemeinerte die verschiedensten Dinge und überprüfte im praktischen Kampf wiederum die gezogenen Schlußfolgerungen – solche Arbeit heißt theoretische Arbeit. In unserer Partei müssen viele Genossen lernen, so zu arbeiten. In unserer Partei gibt es jetzt sehr viele Genossen, die in der Lage sind zu lernen, eine solche theoretische Forschungsarbeit zu leisten; größtenteils sind dies kluge, fähige Menschen, die unsere Achtung verdienen. Aber ihre Richtung muß stimmen, und sie dürfen früher gemachte Fehler nicht wiederholen. Sie müssen den Dogmatismus überwinden und dürfen es nicht bei fertigen Worten und Sätzen aus Büchern bewenden lassen.
Auf der Welt gibt es nur eine wahre Theorie, die Theorie nämlich, die von der objektiven Wirklichkeit abgeleitet und von der objektiven Wirklich-

keit bestätigt wird – nichts anderes kann eine Theorie in unserem Sinne genannt werden. Stalin hat einmal gesagt, daß die Theorie gegenstandslos ist, wenn sie nicht mit der Praxis verknüpft wird[6]. Eine gegenstandslose Theorie ist unbrauchbar, ist falsch und muß verworfen werden. Diejenigen, die sich darin gefallen, solche gegenstandslosen Theorien vorzutragen, müssen bloßgestellt werden. Der Marxismus-Leninismus ist die richtigste, die wissenschaftlichste und die revolutionärste Wahrheit, welche von der objektiven Wirklichkeit abgeleitet und wiederum an der objektiven Wirklichkeit erprobt ist; aber viele von denen, die den Marxismus-Leninismus studieren, betrachten ihn als totes Dogma. Dadurch hemmen sie die Entwicklung der Theorie, schaden sich selbst und schaden auch den Genossen.

Wenn andererseits die Praktiker unter unseren Genossen ihre Erfahrungen falsch anwenden, so kommen auch Fehler vor. Zwar verfügen solche Menschen oft über reiche Erfahrungen, was sehr schätzenswert ist, aber wenn sie sich mit ihren Erfahrungen zufriedengeben, ist das auch eine große Gefahr. Sie müssen einsehen, daß ihr Wissen vorwiegend sinnlichen Wahrnehmungen entstammt und begrenzt ist und ihnen die rationalen, allgemeinen Kenntnisse fehlen, d. h. die Theorie, ihr Wissen also auch relativ unvollständig ist. Um aber die Sache der Revolution erfolgreich zu führen, geht es nicht ohne relativ vollständiges Wissen.

So betrachtet, gibt es zwei Arten unvollständigen Wissens: einmal das fertige Buchwissen, zum anderen das aus sinnlichen Wahrnehmungen stammende, begrenzte Wissen – beide sind einseitig. Nur durch ihre Vereinigung kann gutes, relativ vollständiges Wissen erlangt werden.

Wenn jedoch unsere Arbeiter- und Bauernkader die Theorie studieren wollen, müssen sie zuerst die Kultur studieren, ohne die ihnen die Theorie des Marxismus-Leninismus verschlossen bleiben wird. Nach einem gründlichen Studium der Kultur können sie sich mit der Zeit dem Studium des Marxismus-Leninismus zuwenden. Als ich jung war, habe ich keine marxistisch-leninistische Schule besucht; ich lernte Sätze wie: »Der Meister sprach: Lernen und sich ständig üben – ist das nicht auch eine Freude?«[7] Wenn auch ein solcher Unterricht inhaltlich veraltet war, so ist er für mich doch nützlich gewesen, weil ich dabei Lesen und Schreiben gelernt habe. Um wieviel besser ist das heute, wo man nicht

[6] Stalin, »*Über die Grundlagen des Leninismus*«, a.a.O., S. 24. Die Stelle lautet wörtlich: »Natürlich wird die Theorie gegenstandslos, wenn sie nicht mit der revolutionären Praxis verknüpft wird [...]«.

[7] Konfuzius zugeschriebener Ausspruch; vgl. *Lun-yü* I, 1.

mehr Konfuzius studiert, sondern neue Fächer, wie Umgangssprache[8], Geschichte, Geographie und Naturkunde. Wer diese kulturellen Fächer gründlich studiert, kann sie überall gebrauchen. Das Zentralkomitee unserer Partei fordert jetzt nachdrücklich von den Arbeiter- und Bauernkadern, das Studium der Kultur zu betreiben, weil erst nach erfolgtem Studium der Kultur das Studium von Politik, Militärwesen und Wirtschaft möglich ist. Andernfalls werden die Arbeiter- und Bauernkader trotz ihrer reichen Erfahrungen nicht zum Studium der Theorie befähigt sein.

In unserem Kampf gegen den Subjektivismus müssen wir also dafür sorgen, daß sich die Menschen der beiden oben geschilderten Kategorien auf den Gebieten, wo sie Unzulänglichkeiten aufweisen, weiterentwickeln und miteinander eins werden. Nur wenn sich diejenigen, die Buchwissen besitzen, auf praktischem Gebiet weiterentwickeln, können sie über die Bücher hinauswachsen und die Fehler des Dogmatismus vermeiden. Nur wenn sich diejenigen, die über Erfahrungen bei der Arbeit verfügen, mit theoretischen Studien befassen und ernsthaft studieren, können sie ihre Erfahrungen systematisieren, zusammenfassen und zur Theorie erheben, erst dann werden sie ihre begrenzten Erfahrungen nicht mehr fälschlich für allgemeine Wahrheiten halten und die Fehler des Empirismus vermeiden. Dogmatismus und Empirismus sind beides Formen des Subjektivismus, leiten sich aber von zwei verschiedenen Extremen her.

Also gibt es in unserer Partei zwei Formen des Subjektivismus: den Dogmatismus und den Empirismus. Beide sehen nur einzelne Seiten und nicht das Ganze. Wenn man das nicht beachtet und nicht begreift, daß eine solche Einseitigkeit fehlerhaft ist, sich auch nicht bemüht, sie zu korrigieren, wird man leicht auf den falschen Weg geraten.

Aber von diesen beiden Formen des Subjektivismus ist in unserer Partei die gefährlichste gegenwärtig noch der Dogmatismus, weil sich der Dogmatismus leicht den Anschein des Marxismus geben kann, die Arbeiter- und Bauernkader einschüchtert, sie gefangennimmt, zu seinen Handlangern macht und es für die Arbeiter- und Bauernkader schwierig ist, ihn zu durchschauen; auch kann die unerfahrene Jugend von ihm eingeschüchtert und gefangengenommen werden. Wenn wir den Dogmatismus überwinden, kann erreicht werden, daß die Kader, die über Buchwissen verfügen, sich mit den Kadern, die Erfahrungen besitzen, zu-

[8] Der Ausdruck *Guo-yü* heißt eigentlich »Nationalsprache« und bezieht sich auf das moderne Hochchinesisch, das auf der nordchinesischen Umgangssprache beruht. Darauf liegt hier der Akzent im Gegensatz zur alten Schriftsprache.

sammentun und sich dem Studium der realen Dinge zu widmen wünschen. Daraus werden viele gute Funktionäre hervorgehen, die die Theorie mit der Erfahrung verbinden, sowie einige wirkliche Theoretiker. Wenn wir den Dogmatismus überwinden, kann erreicht werden, daß die über praktische Erfahrungen verfügenden Genossen gute Lehrer erhalten, so daß sie ihre Erfahrungen zur Theorie erheben und die Fehler des Empirismus vermeiden.

Außer den verworrenen Vorstellungen über die Bezeichnungen »Theoretiker« und »Intellektueller« herrscht bei vielen Genossen auch Unklarheit über den Satz »die Verbindung der Theorie mit der Praxis«, den man täglich lesen kann. Sie sprechen täglich über »Verbindung«, was sie aber tatsächlich meinen, ist »Trennung«, da sie keinen Schritt zur Verwirklichung der Verbindung tun. Wie verbindet man denn die marxistisch-leninistische Theorie mit der Praxis der chinesischen Revolution? Nehmen wir zur Erklärung den bekannten Satz »Gibt es ein Ziel, schießt man den Pfeil ab«; also, wenn man einen Pfeil abschießt, muß man ein Ziel vor sich haben. Der Zusammenhang zwischen Marxismus-Leninismus und chinesischer Revolution entspricht dem Zusammenhang zwischen Pfeil und Ziel[9]. Aber manche Genossen »schießen den Pfeil ohne Ziel ab«, schießen ins Blaue; solche Leute können der Revolution leicht schaden. Manche Genossen nehmen den Pfeil nur in die Hand, drehen ihn hin und her und preisen ihn unausgesetzt mit den Worten: »Ein schöner Pfeil! Ein schöner Pfeil!«, wollen ihn aber nicht abschießen. Solche Leute sind Antiquitätenliebhaber, sie werden kaum in Beziehung zur Revolution treten. Mit dem Pfeil des Marxismus-Leninismus müssen wir in das Ziel der chinesischen Revolution schießen. Wenn über diese Frage keine Klarheit besteht, kann sich das theoretische Niveau unserer Partei niemals heben, kann die chinesische Revolution niemals siegen.

Unsere Genossen müssen verstehen, daß wir den Marxismus-Leninismus nicht studieren, weil wir ihn schön finden oder weil er etwas Mysteriöses hat, sondern weil er die Wissenschaft ist, die die Sache der proletarischen Revolution zum Sieg führt. Bis auf den heutigen Tag gibt es noch viele Menschen, die einzelne Worte und Sätze aus der marxistisch-leninistischen Literatur als wunderwirkendes Universalmittel ansehen, das man nur zu erwerben braucht, um mühelos alle Krankheiten heilen zu können. Das zeugt von kindlicher Naivität, und wir müssen unter diesen Menschen Aufklärungsarbeit leisten. Diejenigen, die den Marxismus-Leninismus als ein religiöses Dogma betrachten,

[9] Denselben Vergleich gebraucht Mao auch in seiner Rede »Laßt uns das Studium reorganisieren«, s. o.

sind solche naiven Ignoranten. Solchen Leuten muß man ganz offen sagen, daß ihr Dogma völlig unbrauchbar ist. Marx, Engels, Lenin und Stalin haben wiederholt erklärt, ihre Lehre sei kein Dogma, sondern eine Anleitung zum Handeln. Und ausgerechnet diesen allerwichtigsten Satz vergessen jene Leute. Erst dann, wenn die chinesischen Kommunisten Auffassungen, Gesichtspunkte und Methoden des Marxismus-Leninismus sowie die Theorien Lenins und Stalins über die chinesische Revolution anzuwenden vermögen und wenn sie als nächsten Schritt auf der Grundlage ernsten Studiums der historischen und der revolutionären Wirklichkeit Chinas auf allen Gebieten theoretische Werke zu schaffen fähig sind, die den Erfordernissen Chinas entsprechen, dann kann das eine Verbindung zwischen Theorie und Praxis genannt werden. Wenn nur von Verbindung gesprochen, sie aber nicht tatsächlich vollzogen wird, so kann hundert Jahre lang davon gesprochen werden und doch nichts dabei herauskommen. Da wir eine subjektive, einseitige Betrachtung der Probleme ablehnen, müssen wir den Dogmatismus mit seiner Subjektivität und Einseitigkeit zerschlagen.

Das wollte ich heute zum Problem des Antisubjektivismus als Mittel zur Verbesserung des Arbeitsstils in der gesamten Partei sagen.

Ich komme nun zum Problem des Sektierertums.

Zwanzig Jahre eiserner Disziplin haben dazu geführt, daß das Sektierertum in unserer Partei jetzt keine dominierende Stellung mehr einnimmt. Aber es existieren noch Überreste des Sektierertums sowohl in den Beziehungen innerhalb der Partei als auch nach außen hin. Sektiererische Tendenzen in den Beziehungen innerhalb der Partei führen zur Ablehnung der Zusammenarbeit im Inneren und stören die Einheit und Geschlossenheit in der Partei; sektiererische Tendenzen nach außen hin führen zur Ablehnung der Zusammenarbeit mit Außenstehenden und hemmen die Sache des Zusammenschlusses unseres ganzen Volkes durch die Partei. Erst wenn diese beiden Wurzeln des Übels ausgerottet sind, wird es der Partei möglich, das große Werk des Zusammenschlusses der Genossen der gesamten Partei und der Bevölkerung des ganzen Landes frei und ungehindert durchzuführen.

Welches sind nun die Überreste des Sektierertums innerhalb der Partei? Die wichtigsten Arten sind die folgenden:

Zuerst die Forderung nach Unabhängigkeit. Manche Genossen sehen nur die Teilinteressen und nicht die allgemeinen Interessen, sie betonen ständig und in ganz unangebrachter Weise das von ihnen selbst betreute spezielle Arbeitsgebiet und erwarten stets, daß sich die allgemeinen Interessen ihren Teilinteressen unterordnen. Sie begreifen das System des demokratischen Zentralismus in unserer Partei nicht und wissen nicht, daß die Kommunistische Partei nicht nur Demokratie, sondern in noch stärkerem Maße Zentralismus braucht. Sie haben das Prinzip des demokratischen Zentralismus vergessen, das in der Unterordnung der Minderheit unter die Mehrheit, der unteren Stufen unter die oberen, der einzelnen Teile unter das Ganze und der gesamten Partei unter das Zentralkomitee besteht. Dschang Guotao hat dem Zentralkomitee der Partei gegenüber die Forderung nach Unabhängigkeit geltend gemacht, was zum Verrat an der Partei und seinem Übertritt zur Geheimpolizei führte[10]. Wenn auch das Sektierertum, von dem wir hier sprechen, nicht so extrem und folgenschwer ist, so müssen wir doch solchen Erscheinungen vorbeugen und alle Uneinigkeitstendenzen völlig ausrotten. Wir müssen für die Berücksichtigung der Interessen der Gesamtheit eintreten. Jedes Parteimitglied muß bei jeder ihm übertragenen Aufgabe, bei jeder Äußerung und Handlung von den Interessen der gesamten Partei ausgehen; ein Verstoß gegen dieses Prinzip darf keinesfalls geduldet werden.

Diejenigen, die derlei Unabhängigkeitsforderungen stellen, sind gewöhnlich nicht von ihrem Standpunkt, daß der einzelne vorgeht, zu trennen; sie haben in den Fragen des Verhältnisses zwischen Individuum und Partei gewöhnlich unrecht. Obgleich sie mit Respekt von der Partei reden, so stellen sie doch in Wirklichkeit den einzelnen an die erste Stelle und die Partei erst an die zweite. Genosse Liu Schaotji hat einmal gesagt, daß es bestimmte Menschen mit besonders langen Händen gibt, die es sehr gut verstehen, für ihre eigene Person zu sorgen, die aber, soweit es sich um die Interessen anderer Menschen und der gesamten Partei handelt, nicht allzuviel Rücksicht darauf nehmen – nach der Devise: »Was mein ist, ist mein, und was dein ist, ist auch mein.« (Heiterkeit.) Wozu erheben diese Menschen solches Geschrei? Doch nur um ihres Ruhmes, ihrer Stellung und ihres Ansehens willen. Wenn sie eine spezielle Unternehmung leiten, schreien sie nach Unabhängigkeit, ziehen zu diesem Zweck die einen auf ihre Seite und verdrängen die anderen, zetteln unter den Genossen Intrigen an und tragen so die gemeinen Sitten der bürgerlichen Parteien in die Kommunistische Partei. Solche Leute kommen durch ihre Ehrlosigkeit selbst zu Schaden. Ich meine, wir müssen immer mit größter Ehrenhaftigkeit handeln. Wenn wir auf dieser Welt etwas leisten wollen, ist das allein durch eine ehrliche Haltung möglich. Wer ist denn nun ehrenhaft? Marx, Engels, Lenin und Stalin

[10] Dschang Guotao war ein Rivale Maos in der Mitte der dreißiger Jahre. Die »Geheimpolizei« ist die der KMT.

sind ehrenhafte Menschen; Wissenschaftler sind ehrenhafte Menschen. Und welche sind die Ehrlosen? Trotzki, Bucharin, Tschen Duhsiu und Dschang Guotao sind äußerst ehrlose Menschen. Diejenigen, die um ihrer persönlichen Interessen und Teilinteressen willen nach Unabhängigkeit schreien, sind auch ehrlose Menschen. Alle, die verschlagen sind und unwissenschaftlich vorgehen, sich für erfolgreich und sehr klug halten, sind in Wirklichkeit die Allerdümmsten und werden kein gutes Ende nehmen. Die Studenten unserer Parteischule müssen dieses Problem unbedingt beachten. Wir müssen unbedingt eine zentralisierte, einheitliche Partei aufbauen und mit allen prinzipienlosen Fraktionskämpfen restlos aufräumen. Wenn unsere Partei im Gleichschritt marschieren und für ein gemeinsames Ziel kämpfen soll, müssen wir unbedingt gegen den Individualismus und das Sektierertum vorgehen.

Die Kader von auswärts und die örtlichen Kader müssen sich zusammenschließen und gegen sektiererische Tendenzen vorgehen. Weil zahlreiche antijapanische Stützpunkte erst nach dem Eintreffen der Achten Feldarmee und der Neuen Vierten Armee errichtet worden sind und die Arbeit vielerorts erst nach der Ankunft der auswärtigen Kader einsetzte, muß den Beziehungen zwischen den Kadern von auswärts und den örtlichen Kadern besondere Beachtung geschenkt werden. Unsere Genossen müssen begreifen, daß unter diesen Bedingungen die Stützpunkte nur dann gefestigt werden können und unsere Partei im Gebiet der Stützpunkte Wurzeln schlagen kann, wenn sich die Kader von auswärts und die örtlichen Kader ganz fest zusammenschließen und örtliche Kader in großer Zahl ausgebildet und gefördert werden. Andernfalls ist es unmöglich. Die Kader von auswärts wie auch die örtlichen Kader haben ihre Vorzüge, aber auch ihre Mängel, und nur, wenn sie voneinander alle positiven Eigenschaften übernehmen und ihre Mängel gegenseitig ausgleichen, werden sie Fortschritte machen können. Die Kader von auswärts stehen den örtlichen Kadern gewöhnlich hinsichtlich des Vertrautseins mit den Verhältnissen und hinsichtlich der Verbindung mit den Massen nach. Ich habe es an mir selbst erfahren. Ich bin schon vor fünf oder sechs Jahren nach Nord-Shensi gekommen, aber was meine Kenntnis der hiesigen Verhältnisse sowie meine Verbindung mit der hiesigen Bevölkerung betrifft, so bin ich dem Genossen Gao Gang weit unterlegen. Unsere Genossen, die nach Shansi, Hopei, Shantung und in andere Gebiete gehen, wo sich antijapanische Stützpunkte befinden, müssen dieses Problem unbedingt beachten. Nicht nur das – auch innerhalb eines Stützpunktes gibt es wegen der unterschiedlichen Entwicklung seiner einzelnen Gebiete Unterschiede zwischen den Kadern von

auswärts und den örtlichen Kadern: Kader, die aus relativ fortgeschrittenen Gebieten in relativ rückständige gehen, stellen dort auch eine Art auswärtige Kader dar und müssen dem Problem der Unterstützung der örtlichen Kader besondere Beachtung schenken. Im allgemeinen sind die Kader von auswärts überall dort, wo sie die Führung übernommen haben, auch hauptsächlich dafür verantwortlich zu machen, wenn sich die Beziehungen zu den örtlichen Kadern ungünstig gestalten. Aber in noch stärkerem Maße werden diejenigen Genossen verantwortlich gemacht, die die Führungsspitze innehaben. Gegenwärtig wird diesem Problem überall noch viel zu wenig Aufmerksamkeit zugewandt, und manche Leute betrachten die örtlichen Kader mit Geringschätzung und machen sich über sie lustig, indem sie sagen: »Was verstehen denn schon die Einheimischen? Diese Tölpel!« Solche Leute verkennen völlig die Bedeutung der örtlichen Kader, erkennen weder deren Vorzüge noch ihre eigenen Mängel und nehmen eine falsche, sektiererische Haltung ein. Alle Kader von auswärts sollen die örtlichen Kader unbedingt in Schutz nehmen und sie stets unterstützen; sie dürfen sich nicht über sie lustig machen oder gegen sie angehen. Natürlich müssen die örtlichen Kader ihrerseits auch die Vorzüge der Kader von auswärts studieren und sich von ihren eigenen falschen, kleinlichen Ansichten freimachen, um sich mit den Kadern von auswärts eng zusammenzuschließen, eins mit ihnen zu werden und die Tendenz zum Sektierertum zu überwinden.
Ebenso verhält es sich mit den Beziehungen zwischen den Arbeitskadern der Armee und den örtlichen Arbeitskadern. Beide müssen sich eng zusammenschließen und gegen sektiererische Tendenzen vorgehen. Die Kader der Armee müssen die örtlichen Kader unterstützen, während die örtlichen Kader ihrerseits die Kader der Armee unterstützen müssen. Wenn Zwistigkeiten auftreten, sollen sich beide Seiten entschuldigen und sich einer strengen Selbstkritik unterziehen. Im allgemeinen sind die Kader der Armee überall dort, wo sie wirklich die führende Stellung einnehmen, auch hauptsächlich dafür verantwortlich zu machen, wenn sich die Beziehungen zu den örtlichen Kadern ungünstig gestalten. Es ist notwendig, daß die Kader der Armee zuallererst zur Einsicht ihrer Verantwortung gebracht werden, so daß sie sich den örtlichen Kadern gegenüber bescheiden verhalten. Nur so können die Voraussetzungen für ein günstiges Fortschreiten der Militär- und Aufbauarbeiten in den Stützpunkten geschaffen werden.
Mit den Beziehungen zwischen den einzelnen Truppenteilen, den einzelnen Gebieten und den einzelnen Arbeitsabteilungen verhält es sich ebenso. Auch hier muß die partikularistische Tendenz, sich nur um sich

selbst, nicht aber um die anderen zu kümmern, bekämpft werden. Solche Menschen, die sich den Schwierigkeiten anderer gegenüber gleichgültig verhalten, anderen die benötigten Kader verweigern oder ihnen untaugliche Leute schicken, die Schuld auf andere schieben und an andere Abteilungen, Gebiete und Menschen überhaupt nicht denken, nennt man Partikularisten. Das bedeutet, daß sie den kommunistischen Geist ganz und gar verloren haben. Nichtbeachtung der allgemeinen Lage, völlige Gleichgültigkeit gegenüber anderen Abteilungen, anderen Gebieten und anderen Menschen – das sind die charakteristischen Merkmale dieser Partikularisten. Solche Menschen müssen in verstärktem Maße erzogen werden, damit sie verstehen, daß dies eine sektiererische Tendenz ist, die, wenn sie sich weiterentwickelt, eine große Gefahr bildet.

Ein weiteres Problem stellen die Beziehungen zwischen den alten und den neuen Kadern dar. Seit dem Beginn des Widerstandskampfes ist unsere Partei bedeutend gewachsen, und es sind viele neue Kader dazugekommen. Das ist ein sehr erfreuliches Zeichen. Genosse Stalin hat im Rechenschaftsbericht an den XVIII. Parteitag der KPdSU (B)[11] gesagt: »[. . .] die alten Kader (sind) stets gering an Zahl, es gibt ihrer weniger als nötig, und sie beginnen bereits teilweise, kraft elementarer Naturgesetze, aus der Arbeit auszuscheiden.«[12] Damit gibt er sowohl eine Erklärung der Kadersituation als auch eine naturwissenschaftliche Erklärung. Ohne eine breite Zusammenarbeit zwischen den neuen und den alten Kadern in unserer Partei werden wir unsere Aufgabe nicht erfüllen können. Deshalb müssen alle alten Kader die neuen Kader aufs wärmste willkommen heißen und sich um sie kümmern. Gewiß haben die neuen Kader ihre Mängel, sie nehmen noch nicht lange an der Revolution teil, es fehlt ihnen noch an Erfahrung, und unter ihnen gibt es manche, die noch einen Schwanz der schädlichen Ideologie der alten Gesellschaft, Überreste kleinbürgerlichen, individualistischen Denkens, mit sich schleppen. Aber diese Mängel können durch Erziehung und revolutionäre Stählung allmählich beseitigt werden. Ihre Vorzüge bestehen, wie Stalin gesagt hat, in einem feinen Gefühl für das Neue und einem entsprechend hohen Grad von Begeisterungsfähigkeit und Aktivität[13]; gerade in diesem Punkt sind ihnen manche alten Kader unter-

[11] Gehalten am 10. März 1939.

[12] Vgl. Stalin, Rechenschaftsbericht an den XVIII. Parteitag über die Arbeit des ZK der KPdSU (B), in: »Fragen des Leninismus«, S. 716.

[13] A.a.O., S. 717: »[. . .] drittens überquellen (die jungen Kader) vom Gefühl für das Neue, eine wertvolle Eigenschaft jedes bolschewistischen Funktionärs, und viertens wachsen sie und schulen sich in so raschem Tempo, entwickeln sich so stürmisch, daß die Zeit nicht fern ist, da sie die Alten eingeholt haben, als Gleichwertige an ihre Seite treten und eine ihrer würdige Ablösung sein werden.«

legen. Die neuen und die alten Kader müssen sich gegenseitig achten, voneinander lernen, die positiven Eigenschaften voneinander übernehmen und sich ihre Mängel gegenseitig korrigieren, damit sie sich zur Durchführung ihrer gemeinsamen Aufgaben zusammenschließen und alle sektiererischen Tendenzen unterbinden. Im allgemeinen sind die alten Kader überall dort, wo sie die Führung übernommen haben, auch hauptsächlich dafür verantwortlich zu machen, wenn sich die Beziehungen zu den neuen Kadern ungünstig gestalten.

Die obengenannten Beziehungen zwischen Teil und Ganzem, zwischen Individuum und Partei, zwischen Kadern von auswärts und örtlichen Kadern, zwischen Kadern der Armee und örtlichen Kadern, zwischen den einzelnen Truppeneinheiten, zwischen den einzelnen Gebieten, zwischen dieser Arbeitsabteilung und jener Arbeitsabteilung sowie zwischen alten Kadern und neuen Kadern – all das sind Wechselbeziehungen innerhalb der Partei. Auf allen diesen Gebieten müssen der kommunistische Geist gefördert und sektiererische Tendenzen unterbunden werden, daß unsere Partei ihr Ziel, Geschlossenheit der Reihen und gleicher Schritt, erreicht und dadurch dem Kampf zum Erfolg verhilft. Das ist ein sehr wichtiges Problem, das restlos gelöst werden muß, wenn wir den Arbeitsstil in der Partei verbessern wollen. Das Sektierertum ist eine der Erscheinungen des Subjektivismus in organisatorischer Beziehung. Wenn wir den Subjektivismus ablehnen und den Geist marxistisch-leninistischer Sachlichkeit fördern wollen, müssen wir die sektiererischen Überreste innerhalb der Partei beseitigen und von dem Prinzip ausgehen, daß die Interessen der Partei über den Privat- und Teilinteressen stehen, damit die Partei zu völliger Geschlossenheit und Einheit gelangt.

Die Überreste des Sektierertums müssen nicht nur in den Beziehungen innerhalb der Partei, sondern auch in den äußeren Beziehungen der Partei ausgemerzt werden – und zwar aus folgendem Grund: Es ist unmöglich, den Feind zu besiegen, wenn wir lediglich alle Parteigenossen zusammenschließen, er kann erst dann besiegt werden, wenn wir das ganze Volk zusammenschließen. Die KPCh hat in den letzten zwanzig Jahren eine mühevolle, gewaltige Arbeit zum Zusammenschluß des ganzen Volkes geleistet; seit dem Beginn des Widerstandskampfes sind die Erfolge darin noch größer geworden. Aber das heißt keinesfalls, daß alle unsere Genossen im Verhalten zu den Volksmassen den richtigen Stil anwenden oder frei von sektiererischen Tendenzen sind. Nein, ein Teil der Genossen zeigt durchaus noch sektiererische Tendenzen, manche sogar in sehr bedenklichem Maße. Viele unserer Genossen gefallen sich darin, sich vor Nichtkommunisten zu brüsten, geringschätzig auf andere herabzusehen, und sind nicht bereit, sie zu achten und ihre Vorzüge zu erkennen. Das sind sektiererische Tendenzen. Diese Genossen werden nach dem Lesen einiger marxistischer Bücher nicht bescheidener, sondern nur noch hochmütiger, behaupten ständig, die anderen taugten nichts, und sind sich nicht klar darüber, daß sie selber in Wirklichkeit alles nur halb verstehen. Unsere Genossen müssen die eine Wahrheit begreifen, daß nämlich die Zahl der Mitglieder der Kommunistischen Partei stets kleiner sein wird als die der Nichtkommunisten. Gesetzt den Fall, auf 100 Menschen käme jeweils ein Mitglied der Kommunistischen Partei, dann würden auf die 450 Millionen Einwohner Chinas 4,5 Millionen Mitglieder der Kommunistischen Partei entfallen. Selbst wenn wir eine so hohe Zahl erreichten, würden die Mitglieder der Kommunistischen Partei doch erst ein Prozent ausmachen, während 99 Prozent Nichtkommunisten wären. Was hätten wir also für Gründe, nicht mit den Parteilosen zusammenzuarbeiten? Wir haben die Pflicht, mit all denen zusammenzuarbeiten, die mit uns zusammenarbeiten wollen und mit uns zusammenarbeiten können, und haben nicht das geringste Recht, sie zurückzustoßen. Aber ein Teil der Parteimitglieder begreift diesen Grundsatz nicht, sieht auf diejenigen, die mit uns zusammenarbeiten wollen, geringschätzig herab und stößt sie sogar zurück. Das entbehrt jeder Grundlage. Haben uns etwa Marx, Engels, Lenin und Stalin irgendwelche Gründe gegeben? Durchaus nicht. Im Gegenteil, sie haben uns immer ermahnt, uns eng mit den Massen zu verbinden und uns nicht von den Massen zu lösen. Oder hätte uns das Zentralkomitee der KPCh Gründe dafür gegeben? Durchaus nicht. Unter allen Beschlüssen des Zentralkomitees gibt es nicht einen einzigen, der besagte, daß wir uns von den Massen lösen und isolieren sollen. Im Gegenteil, das Zentralkomitee ruft uns ständig dazu auf, uns eng mit den Massen zu verbinden und uns nicht von den Massen zu lösen. Es gibt daher keinerlei Rechtfertigung für Handlungen, die uns den Massen entfremden, und nur die von einem Teil unserer Genossen selbstgeschaffenen sektiererischen Anschauungen haben den Spuk erzeugt. Weil solches Sektierertum bei einem Teil der Genossen noch in sehr ernster Form zutage tritt und der Verwirklichung der Parteilinie im Wege steht, müssen wir in der Partei eine breite, speziell auf dieses Problem gerichtete Erziehungsarbeit leisten. Zuerst müssen wir unsere Kader dazu bringen, den Ernst dieses Problems richtig zu verstehen, und ihnen begreiflich machen, daß es nie gelingen kann, den Feind zu schlagen und die Ziele der Revolution zu erreichen, wenn sich die Mitglieder der KP nicht mit den parteilosen Kadern und anderen Personen außerhalb der Partei verbünden.

Alles sektiererische Denken ist subjektivistisch und entspricht nicht den wirklichen Forderungen der Revolution, deshalb muß der Kampf gleichzeitig gegen das Sektierertum und gegen den Subjektivismus geführt werden.
Auf das Problem des schablonenhaften Stils in der Partei kann ich heute nicht eingehen; wir werden es auf einer anderen Versammlung erörtern[14]. Der schablonenhafte Stil in der Partei ist ein Abladeplatz für allerlei Unrat, eine Erscheinungsform des Subjektivismus und Sektierertums. Er schadet den Menschen und ist der Sache der Revolution abträglich. Wir müssen ihn beseitigen.
Wenn wir den Subjektivismus bekämpfen wollen, dann müssen wir den Materialismus und die Dialektik propagieren. Aber in unserer Partei gibt es noch viele Genossen, die der Propagierung des Materialismus sowie der Dialektik keinerlei Bedeutung beimessen. Manche Genossen lassen es geschehen, daß andere den Subjektivismus propagieren und drücken sogar beide Augen zu. Diese Genossen bilden sich ein, an den Marxismus zu glauben, geben sich aber trotzdem keine Mühe, den Materialismus zu propagieren. Wenn sie etwas Subjektivistisches hören oder sehen, denken sie nicht darüber nach und äußern sich auch nicht dazu. Ein solches Verhalten ist eines Kommunisten unwürdig. Das ist der Grund, weswegen viele Genossen das Gift subjektivistischen Denkens in sich aufnehmen und Lähmungserscheinungen zeigen. Deshalb müssen wir in der Partei eine Aufklärungsbewegung entfalten, um den Geist unserer Genossen von der subjektivistischen und dogmatischen Verdüsterung zu befreien und die Genossen zum Widerstand gegen Subjektivismus, Sektierertum und schablonenhaften Stil in der Partei aufzurufen. Es verhält sich mit diesen Dingen wie mit japanischen Waren: Weil nur unser Feind daran interessiert ist, daß wir diesen Schund behalten, um uns weiterhin im Zustand der Blindheit zu belassen, deshalb müssen wir zum Widerstand dagegen aufrufen, wie wir auch japanische Waren boykottieren[15]. Wir müssen allem widerstehen, was den Charakter des Subjektivismus, des Sektierertums und des schablonenhaften Parteistils trägt, um deren Verkauf auf dem Markt zu

[14] Vgl. Maos Rede ›Gegen den schablonenhaften Parteistil‹ vom 8. 2. 1942, in: »Ausgewählte Werke«, Bd. III, S. 55 ff. (»Über den Parteischematismus«).
[15] Der Boykott japanischer Waren war in der ersten Hälfte des 20. Jhs. eine vom chinesischen Volk wiederholt angewandte Methode des Kampfes gegen die Aggression des japanischen Imperialismus. Beispielsweise boykottierte das chinesische Volk japanische Waren während der Periode der patriotischen Bewegung des 4. Mai 1919, nach den Ereignissen des 18. September 1931 (als nach dem Zwischenfall von Mukden die Mandschurei von China losgelöst wurde) und während der Periode des antijapanischen Widerstandskampfes. (i. Orig.)

erschweren, und dürfen sie das niedrige theoretische Niveau in der Partei nicht ausnützen lassen, um Absatz für sich zu finden. Zu diesem Zweck müssen wir den Geruchssinn unserer Genossen verfeinern und sie alles mit eigener Nase prüfen lassen, ob es gut oder schlecht ist, um danach erst zu entscheiden, ob sie es annehmen oder ablehnen. Die Mitglieder der Kommunistischen Partei müssen bei allem erst nach dem »Warum« fragen, es sich durch den Kopf gehen lassen und genau prüfen, immer wieder darüber nachdenken, ob es der Wirklichkeit entspricht und tatsächlich vernünftig ist, aber sie dürfen keinesfalls blindlings folgen und die sklavische Unterwürfigkeit fördern.

Schließlich müssen wir bei unserem Kampf gegen den Subjektivismus, das Sektierertum und den schablonenhaften Stil in der Partei zwei Grundsätze beachten. Erstens: »Für das Vergangene strafen als Lehre für die Zukunft«, und zweitens: »Die Krankheit heilen, um den Menschen zu retten.« Begangene Fehler sollen ohne Ansehen der Person aufgedeckt werden, alles, was an der Vergangenheit tadelnswert ist, soll wissenschaftlich analysiert und kritisiert werden, damit die künftige Arbeit sorgfältiger und besser ausgeführt wird. Das ist der Sinn des Satzes »Für das Vergangene strafen als Lehre für die Zukunft«. Aber wenn wir Fehler aufdecken und Mängel kritisieren, geschieht das mit derselben Absicht, die der Arzt bei der Heilung einer Krankheit verfolgt, nämlich den Menschen zu retten, nicht ihn zu Tode zu kurieren. Wenn jemand an Blinddarmentzündung erkrankt, so entfernt der Arzt den Blinddarm, und der Mensch ist gerettet. Wenn ein Mensch Fehler begangen hat und nun nicht etwa seine Krankheit verbirgt, sich vor dem Arzt drückt und in seinen Fehlern beharrt, so daß ihm schließlich gar nicht mehr geholfen werden kann, sondern wenn er ehrlich und aufrichtig eine Heilung und eine Besserung wünscht, dann werden wir ihn willkommen heißen, seine Krankheit heilen und ihn zu einem guten Genossen machen. Auf keinen Fall kann man ein gutes Resultat erzielen, wenn man nur um einer augenblicklichen Genugtuung willen einfach eine Tracht Prügel verabreicht. Ideologischen und politischen Krankheiten darf man nicht mit einer schroffen Haltung begegnen, sondern soll »die Krankheit heilen, um den Menschen zu retten« – das ist die richtige und wirksame Methode.

Ich habe die heutige Eröffnung der Parteischule zum Anlaß für diese langen Ausführungen genommen, und ich hoffe, die Genossen werden darüber nachdenken. (Stürmischer Beifall.)

3. Reden zur Literatur und Kunst[1]

2. Mai 1942

a) Einleitende Worte

Genossen! Wir haben Sie heute zu einer Konferenz eingeladen, deren Ziel es ist, mit Ihnen Meinungen auszutauschen zur Untersuchung der Beziehungen zwischen der literarischen und künstlerischen Tätigkeit und der allgemeinen revolutionären Arbeit, um eine richtige Entwicklung der revolutionären Literatur und Kunst sowie eine noch bessere Unterstützung der übrigen revolutionären Tätigkeit durch die revolutionäre Literatur und Kunst anzustreben, damit wir so unseren nationalen Feind niederschlagen und die Aufgabe der nationalen Befreiung erfüllen.
In unserem Kampf für die nationale Befreiung Chinas gibt es verschiedene Fronten, man könnte etwa sagen, eine zivile und eine militärische Front, d. h. also eine Kulturfront und eine Front der Kampfhandlungen. Den Feind zu besiegen, das müssen wir zuerst den Heereseinheiten überlassen, die das Gewehr in der Hand halten. Aber diese Heereseinheiten allein sind nicht genug, wir brauchen auch noch Streitkräfte der Kultur, die man für den eigenen Zusammenschluß und die Niederkämpfung des Feindes keinesfalls unterschätzen darf. Seit dem ›Vierten Mai‹ haben sich in China solche Streitkräfte formiert, die der chinesischen Revolution geholfen haben, so daß die feudale Kultur Chinas und die den imperialistischen Aggressionen dienende Kompradorenkultur

[1] Die Konferenz (AW: »Aussprache«) in Yen-an über Literatur und Kunst im Mai 1942 war einberufen worden, um im Rahmen der Rektifizierungsbewegung in der Partei die Rolle der Literatur und Kunst in der chinesischen Revolution zu untersuchen und zu bestimmen. Die Bedeutung dieser Konferenz und der beiden Ansprachen Maos (»Einleitende Worte« und »Schlußfolgerungen« s. u.) geht weit über diesen Anlaß hinaus, noch in den sechziger und für die siebziger Jahre gelten diese Äußerungen Maos als Richtschnur für literarisches und künstlerisches Schaffen, sie gehören somit in die Reihe der Dokumente, die die Kulturrevolution bestimmt haben.

immer mehr an Boden verloren und ihre Kräfte geschwächt wurden. Heute nun können die Reaktionäre nur noch mit dem Mittel der »Quantität gegen Qualität« der neuen Kultur entgegentreten, d. h., was die Reaktionäre haben, ist Geld. Sie bringen zwar nichts Gutes zuwege, aber sie können sich ein Bein ausreißen[2], um viel zu produzieren. An der kulturellen Front seit dem ›Vierten Mai‹ sind Literatur und Kunst ein wichtiger und erfolgreicher Abschnitt gewesen. Die Bewegung für revolutionäre Literatur und Kunst hat sich in der Zeit des zehnjährigen Bürgerkrieges breit entfaltet. Diese Bewegung und der revolutionäre Krieg jener Zeit waren in der allgemeinen Richtung einig, aber in der wirklichen Arbeit hatten sie noch keine Gemeinsamkeit entwickelt, weil nämlich die Reaktionäre jener Zeit diese beiden brüderlichen Kampfgruppen voneinander isoliert hatten. Nach Ausbruch des Widerstandskrieges gegen Japan sind immer mehr revolutionäre Literaten und Künstler nach Yen-an und in die antijapanischen Stützpunkte gekommen, und das ist eine gute Sache. In den Stützpunkten angekommen heißt aber noch lange nicht, mit den dort lebenden Volksmassen schon ganz und gar vereinigt zu sein. Wollen wir die revolutionäre Arbeit vorantreiben, dann müssen wir diese beiden dazu bringen, sich ganz und gar zusammenzuschließen. Wenn wir heute die Konferenz abhalten, dann wollen wir, daß Literatur und Kunst wirklich ein zugehöriges Teilstück des Gesamtmechanismus der Revolution werden, eine starke Waffe, mit der wir das Volk zusammenschließen, es erziehen, den Feind schlagen und ihn vernichten, um dem Volk zu helfen, daß es eines Sinnes und Geistes gegen den Feind kämpfe. Welche Probleme nun müssen wir, um dieses Ziel zu erreichen, lösen? Ich meine, es sind die folgenden Probleme: die Frage des Standpunktes der Literaten und Künstler, die Frage ihrer inneren Einstellung, die Frage, an wen sich ihre Arbeit wenden soll, sowie die Fragen der Arbeit und des Studiums.

Die Frage des Standpunktes. Wir stehen auf dem Standpunkt des Proletariats und der breiten Massen. Für ein Mitglied der Chinesischen Kommunistischen Partei heißt das eben, daß er auf dem Standpunkt der Partei stehen soll, dem Standpunkt der Parteilichkeit und der Politik der Partei. Gibt es unter unseren Literaten und Künstlern noch solche, deren Auffassungen in dieser Frage nicht richtig oder nicht klar sind? Meiner Meinung nach gibt es sie. Viele Genossen kommen immer wieder von ihrem richtigen Standpunkt ab.

Die Frage der inneren Einstellung. Einen Standpunkt einhalten heißt, eine konkrete Einstellung zu verschiedenen konkreten Dingen gewinnen.

[2] Übersetzung für *pin-ming* in AW III, 76, wtl. »Sein Leben aufs Spiel setzen«.

Zum Beispiel, soll man preisen oder entlarven? Das ist die Frage der inneren Einstellung. Welche Einstellung brauchen wir denn nun? Ich sage, wir brauchen beide, die Frage ist nur, wem gegenüber.
Es gibt drei Kategorien von Menschen, den Feind, den Verbündeten an der Einheitsfront und die Unsrigen, diese letzteren sind die Massen und ihre Avantgarde. Gegenüber den Feinden, dem japanischen Imperialismus und allen Feinden des Volkes ist es die Pflicht der revolutionären Literaten und Künstler, deren Grausamkeit und Falschheit zu entlarven und die Unvermeidlichkeit ihrer Niederlage aufzuweisen, Armee und Volk im Widerstandskampf dazu anzuspornen, daß sie eines Sinnes und Geistes und entschlossen die Japaner schlagen. Gegenüber all den verschiedenartigen Verbündeten der Einheitsfront muß unsere Einstellung die der Einigkeit, der Kritik sowie der Einigkeit und Kritik je auf verschiedene Weise sein. Ihren Widerstandskampf müssen wir loben, und wenn sie etwas vollbringen, müssen wir sie auch loben. Wenn aber ihr Widerstandskampf nicht positiv ist, müssen wir sie kritisieren. Und wenn einige gegen die Kommunisten und gegen das Volk angehen und fort und fort den Weg der Reaktion beschreiten wollen, dann müssen wir ihnen entschlossen entgegentreten. Gegenüber den Volksmassen schließlich, der Arbeit und dem Kampf des Volkes, den Kampfeinheiten des Volkes und der Partei des Volkes müssen wir natürlich voll des Lobes sein. Auch das Volk weist Mängel auf. Im Proletariat gibt es noch zahlreiche Menschen, die ein kleinbürgerliches Denken bewahren[3], die Bauern und die städtische Kleinbourgeoisie haben alle ihre rückständigen Ansichten, und das alles belastet sie im Kampf. Wir müssen sie lange Zeit hindurch geduldig erziehen, ihnen helfen, das Bündel, das sie auf dem Rücken tragen, abzuwerfen und mit ihren eigenen Fehlern und Mängeln fertig zu werden, so daß sie mit großen Schritten vorankommen. Im Verlauf des Kampfes haben sie sich schon geändert oder sie tun es gerade, unsere Literatur und Kunst sollten den Vorgang dieser ihrer Änderung schildern. Wenn sie nicht gerade hartnäckig an ihren Fehlern festhalten, dann sollten wir nicht bloß auf das einzelne schauen und sie ungerechterweise lächerlich machen oder gar als Feinde ansehen. Was wir über sie schreiben, sollte sie dazu bringen, sich zusammenzuschließen, Fortschritte zu machen, eines Sinnes und Geistes vorwärtszustürmen, alles

[3] Dies kann als Hinweis dafür gelten, wieweit mit dem »Proletariat« dessen Avantgarde, d. h. die mittleren und höheren Kader der Partei gemeint sind, in deren Reihen »noch kleinbürgerliches Denken bewahrt« sein kann. Das wird noch deutlicher in einer Aussage der Rede »gegen den schablonenhaften Parteistil«, wonach »eine sehr große Anzahl der Parteimitglieder [. . .] aus der kleinbürgerlichen Schicht hervorgegangen« ist, vgl. AW III, S. 58.

Rückständige abzutun und das Revolutionäre in sich zu entwickeln; es darf keineswegs das Gegenteil davon bewirken.
Die Frage, wem die Arbeit gilt, ist die Frage nach dem Publikum für die Werke der Literatur und Kunst. Im Grenzgebiet der Provinzen Shensi, Kansu, Ninghsia und in allen antijapanischen Stützpunkten Nord- und Mittelchinas verhält es sich mit dieser Frage anders als in den Gebieten unter der Herrschaft der Kuomintang und erst recht anders als in Schanghai vor dem Widerstandskrieg. In der Schanghai-Periode war ein Teil der Studenten, der Angestellten und Handlungsgehilfen der Hauptabnehmer für Werke der Literatur und Kunst. In den Gebieten unter Kuomintang-Herrschaft hat sich nach Beginn des Krieges dieser Kreis etwas erweitert, aber grundsätzlich sind es immer noch diese Personen, weil die Regierung dort die Arbeiter, Bauern und Soldaten von der revolutionären Kunst und Literatur fernhält. In unseren Stützpunkten ist das ganz anders. Das Publikum für Werke der Literatur und Kunst in den Stützpunkten sind die Arbeiter, Bauern, Soldaten und die revolutionären Kader. In den Stützpunkten gibt es auch Studierende, aber diese Studierenden sind wieder verschieden von jenen des alten Typs, entweder sind es Kader schon von früher her oder künftige Kader. Alle die Kader, Soldaten der kämpfenden Truppe, Fabrikarbeiter und Bauern aus den Dörfern möchten, wenn sie Schriftzeichen können, ein Buch oder die Zeitung lesen, und wenn sie keine Schriftzeichen können, so möchten sie doch Theatervorstellungen oder Bilder sehen, singen und Konzerte hören, sie eben sind das Publikum für unsere Werke der Literatur und Kunst. Nehmen wir einmal die Kader. Sie müssen nicht glauben, die Zahl dieser Menschengruppe sei klein, sie ist viel größer als die der Leser für ein neu herausgekommenes Buch in den Kuomintang-Gebieten. Dort hat ein Buch für eine Auflage in der Regel nur 2000 Exemplare, und drei Auflagen machen auch nur 6000 Stück aus, aber von den Kadern der Stützpunkte sind des Lesens Kundige allein in Yen-an über 10000. Außerdem sind viele von diesen Kadern altbewährte Revolutionäre, sie kommen aus ganz China, sie werden auch zur Ausübung ihrer Tätigkeit in verschiedene Gebiete gehen, darum ist eine Erziehungsarbeit für diese Menschen von allergrößter Bedeutung. Unsere Literaten und Künstler sollten das Beste für sie leisten.
Da also diejenigen, an die sich die Werke der Literatur und Kunst wenden, Arbeiter, Bauern, Soldaten und deren Kader sind, entsteht die Frage, wie man sie recht verstehen und mit ihnen vertraut werden kann. Um aber alle diese Menschen recht zu verstehen und mit ihnen vertraut zu werden, um alle Menschen und alle Situationen in den Parteiorganen,

in den Dörfern und Fabriken, in der Achten und der Neuen Vierten Feldarmee[4] zu verstehen und mit ihnen vertraut zu werden, muß man sehr viel tun. Unsere Literaten und Künstler müssen selbstverständlich ihre eigene literarische und künstlerische Arbeit leisten, eine solche Bemühung um Verständnis und Vertrautheit mit diesen Menschen ist jedoch die Arbeit, die Vorrang hat. Wie verhielten sich denn unsere Literaten und Künstler früher dazu? Ich meine, früher war es so, daß sie nichts wirklich kannten, nichts verstanden, wie Helden, die keine Gelegenheit haben, ihre kriegerische Tüchtigkeit zu zeigen. Was ist es, womit sie nicht wirklich vertraut sind? Die Menschen sind es, mit denen sie nicht vertraut sind. Die Literaten und Künstler kennen weder den Gegenstand ihrer Darstellung noch diejenigen, die ihre Kunst aufnehmen sollen, sie sind ihnen sogar völlig fremd. Weder sind unsere Literaten und Künstler vertraut mit den Arbeitern, den Bauern, den Offizieren und Mannschaften noch mit ihren Kadern. Und was ist es, das sie nicht verstehen? Die Sprache verstehen sie nicht, d. h., sie ermangeln einer angemessenen Kenntnis der reichen und lebendigen Sprache der Volksmassen. Auf Grund ihrer Entfremdung von den Massen und ihres inhaltlosen Lebens verstehen viele Literaten und Künstler die Sprache des Volkes natürlich nicht, und deshalb zeigt sich nicht nur, daß ihre Werke sprachlich farblos sind, sondern sie bringen auch immerfort künstliche, der Volkssprache entgegengesetzte und ganz ungereimte Worte und Wendungen hinein. Viele Genossen reden gern von der »Hinwendung zu den Massen«, aber was soll das bedeuten? Doch wohl dies, daß das Denken und Fühlen unserer Literaten und Künstler mit dem Denken und Fühlen der Massen der Arbeiter, Bauern und Soldaten eines werden. Wer das zu einer Einheit fassen will, muß eben die Sprache der Massen ernsthaft studieren. Wenn einem sogar von der Sprache der Massen vieles ganz unverständlich ist, von was für einem künstlerischen Schaffen ist dann die Rede? Mit dem Ausdruck Helden, die keine Gelegenheit haben, ihre kriegerische Tüchtigkeit zu zeigen, meine ich, daß all eure großen Weisheiten von den Massen nicht gewürdigt werden. Spielt vor den Massen nur die Rolle eines Veteranen oder eines »Helden«, und sie werden all das Zeug, je mehr ihr es verkaufen wollt, desto weniger abnehmen. Wenn ihr wollt, daß die Massen euch verstehen, wenn ihr mit den Massen eines werden wollt, dann müßt ihr euch ein Herz fassen und eine langfristige, ja schmerzhafte Umerziehung durchmachen.

[4] Eigtl. »Routen-Armee«, das war die Bezeichnung für die kommunistischen Truppen nach dem Zusammenschluß mit der KMT, die Achte Armee operierte im Norden, die Neue Vierte im unteren Yangtsegebiet.

An dieser Stelle kann ich von den Erfahrungen bei der Änderung meiner eigenen inneren Haltung erzählen. Ich bin auch aus der Reihe der Studierenden hervorgegangen, auf der Schule kultivierte ich mein Gebaren als Studierender, und in Gegenwart einer Schar von Studenten, die grundsätzlich nichts über der Schulter und nichts in der Hand tragen können, meinte ich, es sei unschicklich, auch nur eine kleine Verrichtung zu machen, wie das eigene Gepäck zu tragen. Ich empfand damals, die einzigen sauberen Menschen in der Welt seien die Intellektuellen, die Arbeiter und Bauern erschienen mir alle ziemlich dreckig. Das Gewand eines Intellektuellen konnte ich auch von anderen tragen, weil ich meinte, es sei sauber; die Sachen von Arbeitern und Bauern hätte ich nie angezogen, weil ich meinte, sie seien dreckig. Als die Revolution kam und ich mit Arbeitern, Bauern und Soldaten der revolutionären Armee zusammenlebte, da wurde ich nach und nach vertraut mit ihnen und sie mit mir. Dann, und erst dann, änderte ich meine bürgerliche und von der Schule anerzogene bürgerliche und kleinbürgerliche innere Haltung. Wenn ich dann die noch nicht innerlich gewandelten Intellektuellen mit Arbeitern und Bauern verglich, fühlte ich, daß die Intellektuellen nicht mehr die Sauberen waren, sondern die Arbeiter und Bauern, und obgleich ihre Hände schwarz und an ihren Füßen Kuhmist war, so waren sie doch sauberer als die bürgerlichen Intellektuellen. Das nennt man die Wandlung einer inneren Haltung und den Übergang von einer Klasse in eine andere[5]. Wenn unsere aus der Intelligenz stammenden Literaten und Künstler wollen, daß die Massen sich ihrer Werke erfreuen, dann müssen sie ihr Denken und Fühlen einer Wandlung unterziehen und ganz umstellen. Ohne eine solche Wandlung und Umstellung werden sie nichts Brauchbares oder Ordentliches hervorbringen.
Die letzte Frage betrifft das Studium, damit will ich sagen, das Studium des Marxismus-Leninismus und der Gesellschaft. Einer, der sich selbst als marxistischen revolutionären Schriftsteller bezeichnet oder gar Parteimitglied und Schriftsteller ist, muß Kenntnisse über den Marxismus-Leninismus haben. Aber es gibt da einige Genossen, die die Thesen vom Marxismus nur sehr mangelhaft kennen. Eine Grundthese des Marxismus ist z. B., daß das Sein das Bewußtsein bestimmt, d. h., die objektive Wirklichkeit des Klassenkampfes und des nationalen Kampfes

[5] Hier ist unmißverständlich zum Ausdruck gebracht, daß man ein »Proletarier« *werden* kann durch Änderung der Mentalität. Folglich kann auch im »Proletariat« immer wieder eine andere Mentalität durchschlagen, die es zu bekämpfen gilt. Die »Diktatur des Proletariats« ist also die Herrschaft der Rechtdenkenden, die Bourgeoisie, bei aller Herkunftgebundenheit von sehr Wenigen, im wesentlichen eine Gruppe von unrecht Denkenden.

bestimmt unser Denken und Fühlen[6]. Aber wir haben einige Genossen unter uns, die diese Frage auf den Kopf stellen und behaupten, daß alles von der »Liebe« herkomme. Wenn wir schon von Liebe reden, so gibt es in der Klassengesellschaft auch nur klassengebundene Liebe, aber diese Genossen möchten irgendeiner über den Klassen stehenden Liebe nachjagen, einer abstrakten Liebe sowie einer abstrakten Freiheit, einer abstrakten Wahrheit, einem abstrakten Menschentum usw. Das zeigt, daß diese Genossen einem sehr tiefen bürgerlichen Einfluß unterliegen. Sie müssen diesen Einfluß restlos ausräumen und mit reinem Herzen den Marxismus-Leninismus studieren. Literaten und Künstler müssen lernen, Werke der Literatur und Kunst zu schaffen, das ist richtig, der Marxismus-Leninismus ist aber eine Wissenschaft, die alle Revolutionäre studieren müssen, da können die Literaten und Künstler keine Ausnahme machen. Die Literaten und Künstler müssen die Gesellschaft studieren, das bedeutet, sie müssen die Klassen der Gesellschaft studieren, deren gegenseitige Beziehungen und deren jeweils eigene Lage, ihr Gesicht und ihre Mentalität. Erst wenn das alles klar ist, werden unsere Literatur und unsere Kunst reichhaltig im Inhalt und korrekt in der geistigen Orientierung sein [. . .][7].

b) Wie schreiben?

Das Leben des Volkes ist die eigentliche Fundgrube, aus welcher der Stoff für das literarische und künstlerische Schaffen geschürft wird, ein Stoff im Naturzustand, ein roher Stoff, aber zugleich der lebendigste, reichhaltigste, allem zugrunde liegende Stoff; in diesem Sinne verblaßt vor ihm jegliche Literatur und Kunst, deren unerschöpfliche und einzige Quelle er ist. Das ist die einzige Quelle, denn es kann außer ihr keine andere geben. Manche mögen fragen: Sind nicht die literarisch-künstlerischen Werke der Schriftsteller, die Werke der Literatur und Kunst

[6] Auch hier ist es weniger das Sein einer Klassenlage als der Klassenkampf, also der Prozeß einer Revolution, der das Bewußtsein bestimmt; damit kommt eine Dynamisierung zur Geltung, die eine Tendenz zur Betonung der Bewußtseinsfaktoren, also des Überbaus enthält.

[7] Drei Wochen später nahm der Parteivorsitzende nach langen und anscheinend lebhaften Debatten noch einmal das Wort. Dieses Schlußwort ist ausführlicher als die Einleitung und behandelt zahlreiche Einzelfragen, die sich aus den Grundsätzen der Einleitung ergaben. Darüber hinaus stand vor allem die Frage der Hebung des Niveaus und der Popularisierung zur Debatte, die, Mao zufolge, keinen Gegensatz bilden, sondern einander bedingen. Die nachfolgenden Abschnitte b) und c) sind Stücke aus dem Schlußwort vom 23. 5. 1942. Vgl. im übrigen AW III, S. 81–110.

vergangener Epochen und fremder Länder auch eine solche Quelle? Nein, in Wirklichkeit sind die Literatur- und Kunstwerke der Vergangenheit keine Quelle, sondern ein Strom, sie sind das, was unsere Vorfahren oder Ausländer aus dem literarischen und künstlerischen Rohstoff schufen, den ihnen das Leben des Volkes zu ihrer Zeit beziehungsweise in ihrem Land lieferte. Wir müssen das Beste aus dem literarischen und künstlerischen Erbe übernehmen, uns daraus kritisch alles Nützliche aneignen und es als Beispiel heranziehen, wenn wir das aus dem Volksleben unserer Zeit und unseres Landes gewonnene Rohmaterial für Literatur und Kunst schöpferisch verarbeiten. Es ist ein Unterschied, ob wir ein solches Beispiel besitzen oder nicht. Davon hängt ab, ob das Werk des Schriftstellers oder Künstlers vollendet oder ungeschliffen, erlesen oder plump sein wird, ob es auf einem hohen oder einem niedrigen Niveau stehen wird, ob der Verfasser es rasch oder langsam schafft. Deshalb können wir auf keinen Fall darauf verzichten, die Werke der alten und der ausländischen Schriftsteller und Künstler, sogar der feudalen oder bürgerlichen Klasse, als Erbe zu übernehmen und als Beispiel für unsere Arbeit heranzuziehen. Aber die Übernahme eines Erbes und seine Heranziehung als Beispiel darf keineswegs das eigene Schaffen ersetzen; das eigene Schaffen kann niemals ersetzt werden. Die kritiklose Übernahme oder blinde Nachahmung von Werken alter oder ausländischer Autoren ist unfruchtbarster, schädlichster Dogmatismus in Literatur und Kunst. Alle revolutionären Schriftsteller und Künstler Chinas, die zu großen Hoffnungen berechtigenden Schriftsteller und Künstler müssen unter die Massen gehen; sie müssen für eine lange Zeit vorbehaltlos mit Leib und Seele in den Massen der Arbeiter, Bauern und Soldaten untertauchen, sich ins heißeste Kampfgetümmel werfen, zu der einzigen so mächtig und reich sprudelnden Quelle vordringen, um die Menschen, die Klassen, die Volksmassen, alle lebendigen Formen des Lebens und des Kampfes, das ganze Ausgangsmaterial für das literarisch-künstlerische Schaffen zu beobachten, zu erleben, zu studieren und zu analysieren. Dann erst können sie in den Prozeß der schöpferischen Arbeit eintreten. Andernfalls wird ihre eigene Arbeit gegenstandslos sein, und man wird nur ein Scheinliterat oder Scheinkünstler sein [...]

Was ist die Popularisierung und Hebung des Niveaus von Literatur und Kunst? In welcher Beziehung stehen diese beiden Aufgaben zueinander? Populäre Werke sind einfacher und leichter verständlich, und deshalb werden sie heute von den breiten Volksmassen bereitwillig aufgenommen. Die Werke mit höherem Niveau sind verfeinerter; deshalb ist es schwerer, sie zu schaffen, und im allgemeinen schwerer, sie unter den breiten Volksmassen von heute rasch zu verbreiten. Vor unseren Arbeitern, Bauern und Soldaten steht nun folgendes Problem: Sie stehen in einem erbitterten, blutigen Kampf gegen den Feind, sind aber infolge der langen Herrschaft der Feudalklasse und der Bourgeoisie Analphabeten und ungebildete Menschen, verlangen daher dringend nach einer breiten Aufklärungsbewegung, nach Bildung und Wissen, nach Werken der Literatur und Kunst, nach all dem, was sie so sehr und in leichtfaßlicher Form benötigen, damit ihr Kampfgeist und ihre Siegeszuversicht gehoben und ihre Einheit gestärkt werden, so daß sie einmütig den Kampf gegen den Feind führen können. Ihnen sollen wir, als Erstes, nicht »auf den Brokat noch Blumen sticken«, sondern »bei Schneewetter Kohle schicken«. Deshalb ist unter den gegenwärtigen Bedingungen die Popularisierung die vordringlichere Aufgabe. Es wäre ein Fehler, diese Aufgabe geringzuschätzen oder zu übersehen.

Popularisierung und Hebung des Niveaus können jedoch nicht scharf voneinander getrennt werden. Es geht nicht nur darum, daß einige der besten Werke schon heute Massenverbreitung finden können, sondern auch darum, daß das kulturelle Niveau der breiten Massen ununterbrochen steigt [...] Das Volk fordert eine Popularisierung, doch gefolgt von einer Niveauhebung; es fordert, daß Jahr für Jahr, Monat für Monat das Niveau gehoben wird. Hier bedeuten Popularisierung Zugänglichkeit für das Volk und Niveauhebung – Hebung des Niveaus des Volkes. Und eine solche Niveauhebung erfolgt nicht in der Luft oder hinter verschlossenen Türen, sondern auf der Grundlage der Popularisierung. Sie wird von der Popularisierung bestimmt und weist dieser zugleich die Richtung. Im Maßstab Chinas entwickeln sich die Revolution und die revolutionäre Kultur ungleichmäßig, und sie breiten sich nur allmählich aus. An der einen Stelle ist die Popularisierung und auf deren Grundlage auch die Hebung des Niveaus schon im Gange, während man an der anderen Stelle noch nicht einmal begonnen hat, Literatur und Kunst in die Massen zu tragen. Deshalb können die guten Erfahrungen, die bei der Popularisierung und der ihr folgenden Niveauhebung an einer Stelle gemacht werden, an anderer Stelle ausgenutzt werden, damit sie dort bei dieser Arbeit richtungweisend wirken und so manche Umwege und Irrwege ersparen [...] Also geht bei uns die Hebung des Niveaus auf der Grundlage der Popularisierung vor sich, während sich die Popularisierung von der Niveauhebung leiten läßt. Eben deswegen ist die Popularisierung, die wir meinen, nicht nur kein Hindernis für die Niveauhebung, sondern sie bietet vielmehr die Grundlage für die gegenwärtig in begrenztem Umfang geleistete Arbeit zur Hebung des Niveaus und bereitet die unerläßlichen Bedingungen für einen in der Zukunft weit größeren Umfang dieser Arbeit vor.

c) Schlußfolgerungen

[...] Wir haben zahlreiche Genossen, die sich über den Unterschied zwischen dem Proletariat und der Kleinbourgeoisie immer noch nicht ganz klar sind. Es gibt zahlreiche Parteimitglieder, die zwar organisatorisch in die Partei eingetreten sind, ideologisch aber noch nicht ganz oder sogar überhaupt nicht. Die Köpfe solcher ideologisch noch nicht in die Partei eingetretenen Leute sind noch voll vom Unrat der Ausbeuterklasse, sie wissen im Grunde gar nicht, was proletarisches Denken, was Kommunismus und was die Partei ist. Sie denken: was heißt hier proletarisches Denken, ist das nicht dieser alte Kram? Woher sollten sie auch wissen, daß es gar nicht leicht ist, diesen alten Kram zu meistern? Einige Leute gewinnen ein Leben lang nicht die Statur eines kommunistischen Parteimannes, sie können nur noch damit Schluß machen und die Partei verlassen. Deshalb müssen wir, wenn wir die revolutionäre Bewegung noch besser entfalten und noch schneller vollenden wollen – auch wenn der größere Teil aus den Reihen unserer Partei und den Kampfeinheiten ohne Makel ist –, ideologisch und organisatorisch alles gründlich in Ordnung bringen. Und wenn wir organisatorisch neu ordnen wollen, müssen wir auch ideologisch neu ordnen[8], also einen geistigen Kampf zwischen Proletariat und Nicht-Proletariat entfachen; in den Kreisen der Literaten und Künstler in Yen-an ist ein solcher geistiger Kampf schon im Gange, und das ist sehr notwendig. Menschen, die aus der Kleinbourgeoisie hervorgegangen sind, werden mit allen Mitteln, auch literarischen und künstlerischen, stets beharrlich sich selbst darstellen, ihre eigenen Anschauungen propagieren und fordern, daß man die Partei und die ganze Welt nach den Gesichtspunkten der kleinbürgerlichen Intellektuellen umgestalte. Bei einer solchen Sachlage besteht unsere Aufgabe darin, ihnen mit lauter Stimme zuzurufen: Genossen, euer Konzept ist unmöglich, das Proletariat kann sich niemals euch anpassen, denn sich auf euch zu stützen, also in Wirklichkeit auf die Großgrundbesitzer und Großkapitalisten, das bedeutet Gefahr des Untergangs für die Partei und für das Land. Auf wen allein kann man

[8] Chinesisch immer *dscheng-dun,* »Reform, Korrektur«, das Schlagwort der großen Parteireform, die in demselben Jahr durchgeführt wurde.

sich stützen? Nur nach den Merkmalen der Avantgarde des Proletariats ist es möglich, Partei und Welt umzubilden. Wir hoffen, daß die Genossen aus Literatur und Kunst den ganzen Ernst dieser großen Debatte erkennen und sich aktiver an diesem Kampf beteiligen, damit jeder einzelne Genosse gesund werde und damit sich unsere Reihen ideologisch und organisatorisch wirklich zusammenschließen und fest werden.
Weil es ideologisch so viele Probleme gibt, sind zahlreiche Genossen unter uns, die noch nicht ganz klar unterscheiden können zwischen unseren revolutionären Stützpunkten und den Gebieten unter Kuomintang-Herrschaft und die daher noch viele Fehler machen. Viele Genossen sind aus den Hintertreppenkammern Schanghais gekommen[9]; aus den Hintertreppenkammern in die revolutionären Stützpunkte kommen heißt nicht nur von einem Ort an einen anderen hinüberwechseln, sondern auch von einer Epoche in eine andere übertreten. Die eine wird repräsentiert von der halbfeudalen und halbkolonialen Gesellschaft der Klasse der großen Grundherren und der Großbourgeoisie, die andere von der revolutionären neudemokratischen Gesellschaft unter kommunistischer Führung. Im revolutionären Stützpunkt betritt man eine Epoche, wie es sie in Chinas vieltausendjähriger Geschichte noch nicht gegeben hat, in der die Volksmassen die Macht ausüben. Die Menschen, die uns umgeben, das Gegenüber, an das wir unsere Propaganda richten, sind ganz und gar andere geworden. Die frühere Epoche ist schon ganz und ohne Wiederkehr vergangen. Darum müssen wir uns mit den neuen Massen vereinigen, da kann es kein Zaudern geben. Wenn einzelne Genossen in der Umgebung der neuen Massen immer noch jenen gleichen, von denen ich das letzte Mal gesprochen habe, die »nicht vertraut« sind, »nichts verstehen«, »Helden, die keine Gelegenheit haben, ihre militärische Tüchtigkeit zu zeigen«, dann werden sich, wenn sie auf die Dörfer gehen, Schwierigkeiten ergeben, und wenn sie nicht auf die Dörfer gehen, werden sie auch in Yen-an auf Schwierigkeiten stoßen. Einige Genossen denken: ich schreibe immer noch für die Leser im »großen Hinterland«[10], das ist mir vertraut und das hat »gesamtnationale Bedeutung«. Solche Überlegungen sind ganz verkehrt. Das »große Hinterland« wird sich auch wandeln müssen, und die Leser aus dem »großen Hinterland« müssen nun nicht von den Schriftstellern aus den revolutio-

[9] Ärmliche Studentenbuden mit niedriger Miete, die typische Lebensumgebung für die junge und mehr oder weniger arbeitslose Intelligentsia jener Zeit (i. Orig.).
[10] Während des Krieges nannte man die von der KMT beherrschten Gebiete das »große« und die unter kommunistischer Herrschaft stehenden Gebiete das »kleine Hinterland« – gegenüber der von den Japanern okkupierten Zone in Nord- und Ostchina (i. Orig.).

nären Stützpunkten alle die alten, längst bis zum Überdruß gehörten Geschichten vernehmen, sie hoffen vielmehr, daß die Schriftsteller aus den revolutionären Gebieten ihnen von den neuen Menschen und der neuen Welt erzählen. Je mehr ein Werk also für die Massen in den revolutionären Gebieten geschrieben ist, desto größer ist seine gesamtnationale Bedeutung [...] China schreitet voran und nicht rückwärts, was China vorwärts führt, sind die revolutionären Stützpunkte und nicht rückständige Gebiete, die zurückfallen. Genossen, die in der Umerziehung stehen[11], müssen diese grundlegende Frage begreifen.

Und da man mit der Epoche der neuen Masse zusammenwachsen muß, muß auch die Frage des Verhältnisses von Individuum und Masse eine gründliche Klärung erfahren. Die beiden Gedichtzeilen von Lu Hsün: »Mit zornigen Brauen und kalt trete ich vor den (erhobenen) Finger des hohen Herrn, mit gebeugtem Kopf und willig diene ich als Wasserbüffel dem Kind«[12], müssen unser Merkspruch werden. Der »hohe Herr« bezeichnet hier den Feind, vor dem wir uns auf keinen Fall beugen, wie böse er auch sei. Das »Kind« steht hier für das Proletariat und die große Masse des Volkes. Alle Mitglieder der Kommunistischen Partei, alle Revolutionäre und alle revolutionären Literatur- und Kunstschaffenden müssen dem Beispiel Lu Hsüns nacheifern und dem Proletariat und den Volksmassen zum »Büffel« werden, tief gebückt und sich aufopfernd bis über den Tod hinaus. Die Intellektuellen, die mit den Massen eins werden und ihnen dienen wollen, müssen einen Prozeß durchmachen, bei dem man sich gegenseitig kennenlernen muß. Dieser Prozeß kann und wird auch gewiß viele Härten und viel Aufreibendes mit sich bringen [...]

[11] Eigentlich »Reform ihres Arbeitsstils« *Dscheng-dun dso-feng*, vgl. Anm. 8. Die hier gebrauchte Kurzform *Dscheng-feng* ist zur Bezeichnung der ganzen Bewegung geworden, die als ein erstes Beispiel für »Kulturrevolution« im maoistischen Sinn verstanden werden kann, vgl. auch den Titel des 2. Textes s. o. S. 340.

[12] Das Gedicht trägt das Datum 12. Oktober 1932 und den Titel »Sich selbst zum Spott« (Lu Hsüns Werke Bd. VII):
Ich habe nun Verbindung zum hohen Ministerium, was soll's noch mehr?
Ich kann mich nun nicht mehr ändern, bin ich doch schon angeeckt.
Mit zerrissener Mütze und verdecktem Gesicht gehe ich durch das Gewühl der Stadt,
mit leckem Boot und ein wenig Wein treibe ich mittstrom dahin.
Zornig und kalt weisen die hohen Herren mit ihren Fingern gegen mich,
(diese Zeile ist von Mao, vielleicht bewußt, in einem ganz anderen Sinn zitiert!),
mit gebeugtem Kopf und willig diene ich als Wasserbüffel dem Kind.
Heimlich trete ich in meine Hütte und bin wieder eins mit mir
und denke nur an Winter und Sommer, an Frühling und Herbst.

4. Der Bankrott der idealistischen Geschichtsauffassung

16. September 1949

Die Chinesen sollten dem Sprecher der amerikanischen Bourgeoisie Acheson[1] nicht nur deshalb zu Dank verpflichtet sein, weil er sich offen zu der Tatsache bekannt hat, daß Amerika Geld und Gewehre liefert und Tschiang Kaischek die Leute stellt, die für Amerika Krieg führen und Chinesen töten, und weil er damit den fortschrittlichen Elementen in China die Möglichkeit gibt, die Rückständigen mit klaren Beweisen zu überzeugen. Nicht wahr, seht nur hin: Acheson hat es selbst eingestanden, dieser große blutige Krieg der letzten Jahre, der einige Millionen Chinesen das Leben gekostet hat, war vom amerikanischen Imperialismus planvoll organisiert und ausgeführt worden. – Die Chinesen sollten Acheson auch nicht nur deshalb zu Dank verpflichtet sein, weil er öffentlich erklärt hat, sie [die Amerikaner] wollten sogenannte »demokratisch-individualistische« Elemente in China zusammenbringen, um eine amerikanische Fünfte Kolonne zu organisieren und die von der Kommunistischen Partei Chinas geführte Volksregierung zu stürzen: dadurch hat er die Aufmerksamkeit der Chinesen erregt, besonders jener, die liberalistisch gefärbt sind, so daß sie sich verabreden, den Amerikanern nicht auf den Leim zu gehen, und sich überall vor den verschwörerischen Aktionen der amerikanischen Imperialisten hüten, die insgeheim betrieben werden. – Die Chinesen sollten Acheson auch noch dafür dankbar sein, daß er seiner Phantasie über die neuere Geschichte Chinas freien Lauf gelassen hat, und dabei ist der historische Standpunkt Achesons genau der, den auch eine Gruppe chinesischer Intellektueller vertritt, nämlich die bürgerliche und idealistische Geschichtsauffassung.

[1] Dean Acheson, amerikanischer Außenminister unter Präsident Truman, Herausgeber eines amerikanischen Weißbuches zur Frage der amerikanisch-chinesischen Beziehungen, »United States Relations with China 1944—1949«, Washington D.C., 1949.

Wenn man also Acheson widerlegt, gewinnt man die Möglichkeit, sehr viele Chinesen dazu zu bringen, aus einer Erweiterung ihres Gesichtsfeldes Nutzen zu ziehen. Und jenen Leuten, die die gleiche Geschichtsauffassung wie Acheson oder ein in gewissen Punkten gleiches vertreten, kann man einen vielleicht noch größeren Nutzen erweisen.
Was ist das nun für eine Neuere Geschichte Chinas, die Acheson sich da zusammengesponnen hat? Zu allererst versucht er, die Entstehung der chinesischen Revolution aus der wirtschaftlichen und ideologischen Situation heraus zu erklären. Dabei erzählt er allerlei Märchen.
Acheson schreibt: »Im 18. und 19. Jahrhundert vermehrte sich die Bevölkerung Chinas um das Doppelte, das führte zu einem unerträglichen Bevölkerungsdruck auf das Land. Das Ernährungsproblem war das erste Problem, auf das jede Regierung unweigerlich stoßen mußte. Bis heute aber gab es keine einzige Regierung, die eine Lösung dieses Problems zustande gebracht hätte. Die Kuomintang schrieb viele Gebote zu einer Landreform in ihre Gesetzbücher und glaubte, mit dem Problem auf diese Art und Weise fertig zu werden. Manche dieser Gebote mißlangen, andere wurden ignoriert. Ein wesentlicher Grund für die gegenwärtige Notlage der Nationalregierung ist das Fehlen einer ausreichenden Lebensmittelversorgung für China. So besteht ein Großteil der kommunistischen Propaganda aus Versprechungen, entschlossen das Bodenproblem lösen zu wollen.«
Chinesen, denen die Sachlage nicht klar ist, will das plausibel erscheinen. Die Bevölkerung ist zu groß, es gibt zu wenig zu essen, daraus entsteht eine Revolution. Die Kuomintang hat das Problem nicht gelöst, und auch von der Kommunistischen Partei ist nicht zu sehen, wie sie das Problem lösen kann, »bis heute gab es keine einzige Regierung, die eine Lösung dieses Problems zustande gebracht hätte«.
Liegt der Grund für die Entstehung einer Revolution etwa in der Übervölkerung? Rührten alle die Revolutionen in alter und neuer Zeit, in China und in anderen Ländern von einer Übervölkerung her? Sind die recht häufigen Revolutionen in der jahrtausendealten Geschichte Chinas etwa auch von einer Übervölkerung herzuleiten? Und war auch dafür etwa ein Bevölkerungsüberschuß verantwortlich, daß vor 174 Jahren Amerika gegen England Revolution machte? Das historische Wissen Achesons ist gleich Null, nicht einmal die amerikanische Unabhängigkeitserklärung hat er gelesen. Washington und Jefferson haben gegen England eine Revolution gemacht, weil die Engländer die Amerikaner unterdrückten und ausbeuteten und nicht wegen irgendeines amerikanischen Bevölkerungsüberschusses. Und daß das chinesische Volk zu

wiederholten Malen seine eigenen feudalistischen Dynastien gestürzt hat, geschah nicht wegen irgendeines Bevölkerungsüberschusses, sondern weil diese feudalistischen Dynastien das Volk unterdrückten und ausbeuteten. Die Februarrevolution und die Oktoberrevolution des russischen Volkes richteten sich gegen die Unterdrückung und Ausbeutung durch den russischen Zaren und die russische Bourgeoisie und entstanden nicht aus irgendeiner Übervölkerung Rußlands, dessen Territorium bis heute noch ein Vielfaches der Bevölkerung fassen kann. Weil das Territorium der Mongolei so groß, die Bevölkerung aber so klein ist, sollte man nach der Theorie Achesons nicht für möglich halten, daß es hier zu einer Revolution kommen könnte, und doch ist sie bereits zu einem recht frühen Zeitpunkt ausgebrochen[2].

Nach der Theorie von Acheson gibt es keinen Ausweg für China, die Bevölkerung von 475 Millionen Menschen stellt einen »unerträglichen Druck« dar und das ist, ob mit oder ohne Revolution, absolut hoffnungslos. Hier gibt aber Acheson einer großen Hoffnung Ausdruck, die er zwar nicht ausspricht, die aber aus vielen amerikanischen Journalistenkreisen wiederholt bekannt geworden ist, daß nämlich die angebliche Unfähigkeit der Kommunistischen Partei Chinas, die eigenen wirtschaftlichen Probleme zu lösen, China für immer ins Chaos stürzen werde, und daß nur dann ein Ausweg gegeben sei, wenn es sich auf das Mehl Amerikas verlasse, d. h. also sich zur amerikanischen Kolonie verwandelt haben werde.

Warum blieb die Revolution von 1911 ohne Erfolg, warum konnte sie das Ernährungsproblem nicht lösen? Doch nur deswegen, weil die Revolution von 1911 eine Regierung der Tjing-Dynastie gestürzt, nicht aber die imperialistische und feudalistische Unterdrückung und Ausbeutung beseitigt hatte.

Warum war der Nordfeldzug (1927) nicht von Erfolg gekrönt, warum brachte er keine Lösung des Ernährungsproblems? Deswegen, weil Tschiang Kaischek der Revolution den Rücken kehrte, vor dem Imperialismus kapitulierte und zum konterrevolutionären Anführer der Unterdrückung und Ausbeutung wurde.

Hat es denn wirklich »bis heute keine einzige Regierung gegeben, die eine Lösung dieses Problems zustande gebracht hätte«? Will man etwa sagen, daß es in den längst befreiten Gebieten im Nordwesten, im Norden, im Nordosten und Osten Chinas, wo die Bodenfrage gelöst ist, noch so etwas wie das von Acheson beschriebene »Ernährungsproblem« gibt?

[2] Bildung der Mongolischen Volksrepublik nach der Vertreibung der weißrussischen Truppen 1920.

Da sind doch nicht wenige amerikanische Spione und sogenannte Beobachter in China, warum haben sie nicht auch schon diese Sache ausspioniert? Das Problem der Arbeitslosigkeit, also das Ernährungsproblem von Schanghai und anderen Gebieten, ist ganz und gar das Ergebnis der grausamen und unerbittlichen Unterdrückung und Ausbeutung durch den Imperialismus, den Feudalismus, den bürokratischen Kapitalismus und die reaktionäre Kuomintang-Regierung. Unter der Volksregierung bedarf es nur weniger Jahre, dann kann das Problem der Arbeitslosigkeit und damit das Ernährungsproblem hier genauso wie im Norden, Nordosten und in anderen Gebieten vollauf gelöst werden.

Es ist eine äußerst vorteilhafte Sache, daß China solche Bevölkerungsmassen besitzt. Selbst wenn die Bevölkerung noch um ein Vielfaches steigen sollte, wird es in jedem Fall eine Lösung geben, diese Lösung heißt Produktion. Die Irrlehren westlicher bürgerlicher Wirtschaftswissenschaftler wie z. B. die eines Malthus, daß die Zunahme der Nahrungsmittel nicht mit dem Bevölkerungswachstum Schritt halten könne, wurden nicht nur theoretisch längst von Marxisten klar und sauber widerlegt, sondern auch die Wirklichkeit in der nachrevolutionären Sowjetunion und in den befreiten Gebieten Chinas hat das Gegenteil bewiesen. Gestützt auf die Wahrheit, daß Revolution plus Produktion das Ernährungsproblem lösen könne, hat das Zentralkomitee der Kommunistischen Partei den Parteiorganisationen und der Volksbefreiungsarmee im ganzen Land bereits befohlen, die alten Mitarbeiter der Kuomintang durchweg in ihren Stellungen zu behalten und nicht zu entlassen, sofern sie auf einem Gebiet expert und nicht nachweisbar reaktionär eingestellt sind oder einen schlechten Ruf haben. In ganz schlimmen Notzeiten müssen wir die Nahrung gleichmäßig aufteilen und die Häuser gemeinsam bewohnen. Diejenigen, die bereits entlassen sind und keinen Lebensunterhalt mehr haben, sollen ihren Lebensunterhalt zurückbekommen und mit Lebensmitteln versorgt werden. Auch die Überläufer der Kuomintang-Armee und die Gefangenen sollen nach diesem Grundsatz gleichermaßen aufgenommen werden. Genauso muß man allen reaktionären Elementen, die nicht zu den Hauptschuldigen gehören, einen Lebensweg öffnen, wenn sie nur ihre Vergehen bereuen.

Der Mensch ist das Wertvollste, was es auf der Erde gibt. Unter der Führung der Kommunistischen Partei kann, sofern nur Menschen da sind, jedes unter Menschen mögliche Wunder vollbracht werden. Wir sind erklärte Gegner der konterrevolutionären Theorien Achesons, wir glauben daran, daß die Revolution alles ändern kann, daß in nicht allzu langer Zeit ein neues China mit einer großen Bevölkerung, einer reichen

Warenproduktion, mit Lebensüberfluß und blühender Kultur heraufkommen wird, alle pessimistischen Meinungen entbehren jeder Grundlage.

»Der Einfluß des Westens«, das ist der zweite Grund, mit dem Acheson den Ausbruch der chinesischen Revolution erklärt. Acheson schreibt: »Chinas eigene hochentwickelte Kultur wurde in ihrer mehr als dreitausendjährigen Entwicklung im wesentlichen von keinem von außen kommenden Einfluß berührt. Selbst wenn die Chinesen mit Waffengewalt unterworfen wurden, so konnten sie die Eindringlinge schließlich doch selbst bezwingen und assimilieren. Deswegen konnten sie sich natürlich als Mittelpunkt der ganzen Welt betrachten und in sich selbst den höchsten Ausdruck einer zivilisierten Menschheit sehen. In der Mitte des 19. Jahrhunderts durchbrach der Westen die Mauer der Isolierung Chinas, die vorher unüberwindlich war. Die Eindringlinge brachten einen Pioniergeist, die auf der ganzen Welt einzig dastehende, hochentwickelte westliche Technik und eine noch von keinem Eindringling je zuvor nach China hineingetragene hochentwickelte Kultur mit sich. Teils wegen dieser Eigenschaften, teils wegen des Verfalls der Mandschu-Herrschaft, wurden die Leute aus dem Westen nicht nur von China nicht assimiliert, sondern sie führten auch noch viele neue Ideen ein, diese neuen Ideen hatten wichtige Auswirkungen, sie erregten Unruhen und Friedlosigkeit.«

Chinesen, denen die Sachlage nicht klar ist, will auch dies von Acheson Vorgebrachte plausibel erscheinen. Die neuen Ideen des Westens drangen nach China ein und führten zur Revolution.

Gegen wen hat sich die Revolution denn überhaupt gerichtet? Lediglich weil aufgrund »des Verfalls der Mandschu-Herrschaft« der Angriff sich gegen die schwächsten Punkte richtete, war dies eine Revolution gegen die Tjing-Dynastie. Hier stimmt aber, was Acheson sagt, nicht mehr. Denn die Hsin-hai-Revolution von 1911 war gegen den Imperialismus gerichtet. Die Chinesen mußten eine Revolution gegen die Tjing-Dynastie machen, weil sie ein Lakai des Imperialismus war. Der Krieg gegen die englische Opiumaggression (1839–42), der Krieg gegen die Aggression der verbündeten Heere Englands und Frankreichs (1856–60), der Krieg des Taiping-Reiches gegen die Tjing-Dynastie (1850–64), den Lakaien des Imperialismus, der Krieg gegen die französische Aggression (1884–85), der Krieg gegen die japanische Aggression (1894–95), der Krieg gegen die verbündeten Heere der acht Staaten (1900–01), sie endeten alle in einer Niederlage, danach erfolgte noch die Hsin-hai-

Revolution (1911) gegen die Tjing-Dynastie, den Lakaien des Imperialismus, und das war die neuere Geschichte Chinas bis 1911. Was aber ist dieser »Einfluß des Westens«, von dem Acheson spricht? Das ist die von Marx und Engels im »Kommunistischen Manifest« von 1848 erwähnte Terrormethode, mit der die westliche Bourgeoisie die Welt nach ihrem eigenen Bilde verändern will. Im Verlauf dieser Einflußnahme bzw. des Umwandlungsprozesses brauchte die westliche Bourgeoisie Handelsagenten (Kompradoren) und Sklaven, die mit den westlichen Sitten wohlvertraut waren, und sie war deshalb gezwungen, Staaten wie China die Eröffnung von Schulen und die Verschickung von Studenten ins Ausland zu gestatten, eben um nach China »viele neue Ideen einzuführen«. In der Folge entstanden dann aber auch in China und ähnlichen Staaten eine nationale Bourgeoisie und ein Proletariat. Zugleich führte das auch zum Ruin des Bauerntums und zur Entstehung eines breiten Halbproletariats. Auf diese Weise schuf die westliche Bourgeoisie im Osten zwei Menschentypen: eine Minderheit, nämlich fremdländisch gesinnte Sklaven, die dem Imperialismus hörig sind, und eine Mehrheit, nämlich die gegen den Imperialismus kämpfenden Klassen der Arbeiter, der Bauern, der städtischen Kleinbourgeoisie, und der nationalen Bourgeoisie sowie die aus diesen Schichten stammenden Intellektuellen, sie alle sind die von ihm selbst herangezogenen Totengräber des Imperialismus, und die Revolution wird eben von diesen Menschen in Gang gesetzt. Es ist nicht so, daß das Eindringen irgendwelcher westlicher Ideen »Unruhen und Friedlosigkeit« erregt hätte, sondern es ist die imperialistische Aggression gewesen, die den Widerstand herausgefordert hat.

Die Chinesen hatten während dieser Widerstandsbewegung für einen langen Zeitraum, nämlich vom Opiumkrieg 1840 bis zum Vorabend der Bewegung vom 4. Mai 1919, also mehr als 70 Jahre hindurch, keinerlei ideologische Waffe, mit der sie gegen den Imperialismus hätten kämpfen können. Als die ideologischen Waffen des erstarrten alten Feudalismus zerschlagen waren und nicht mehr standhalten konnten, mußte man den Bankrott des alten China erklären. Es gab keine andere Möglichkeit, die Chinesen sahen sich gezwungen, aus der Waffenkammer der Epoche der bürgerlichen Revolutionen des Westens, der Heimat des Imperialismus, solche ideologischen Waffen und politischen Rezepte aufzunehmen wie die Evolutionstheorie, die Naturrechtslehre, die Theorie von der bürgerlichen Republik, und sie begannen politische Parteien zu organisieren und Revolutionen durchzuführen in dem Glauben, man könne so nach außen den Großmächten Widerstand leisten und im

Inneren eine Republik errichten. Aber all dies war, genauso wie die ideologischen Waffen des Feudalismus, ohne jede Substanz, und wieder war es so, daß diese Waffen nicht standhalten konnten, im Kampf unterlagen und für bankrott erklärt wurden.

Es war die russische Revolution von 1917, die die Chinesen aufweckte, und sie lernten etwas Neues kennen, den Marxismus-Leninismus. Als China die Kommunistische Partei hervorbrachte, war das ein weltumstürzendes Ereignis. Sun Yatsen trat für »Rußland als Lehrer« ein, er befürwortete ein »Bündnis mit Rußland und mit der Kommunistischen Partei«[3]. Mit einem Wort, es war von diesem Zeitpunkt an, daß sich die Richtung Chinas änderte.

Weil Acheson der Sprecher einer imperialistischen Regierung ist, wollte er natürlich den Imperialismus überhaupt nicht erwähnen. Er spricht von der Aggression des Imperialismus mit den Worten: »Die Eindringlinge brachten einen Pioniergeist mit.« Seht, welch schöner Ausdruck – »Pioniergeist«. Als die Chinesen diesen »Pioniergeist« kennengelernt hatten, gingen sie nicht etwa als Pioniere nach England oder Amerika, sondern sie stifteten nur innerhalb Chinas »Unruhen und Friedlosigkeit«, das heißt, sie machten eine Revolution gegen den Imperialismus und seine Lakaien. Leider kam es nicht zu einem einzigen Erfolg, immer wurde man von den Erfindern des »Pioniergeistes«, also den Imperialisten, geschlagen. Daraufhin wandten sich die Chinesen einem anderen Studium zu, und dieses erwies sich, wie merkwürdig, als wirksam.

»Die Kommunistische Partei Chinas wurde anfangs der zwanziger Jahre unter dem ideologischen Anstoß der russischen Revolution gegründet.« Das hat Acheson richtig gesagt. Diese Ideologie war nichts anderes als der Marxismus-Leninismus. Wenn man diese Ideologie mit jener von Acheson erwähnten »noch von keinem Eindringling je zuvor nach China hineingetragenen hochentwickelten Kultur« der westlichen Bourgeoisie vergleicht, so ist sie um ein ich weiß nicht Wievielfaches höher. Dies ist der klare Erweis für ihre Wirksamkeit: kaum daß diese Kultur der westlichen Bourgeoisie, die solche Leute wie Acheson bei einem Vergleich mit der alten feudalistischen Kultur Chinas in überheblicher Manier als »hochentwickelt« ansehen kann, auf die neue Kultur des chinesischen Volkes traf, das sich den Marxismus-Leninismus angeeignet hatte und damit über eine wissenschaftliche Weltanschauung und die Theorie der sozialen Revolution verfügte, mußte sie eine Niederlage hinnehmen. Diese neue wissenschaftliche und revolutionäre Kultur, die sich die

[3] Politische Leitsätze Sun Yatsens nach der Übereinkunft mit der Sowjetunion und dem Abschluß eines Beratungsabkommens 1923.

Chinesen ganz zu eigen gemacht haben, besiegte im ersten Waffengang die Lakaien des Imperialismus, die Militärmachthaber des Nordens (1927), im zweiten überwand sie die von Tschiang Kaischek, einem weiteren Lakaien des Imperialismus, auf der 25000 *Li* weiten Route des »Langen Marsches« gegen die chinesische Rote Armee aufgebauten Hindernisse (1935), im dritten Waffengang besiegte sie den japanischen Imperialismus und seinen Helfer Wang Djingweh[4] (1945), und im vierten hat sie endlich der Herrschaft Amerikas und aller imperialistischen Staaten in China ebenso ein Ende gemacht wie der Herrschaft ihres Lakaien Tschiang Kaischek und aller reaktionären Gruppen (1949).

Das Kommen des Marxismus-Leninismus nach China hat deswegen solch große Wirkung gehabt, weil die Bedingungen der chinesischen Gesellschaft seiner bedurften, weil er mit der Praxis der Revolution des chinesischen Volkes eine Verbindung einging, und weil das chinesische Volk ihn in seine Hände genommen hat. Wenn irgendwelche Ideen nicht in einer Wechselwirkung stehen zu den Dingen der objektiven Wirklichkeit, wenn sie nicht eine objektiv gegebene Notwendigkeit sind und wenn sie nicht von den Volksmassen ergriffen werden, dann sind sie nutzlos, selbst wenn es sich um eine gute Sache oder gar um den Marxismus-Leninismus handelt. Wir sind historische Materialisten und wenden uns gegen den historischen Idealismus.

Wie ungewöhnlich merkwürdig, »sowjetische Lehren und sowjetische Praxis übten auf die Gedanken und Grundsätze von Dr. Sun Yatsen, besonders auf wirtschaftlichem Gebiet und auf dem der Parteiorganisation, einen beträchtlichen Einfluß aus«. Wie steht es denn mit dem Einfluß der »hochentwickelten Kultur« des Westens, von dem Leute wie Acheson so überheblich reden, auf Dr. Sun? Dazu sagt Acheson nichts. Mehr als die Hälfte seines Lebens suchte Dr. Sun die Wahrheiten für die Errettung seines Landes in der Kultur der westlichen Bourgeoisie, schließlich wandte er sich enttäuscht »Rußland als Lehrer« zu, war das etwa ein Zufall? Ganz gewiß nicht. Dr. Sun und das leidgeprüfte chinesische Volk, das er vertrat, wurden vom »Einfluß des Westens« dermaßen erzürnt, daß sie den Entschluß faßten, sich »mit Rußland und mit der Kommunistischen Partei zu verbünden«, um gegen den Imperialismus und seine Lakaien einen Kampf auf Leben und Tod zu führen, das ist natürlich gar nicht zufällig. Hier wagt nun Acheson nicht zu schreiben, die Menschen der Sowjetunion seien imperialistische Aggressoren ge-

[4] Wang Djingweh (1884—1944), alter Parteigänger Sun Yatsens und späterer Rivale Tschiang Kaischeks, leitete während des Krieges eine projapanische Gegenregierung in Nanking, die von den Achsenmächten anerkannt wurde.

wesen und Sun Yatsen habe von diesen Aggressoren gelernt. Nun gut, wenn Sun Yatsen von den Menschen der Sowjetunion lernen konnte und die Menschen der Sowjetunion keine imperialistischen Aggressoren waren, warum dürfen dann die Erben Sun Yatsens, die Chinesen, die nach seinem Tod leben, nicht von den Menschen der Sowjetunion lernen? Warum sagt man von den Chinesen, mit Ausnahme von Sun Yatsen, die das wissenschaftliche Weltbild und die Theorie der sozialen Revolution vom Marxismus-Leninismus gelernt haben und sie zudem mit den chinesischen Besonderheiten in Einklang bringen konnten, die den Befreiungskrieg des chinesischen Volkes und die große Revolution des Volkes in Gang gesetzt und eine Republik der demokratischen Diktatur des Volkes errichtet haben, warum sagt man von ihnen, sie stünden »unter der Kontrolle der Sowjetunion«, sie seien eine »Fünfte Kolonne der Kommunistischen Internationale« oder »Lakaien eines roten Imperialismus«? Kann es in der Welt wirklich eine so hochintelligente Logik geben?
Nachdem die Chinesen den Marxismus-Leninismus begriffen hatten, gingen sie in ihrer geistigen Einstellung von der Passivität zur Aktivität über. Mit diesem Augenblick sollte in der neueren Geschichte der Menschheit jene Periode zu Ende gehen, in der die Chinesen und ihre Kultur verachtet wurden. Der große siegreiche Befreiungskrieg des chinesischen Volkes und die große Revolution des Volkes haben die große Kultur des chinesischen Volkes bereits wiederhergestellt und sind noch dabei dies zu tun. Wenn man also vom geistigen Aspekt dieser Kultur des chinesischen Volkes spricht, so hat sie die gesamte kapitalistische Welt bereits übertroffen. Man nehme den amerikanischen Staatssekretär Acheson und seinesgleichen zum Beispiel, ihr Erkenntnisgrad bezüglich der gegenwärtigen Lage Chinas und der Lage in der Welt steht unter dem eines einfachen Soldaten der chinesischen Volksbefreiungsarmee.
Bis zu dieser Stelle (seiner Ausführungen) zeigt Acheson den Leuten mit der Pose eines bürgerlichen Universitätsprofessors, der ein belangloses Lehrbuch erklärt, er sei dabei, Ursachen und Wirkungen der Geschehnisse in China aufzuklären. Ein Grund für den Ausbruch der Revolution in China ist also der Bevölkerungsüberschuß, der andere die Herausforderung durch die westlichen Ideen. Ihr seht, er gleicht einem Kausalitäts-Theoretiker. Im weiteren verliert er auch noch diese unsinnige und falsche Kausalitätstheorie aus dem Auge, und es kommt zum Vorschein eine große Menge unfaßlich rätselhafter Geschehnisse. Ganz grundlos kämpften die Chinesen gegeneinander um Macht und Vorteile, verdächtigten und haßten einander. Eine unerklärliche Ver-

änderung ergab sich im Verhältnis der moralischen Stärke der miteinander kämpfenden Kuomintang und Kommunistischen Partei, die Moral der einen fiel jäh unter Null, während die der anderen bis zur Weißglut stieg. Was war der Grund? Niemand kennt ihn. Das ist die Logik, die der »hohen Kultur« der USA, vertreten durch Acheson, innewohnt.

5. Was loben, was bekämpfen?[1]

20. Mai 1951

Viele Autoren glauben, die Geschichte entwickle sich nicht dadurch, daß das Alte durch das Neue ersetzt wird, sondern dadurch, daß man mit allen Kräften versucht, das Alte vor seinem Untergang zu bewahren; nicht dadurch, daß die zu stürzenden herrschenden reaktionären Feudalherren durch den Klassenkampf gestürzt werden, sondern dadurch, daß man wie Wu Hsün[2] den Klassenkampf der unterdrückten Volksmassen leugnet und vor den herrschenden reaktionären Feudalherren kapituliert. Unsere Autoren haben nicht untersucht, wer in der Geschichte die Feinde waren, die das chinesische Volk unterdrückten, und ob an jenen, die sich diesen Feinden unterwarfen und ihnen dienten, überhaupt etwas lobenswert sei. Unsere Autoren haben auch nicht untersucht, welche neuen sozial-ökonomischen Formen, neuen Klassenkräfte, neuen Persönlichkeiten und neuen Ideen im Kampf gegen die alten sozial-ökonomischen Formen und deren Überbau (Politik, Kultur usw.) in den mehr als hundert Jahren seit dem Opiumkrieg von 1840 in China aufgetreten sind, um entscheiden zu können, was gelobt und besungen, was nicht gelobt und nicht besungen und was bekämpft werden soll[3].

[1] Titel nach dem hier wiedergegebenen Ausschnitt aus einem Leitartikel der Volkszeitung vom 20. Mai 1951, abgedruckt im zweiten »Roten Buch«: »Mao Tsetung über Literatur und Kunst«, Peking, im Juli 1966, S. 170 f. Der Leitartikel wandte sich gegen eine falsche Kritik an einem Film jener Zeit »Das Leben Wu Hsüns«, Mao soll, der Anmerkung im zweiten »Roten Buch« zufolge, nur diesen Absatz eingefügt haben, dem die Herausgeber später den besonderen Titel gegeben haben. Der Film hatte eine Tendenz, Mitglieder der damaligen Oberschicht zu preisen, wenn sie sich des armen Volkes annahmen, eine Tendenz, die in dem die Kulturrevolution auslösenden Theaterstück über Hai Jui auch zum Ausdruck kam. Der Leitartikel im ganzen (vgl. dazu J. Schickel: »Mao Tsetung. Der Große Strategische Plan«. S. 60 f.) und besonders dieser Einschub Maos streiten gegen eine Kritik, die die wahren Klassengegensätze nach Meinung Maos verharmloste.

[2] Wu Hsün ist eine Gestalt des 19. Jhs., die um 1950 in China diskutiert wurde, weil sie zu den »guten« Kapitalisten gehörte, so wie Hai Jui zu den »guten« Beamten gezählt wurde.

[3] Im darauf folgenden Abschnitt des Leitartikels wendet sich die Kritik gegen »gewisse Mitglieder der Kommunistischen Partei«, die zwar den Marxismus studiert haben, aber bei konkreten geschichtlichen Vorgängen unkritisch werden. Hier klingt bereits die für die spätere Kulturrevolution typische Form der Kritik an, Marxisten werden der Aufweichung ihres Marxismus geziehen. Zusammen mit anderen kritischen Äußerungen Maos wurden solche aus früheren Jahren während der sechziger Jahre wieder herausgestellt.

6. Zu Fragen des literarischen Stils[1]

1955

Anmerkung zu dem Bericht »Sekretäre ans Werk, und die Partei besorgt die Genossenschaft« aus der Umgebung von Peking vom 30. 4. 1955

[...] Endlich wollen wir dem anonymen Verfasser dieses Aufsatzes Dank sagen. Er hat mit ganzer Begeisterung, mit lebendiger Feder und ausführlich den Prozeß der Kollektivierung in einem Distrikt beschrieben, dies wird für die Sache der Kollektivierung im ganzen Land kein geringer Beitrag sein. Wir hoffen, daß es in jeder Provinz, in jeder Autonomen Region und in allen Landkreisen einen oder mehrere solcher Aufsätze geben wird.

Anmerkung zu dem Bericht »Eine gute Erfahrung bei der Reform einer Genossenschaft« aus der Provinz Fukien vom 9. 7. 1955

Dies ist eine sehr gute Erfahrung bei der Reform einer Genossenschaft, sie ist es wert, weitergereicht zu werden. Die Geburt eines neuen gesellschaftlichen Systems wird immer begleitet sein von großem Gelärme, das heißt Propagierung der Vorzüge des neuen Systems hier und Kritik an der Rückschrittlichkeit des alten Systems dort. Eine Himmel und Erde derart erschütternde Sache, bei der über 500 Millionen Bauern in ganz China die sozialistische Umgestaltung verwirklichen sollen, kann

[1] Titel laut »Mao Tsetung über Literatur und Kunst« (»Rotes Buch II«), S. 172. Die einzelnen Stücke stammen aus der dreibändigen Berichtsammlung »Sozialistischer Aufschwung in den chinesischen Dörfern« (Peking 1956). Sie sind von der Redaktion des Roten Buches II ausgewählt worden, weil sie literaturkritisch sind und ein Beispiel geben für den von Mao gewünschten »lebendigen und zusammenhängenden« Stil; diese Anmerkungen sind wie ein Bindeglied zwischen den Dokumenten 1–3 aus dem Jahr 1942 und den Kritischen Anmerkungen im Dok. 9 s. u.

nicht wie bei Windstille und spiegelglatter See vor sich gehen, sie verlangt von uns Kommunisten, daß wir unter den breiten Massen der Bauern, die das schwere Paket des alten Systems auf dem Rücken tragen, eine geduldige, lebendige und leicht zu begreifende Propaganda- und Erziehungsarbeit durchführen. Gegenwärtig wird überall in China eine solche Arbeit durchgeführt, und sie hat viele Genossen in Erscheinung treten lassen, die auf dem Land arbeiten und sich ausgezeichnet auf die Propaganda verstehen. Die in diesem Aufsatz beschriebenen »vier Gegenüberstellungen und fünf Aufrechnungen« sind eine ausgezeichnete Methode, um den Bauern klarzumachen, welches System gut und welches schlecht ist, so daß sie es bei einem Hinhören schon begreifen können. Diese Methode hat eine starke Überzeugungskraft. Sie gleicht nicht jener von einigen für die Propagandaarbeit untüchtigen Genossen, die nur in grob verkürzender Weise die Alternative aufstellen: »Entweder ihr geht den Weg der Kommunistischen Partei, oder ihr geht den Weg Tschiang Kaischeks«, und die nur mit einer großen Mütze jedes Hinhören auf die Massen zudecken wollen und nichts in Händen halten, womit sie die Menschen aktivieren, sondern hier wird mit den Erfahrungen der Bauern an Ort und Stelle eine saubere Analyse angestellt, die sich auf die Bauern bezieht, das hat alles eine starke Überzeugungskraft.

Anmerkung zu dem Bericht »Politische Arbeit an einer Produktionsgenossenschaft« aus der Provinz Kueichou vom 10. 11. 1954

Dieser Aufsatz ist gut geschrieben, er sollte an alle Landkreis- und Distriktkomitees sowie Gemeindezweigstellen der Partei und der Massenorganisationen weitergegeben werden, und alle Produktionsgenossenschaften sollten danach handeln. Der Verfasser dieses Aufsatzes kennt die Parteilinie, was er sagt, ist vollkommen zutreffend. Auch der Stil ist gut, man kann alles mit einem Blick begreifen, er enthält keinerlei Parteijargon. Hier möchte ich die Leser zu beachten bitten, daß viele unserer Genossen, wenn sie Aufsätze schreiben, gar zu sehr den Parteijargon schätzen, sie schreiben unlebendig und ohne Plastik, so daß man beim Lesen Kopfschmerzen bekommt. Auch legen sie keinen Wert auf Grammatik und Wortwahl, sie bevorzugen eine halb schriftsprachliche, halb umgangssprachliche Form, manchmal füllen sie die Seiten mit leerem Geschwätz, manchmal wieder setzen sie alles auf eine knappe und altertümliche Form, es ist ganz, als hätten sie sich vorgenommen, dem Leser Pein zu bereiten. Unter den in dieses Buch aufgenommenen über 170

Aufsätzen sind nicht wenige, die einen überquellenden Parteijargon an sich haben. Erst nach mehreren Umarbeitungen konnte man sie halbwegs lesen. Trotzdem sind immer noch einige Schriftstücke dabei, die dunkel und unverständlich sind. Nur der Bedeutung ihres Inhalts wegen wurden sie ausgewählt. In welchem Jahr werden wir endlich weniger vom Kopfschmerz bereitenden Parteistil zu lesen bekommen? Das verlangt von unseren Genossen, die Zeitungen und Druckschriften herausgeben, hierauf achtzugeben, den Schreibern lebendig und zusammenhängend geschriebene Aufsätze abzuverlangen und auch selbst den Schreibern aktiv bei der Umarbeitung ihrer Aufsätze zu helfen.

7. Wie soll man Gedichte schreiben?[1]

12. Januar 1957

Genosse Kodjia und die anderen Genossen:

Euer freundliches Schreiben habe ich schon längst erhalten, ich bedaure meine verspätete Antwort! Die von euch angeforderten Gedichte im alten Stil, derer ich mich noch entsinnen kann, stehen zusammen mit den von euch übersandten acht Gedichten, insgesamt also 18 Gedichte, abgeschrieben auf besonderem Blatt zu eurer Verfügung, bitte prüft sie und entscheidet.

Diese Sachen wollte ich all die Zeit über nicht regelrecht veröffentlichen, weil sie im alten Stil gehalten sind, ich war besorgt, dies könnte eine falsche Tendenz fördern[2] und die junge Generation verwirren; ferner enthalten sie nicht viel Poesie, sie haben nichts Besonderes an sich. Da ihr aber meint, man könne sie drucken, nun, dann mögt ihr die bereits abgeschriebenen Gedichte auf fehlerhafte Zeichen durchsehen und korrigieren, handelt also ganz nach eurem Gutdünken.

Lyrik zu drucken und zu verlegen ist eine gute Sache, ich wünsche ihr langes Gedeihen. Natürlich sollte man hauptsächlich im modernen Stil

[1] Titel des Herausgebers. Im »Roten Buch« (II) steht nur: »Ein Brief über Dichtung (Januar 1957)«. Der Brief wurde bereits mit der Veröffentlichung der 18 Gedichte in der Zeitschrift ›*Schi-kan*‹ (Lyrik) am 25. Januar 1957 bekannt. Die Redaktion, d.h. die im Brief angesprochenen Genossen, fügte der Veröffentlichung des Briefes noch folgende Bemerkung hinzu: »Wir veröffentlichen den Brief des Vorsitzenden Mao an die Redaktion mit seinem Einverständnis zusammen mit seinen Gedichten in dieser Ausgabe. Dieser Brief drückt mit Bezug auf Gedichte im neuen und im alten Stil und auf das Verhältnis zwischen ihnen eine klare Meinung aus. Dieser Brief ist für unsere Lyrik und Lied-Bewegung und für das Machen von Gedichten und Liedern äußerst bedeutsam.« Vgl. dazu eine 1962 in Peking herausgekommene Neuauflage der von Tsang Kodjia kommentierten Gedichte: Mao Dschuhsi schi-tsi djiang-djiä, S. 4.

[2] Dieser Satz ist von J. Schickel übernommen, vgl. seine kommentierte Übersetzung: Mao Tsetung. 37 Gedichte. Hamburg 1965. S. 52.

dichten, Gedichte im alten Stil mögen auch gelegentlich gemacht werden, aber man sollte das unter jungen Leuten nicht fördern, weil diese Formen das Denken einengen, auch sind sie nicht leicht zu erlernen. Diese Bemerkungen nur für euch zum weiteren Nachdenken. Den Genossen ein höflicher Gruß!

Mao Tsetung

8. Zum Scheinkommunismus Chruschtschows[1]

13. Juli 1964

Die nachstehenden Auszüge aus dem zu diesem Thema veröffentlichten Neunten Kommentar zum Offenen Brief der KPdSU sind dort in einem allgemeinen Zusammenhang ausdrücklich als Äußerung Maos gekennzeichnet. Sie sind später auch in das Rote Buch (»Worte des Vorsitzenden Mao«) aufgenommen worden. Inhaltlich lassen diese längeren Zitate zunächst keinen Schluß zu auf den Zusammenhang, aus dem sie stammen; sie betonen vielmehr die positiven Schlußfolgerungen für den eigenen Hausgebrauch. Darum erscheint es sinnvoll, nicht nur den Tenor des ganzen Dokuments (des Neunten Kommentars), das als solches *nicht* von Mao stammt, kurz zu skizzieren, sondern vorher auch wenigstens die Titel der acht Kommentare wiederzugeben, die einen Überblick über die Thematik des Disputs zwischen Moskau und Peking in dem Jahr vom Juli 1963 bis zum Juli 1964 geben können.

Erster Kommentar zu einem Offenen Brief des ZK der KPdSU vom 14. 7. 1963, veröffentlicht am 6. 9. 1963: *Ursprung und Differenzen zwischen der Führung der KPdSU und uns*. Zweiter Kommentar vom 13. 9. 1963: *Zur Stalinfrage*. Dritter Kommentar vom 26. 9. 1963: *Ist Jugoslawien ein sozialistischer Staat?* Vierter Kommentar vom 22. 10. 1963: *Die Verfechter des neuen Kolonialismus*. Fünfter Kommentar vom 19. 11. 1963: *Zwei Linien in der Frage von Krieg und Frieden*. Sechster Kommentar vom 12. 12. 1963: *Zwei völlig entgegengesetzte Arten der Politik der friedlichen Koexistenz*. Siebenter Kommentar vom 4. 2. 1964: *Die Führung der KPdSU ist der größte Spalter der Gegenwart*. Achter Kommentar vom 31. 3. 1964: *Die proletarische Revolution und der Revisionismus Chruschtschows*. Neunter Kommentar vom 13. 7. 1964: *Der Scheinkommunismus Chruschtschows und die historischen Lehren für die Welt*. Alle neun Kommentare sind, gesammelt in einer Publikation des Pekinger Verlags für fremdsprachige Literatur, 1965 herausgegeben worden: *Die Polemik über die Generallinie der internationalen kommunistischen Bewegung*.

Im neunten Kommentar werden mehrere Punkte des nur scheinbaren Kommunismus Chruschtschows herausgestellt, der in Wirklichkeit den Kapitalismus und das Aufkommen bürgerlicher Ideen gutheißt. Danach heißt es wörtlich: »Der ›Kommunismus‹ Chruschtschows ist seinem Wesen nach eine Variante des bür-

[1] Voller Titel: Der Scheinkommunismus Chruschtschows und die historischen Lehren für die Welt.

gerlichen Sozialismus. Für ihn bedeutet Kommunismus nicht die Abschaffung von Klassen und Klassenunterschieden, er beschreibt ihn vielmehr als eine ›Schüssel voll von Früchten der Handarbeit und der Arbeit des Geistes, die jeder erlangen kann‹. Für ihn ist der Kampf der Arbeiterklasse für den Kommunismus nicht ein Kampf um die totale Emanzipation der Arbeiterklasse und der gesamten Menschheit, er beschreibt ihn im Gegenteil als Kampf um ›einen vollen Teller Gulasch‹. Er hat nicht mehr die geringste Spur des wissenschaftlichen Sozialismus in seinem Herzen, sondern nur noch das Bild einer Gesellschaft von vulgären Bourgeois [. . .]« In einem folgenden Absatz heißt es: »Die führende revisionistische Clique leidet an derselben Krankheit wie die führende imperialistische Clique, sie sind unversöhnliche Gegner der Volksmassen, die über 90% der Bevölkerung ausmachen, sie sind daher schwach und ohnmächtig und alle beide Papiertiger [. . .]« In fünf Thesen wird Maos Rezept zur Verhütung der kapitalistischen Restauration zusammengefaßt: 1. Anwendung der dialektischen Widerspruchslehre auch auf die sozialistische Gesellschaft; 2. Der politische und ideologische Kampf gegen den kapitalistischen Weg innerhalb der sozialistischen Gesellschaft wird noch sehr lange andauern, womöglich Jahrhunderte; 3. Die Diktatur des Proletariats ist praktisch die demokratische Diktatur des Volkes (Arbeiterklasse gestützt auf das Bündnis von Arbeitern und Bauern), ihr demokratischer Zentralismus repräsentiert die größte Demokratie, die es auf der Welt geben kann; 4. Die Massenlinie ist für die sozialistische Revolution und den sozialistischen Aufbau unverzichtbar; 5. Für den sozialistischen Aufbau ist die Bündnistaktik entscheidend, man muß sich stützen auf die wirklich vertrauenswürdigen Gruppen, sich verbinden mit den Volksmassen, die mehr als 95% der Gesamtbevölkerung ausmachen, um sich geschlossen gegen die Feinde des Sozialismus wenden zu können. In diesem Zusammenhang sagt dann Mao selbst[2]:

Klassenkampf, Produktionskampf und wissenschaftliches Experiment sind die drei großen revolutionären Bewegungen für den Aufbau eines starken sozialistischen Landes, sie sind eine sichere Garantie dafür, daß die Kommunisten sich vom Bürokratismus freihalten, den Revisionismus und Dogmatismus vermeiden und auf ewig unbesiegbar bleiben, sie bieten eine zuverlässige Garantie dafür, daß das Proletariat sich mit den breiten Massen der Werktätigen zusammenschließen und die demokratische Diktatur verwirklichen kann. Wenn man andernfalls die Grundherren, die reichen Bauern, die Konterrevolutionäre, die kriminellen Elemente und anderes Gezücht (ochsenköpfige Dämonen und schlangenleibige Geister) gleichzeitig hervorkommen läßt, wenn unsere Kader dann nicht achtgeben und nicht fragen und viele nicht einmal mehr zwischen dem Feind und uns eine Trennungslinie ziehen, sondern sich mit ihm zusammentun, wenn sie vom Feind korrumpiert und überfallen, zersetzt und durcheinandergebracht werden, wenn sie in seine

[2] Der nachfolgende erste Absatz war, dem »Roten Buch« zufolge, ursprünglich eine Bemerkung zu Arbeitsberichten über die Teilnahme von Kadern an der Produktionsarbeit in der Provinz Chekiang vom 9. 5. 1963.

Reihen hinübergezogen und von dort andere bei uns hereingelotst werden, wenn dann auch noch viele Arbeiter, Bauern und Intellektuelle bald sanft, bald mit Härte bearbeitet werden, wenn man dies alles hingehen läßt, dann wird freilich in nicht sehr langer Zeit, wenn es wenig ist, in ungefähr zehn Jahren, höchstens in einigen Jahrzehnten, die konterrevolutionäre Restauration im ganzen Land unvermeidlich wieder hervortreten, die marxistisch-leninistische Partei wird sich bestimmt in eine revisionistische, ja in eine faschistische Partei verwandeln, und ganz China wird die Farbe wechseln.

Um zu gewährleisten[3], daß unsere Partei und unser Land ihre Farbe nicht wechseln, müssen wir nicht nur eine richtige Linie und eine richtige Politik haben, sondern wir müssen darüber hinaus viele Millionen von Menschen erziehen und heranbilden, die die Sache der proletarischen Revolution fortführen.

Bei der Frage der Heranbildung von Menschen, die die Sache der proletarischen Revolution fortführen, handelt es sich im Grunde genommen darum, ob es später Menschen geben wird, die die von der älteren Generation proletarischer Revolutionäre begonnene Sache der marxistisch-leninistischen Revolution fortsetzen, darum, ob in Zukunft die Führung unserer Partei und unseres Staates auch weiterhin fest in den Händen proletarischer Revolutionäre bleiben kann, ferner darum, ob die nächsten Generationen unserer Söhne und Enkel auf dem rechten Wege des Marxismus-Leninismus auch weiterhin fortschreiten können, also darum, ob wir in der Lage sind, eine Wiederholung des Chruschtschowschen Revisionismus in China erfolgreich zu verhindern. Das ist, mit einem Wort, die alles entscheidende Schicksalsfrage für unsere Partei und unseren Staat, bei der es um Leben und Tod, um Sein oder Nichtsein geht. Dies ist die große Prüfung für die Sache der proletarischen Revolution in hundert, in tausend, in zehntausend Jahren. Aufgrund der Veränderungen, wie sie sich in der Sowjetunion ergeben haben, vertrauen die Propheten des Imperialismus in ihrer Hoffnung auf eine »friedliche Evolution« auch in der chinesischen Partei auf die dritte oder vierte Generation. Wir müssen unbedingt diese Prophezeiungen des Imperialismus zuschanden machen. Wir müssen uns unbedingt, von oben nach unten, überall und immerfort um die Erziehung und Heranbildung von Menschen kümmern, die die Sache der Revolution fortführen.

[3] Die nachfolgenden Absätze sind anscheinend für den Neunten Kommentar eigens geschrieben worden. Nur der letzte Absatz spielt wieder auf die oben (Anm. 2) genannten Arbeitsberichte an, ohne daß dies im »Roten Buch« vermerkt wäre.

Welche Voraussetzungen müssen erfüllt sein, damit man im vollen Sinn ein Fortsetzer der Sache der proletarischen Revolution sein kann?
Sie müssen echte Marxisten-Leninisten sein und nicht Revisionisten, die wie Chruschtschow den Marxismus-Leninismus nur wie ein Ladenschild aushängen.
Sie müssen Revolutionäre sein, die mit ganzem Herzen und ganzer Seele der überwältigenden Mehrheit der Menschen in China und in der Welt dienen, und sie dürfen nicht wie Chruschtschow im eigenen Land nur den Interessen einer kleinen privilegierten Schicht von Bourgeois und international nur den Interessen des Imperialismus und der Reaktionäre dienen.
Sie müssen proletarische Politiker sein, die imstande sind, sich mit der überwältigenden Mehrheit der Menschen zur Arbeit auf ein und demselben Wege zusammenzuschließen. Sie sollen sich aber nicht nur mit jenen zusammenschließen, die mit ihnen einer Meinung sind, sondern sie sollen sich auch darauf verstehen, mit jenen zusammenzuarbeiten, die mit ihrer eigenen Meinung nicht übereingehen, und sie sollen sich auch noch darauf verstehen, mit jenen zusammenzuarbeiten, die schon einmal gegen sie aufgetreten und deren Fehler durch die Praxis bewiesen worden waren. Sie müssen jedoch ganz besonders auf der Hut sein vor rücksichtslosen Egoisten und Verschwörern wie Chruschtschow und solche Halunken daran hindern, auf verschiedenen Ebenen die Führung in Partei und Staat an sich zu reißen.
Sie müssen vorbildlich sein in der Durchführung des demokratischen Zentralismus der Partei, sie müssen die Führungsmethode »Aus den Massen, zu den Massen« beherrschen, sie müssen den demokratischen Arbeitsstil ausbilden, der darin besteht, daß man die Meinungen in den Massen gut heraushören kann. Sie dürfen aber nicht wie Chruschtschow den demokratischen Zentralismus zerstören, gewalttätig das Recht mit Füßen treten, mir nichts, dir nichts über Genossen herfallen und ohne jede Begründung eine persönliche Diktatur aufrichten.
Sie müssen bescheiden und umsichtig sein, sich vor Überheblichkeit und Unbesonnenheit hüten, voll selbstkritischer Einstellung sein und Mut haben, Mängel und Irrtümer in der eigenen Arbeit zu berichtigen. Und sie dürfen keinesfalls wie Chruschtschow ihre Fehler beschönigen und ihre Schuld bemänteln, alles Verdienst sich selbst zuschreiben und alle Fehler anderen zuschieben.
Die Menschen, die die Sache der proletarischen Revolution fortführen, gehen aus den Kämpfen in den Massen hervor, sie wachsen heran, indem sie sich in den Stürmen der Revolution stählen. In den langjährigen

Kämpfen der Massen muß man die Kader prüfen und unterscheiden lernen, die Männer der Wachablösung[4] auswählen und heranbilden.

Wir müssen an dem System der Teilnahme von Kadern an der kollektiven Produktionsarbeit festhalten. Die Kader in unserer Partei und in unserem Staat sind gewöhnliche Werktätige und keineswegs große Herren, die zu Pferde sitzend über die Köpfe der Menge hinausragen. Dadurch, daß die Kader sich der Teilnahme an kollektiver Produktionsarbeit unterziehen, bleiben sie in breitestem, regelmäßigstem und engstem Kontakt mit dem arbeitenden Volk. Im System des Sozialismus ist das eine große Sache von grundlegender Bedeutung, sie hilft den Bürokratismus überwinden sowie Revisionismus und Dogmatismus verhindern.

[4] Chin. *Djiä-ban-jen* sind Menschen, die einen Dienst übernehmen, Fortsetzer, Fortführer einer Arbeit, hier der Betonung wegen wörtlicher wiedergegeben.

9. Dreimal praktische Philosophie*

Aus einer Ansprache in Hangdschou[1]
21. Dezember 1965

Von dieser Ausgabe der »Philosophischen Studien« (Sechstes Sonderheft philosophischer Abhandlungen verfaßt von Arbeitern, Bauern und Soldaten) habe ich drei Artikel gelesen; ihr, die ihr mit Philosophie zu tun habt, müßt praktische Philosophie schreiben, nur dann lesen sie die Leute. Für wen werden denn jene akademischen philosophischen Dogmen geschrieben? Einige Intellektuelle wie Wu Han oder Djiän Bodsan[2] werden mit der Zeit immer unerträglicher. Jetzt ist da ein Mann namens Sun Da, der einen Aufsatz geschrieben hat, in welchem er zugespitzt gegen Djiän Bodsans Theorie von der »nachgiebigen Politik« der Grundherrenklasse gegenüber den Bauern auftritt. Nach einem Bauernkrieg hat die Grundherrenklasse nur konterrevolutionäre Pläne, wo ist da Nachgiebigkeit? Gegenüber den Taiping-Rebellen zeigt die Grundherrenklasse keinerlei Nachgiebigkeit. Und die Boxer, die zuerst »gegen die Tjing und zur Vernichtung der Fremden« auszogen, erhielten die Unterstützung der Kaiserin Dse-hsi erst, als sie später »*für* die Tjing und die Vernichtung der Fremden« eintraten. Als die Tjing-Dynastie dann vom Imperialismus geschlagen und Kaiserin und Kaiser geflüchtet waren, proklamierte Dse-hsi: »Stützt die Fremden und vernichtet die Boxer!« – Es gibt Leute, die sagen, der Film »Geheime Geschichte des

* Titel des Herausgebers.

[1] Diese Auszüge stammen aus der Hongkonger Zeitschrift ›*Ming-bau*‹, September 1969, S. 41 f. nach einer in Japan bekannt gewordenen Veröffentlichung der Roten Garde vom April 1967, die den Titel trägt: »Es leben die Maotsetungideen.«

[2] Wu Han war der stellv. Bürgermeister von Peking und Professor für Geschichte, dessen Theaterstück »Hai Jui wird entlassen« im November 1965 öffentlich kritisiert wurde und damit die Kulturrevolution ausgelöst hat. Djiän Bodsan ist gleichfalls Historiker und Mitglied der Akademie der Wissenschaften, der während der Kulturrevolution vielfach kritisiert worden ist. Beide gelten als typische Vertreter der bürgerlichen Intellektuellen.

Tjing-Hofes« sei ein patriotischer Film[3], ich meine, er sei landesverräterisch, ganz und gar landesverräterisch, wie können einige Leute nur behaupten, er sei patriotisch? Doch wohl nur, weil sie den Kaiser Guang-hsü für einen bedauernswerten Mann halten, der zusammen mit Kang Yuweh Schulen eröffnet, eine neue Armee aufgestellt und einige aufgeklärte Maßnahmen proklamiert hatte[4].
In den letzten Jahren der Tjing-Dynastie vertraten einige Leute die Auffassung: »Die chinesische Wissenschaft ist die Substanz, die Wissenschaft des Westens dient dem praktischen Gebrauch«[5]. Die Substanz läßt sich mit unserer Generallinie vergleichen. Sie ist unabänderlich. Die »Substanz« der westlichen Wissenschaft kann man nicht gebrauchen, genausowenig auch die »Substanz« einer demokratischen Republik. Auch die »Theorie der Menschenrechte«[6] oder die »Evolutionstheorie«[7] können wir nicht gebrauchen. Selbstverständlich sind die »natürlichen Menschenrechte« auch eine Art falsches Bewußtsein, welcher »Himmel verleiht Menschenrechte«[8]? Gehen denn »Menschenrechte« nicht immer noch vom Menschen aus? Sind diese Rechte des Menschen uns etwa vom Himmel gegeben? Unsere Rechte gibt uns das einfache Volk, in erster Linie die Arbeiterklasse sowie die armen, niederen und mittleren Bauern.
Wenn wir weiter in der neueren Geschichte nachlesen, dann kann man erkennen, was es da für eine »nachgiebige Politik« gegeben hat. Das war lediglich die Nachgiebigkeit der revolutionären Macht gegenüber der Reaktion, sie selbst war immer auf konterrevolutionäre Pläne aus. Immer wenn im Lauf der Geschichte eine neue Dynastie zustandekam, dann nahm sie eine Politik der »Fronerleichterung und Steuerermäßigung« an, weil das Volk litt und nichts mehr abzuliefern hatte. Und diese Politik der »Fronerleichterung und Steuerermäßigung« nützte der Grundherrenklasse.

[3] Vgl. »Brief zur Frage der ›Studien über den Traum der Roten Kammer‹«, in: J. Schikkel (Hgb.): Mao Tsetung. Der Große Strategische Plan. Voltaire Handbuch 345 (1969), S. 62.

[4] Die hier wiedergegebenen Bemerkungen betreffen die bekanntesten Episoden der neueren Geschichte Chinas, Dse-hsi ist die »Kaiserin-Witwe«, die bis 1908 die Politik des Chinesischen Reiches geführt hat, Guang-hsü ihr Neffe, der 1898 mit Hilfe Kang Yuwehs vergeblich Reformen durchzusetzen versuchte.

[5] These des damaligen Generalgouverneurs Dschang Dschedung (1837–1909) zur Reform des Erziehungswesens.

[6] Wörtlich: »Vom Himmel gewährte Menschenrechte«, die chinesische Übersetzung für »Naturrecht«, wie sie in der damaligen Literatur gebraucht wurde.

[7] Wiedergabe des chinesischen Titels der Übersetzung aus Huxleys Schriften zur Evolutionstheorie durch Yen Fu (1853–1929).

[8] Aufgrund des chinesischen Begriffs s. o. Anm. 6.

Ich hoffe, daß diejenigen, die mit Philosophie zu tun haben, für einige Jahre in die Fabriken oder auf das Land gehen werden. Wenn der Fachbereich der Philosophie weiter reformiert sein wird, dann wird man auch nicht mehr so wie früher und nicht mehr so viel schreiben.

Ein Student der Nankinger Universität, der aus einer Bauernfamilie stammte und Geschichte studierte, nahm an vier erfolgreichen Semestern teil und schrieb dann einige Artikel, in welchen er darlegte, daß ein Historiker unbedingt auf das Land gehen müsse. Der Artikel wurde in der Zeitschrift der Nankinger Universität veröffentlicht. Der Verfasser legte darin ein Geständnis ab: »Ich studierte zwei Jahre lang, aber in meinem Hirn blieb nicht ein Schimmer von dieser Schwerarbeit haften.« In der gleichen Ausgabe der Zeitschrift der Nanking-Universität erschien ein anderer Artikel, in dem es hieß: »Die Substanz ist der hauptsächliche Widerspruch, sie ist vor allem die Hauptseite eines hauptsächlichen Widerspruchs.«[9] Solche Worte habe noch nicht einmal ich gesagt. Das Phänomen ist sichtbar, es reizt die Sinne des Menschen. Die Substanz ist unsichtbar und unfaßlich hinter dem Phänomen verborgen. Nur mit Untersuchungen kann man die Substanz entdecken. Könnte man die Substanz fühlen und wäre sie sichtbar, dann bedürfte es keiner Wissenschaft mehr.

Man muß sich nach und nach direkten Kontakt mit der Wirklichkeit verschaffen, indem man für einige Jahre in bäuerlichen Betrieben etwas mehr von der Agrarwissenschaft, von Botanik, Bodenkunde, Düngerherstellung, Bakteriologie, Forstwirtschaft und Bewässerungstechnik und von anderen Gebieten lernt. Man muß nicht unbedingt große oder kleine Bücher wälzen, es reicht auch, wenn man ein bestimmtes Allgemeinwissen besitzt.

Was die gegenwärtige Erziehung in den Hochschulen betrifft, so bezweifeln wir, ob man in den insgesamt 16 bis 20 und mehr Jahren von der Grundschule bis zum Hochschulabschluß jemals eine Reispflanze, eine Hülsenfrucht, Weizen, Roggen oder Hirse in der Natur zu sehen bekommt, und wenn man niemals sehen kann, wie die Werktätigen arbeiten und wie die Bauern die Felder bestellen oder wie man Einkäufe tätigt, dann wird man zu einer traurigen Figur und ist in Wahrheit schon vom Tode gezeichnet. Ich sagte zu meinem Kind: »Geh auf das Land und sprich mit den Großbauern, den mittleren Bauern und den armen Bauern, und sag ihnen, mein Vater hat gesagt, er hat jahrelang Bücher gelesen,

[9] Vgl. dazu den Aufsatz »Über den Widerspruch«, Kap. II Text 3.

aber je mehr er studierte, desto dümmer wurde er. Bitte, ihr Onkel und Tanten, ihr Brüder und Schwestern, seid meine Lehrer! Ich bin zu euch gekommen, um von euch zu lernen.« Tatsächlich hat ein Kind vor dem Eintritt in die Schule bis zu seinem siebenten Lebensjahr vielfache Kontakte mit der Gesellschaft. Mit zwei Jahren lernt es sprechen, mit drei balgt es sich lärmend mit anderen Kindern. Wächst es noch ein wenig weiter heran, nimmt es die kleine Hacke und gräbt in der Erde, indem es die Arbeit der Erwachsenen nachahmt. Das ist die objektive Welt. Das Kind hat bereits Begriffe gelernt, Hund ist der große Begriff, schwarzer und brauner Hund sind die kleinen Begriffe. Konkret ist allein jener braune Hund bei ihm zu Hause. Für den Begriff Mensch muß es bereits einige konkrete Dinge fortlassen wie Mann und Frau, groß und klein, Chinese und Ausländer, Revolutionär und Konterrevolutionär, das alles muß verschwunden sein, so daß allein das Besondere übrigbleibt, das ihn von anderen Tieren unterscheidet. Wer hätte je »den Menschen« gesehen? Sehen kann man nur Dschang San und Li Sze[10]. Niemand kann den Begriff »Haus« sehen, man kann nur konkrete »Häuser« sehen, ein europäisches Haus in Tientsin oder einen viereckigen (chinesischen) Hof in Peking.

Die Hochschulausbildung muß umgestaltet werden, die Studienzeit sollte nicht so lange dauern. Es geht nicht an, die Geisteswissenschaften unverändert zu lassen. Kann man ohne solche Veränderungen ein Philosoph, ein Literat oder ein Historiker werden? Die jetzigen Philosophen haben die Philosophie nicht mehr im Griff, die Literaten können keine Literatur mehr schreiben, die Historiker beherrschen die Geschichte nicht mehr, was sie beherrschen, sind nur Kaiser, Könige, Generale und Minister. [Zwei Beispiele für einschlägige Kritik werden erwähnt.]

Die Hochschulen mit geisteswissenschaftlichen Fächern müssen reformiert werden, man muß die Studenten aussenden, damit sie mit Industrie, Landwirtschaft und Handel zu tun bekommen. Mit den Hochschulen technischer und naturwissenschaftlicher Fachrichtungen verhält sich das anders, sie haben Betriebspraktika und Laboratorien, wo sie praktische Fabrikarbeit leisten und experimentieren können. Nach dem Abschluß der Oberstufe der Schule müssen sie zuerst ein wenig praktisch arbeiten, es reicht nicht aus, nur auf das Land zu gehen, sie müssen auch noch in Fabriken, Läden und in militärische Einheiten gehen. Wenn sie so einige Jahre gearbeitet haben, dann mögen sie zwei Jahre studieren gehen. Wenn von fünf Jahren Hochschule die Rede ist, und wenn man drei da-

[10] Chinesische Standardnamen wie »Max Müller« und »Fritz Krause«.

von draußen verbringt, dann müssen auch die Lehrer mitgehen, auf der einen Seite wird dann gearbeitet und auf der anderen unterrichtet werden. Kann man Philosophie, Literatur und Geschichte nicht auch außerhalb der Hochschule lehren? Muß man unbedingt in einem festen fremdartigen Haus lehren?
Die großen Erfinder Watt und Edison stammten aus Arbeiterfamilien, Franklin, der zuerst die Elektrizität entdeckt hat, war Zeitungsverkäufer und arbeitete sich vom Zeitungsjungen empor. Viele der Gelehrten und großen Naturwissenschaftler der früheren Zeit haben keine Hochschule besucht. Auch im Zentralkomitee unserer Partei gibt es Genossen ohne Hochschulabschluß.

Beim Schreiben von Büchern soll man nicht mehr in der heutigen Manier schreiben. Man nehme zum Beispiel die Diskussion um Analyse und Synthese. Bisherige Bücher haben das niemals klären können. Man sagt etwa: »In der Analyse ist die Synthese mit enthalten«, »Analyse und Synthese sind untrennbar«. Das ist vielleicht richtig, aber doch nicht vollständig. Man muß vielmehr sagen, Analyse und Synthese seien untrennbar, aber auch wieder zu trennen. Alle Dinge können aufgespalten werden, überall gilt: »Eines spalten zu Zwei«[11].
Bei der Analyse bestehen nämlich auch verschiedene Umstände, wie z. B. bei der Analyse der Nationalen und der Kommunistischen Partei. Wie haben wir früher die Nationale (Kuomintang) Partei analysiert? Wir haben gesagt, das von ihr beherrschte Territorium ist groß, die Bevölkerung zahlreich, sie besitzt große und mittlere Städte, sie hat die Unterstützung des Imperialismus, ihre Truppen sind zahlreich und gut bewaffnet. Aber das Grundlegende war doch, daß sie von den Massen getrennt war, von den Bauern und von den Soldaten, sie hatte interne Widersprüche. Unsere Truppenstärke war dagegen gering, unsere Bewaffnung lückenhaft (Hirse und Flinten), unser Territorium klein, wir hatten keine großen Städte und keine auswärtige Unterstützung. Aber wir waren mit den Massen verbunden, wir hatten die drei großen demokratischen Prinzipien, den Drei-und-Acht-Arbeitsstil (der Armee)[12], wir vertraten die Forderungen der Massen, und das war das Entscheidende.

[11] Chinesische Fassung für den Satz vom »Kampf der Gegensätze« in der Dialektik: 1964 wurde unter diesem Leitsatz eine umfangreiche Kritikbewegung entfacht gegen alle Wissenschaftler und Philosophen, die die »Einheit« der Gegensätze zu stark betonten.

[12] Die drei großen demokratischen Prinzipien beziehen sich auf die politische Arbeit in der Armee während des Bürgerkriegs zur Erreichung politischer Geschlossenheit, einer Verbesserung der Lebensumstände sowie der militärischen Technik und

Die Offiziere der Kuomintang, die an der (nördlichen) Heeresakademie die Abschlußprüfung abgelegt hatten, konnten alle nicht kämpfen. Leute, die nach nur wenigen Monaten Studium in Whampoa[13] herauskamen, die konnten kämpfen. Unsere Marschälle und Generale haben keine Hochschule besucht, und auch ich selbst habe ursprünglich keine militärischen Fachbücher gelesen. Ich habe den Dso-Kommentar, die Chinesische Geschichte des Szema Guang und auch den Roman von den Drei Reichen gelesen[14]. Diese Bücher behandeln alle den Krieg, wenn aber der Krieg selbst beginnt, dann bleibt von ihnen überhaupt kein Eindruck mehr zurück. Wenn wir Krieg führen, nehmen wir kein einziges Buch mit, dann handelt es sich nur darum, des Feindes und unsere eigene Kriegslage und die konkreten Umstände zu analysieren[15].

Taktik. Der »Drei-und-Acht-Arbeitsstil« sollte Disziplin und Aktivismus der Armee sicherstellen, so genannt, weil er in drei Sätzen und acht Begriffszeichen niedergelegt war.

[13] Ortsname bei Kanton, Sitz der danach benannten Kuomintang-Militärakademie seit 1924, deren Chef Tschiang Kaischek war und zu deren Politkommissaren Dschou Enlai gehörte.

[14] Bekannte Bücher im alten China, das erste eine Geschichte Chinas aus der Vor-Kaiser-Zeit, in die Form eines Kommentars zu den »Frühling-und-Herbst«-Annalen gekleidet, die Konfuzius zugeschrieben wurden. Das zweite Buch ist eine gesamtchinesische annalistisch gefaßte Geschichte eines Autors des 11. Jhs., das früher zur Pflichtlektüre chinesischer Oberschulen gehörte, und das dritte Buch ist der volkstümliche Roman von den »Drei Reichen« nach dem Zerfall der Han-Dynastie 220 n. Chr., dessen Teilübersetzung ins Deutsche »Die Schwurbrüder vom Pfirsichgarten« 1953 bei Kiepenheuer wieder aufgelegt wurde.

[15] Die Ansprache geht so fort mit verstreuten Anmerkungen und Beispielen, die das Problem der Analyse und andere philosophische Fragen in loser Form behandeln.

10. Leninismus oder Sozialimperialismus?

Zitate aus einem Zeitungsartikel vom
22. April 1970[1]

1. Ich meine, es gibt zwei Messer, das eine ist Lenin, das andere ist Stalin. Jetzt haben die Russen das Messer Stalin fallen lassen. Wird das Messer Lenin jetzt nicht auch schon von einigen sowjetischen Führern vorsichtig beiseite geschafft? Ich glaube, das ist schon in einem beträchtlichen Maße der Fall. Ist die Oktoberrevolution überhaupt noch relevant? Kann sie den übrigen Ländern noch als Beispiel dienen? Auf dem zwanzigsten Parteikongreß sagte Chruschtschow in seinem Referat, man könne auf dem parlamentarischen Wege die politische Macht gewinnen, das heißt also, die anderen Länder brauchen von der Oktoberrevolution nicht mehr zu lernen. Wenn diese Tür einmal geöffnet wird, dann ist der Leninismus in seiner Grundlage abgeschafft (15.11.1956).
2. Das chinesische Volk hat immer die chinesische Revolution als Fortsetzung der großen sozialistischen Oktoberrevolution angesehen (17. 4. 1957).
3. Die Sowjetunion ist der erste sozialistische Staat, die Kommunistische Partei der Sowjetunion ist von Lenin begründet worden. Trotzdem ist die Führung von Partei und Staat der Sowjetunion jetzt von Revisionisten usurpiert worden. Ich sage aber allen Genossen, fest daran zu glauben, daß die überwiegende Mehrheit des Volkes der Sowjetunion, die Mehrheit der Parteigenossen und Kader gut sind und revolutionär eingestellt, die Herrschaft des Revisionismus kann nicht von langer Dauer sein (30.1.1962).
4. In China und in jedem anderen Land der Welt werden, auf das Ganze gesehen, über 90 Prozent der Menschen den Marxismus-Leninismus an-

[1] Alle Zitate stammen aus dem Gedenkartikel zum 100. Geburtstag Lenins unter diesem Titel, der zunächst in allen Zeitungen erschien, als Broschüre am 1. 4. 1970 im Volksverlag. Die Zitate sind neu, sie stammen aus bisher nicht veröffentlichten Reden und Resolutionen. Die Datierung der Zitate folgt den Angaben in der Broschüre.

nehmen und bewahren. Heute gibt es in der Welt noch viele Menschen, die unter der Täuschung durch sozialdemokratische Parteien, durch den Revisionismus, den Imperialismus und die Reaktion in allen Ländern noch nicht zu sich gekommen sind. Aber sie werden alle nach und nach erwachen und den Marxismus-Leninismus annehmen und verteidigen. Die Wahrheit des Marxismus-Leninismus ist unwiderstehlich. Die Volksmassen werden immer revolutionär eingestellt sein. Die Weltrevolution wird immer siegen (30. 1. 1962).

5. Die sozialistische Gesellschaft umspannt eine ziemlich lange geschichtliche Periode. In dieser geschichtlichen Periode des Sozialismus existieren immer noch Klassen, Klassengegensätze und Klassenkampf, herrscht nach wie vor der Kampf zwischen den beiden Wegen des Sozialismus und des Kapitalismus, und es besteht immer noch die Gefahr der Restauration des Kapitalismus (August 1962).

6. Die USA sind ein Tiger aus bloßem Papier, ihr braucht ihn nicht ernst zu nehmen, ein Streich, und er ist durchbohrt, und die revisionistische Sowjetunion ist auch ein Papiertiger (30. 1. 1964).

7. Die heutige Sowjetunion ist eine Diktatur der Bourgeoisie, eine Diktatur der Großbourgeoisie, eine Diktatur im Stile Hitlers (11. 5. 1964).

8. Wo der Revisionismus auf der Bühne erscheint, dort erscheint die Bourgeoisie (August 1964).

9. Vertreter der Bourgeoisie, die sich in die Partei, in die Regierung, in die Einheiten der Armee einschleichen und im kulturellen Leben stehen, sind nur eine Gruppe konterrevolutionärer Revisionisten, die eines Morgens, wenn die Zeit dazu reif ist, die politische Macht an sich reißen werden, um die Diktatur des Proletariats in eine Diktatur der Bourgeoisie umzuwandeln (16. 5. 1966).

10. Im Zusammenhang mit der Frage eines Weltkrieges gibt es nur zwei Möglichkeiten: der Krieg bringt die Revolution hervor, oder die Revolution verhindert den Krieg (zitiert von Lin Biao auf dem 9. Parteitag im April 1969).

11. Völker der Welt, vereinigt euch, wendet euch gegen jeden Aggressionskrieg, der vom Imperialismus oder vom Sozialimperialismus angezettelt wird, wendet euch vor allem gegen Aggressionskriege, welche die Atombombe als Waffe anwenden! Wenn ein solcher Krieg ausbricht, müssen die Völker der Welt den Aggressionskrieg mit dem revolutionären Krieg auslöschen, dafür müßt ihr sofort von jetzt an Vorbereitungen treffen (zitiert in der Neujahrsnummer der ›*Volkszeitung*‹ am 1. 1. 1970).

Zu dieser Ausgabe

Die vorliegende Auswahl aus Mao Tsetungs Schriften ist formal eine zweite Auflage des Buches »Mao Tse-tung. Ausgewählte Schriften«, das 1963 im S. Fischer Verlag erschienen ist. Sie ist dies teilweise auch inhaltlich. Etliche Texte sind aus der damaligen Auswahl in diese übernommen worden, einige nahezu unverändert, andere verbessert und ergänzt. Der veränderte Titel dieses Buches deutet jedoch an, daß auch sein Inhalt ein anderer geworden ist. Das gilt zunächst für den Aufbau: der erste Abschnitt folgt in drei Teilen der geschichtlichen Entwicklung, jeweils in der Chronologie der Textentstehung angeordnet. Der zweite Abschnitt enthält, wieder in chronologischer Folge, die damals an den Anfang gestellten theoretischen Beiträge. Der dritte Abschnitt umfaßt Schriften und Äußerungen, die in den Bereich der Kulturrevolution im weiteren Sinn gehören.
Von den damals 26 Texten sind 17 in diese Auswahl übernommen worden, davon 3 mit weiteren Ergänzungen; 20 Texte sind neu ausgewählt worden, unter ihnen 14, die nicht in der offiziellen Peking-Ausgabe der »Ausgewählten Werke« stehen. Drei weitere Texte sind jeweils aus drei Gedichten zusammengesetzt, die in China gesondert veröffentlicht wurden und in Deutschland durch Joachim Schickel bekanntgeworden sind.
Ferner ist der Kreis der Übersetzer erweitert worden. Außer den drei der ersten Auswahl, Christine Herzer, Bodo Wiethoff und dem Herausgeber selbst sind dies Rudolf Herzer und Peter M. Kuhfus. Einige Texte sind der neuen deutschsprachigen Pekinger Ausgabe entnommen, und zwar: I A 4 (Über die Berichtigung falscher Ansichten in der Partei), I A 5 (Aus einem Funken kann ein Steppenbrand entstehen), Ergänzungen zu I B 4 (Über die neue Demokratie), ferner II 2 (Über die Praxis), II 3 (Über den Widerspruch) und II 7 (Yü Gung versetzt Berge).
Nach dem Erscheinen der vierbändigen Pekinger Ausgabe: »Mao Tse-tung. Ausgewählte Werke« (1968/69), die der offiziellen chinesischen Ausgabe in vier Bänden, zuletzt 1969, entspricht, ist das Unterfangen, erstmalig eine Übersetzung aus dem Chinesischen zu besorgen, wie das 1963 geschehen ist, überholt. Eine neue Auswahl war also nur dadurch gerechtfertigt, daß genügend Texte aufgenommen wurden, die in der Pekinger Ausgabe nicht enthalten sind. Einige davon sind ganz oder in diesem Wortlaut bisher überhaupt noch nicht in einer deutschen

Übersetzung bekanntgeworden, und zwar sind das die Texte I A 1 (Untersuchungsbericht über die Bauernbewegung in Hunan – in der Originalfassung von 1927 durch P. M. Kuhfus), I C 1 (Eine demokratische Volksfront für den Frieden), Ergänzungen zu I C 3 (Kommentare zu Berichten aus »Sozialistischer Aufschwung in den chinesischen Dörfern«), I C 6 (Vorstellung einer Kollektivfarm), II 6 (Über den dialektischen Materialismus – durch Rudolf Herzer) sowie die Texte III 6–10. Wo nicht gesondert vermerkt, stammen die Übersetzungen vom Herausgeber.

Diese Auswahl soll dem Leser das Wichtigste in seinen wesentlichen Teilen in einem Band zu Händen geben. Ausgewählte Stücke der Lyrik mögen das Bild, das man sich von diesem Autor machen kann, ergänzen. Die Übersetzungen der Gedichte entsprechen jenen von Joachim Schickel (in: Mao Tsetung. 37 Gedichte. Hamburg 1965) weitgehend, sie sind jedoch teilweise modifiziert worden. Eine neue Einleitung versucht, dem veränderten Blickpunkt aus der Sicht des Jahres 1970 gerecht zu werden. Das Inhaltsverzeichnis am Anfang ist ausführlich gehalten, um die Untergliederung der Texte deutlich zu machen und die Funktion eines Sachregisters teilweise mit zu tragen. Die Zählung der Textabschnitte folgt in den übernommenen Texten der Pekinger Ausgabe, ansonsten der früheren Auswahl von 1963.

Zeittafel

1893, 26. Dezember	Mao Tsetung in Schao-schan, Provinz Hunan, als ältester Sohn eines mittleren Bauern geboren.
1894/95	Der erste chinesisch-japanische Krieg um die Vorherrschaft in Korea. Japan siegte und erhielt Formosa und Dairen. Chinesische Öffentlichkeit zum ersten Mal politisch aktiviert.
1898	Reformversuch unter Kang Yuweh (1858–1927).
seit etwa 1900	Mao besucht die Grundschule und erhält eine klassische konfuzianische Grundausbildung.
1900/01	Aufstand der sog. »Boxer« und gemeinsame Aktion europäischer Mächte gegen China, das seine tiefste Demütigung erfährt.
1904/05	Russisch-japanischer Krieg.
1904/06	Mehrere Revolten in und um die Provinzhauptstadt Tschangscha, teilweise unter Leitung von Huang Hsing aus Hunan, dem bedeutendsten Mitkämpfer Sun Yatsens, hinterlassen auch bei Mao tiefe Eindrücke.
1906	Mao verläßt die Grundschule, Arbeit auf dem elterlichen Hof, Lektüre klassischer Romane.
1907, September	Eintritt in die Mittelschule in Hsiang-hsiang. Erste Bekanntschaft mit westlichen Schriften, Lektüre vor allem der Schriften des Reformers Liang Tjitschao (1873–1929).
1911, 10. Oktober	Ausbruch der Revolution in Hankou.
1911/12	Mao dient in der Revolutionsarmee in Hankou.
1912	Erstes Jahr der Republik China. Selbststudium Maos in der Provinzbibliothek zu Tschangscha, vor allem Übersetzungen aus Schriften von Adam Smith, Rousseau, Spencer, Darwin, Mill, Montesquieu.
1913	Mao tritt als Zwanzigjähriger in die »Erste Allgemeine Schule von Hunan« in der Provinzhauptstadt ein. Die fünf Jahre an dieser Schule sind Maos »Studium«. Diese

	Schule kann auch als Lehrerseminar aufgefaßt werden. Hauptbeschäftigung: Philosophie, Sozialwissenschaften, Ausbildung seines klassischen Schreibstils.
1915, Januar	Japan stellt die »21 Forderungen«. General Yüan Schikai erstrebt die Kaiserkrone und stößt bei den fortschrittlich eingestellten Kreisen auf Widerstand.
1915, 1. September	Erste Nummer der fortschrittlich-revolutionären Zeitschrift »Neue Jugend« veröffentlicht.
1915/17	Versuche Maos, Schülervereinigungen zu gründen. Wachsendes Bewußtsein von der Notwendigkeit einer demokratischen Umstellung unter dem Einfluß der Lektüre der »Neuen Jugend« und seines fortschrittlich eingestellten Lehrers und späteren Schwiegervaters Yang Dschangdschi.
1917, 1. April	Erste Veröffentlichung eines Aufsatzes über die »Körperertüchtigung« im klassischen Stil.
1917, August	Chinas Eintritt in den Ersten Weltkrieg auf der Seite der Entente.
1917/18	Mao gründet in Tschangscha die »Studiengesellschaft des Neuen Volkes« und wird ihr Vorsitzender.
1918	Mao legt sein Abschlußexamen an der »Allgemeinen Schule« ab. Im Spätsommer Reise nach Peking, um von dort auf ein Arbeitsstudium nach Frankreich zu fahren.
1918/19	Allein in Peking. Durch Vermittlung seines ehemaligen Lehrers Yang in der Pekinger Universitätsbibliothek angestellt. Bekanntschaft mit anarchistischen Schriften. Erste Begegnung mit den späteren Führern der KPCh Tschen Duhsiu (1880 bis 1942) und Li Dadschao (1889–1927).
1919, Frühjahr	Nachrichten von der Versailler Friedenskonferenz, daß Japan Tsingtau erhalten soll, erregen die öffentliche Meinung. Mao kehrt in seine Heimat zurück.
1919, 4. Mai	Studentendemonstrationen in Peking. Beginn der »Bewegung vom 4. Mai«. Mao schrieb zwei Artikel dazu in einer von ihm redigierten Provinzzeitschrift. Mao reist ein zweites Mal nach Peking und nach Schanghai, um bei der Koordinierung der Studentengruppen mitzuwirken. Weitere Bekanntschaft mit sozialistischen Schriften.
1920, Frühjahr	Studentengruppe in Frankreich gründet chinesisches kommunistisches Jugendkorps, Mitwirkende u. a. Dschou Enlai, Tschen Yi.
1920, August	Gründung eines chinesischen sozialistischen Jugendkorps in Schanghai.

1921, Juni/Juli	Dritter Kongreß der Komintern in Moskau. Erster Nationalkongreß der KPCh in Schanghai, Delegierte u. a. Dschang Guotao, Mao Tsetung.
1921, 10. Oktober	Zweigorganisation der KPCh in der Provinz Hunan gegründet, Sekretär Mao Tsetung.
1922, Mai/Juli	Zweiter Kongreß der KPCh in Kanton. Beschluß über die Zusammenarbeit mit der KMT. Tschen Duhsiu als Generalsekretär bestätigt.
1923, Januar	Gemeinsames Manifest von Sun Yatsen und A. Joffé über chinesisch-russische Beziehungen.
1924, 20. Januar	Erster Kongreß der KMT in Kanton. Mao Tsetung wird mit anderen kommunistischen Führern außerordentliches Mitglied des Zentralen Exekutivkomitees der KMT, zugleich persönlicher Sekretär Hu Hanmins, eines der einflußreichsten Führer der KMT.
1924/25	Mao vorübergehend krank, Rückkehr nach Hunan, erste Beteiligung bei der Organisierung der Bauern.
1925, 12. März	Sun Yatsen stirbt in Peking.
1925, 30. Mai	Die »Bewegung des 30. Mai« beginnt in Schanghai, wo britische Polizei 13 Studenten bei einer Demonstration getötet hatte. Die Folge sind Streikwellen und Boykottbewegungen von nie gekanntem Umfang. Mitgliederzahl der KPCh steigt von 900 auf 20000 an. Gründung der Sun Yatsen-Universität in Moskau.
1926/27	Die »Große Revolution«, Vormarsch der KMT-Truppen von Kanton aus nach Norden gegen den Yangtse, Einnahme Wuhans, Nankings und Schanghais. Oberbefehlshaber ist der damals 40 Jahre alte Tschiang Kaischek.
1927, Januar	Die von Mao Tsetung organisierten Bauernbünde in Hunan wachsen auf über 2 Millionen Mitglieder an. Maos grundlegender Bericht, s. Text I A 1.
1927, 12. April	Tschiang Kaischeks entscheidender Schlag gegen die Kommunisten in Schanghai.
1927, 28. April	Hinrichtung führender Kommunisten in Peking.
1927, 13. Juli	KPCh beschließt Trennung von der Wuhan-Regierung (linker Flügel der KMT).
1927, 1. August	Unabhängigkeitserklärung eines Teiles der KMT-Truppen in Kiangsi, d. i. der Gründungstag der Roten Armee.
1927, September	Herbsternteaufstand in Hunan unter Leitung von Mao Tsetung scheitert, Rückzug in die Berge im Grenzgebiet zwischen den Provinzen Hunan und Kiangsi.
1928, Mai	Mao Tsetung und Dschu Dö vereinigen ihre Streitkräfte im Gebiet des Djinggang-Gebirges zwischen Hunan und Kiangsi.

1928, Juli/September	Sechster Nationalkongreß der KPCh in Moskau betont die Dringlichkeit der Agrarrevolution. Bildung eines neuen Zentralkomitees.
1929, August	Einrichtung eines neuen Sowjetgebietes in Kiangsi durch Mao Tsetung und Dschu Dö.
1930/31	Erster vergeblicher »Vernichtungsfeldzug« Tschiang Kaischeks gegen das kommunistische Herrschaftsgebiet in West-Kiangsi.
1931, Mai/Juni	Zweiter Feldzug.
1931, Juli/Oktober	Dritter Feldzug.
1931, 18. September	Einmarsch japanischer Truppen in die Süd-Mandschurei.
1931, 7. November	Errichtung der chinesischen Sowjetrepublik in West-Kiangsi, Vorsitzender: Mao Tsetung, Oberbefehlshaber: Dschu Dö.
1932, Februar	Die chinesische Sowjetrepublik erklärt Japan den Krieg. Aufruf an alle Patrioten zum gemeinsamen Widerstand gegen die japanische Aggression.
1932, 1. März	Ausrufung eines selbständigen Kaiserreiches Manchukuo.
1932, Mai	Angriff japanischer Einheiten auf Schanghai, Widerstand der 19. KMT-Feldarmee, Rückzug der Japaner.
1932, bis Ende	Eroberung der gesamten Mandschurei durch die japanische Kanto-Armee. Widerstand chinesischer Freischärler flackert auf.
1933, 16. April	Manifest der KPCh über die Einheitsfront gegen Japan.
1933, April/Oktober	Vierter »Vernichtungsfeldzug« Tschiang Kaischeks gegen das Sowjetgebiet in Kiangsi. Ein nördlich des Yangtse gelegenes Stützpunktgebiet wird vernichtet.
1933, November	Beginn des fünften Feldzuges mit nahezu 1 Mill. Mann und einer neuen Einkreisungstaktik, der »Blockhaus-Strategie«, die das kommunistische Gebiet allmählich immer enger machen und schließlich ganz erobern soll.
1934, 21. Januar	Zweiter gesamtchinesischer Sowjetkongreß in Juidjin, Kiangsi; Mao Tsetung abermals Vorsitzender der Regierung, jedoch nicht Parteichef.
1934, 16. Oktober	Durch die neue Taktik gezwungen, müssen die Kommunisten Kiangsi verlassen. Beginn des »Langen Marsches«.
1935, Januar	Parteiführerkonferenz während des »Langen Marsches« in Dsun-i, Kueichou, bestellt Mao Tsetung erstmalig zum Parteichef.
1935, Juli	Vereinigung der ersten und vierten Roten Front-Armee in Szechwan. Konferenz der anwesenden Führer beschließt die vorläufige Trennung: die vierte Armee unter Dschu Dö und Dschang Guotao bleibt in Szechwan, die

	erste Armee unter Mao Tsetung rückt nach Nord-Shensi.
1935, November	Ankunft der Reste der ersten Armee in Nord-Shensi. Errichtung einer neuen Sowjet-Verwaltung mit Pao-an als Hauptquartier. Mao beginnt seine schritstellerische Tätigkeit.
1936, Oktober	Wiedervereinigung der kommunistischen Streitkräfte in Kansu.
1936, 12. Dezember	»Zwischenfall von Sian«, zeitweilige Gefangensetzung Tschiangs durch die ehemals mandschurischen Streitkräfte, um ihn zur Einheitsfront gegen Japan zu zwingen. Dschou Enlai vermittelt und erreicht Tschiangs Freilassung unter gleichzeitiger Zusicherung der Bildung einer gemeinsamen Front gegen Japan. Der Bürgerkrieg hat damit sein vorläufiges Ende gefunden.
1937, 3. März	Gründung einer neuen Sowjet-Regierung für das Grenzgebiet Shensi-Kansu-Ninghsia (Schen-Gan-Ning) unter Vorsitz von Dschang Guotao.
1937, 7. Juli	Ausbruch der Kämpfe zwischen chinesischen und japanischen Truppen bei Peking, Beginn des Zweiten Weltkrieges in Ostasien.
1937, 21. August	Nichtangriffspakt zwischen UdSSR und Nanking-Regierung unterzeichnet.
1937, August	Umorganisierung der Roten Armee zur Achten Feld-Armee unter (theoretischem) KMT-Kommando, Oberbefehlshaber: Dschu Dö.
1937, Herbst	Aus verstreuten Einheiten der Kommunisten in Südchina entsteht die Neue Vierte Armee, die in Mittelchina hinter den japanischen Linien operieren soll.
1937, Dezember	Bildung eines zweiten kommunistischen Verwaltungsgebietes im Shansi-Hopei-Chahar-Grenzgebiet (Djin-Tscha-Dji).
1938, April	Entzweiung und endgültige Trennung Dschang Guotaos und Mao Tsetungs. Von nun an Mao unangefochtener Chef der Partei.
1938	Im Verlaufe des ganzen Jahres Vordringen kommunistischer Partisanen in weite Gebiete Nord- und Mittelchinas.
1939, Sommer	Beginn von Gegenmaßnahmen der KMT-Zentralregierung gegen die kommunistischen Gebiete.
1940, Frühjahr	Die japanische Armee unternimmt energische Gegenangriffe gegen die kommunistischen Partisanengebiete.
1940, August	Kommunistische Angriffe auf die japanischen Positionen.
1941, 5. Januar	Kern der kommunistischen »Neuen Vierten Armee« in Mittelchina wird von KMT-Einheiten überfallen und

	niedergemacht. Ende der Zusammenarbeit zwischen KMT und KPCh.
1942, Februar	Beginn der Reinigungsbewegung innerhalb der KPCh, bekannt als »Dscheng-feng-Bewegung« (»Korrektur des Arbeitsstils«).
1942/45	Wechselnde Kämpfe und zeitweilige Stagnation. Versuch der KMT, die Kommunisten durch Blockademaßnahmen abzudrosseln, Bemühen der Kommunisten, durch intensivere Produktion und Gewinnung der Bevölkerung mit Hilfe des »Drei-Drittel-Systems« ihre Positionen zu halten (auf je einen Kommunisten immer zwei Nicht-Kommunisten in die Verwaltungsorgane).
1945, April/Juni	Siebenter Kongreß der KPCh. Mao Tsetungs Bericht »Über die Koalitionsregierung«. Ein neues Parteistatut wird angenommen. Endgültige Festigung der KPCh unter der Führung und im Geiste Mao Tsetungs.
1945, 14. August	Kapitulation Japans. Die kommunistischen Streitkräfte erweitern mit großer Geschwindigkeit ihre Herrschaftsbereiche, besonders in der Mandschurei, Schantung, Honan und Hupeh und anderen Teilen Nordchinas. KMT-Streitkräfte besetzen alle großen Städte.
1945, Oktober	Zusammenstöße zwischen KMT- und KP-Truppen überall in China.
1945, Dezember	Durch Vermittlung General Marshalls gemeinsame Konferenz in Tschungking.
1946, 10. Januar	Waffenstillstand.
1946, 12. März	Nationale KMT-Truppen besetzen Mukden in der Mandschurei nach Abzug der sowjetrussischen Einheiten.
1946, 15. April	Kommunisten erklären den Kriegszustand für die Mandschurei.
1946, April	General Marshall nimmt seine Vermittlungsversuche wieder auf.
1946, 11. Oktober	Besetzung von Kalgan nördlich von Peking in unmittelbarer Nachbarschaft der kommunistischen Kerngebiete. Die Kommunisten hatten gedroht, das würde den Bürgerkrieg bedeuten. Beginn des zweiten chinesischen Bürgerkrieges.
1947, 7. Januar	General Marshall kehrt in die USA zurück.
1947/49	Zweiter Bürgerkrieg. Nach einer allgemeinen Offensive der Nationalen Truppen gehen die Kommunisten im Frühjahr 1948 zur Gegenoffensive über.
1948, 1. November	Eroberung Mukdens durch die Kommunisten bedeutet den Anfang vom Ende der KMT-Herrschaft über China.
1949, 15. Januar	Besetzung Tientsins.

1949, 30. Januar	Besetzung Pekings.
1949, 23. April	Besetzung Nankings.
1949, 25. Mai	Besetzung Schanghais.
1949, 1. Juli	Am 28. Gründungstag der KPCh veröffentlicht Mao Tsetung den Aufsatz »Über die demokratische Diktatur des Volkes«.
1949, 1. Oktober	Ausrufung der Chinesischen Volksrepublik mit Peking als Hauptstadt.
1949 Dezember/ 1950 Februar	Mao zum ersten Mal in Moskau. Verhandlungen mit Stalin.
Seit 1950	Konsolidierung und Ausbau der kommunistischen Herrschaft über das festländische China.
1955/56	Kollektivierung der Landwirtschaft (»Sozialistischer Aufschwung in den Dörfern Chinas«).
1957	Politik der »Hundert Blumen« als Antwort auf die Ungarnkrise. Kritik an der Partei führt zur Bekämpfung von Rechtsabweichlern. Mao fährt ein zweites Mal nach Moskau zu den Oktoberfeiern (»Ostwind siegt über den Westwind«).
1958	Politik des Großen Sprungs. Einrichtung von Volkskommunen.
1959	Kritik an Maos Politik führt zur Absetzung Peng Döhuais.
1960/61	Wirtschaftskrise. Versteckte Kritik an Mao.
1962–64	Erholung und Konsolidierung der Wirtschaft.
1965, November	Kritik an einem gegen Mao gerichteten Theaterstück leitet die Kulturrevolution ein.
1966–68	Große Proletarische Kulturrevolution.
1969	Neunter Parteitag. Voller Sieg Maos.
1970	Die Volksrepublik China konsolidiert ihre Position in der Weltpolitik.

Bibliographie

1. *Maos Werke*

Der Leser nehme als erste ›Gegenlektüre‹ zu dieser Auswahl die vierbändige Ausgabe der Werke Maos vor, wie sie von einem nicht genannten Übersetzerteam im Verlag für Fremdsprachige Literatur 1968/69 herausgekommen sind:

Mao Tse-tung. Ausgewählte Werke I–IV. Peking 1968/69.

Die Übersetzung ist von hohem Niveau, sorgfältig gearbeitet und gut lesbar. Der Vorteil ist vor allem, daß man die Texte in voller Länge und mit Anmerkungen nach dem Original und von den Übersetzern hinzugefügt zur Verfügung hat. Außer dieser eine Norm setzenden deutschen Ausgabe gibt es noch eine zweite, die nach der ersten russischen Übersetzung der chinesischen Erstausgabe 1951/52 zu drei Bänden erstellt worden ist:

Mao Tse-tung. Ausgewählte Schriften I–IV. Berlin 1956.

Diese Ausgabe wird für denjenigen von Interesse sein, der die Textfassungen nach dem Stand der fünfziger Jahre einsehen möchte. Änderungen seit damals sind jedoch nur in geringfügigem Maß vorgenommen worden – u. a. ist der Name Liu Schaotjis eliminiert worden. Es fehlt aber in der Pekinger Ausgabe 1968/69 der für die Geschichtsschreibung der kommunistischen Bewegung in China wichtige »Zusatz« vom 20. 4. 1945: »Entschließung zu einigen historischen Fragen«, eingefügt nach »Unsere Schulung und die gegenwärtige Lage« vom 12. 4. 1944.

Von der eigenen ersten Auswahl aus den Schriften Maos (Frankfurt 1963) sei nur kurz angemerkt, daß einige Kommentare, insbesondere der zum Kapitel über den »Revolutionären Krieg«, durch die neue Auswahl nicht überholt sind. – Übersetzungen der Werke Maos liegen in mehreren Sprachen vor. Der an Textvergleichen Interessierte greife etwa zu der englischen Ausgabe, die in der Literatur außerhalb Deutschlands die meistbenutzte ist: Mao Tse-tung. Selected Works. 4 vols. Peking 1961.

Eine gut zusammengefaßte und ebensogut lesbare Darstellung findet sich bei

Wolfgang Leonhard: Die Dreispaltung des Marxismus. Düsseldorf–Wien 1970.

Der Vorteil liegt hier darin, daß der Leser den Maoismus (S. 276–334) im Zusammenhang aller geltenden Richtungen des aktuellen Marxismus dargestellt findet, und er wird im Literaturverzeichnis mit der recht ausführlichen Liste von einschlägigen, meist deutschsprachigen Titeln zufrieden sein. Wenn man zur internationalen Literatur über den Maoismus greifen will, die inzwischen kräftig angewachsen ist, dann wende man sich zunächst an Stuart R. Schram, den Leiter des Instituts für modernes China an der Londoner ›School of Oriental and African Studies‹, und hier zunächst zu

Stuart R. Schram: The Political Thought of Mao Tse-tung. New York 1963.

Der Autor zählt zu den wenigen echten Mao-Spezialisten, der außer diesem Buch noch einige andere Arbeiten zu Maos Biographie und Denken veröffentlicht hat, so auch in deutscher Sprache:

Ders., Die permanente Revolution in China. Dokumente und Kommentar. [edition suhrkamp Bd. 151] Frankfurt 1966.

Schram hat die alten Fassungen der meisten Mao-Texte durchgesehen und kommt so zu einem annähernd vollständigen Porträt des Menschen und des Revolutionsführers. Dennoch fehlt die Einbeziehung der chinesischen Perspektive, Mao wird mit den Mitteln literarischer und historischer Kritik analysiert, aber das Bild bleibt unvollendet. Hier empfiehlt sich die Lektüre eines chinesischen Mao-Biographen, der Mao vor dem chinesischen Hintergrund zu zeichnen versucht:

Jerome Ch'en: Mao and the Chinese Revolution. London 1965.

Sie ist bisher leider noch nicht ins Deutsche übersetzt worden. Aus der Fülle der Arbeiten über Maos Denken und seine Einordnung in den internationalen Marxismus sei noch ein Buch herausgegriffen, das wohl zu den tiefschürfendsten Analysen des chinesischen Kommunismus gehört und gleichfalls noch nicht ins Deutsche übersetzt worden ist:

Franz Schurmann: Ideology and Organization in Communist China. Berkeley/Los Angeles 1966.

In diesem Buch ist die Einheit von Ideologie und Aufbau des neuen Systems dargestellt, ein unverzichtbarer Ausgangspunkt, wenn man der Wirklichkeit des gegenwärtigen China auf die Spur kommen will. Original in deutscher Sprache sind bisher nur wenige eingehende Studien zu Maos Weltanschauung und revolutionärer Theorie veröffentlicht worden, dazu zählen etwa:

L. Traut-Welser: Die geistigen und ideologischen Strömungen des chinesischen Kommunismus. Hannover 1961.

V. Holubnychy: Der dialektische Materialismus Mao Tse-tungs. In: ›*Der Ostblock und die Entwicklungsländer*‹. Heft 8/9, Hannover 1962.

S. Haffner: Der neue Krieg [als Einleitung zu: Mao Tse-tung. Theorie des Guerillakrieges]. [rororo aktuell] Hamburg 1966.

J. Schickel: Dialektik in China. In: ›Kursbuch‹ 9/1967.
Ders.: Revolution, selbstkritisch permanent [als Einleitung zu: Mao Tse-tung. Der Große Strategische Plan]. Berlin 1969.

3. *Zur Geschichte*

Von einem französischen China-Spezialisten liegt in deutscher Sprache vor:

Lucien Bianco: Die Ursprünge der chinesischen Revolution. Berlin 1969.

Der Autor ist zugleich Herausgeber und Mitautor des

Bandes 33 der Fischer Weltgeschichte »Das moderne Asien«.

Die China betreffenden Kapitel sind von ihm verfaßt, sie können als eine gute Einführung in die Probleme der neueren Geschichte Chinas gelten.
Im Rahmen der dtv-Weltgeschichte des 20. Jahrhunderts ist als Band 6 erschienen:

Gottfried-Karl Kindermann: Der Ferne Osten in der Weltpolitik des industriellen Zeitalters. München 1970.

Eine weitere Einführung bietet:

Wolfgang Franke: Das Jahrhundert der chinesischen Revolution 1851–1949. München 1958.

Das zuletzt genannte Buch hat die Bahn gebrochen für eine stärkere Hinwendung zu den gegenwartsnahen Fragen in der Entwicklung Chinas. Darin wird der Versuch gemacht, die verschiedenen Etappen der Revolution als Stufen einer Gesamtrevolution zu verstehen. Eine weitere Diskussion dieser Probleme bietet:

Kuo Heng-yü: China und die ›Barbaren‹. Eine geistesgeschichtliche Standortbestimmung. Pfullingen 1967.

Es liegen deutsche Fassungen von Einführungen in die neuere Geschichte Chinas von zwei weiteren Autoren vor, dem Asien-Publizisten

Tibor Mende: Die chinesische Revolution. Köln 1961, und von
C. P. Fitzgerald: Revolution in China, Frankfurt 1968,

einem englischen, in Australien lebenden Historiker. Zur Vervollständigung der empfehlenswerten Einführungsliteratur sei auch noch hingewiesen auf den

Band 19 der Fischer Weltgeschichte
Herbert Franke und Rolf Trauzettel: »Das chinesische Kaiserreich«.

Die letzten drei Kapitel enthalten die Übersicht über die neue Geschichte Chinas einschließlich der der letzten Dynastie.
Eine deutschsprachige Geschichte der kommunistischen Bewegung in China liegt leider noch nicht vor. Die zur Zeit ausführlichste Darstellung findet sich bei

Jacques Guillermaz: Histoire du Parti Communiste Chinois (1921–1949). Paris 1968.

Der Autor war in offizieller Mission viele Jahre in China und hat das Material zu seiner Darstellung zum Teil aus erster Hand. Dieses Werk läßt die zusammenfassende Darstellung von

Robert C. North: Der chinesische Kommunismus. München 1966,

weit zurück. Dagegen ist immer noch die beste Einführung die von

C. Brandt, B. Schwartz, J. K. Fairbank: Der Kommunismus in China. Eine Dokumentar-Geschichte. München 1955.

Die amerikanische Originalausgabe erschien bereits 1952 und hat einen Standard gesetzt.

4. *Zur Biographie*

Wenn man aus der größeren Zahl von Veröffentlichungen besonders der letzten Jahre die in deutscher Sprache herausgreift, so wären zu nennen:

Stuart Schram: Mao Tse-tung. [S. Fischer Verlag] Frankfurt 1969.

Die englische Originalausgabe erschien in London 1967, zur Person des Autors s. o. Aus dem Englischen übersetzt wurde gleichfalls

Georg Paloczi-Horvath: Mao Tse-tung, [Ullstein Taschenbuch 2605/06] Frankfurt–Berlin 1967, und ferner:

Robert Payne: Mao Tse-tung. Hamburg 1950.

Die erstgenannte ist eine kritische Darstellung aus der Sicht des europäischen Kommunismus, die zweite stammt von einem englischen Publizisten, der während des Krieges Gelegenheit hatte, Mao persönlich zu besuchen. Die wichtigste Quelle für Maos Lebensbeschreibung in einer europäischen Sprache ist immer noch:

Edgar Snow: Roter Stern über China. Frankfurt 1970.

Die dort gemachten Angaben über das Leben Maos stammen von ihm selbst, sie wurden dem Autor 1936 in mehreren Interviews gegeben. – Original in deutscher Sprache wurden veröffentlicht:

Alfred Lückenhaus: Mao Tse-tung. Berlin 1958.

Lily Abegg: Vom Reich der Mitte zu Mao Tse-tung. Luzern 1966.

T. Grimm: Mao Tse-tung in Selbstzeugnissen und Bilddokumenten. [rororo Monographien 141] Reinbek 1968.

5. *Zu neueren Entwicklungen*

Über den chinesisch-sowjetrussischen Konflikt der sechziger Jahre sind begreiflicherweise sehr viele Bücher und Untersuchungen herausgekommen. Wenn man wiederum die in deutscher Sprache zugänglichen hervorhebt, so läßt sich die folgende Auswahl empfehlen:

Donald S. Zagoria: Der chinesisch-sowjetische Konflikt 1956–1961. – Mit einem Anhang: Ernst Kux: Die feindlichen Brüder, 1962–1963. München 1964.

Dies ist immer noch die beste Einführung in das Problem und seine meistens weniger beachtete Vorgeschichte ab 1956. Der amerikanische Politikwissenschaftler hat nach den Quellen eine ausführliche und genaue Studie des Problems vorgelegt. Die Originalausgabe ist auch im Taschenbuch zu haben. Der gleiche Zeitraum, doch weniger eingehend, wird erfaßt von zwei Dokumentarstudien

Harry Hamm/Joseph Kun: Das rote Schisma. Köln 1963, und

Fritz Schatten: Der Konflikt Moskau–Peking. München 1963.

Dagegen stellt die Arbeit von

Heinz Brahm: Pekings Griff nach der Vormacht. Köln 1966,

eine Fortsetzung dar. In 24 Dokumenten wird die Polemik zwischen Peking und Moskau vom November 1963 bis zum März 1965 nachgezeichnet. Eine 45 Seiten lange Einleitung gibt den verbindenden Kommentar. Peking selbst hat mit der Veröffentlichung seiner neun Kommentare zum Offenen Brief der KPdSU seinen Beitrag zur Offenlegung der Diskussion geleistet, zusammengefaßt in: »Die Polemik über die Generallinie der internationalen kommunistischen Bewegung«. Peking 1965. Zwei weitere Darstellungen sind die von

Klaus Mehnert: Peking und Moskau. Stuttgart 1962, und

Hermann Weber: Konflikte im Weltkommunismus. München 1964.

Die jüngste Äußerung im Zusammenhang einer Gesamtdarstellung ist wieder die von

Wolfgang Leonhard: Die Dreispaltung des Marxismus. Düsseldorf–Wien 1970.

Auf wirtschaftlichem Gebiet haben sich bisher auch nur wenige deutsche Autoren hervorgetan. Hier ist zuerst zu nennen:

Bernhard Großmann: Die wirtschaftliche Entwicklung der Volksrepublik China. Stuttgart 1960.

Dies ist eine auch international angesehene Grundlagenstudie, die die Wirtschaftsentwicklung bis zu den Volkskommunen einschließlich erfaßt und nachzeichnet. Zur Frage der Volkskommune selbst liegt eine umfassende Detailstudie vor von

Max Biehl: Die chinesische Volkskommune im ›Großen Sprung‹ und danach. Hamburg 1965.

Alle Angaben sind nach chinesischen Äußerungen in der englischen Übersetzung zusammengestellt. Die Studie geht vor allem auf die Zeit nach dem sog. ›Scheitern‹ der Volkskommune ein und weist nach, daß davon keine Rede sein kann. – Schon im Jahr 1963 veröffentlichte der schwedische Soziologe Jan Myrdal eine Studie, in der ein Dorf in Nordwestchina im Detail analysiert wird. Diese Studie ist auch in deutscher Sprache veröffentlicht worden:

Jan Myrdal: Bericht aus einem chinesischen Dorf. [dtv-Taschenbuch] München 1969.

Zur Kulturrevolution lese man:

Klaus Mehnert: Maos zweite Revolution. Stuttgart 1966.

G. Blumer, Die chinesische Kulturrevolution 1965/67. Frankfurt 1968.

A. Schelochowzew: Chinesische Kulturrevolution aus der Nähe. Stuttgart 1969.

Joachim Schickel: Mao Tse-tung. Der Große Strategische Plan. [edition voltaire 3–5] Berlin 1969.

Die Große Proletarische Kulturrevolution in China: [insgesamt zehn Hefte]. Peking 1967.

Schließlich sei auch noch auf einige zusammenfassende Darstellungen des Gesamtsystems der Volksrepublik hingewiesen:

Richard L. Walker: China unter dem Kommunismus. Stuttgart 1956.

Jürgen Domes: Politik und Herrschaft in Rotchina. Stuttgart 1965.

Ein, solchen amerikanischen Veröffentlichungen wie John W. Lewis: Leadership in Communist China. Ithaca 1963, oder A. Doak Barnett: Cadres, Bureaucracy, and Political Power in Communist China, New York 1967, vergleichbares Standardwerk in deutscher Sprache steht noch aus, jedoch haben jüngere Autoren wie Oskar Weggel, Dieter Heinzig und Joachim Glaubitz in mehreren Einzelbeiträgen zur heutigen Gestalt der Volksrepublik China, der Kommunistischen Partei und ihrer Geschichte neue Aufschlüsse vermittelt, vor allem im Rahmen der ›Mitteilungen des Instituts für Asienkunde Hamburg‹ und der ›Berichte des Bundesinstituts für Ostwissenschaftliche und Internationale Studien Köln‹. (Vgl. auch einschlägige Artikel: ›Guerilladoktrin‹, ›Guerillakrieg‹, ›Kulturrevolution‹, ›Mao, Maoismus‹ u. a. in der Enzyklopädie ›Sowjetsystem und Demokratische Gesellschaft‹. Freiburg 1966 ff., Bde. III und IV).

DIE BÜCHER DER NEUNZEHN

Programm Juli 1970 bis Juli 1971

Noel Coward: Palmen, Pomp und Paukenschlag
Roman. Rainer Wunderlich

Gore Vidal: Julian
Roman. Kiepenheuer & Witsch

Klaus Mann: Symphonie Pathétique
Ein Tschaikowsky-Roman. Nymphenburger

Jorge Luis Borges: Gesammelte Erzählungen
Carl Hanser

Karl Kraus: Sittlichkeit und Kriminalität
Kösel

The best of H. C. Artmann
Suhrkamp

Der richtige Berliner in Wörtern und Redensarten
Biederstein

Mao Tsetung: Über die Revolution
Ausgewählte Schriften. S. Fischer

Charles Reade: Die weltlichen und geistlichen Abenteuer des jungen Herrn Gerard
Roman. Christian Wegner

Dandin: Die zehn Prinzen
Ein altindischer Schelmenroman. Jakob Hegner

C. P. Snow: Tod unterm Segel
Ein klassischer Kriminalroman. Deutsche Verlags-Anstalt

Marie Luise Kaschnitz: Nicht nur von hier und heute
Ausgewählte Prosa und Lyrik (1943-1965). Claassen

Isabella Nadolny: Ein Baum wächst über's Dach
Roman. List